맥아더
MACARTHUR

KB143025

MACARTHUR

맥아더
MACARTHUR

리처드 B. 프랭크 지음 | 김흥래 옮김

플래닛미디어
Planet Media

| 감사의 글 |

먼저, 뉴올리언스(New Orleans)에 있는 국립 2차 세계대전 박물관 (National World War II Museum)[전(前) 국립 디데이 박물관(National D-Day Museum)]에 감사드린다. 국립 2차 세계대전 박물관은 2005년 10월 2차 세계대전 국제 컨퍼런스를 계획하고 나에게 더글러스 맥아더 (Douglas MacArthur)가 수행한 전역에 대해 발표해달라고 요청했다. 나는 맥아더에 대해 이미 잘 알고 있었지만, 컨퍼런스 초대를 받고 즉시 정보 수집에 착수하여 그것을 비평적인 눈으로 엄밀하게 검토했고, 그 결과물이 바로 이 책의 토대가 되었다. 허리케인 카트리나(Katrina)로 인해 컨퍼런스는 취소되었지만, 방대한 자료를 통해 새로운 사실들을 알게 되었고, 그것들을 읽기 쉽게 정리하여 이 책을 출간하게 되었다.

현재 더글러스 맥아더 전기 작가 중에서 D. 클레이턴 제임스(D. Clayton James)의 발자취를 따르지 않는 사람은 하나도 없을 정도로 그가 쓴 기념비적인 세 권짜리 전기는 맥아더 전기 중에서 가장 위대한 전기로 평가받고 있고, 이러한 평가는 아마 수십 년 동안 바뀌기 어려울 것이다. 사건에 대한 설명이나 해석에 있어서 그와 나 사이에 다소 차이가 있기는 하지만, 그에 대한 나의 존경심에는 변함이 없다.

이 책을 쓰면서 다른 역사가들의 조언이 큰 도움이 되었다. 운 좋게도 다수의 저명한 역사가들이 바쁜 일정에도 불구하고 일부러 시간을 내어 이 책의 원고 일부 혹은 전부를 살펴봐주는 친절을 베풀어주었다. 에드워드 드레아(Edward Drea)와 존 런드스트롬(John Lundstrom), 리처드 믹셀(Richard Miexsel), 배럿 틸먼(Barrett Tillman), 제임스 서룩(James Sawruk)에게 감사의 뜻을 전한다. 그들은 말할 수 없이 귀중한 격려와 비평, 제안 등을 제공하고, 중요한 출처를 알려주었으며, 많은 오류를 바로잡아주었다. 또 데이비드 호너(David Horner)와 윌리엄 스툭(William Stueck)은 내가 몇몇 중요한 쟁점을 두고 잘못된 방향으로 갈 때마다 곤경에서 벗어나게 해주었다. 탁월한 전문가로서 아낌없이 지원해준 버지니아(Virginia) 주 노폭(Norfolk) 소재 맥아더 기념관(MacArthur Memorial) 직원들, 특히 이 책의 초고를 검토해준 제임스 조벨(James Zobel)에게도 감사드린다. 또 이번 집필 경험을 통해 역사 지식이 풍부하고 문학적 비평에도 능한 비전문가들의 조언도 큰 도움이 된다는 사실을 깨닫게 되었다. 이 책이 형태를 갖출 수 있도록 도와준 존경하는 나의 친구 그레고리 엠브리(Gregory Embree)와 데니스 폰타나(Dennis Fontana), 제리 고프(Jerry Gough), 로버트 설리번(Robert Sullivan)에게 깊은 감사의 뜻을 전한다. 그들은 나보다 훨씬 뛰어난 편집자였다. 그들 덕분에 너무 평범하거나 일관되지 못한 어구나 문장들을 많이 고칠 수 있었다. 또한 이전에 상사로 모셨던 찰스 크레이긴(Charles Craigin)이 맥아더에 대해 유용한 통찰력을 제공해주었다는 점도 특별히 밝혀둔다. 이 책에 남아 있는 모든 오류는 전적으로 나의 책임이다.

트라이던트 미디어(Trident Media) 소속 에이전트인 로버트 고틀리

브(Robert Gottlieb)와 알렉스 글래스(Alex Glass), 그리고 폴그레이브 (Palgrave) 출판사의 담당 편집자 알렉산드라 베스타글리(Alessandra Bastagli)에게 경의를 표한다. 그들은 이 책의 구상부터 완성까지 인내심을 갖고 보살펴주었다.

이 책을 나의 어머니 릴리언 프랭크(Lillian Frank)에게 바친다. 나의 어머니는 1943년 모든 교육과정을 이수하고 공인 간호사가 되었다. 네 자녀를 키우기 위해 잠시 휴직했다가 현업에 복귀하여 2005년에 미주리 (Missouri) 주 당국으로부터 50년 경력을 인정받기도 했다.

마지막으로 그동안 우리 부부는 여러 가지 일을 곡예하듯 동시에 해야했을 뿐만 아니라 딸 레이첼(Rachel)과 아들 미첼(Mitchell)이 각각 발레와 테니스에 전념하면서도 학업에 지장이 없게끔 돌보느라 애써왔다. 그런 와중에 또 한 권의 책을 완성하기까지 내가 지탱할 수 있도록 곁에서 도와준 아내 재닛(Janet)에 대한 고마움은 이루 다 말로 표현할 길이 없다.

웨스트포인트(West Point)의 평원에는 먼 곳을 응시하는 더글러스 맥아더의 동상이 있다. 미 육군사관학교 생도들에게 그는 선견지명을 가진 리더십을 상징한다. 하지만 맥아더는 미 육군사관학교의 소중한 상징을 훨씬 초월하는 존재이다. 군 지휘관으로서 그는 자신의 업적을 통해 세계 주요 지역을 규정하는 데 기여했으며, 동시에 군에 커다란 영향을 미쳤고 그 영향력은 앞으로도 영원히 계속될 것이다.

더글러스 맥아더 원수는 2차 세계대전 중 태평양 지역에서 일본이 시도했던 정복사업을 원점으로 되돌렸고, 전쟁이 끝난 뒤에는 능수능란한 솜씨로 평화로운 일본을 만들어 일본이 세계 경제의 성장과 안정을 위한 엔진 역할을 할 수 있도록 했다. 그는 남한에 대한 북한의 침략에 맞서 신속하고 결정적인 반격을 실시하여 전쟁의 흐름을 역전시키고 남한 정부를 유지시켰으며, 그 결과 반세기 동안 중공의 팽창이 억제될 수 있었다.

하지만 이와 같은 현저한 업적에도 불구하고 맥아더는 미국 군부의 주요 인사들을 통틀어-찬사의 대상과 비난의 대상을 모두 포함해- 가장 큰 논란의 대상으로 떠올랐다. 이 책에서 저자 리처드 B. 프랭크(Richard

B. Frank)는 그의 업적과 함께 그를 둘러싼 비평과 논쟁을 명확하고 설득력 있게 제시했다.

저자가 언급했듯이 맥아더는 태어날 때부터 군사적 측면에서 유리했다. 그의 아버지는 장군이자 남북전쟁 명예훈장 서훈자였다. 군대 문화가 뿌리 깊게 박힌 집안 환경에서 성장한 그는 총명할 뿐만 아니라 자신감 넘치고 사나이다웠다. 어릴 때부터 믿기지 않을 정도로 정력적이고 포부가 컸다. 어떤 임무든 그것을 완수해냈을 뿐만 아니라 그 임무 수행에서 중심적인 역할을 했다. 웨스트포인트 육군사관학교를 수석으로 졸업하고 '제1생도대장(the First Captain of the Corps of Cadets)'의 영예를 차지하는 보기 드문 기록을 남겼다. 그는 운명을 믿었다.

이런 자질들은 그를 전장에서 탁월한 존재로 만들었다. 1차 세계대전 동안 그는 미국에서 가장 많은 훈장을 받은 군인이 되었다. 격렬한 포화 속에서 믿기지 않는 용기를 보여준 것이 한두 번이 아니었다. 전쟁이 끝난 뒤 그는 미국 육군사관학교 최연소 교장이 되었다. 웨스트포인트 육군사관학교에서 교과과정을 개혁했고, 생도명예규정(Cadet Honor System)을 만드는 데 기여했으며, 인격과 지도력을 위한 자질을 개발할 수 있도록 "우호적인 대립의 영역에서 이루어지는 경쟁", 즉 스포츠 활동을 장려했으며, 그것은 대대로 이어오는 웨스트포인트의 전통이 되었다.

몇 년 뒤 그는 진급하면서 육군참모총장에 올랐다. 육군참모총장으로서 그는 군사개혁을 단행했고, 대공황 시기 미 육군에 불어닥친 예산 삭감 문제를 현명한 판단으로 잘 헤쳐나갔다. 맥아더는 기회를 포착하고 자신의 책임을 완수하는 데 능숙한 군 지휘자의 전형이었다.

하지만 그의 군대식 성장 배경과 의무감이 처음으로 현실에서 고위 정치 지도부와 충돌을 일으킨 것도 어쩌면 바로 이 시기였는지도 모른다. 실제로 이 두 세계는 상당히 다르기 때문이다. 군은 어렵고도 위험한 임무를 수행해야 하는 책임을 마다하지 않고 적극적으로 나서는 장교들을 높이 평가하는 반면, 정치 지도부는 책임을 맡을 것인가 말 것인가, 아니면 맡더라도 어떤 방식을 취할 것인가를 판단하는 노련한 감각을 요구한다. 가난에 찌든 수천 명의 1차 세계대전 참전용사들이 1932년 미국의 수도로 몰려와 참전용사 보너스 지급을 요구했을 때, 이 두 대립되는 지도부의 방식이 충돌했고, 대중은 맥아더를 신랄하게 비난했다.

육군참모총장으로서 맥아더는 다루기 힘든 수천 명의 보너스 시위대를 워싱턴에서 몰아내야 하는 워싱턴 경찰을 증원하기 위해 파견된 소규모 병력을 대동하고 나타났다. 상황이 걷잡을 수 없게 되자, 그는 병사들에게 빈곤한 미군 참전용사들과 그 가족들을 상대로 최루가스를 사용해 폭동진압작전을 수행케 하는 역겨운 사태를 초래했다. 그리고 언론에 매우 자극적인 논평을 실음으로써 자신의 실수를 더욱 악화시켰다. 곧이어 그를 공개적으로 비난하는 사람들이 나타났다. 이 일로 그는 지울 수 없는 오명을 남기게 되었다. 하지만 군 경력이 끝났어야 할 이 순간까지도 그의 가장 위대한 업적은 아직 모습을 드러내지 않은 상태였다.

맥아더는 워싱턴을 떠나게 되었지만, 퇴역하기에는 아직 너무 젊었기 때문에 필리핀 육군원수라는 직함으로 케손(Manuel Luis Quezon) 대통령의 고문이 되었다. 여기서 그는 미군과 필리핀군을 지휘해 일본의 침공으로부터 필리핀 제도를 방어했지만 성공적이지는 않았다. 이후 PT 보트를 타고 탈출하는 데 성공했으며 일본에 접근하기 유리한 섬 위주로 공략하는 일명 '섬 건너뛰기(Island Hopping)' 작전을 지휘하여 미군의 필리핀 탈환을 실현한 뒤 일본으로 이동했다. 도쿄 만에 정박한 미국 전함 미주리 호(USS Missouri) 함상에서 일본의 항복을 받은 사람도 바로 그였고,

또 일본 점령정책을 지도하여 일본을 전시 독재체제에서 평화적인 민주체제로 전환시키는 데 성공한 사람도 바로 그였다. 당시 그는 미국 육군원수이자 명예훈장 서훈자였다.

1950년 북한 군대가 38선을 넘어 남한을 침공했을 때, 그 공격을 격퇴시키는 임무가 맥아더에게 부여되었다. 그의 부대는 한반도 서해안에 있는 수도 서울 인근의 인천항에서 위험한 상륙작전을 수행하여 이미 훨씬 남쪽까지 내려가 있던 북한군의 선봉부대를 차단하고 대부분의 북한군을 섬멸한 뒤 중국 국경을 향해 북으로 전진했다.

맥아더는 이미 전설적인 인물이 되어 있었다. 그는 사람들의 의혹이나 심지어 워싱턴에 있는 상급자들의 지시에도 전혀 아랑곳하지 않고 멋대로 행동하거나 자기 생각을 공개적으로 밝혔다. 심지어 현역에 복무하는 상태에서 공화당 지지자로서 두 번이나 공화당 대통령후보를 위한 유세에 나섬으로써 연속해 집권한 민주당 행정부와 관계가 상당히 소원해졌다. 70세가 되었을 때, 그는 국무장관을 거쳐 국방장관에 오른 조지 C. 마셜(George C. Marshall)을 제외한 다른 모든 군인 경쟁자들보다 오래 군 생활을 하고 있었다.

그 과정에서 경쟁자와 적이 생겼고 많은 논란이 발생했다. 그에 대한 소문—예를 들어, 자신이 입을 육군원수 제복을 직접 디자인했다는 소문—이 주기적으로 표면화되었다. 그는 바탄(Bataan) 반도에 포위된 병사들을 자주 방문하지 않았다는 이유로 '방공호 더그(Dugout Dug)'라는 달갑지 않은 별명으로 불리었다. 물론 그는 태평양의 끔찍한 시련에서 살아남았을 때를 포함해 전장에서든 전략적 수준의 지휘관으로서든 자신의 판단에 확신을 갖고 있었지만, 대중의 찬사를 받는 동시에 자만심과 자기중심적 성향 때문에 혹독한 비판을 당해야 했다.

전쟁에서 특히 전구사령부의 경우, 지휘관은 정치적 환경을 이해하고 강력한 군사적 능력과 더불어 통찰력을 발휘해야만 한다. 1950년 10월 대규모 중공군이 한국전쟁에 개입했을 때, 맥아더는 전례 없이 전세가 역전되는 상황을 맞았다. 그에게는 친구와 가까운 동료, 그리고 자국민의 지지와 깊은 존경심이 필요했다. 그런데 오히려 워싱턴과 손발이 맞지 않는 데다가 대가도 크고 이길 것 같지도 않은 전쟁을 치르면서 자신이 고립되어 있다는 것을 알게 되었다. 게다가 당시 주된 관심은 유럽에 대한 소련의 잠재적 위협에 집중되어 있었다. 자신의 명성과 개성, 경험, 특히 어떤 대가를 치르더라도 반드시 승리해야 한다고 공개적으로 주장하는 행동이 자신에게 불리하게 작용했다. 그는 명령 불복종으로 해임되어 미국으로 귀환했다.

맥아더의 삶과 경력은 그의 비범한 재능과 직업군인으로서 평생토록 공직에 바친 헌신을 감동적으로 증언해준다. 또한 미국 민주주의체제 속에서 군 지휘자들이 절대 넘어서는 안 되는 정치적 영역이 존재한다는 사실을 뚜렷하게 상기시켜준다. 나아가 맥아더의 경험이 실증하는 것처럼, 전쟁 수행 방식은 계속 변하고 있어서 늘 간단치만은 않다. 전쟁 수행은 최고 수준에서 국가 경영과 정치, 국제 전략으로 통합되며, 위대한 장군들도 정부 지도자로부터 지시를 받아야만 한다.

- 육군대장 웨슬리 K. 클라크(Wesley K. Clark)

1951년 4월 20일 더글러스 맥아더 육군원수가 71년간 아주 잘 관리해 온 몸을 꼿꼿이 펴고 서 있는 동안 그가 탄 리무진은 뉴욕(New York) 시를 통과하는 30킬로미터 코스를 따라 천천히 이동했다. 아주 화려한 금몰이 달린 그의 독특한 정모는 비컨(beacon)과 같은 역할을 해서 어떤 사람에게는 그의 대중적 이미지를, 또 어떤 사람에게는 그의 엄청난 자아를 상징하는 것으로 보였다. 광적으로 열광하는 시민 750만 명이 내는 소음이 돌과 철로 된 거대한 빌딩 숲을 가득 메운 가운데 시민들은 2,800톤이 넘는 색 테이프와 색종이 조각, 종이 쪼가리들을 자동차 행렬 위로 마구 뿌려댔다. 이 시가행진은 참가자 수나 쓰레기의 양에 있어서 도시 최고 기록을 달성했으며, 방금 보직에서 해임된 한 미국인(맥아더-옮긴이)에게 이제까지 본 것 중에서 가장 열렬한 갈채를 보냄으로써 모든 미국인에게 깊은 인상을 남겼다.

더글러스 맥아더에게 늘 참패당한 적수라도 이 장면을 보면 아마 중립적인 입장을 취할 수밖에 없었을 것이다. 그가 오로지 위대한 인물이 되고자 했고, 실제로 그렇게 되는 데 성공했다는 점에는 누구나 동의한다.

하지만 조국과 세계에 영향을 미치는 중요한 사안에서 그가 위대했는지의 여부에 있어서는 사람들의 의견이 극명하게 갈린다.

반세기가 넘는 세월이 흘러 그처럼 격렬했던 열광도 어느덧 한 줌의 재가 되어 사라진 지금, 이 책의 과제가 더글러스 맥아더의 리더십에 각별히 주의를 기울이면서 그에 대해 역사가 내린 냉정하고 공정한 평가를 분명하게 표현하는 것이라고 한다면, 그나마 부담이 줄어들 것이다. 그런데 불행하게도 맥아더에 대한 자료들의 진실성을 따지다 보면, 2차 세계대전 당시 상당히 의심스러운 내용이 담긴 그의 코뮈니케(communiqué)들 중 하나와 비교하게 된다. 점점 그 수가 줄어들고 있는 그의 열렬한 추종자들－전기작가 윌리엄 맨체스터(William Manchester)는 미디어 거물 헨리 루스(Henry Luce)가 주장한 '미국의 세기(American Century)'의 중심에 있는 맥아더를 '아메리칸 시저(American Caesar)'라고 했다－은 그를 군사적 천재로 찬양한다. 그의 적들은 그를 거만하고 이랬다저랬다 하는 사기꾼으로 매도하며 －그의 마음속은 보통의 미국인, 나아가 민주주의에 대한 경멸로 가득하다－ 늘 지독한 거짓말로 중대한 실패를 감췄다고 비판한다.

독자 여러분은 이 책에 담긴 평가나 교훈들이 맥아더의 열렬한 추종자 집단이나 비판자 집단에서 나온 평가들을 조각조각 모아놓아 아무 특색 없이 무미건조한 것은 아닐까 걱정할 필요가 없다. 이 책은 한 가지 중요한 시각을 갖고 있다. 더글러스 맥아더를 가장 잘 이해하는 방법은 그를 고전적 비극의 영웅으로 봐야 한다는 것이다. 모든 비극 속의 영웅들처럼 그가 가진 위대한 재능은 파멸적인 단점과 밀접하게 결합되어 있다. 그 단점이란 맥아더가 자신은 운명의 도구이며 오로지 자신의 의지만으로 국가와 역사를 변화시켜 자신의 운명을 완수할 수 있다고 확신했다는 것이다. 이런 믿음에 타고난 재능과 훌륭한 부모에게서 받은 영향이 더해지면서 그는 의문의 여지 없이 진정한 승리-그의 추종자들도 자랑스럽게 알리지 않고 비판자들도 무시하는 경우가 많지만-를 달성했다. 모순적이게도 그의 가장 위대한 업적을 가능하게 한 것은 타고난 재능이 아니라 적응력이었다. 일반적으로 한 사람의 경력이 지속되는 기간 동안 전쟁의 본질이 급격하게 변할 수밖에 없는 기술 도약 시대에 적응력은 고위 군 지휘관에게 필수적인 요소가 되었다. 라이트 형제가 처음으로 비행에 성공하기 전에 임관했으면서도 전쟁 수행의 새로운 차원인 항공력을 열렬히 옹호한 그보다 더 적응력이 뛰어난 미국인은 아마 없을 것이다.

더글러스 맥아더는 자신의 긴 삶 동안에 세 번이나 연속해서 최고위직에 올랐다. 만약 다른 사람이 그중 한 자리에 올랐다면 그것 자체만으로도 그의 경력에서 눈부신 절정기였다고 했을 것이다. 그의 풍부한 재능과 단점 사이에서 줄다리기가 벌어지면서 군민 관계에 대한 교과서이자, 강렬한 혹은 지독한 리더십의 긍정적이고 부정적인 사례들로 가득한 불후의 유산이 기록으로 남게 되었다. 독자 여러분은 맥아더 자신이 제공하는 교훈의 맥락에서 그의 삶에 등장하는 에피소드들을 읽으면서 그의 상관이 너무나 뛰어나고 반항적인 한 부하로 인해 어떻게 이득을 보았는지, 혹은 어떻게 피해를 입었는지, 그리고 그에 따른 피해를 어떻게 관리했는지에 대해 심사숙고해야만 한다. 미래 세대를 위해 맥아더의 유산은 군인을 포함한 많은 사람들에게 유익한 -그리고 흥미로운- 교훈을 제공해줄 것이다.

| CONTENTS |

제1장
성장기

거의 모든 에이스 카드를 쥐고 태어나다

더글러스 맥아더(Douglas MacArthur)는 자신의 첫 번째 기억이 "군대 나팔소리"라고 했다. 이것은 전설적인 인물의 삶을 예술가적 표현법으로 그리려는 사람이라면 쉽게 지어낼 수 있는 증명할 길 없는 세세한 기억이다. 따라서 더글러스 맥아더에 대해 글을 쓸 때 첫 번째 규칙은 흥미에 있어서 그가 매력적인 인물임에는 틀림없지만 사실 확인을 위해서는 다른 출처들도 참고해야 한다는 것이다.[1]

그는 1880년 1월 26일, 아칸소(Arkansas) 주 리틀록(Little Rock) 병영에서 태어났다. 더글러스 맥아더는 태어날 때부터 거의 모든 에이스 카드를 쥐고 있었다. 대부분의 전기 작가들은 그가 구사하는 후기 빅토리아 시대의 수사적 기교에 고개를 끄덕이며 그의 엄청난 지적 능력과 뛰어난 기억력, 빼어난 외모, 압도적인 존재감, 즉 카리스마를 강조한다. 하지만 그의 가장 중요한 자질은 천부적인 체질을 타고났다는 것이다. 그는 동년배에 비해 육체적·정신적으로 젊었으며, 수십 년간 그것을 유지했다. 그 덕분에 그는 일반적인 복무 기간을 넘어서 두 차례나 더 경력을 연장할 수 있었다.

그의 삶에서 가장 중요한 존재가 그의 부모였다는 점에는 조금도 의심의 여지가 없다. 그의 부모는 그에게 큰 영향을 미쳤고, 그가 인생의 행로를 결정할 때마다 나침반 역할을 하게 될 개념들을 주입했다. 그의 아버지 아서 맥아더(Arthur MacArthur, Jr.)는 남북전쟁에서 뛰어난 무훈으로 명예훈장을 받아 명성을 떨쳤지만, 남북전쟁이 끝난 뒤에는 침체기를 겪고 있었다. 1875년 아서 맥아더는 버지니아(Virginia) 주 노퍽(Norfolk)의

1884년 포트셀든(Fort Selden)에서 찍은 맥아더 가족 사진. 왼쪽에서부터 더글러스 맥아더,
아버지(아서), 형(아서 3세), 어머니(메리 핑크니 하디 맥아더).

남부연합 계열 명문가 딸인 메리 핑크니 하디[Mary Pinkney Hardy, 일명
"핑키(Pinky)"]와 결혼했다. 두 사람은 아들 셋을 낳았다. 장남인 아서 3세
(Arthur III)는 해군사관학교에 들어가 스스로 노력하여 성공적인 경력을
쌓다가 1923년 맹장염으로 일찍 세상을 떠났다. 둘째인 맬컴(Malcolm)은
유아기에 사망했다. 더글러스는 막내였다.

  더글러스는 어린 시절 대부분을 군인인 아버지를 따라 서부지역에 드
문드문 있는 외딴 근무지에서 보냈는데, 그곳에서 그는 3세기에 걸친 미국
국경 팽창의 마지막 아픈 역사를 목격했다. 어린 소년에게 그곳은 맨발로
주변을 탐험하는 목가적인 영역과, 의식과 훈련, 그리고 놋쇠 단추로 이루
어진 질서 정연한 일상의 영역이 함께 존재하는 곳이었다. 근무지의 최고

더글러스 맥아더의 아버지인 아서 맥아더는 남북전쟁 때 지원병으로 출전하여 혁혁한 전공을 세웠으며 명예진급을 통해 20세에 대령이 되었다. 1863년 미셔너리 리지 전투(Battle of Missionary Ridge)에서 명예훈장을 받았다. 남북전쟁 후 인디언 전쟁에 참전했고, 1898년 미국-스페인 전쟁이 일어나자 준장에 임명되어 필리핀 사령부에 근무했다. 육군소장으로 진급했고, 1900년에는 8군단장으로서 필리  핀 군정장관이 되었다. 재임 중에는 필리핀의 독립을 원조했고, 스페인법의 개정을 위해 힘썼다. 1906년 육군중장이 되었으며, 1909년 퇴역했다.

선임 장교로서 아서 맥아더는 아들 더글러스가 알고 있는 유일한 세계를 지배하면서 군인이란 어떤 존재이며 어떻게 행동해야 하는지 본보기를 보여주었다. 또한 그는 그 시절의 일반적인 생각과 반대로 미국의 운명은 유럽이 아니라 극동을 향해 손짓한다는 관점을 주입했다. 더글러스의 삶에서 이러한 관점은 대부분의 미국인에게 기이하게 보였다. 하지만 지금은 대단한 선견지명으로 보인다. 어머니 핑키는 아들 더글러스에게 남편보다 훨씬 더 큰 영향을 미쳤다. 더글러스에게 자신이 운명의 도구라는 믿음을 주입한 사람이 바로 그녀였다. 그녀는 아들 더글러스가 쉰일곱 살이 될 때까지 대부분 함께 살며 곁에서 그 말을 반복하고 또 반복했다.[2]

웨스트포인트 육군사관학교를
수석으로 졸업하다

더글러스는 처음에는 평범한 학생이었지만, 10대에 두각을 나타냈다. 1899년 그는 웨스트포인트에 있는 육군사관학교에 입학했다. 그의 어머니는 인근 호텔에서 기거했다. 당시만 해도 어머니가 자식에게 집착하며 자식 교육을 위해서라면 뭐든지 하는 것은 결코 유별난 행동이 아니었다. 프랭클린 루스벨트(Franklin Roosevelt)와 애들라이 스티븐슨(Adlai Stevenson) 역시 성인이 된 이후에도 한동안은 어머니의 그늘에서 벗어날 수 없었다. 고위 장교의 아들이라는 사실은 더글러스에게 방패가 되기보다는 오히려 잔인한 괴롭힘의 원인이 되었다. 그와 같은 고통 속에서도 그가 보여준 의연한 태도는 동기생들에게 깊은 인상을 남겼다. 이후에도 육군사관학교에 대한 애정은 변함이 없었지만, 자신이 받은 학대를 혐오했기 때문에 기회가 왔을 때 그것을 억제하려는 행동을 취하게 된다.

더글러스가 웨스트포인트 육군사관학교 역사상 최고 성적을 기록했다는 이야기가 자주 언급되고 있지만, 그것은 사실이 아니다. 오랜 세월 동안 여러 가지 기준이 적용되었기 때문에 그와 같은 평가 자체가 불가능하다. 하지만 그가 동년배의 수준을 능가할 정도로 뛰어나서 동기생 가운데 1등으로 졸업한 것은 분명한 사실이다. 학업 성취만큼이나 중요한 사실은 그가 군인다운 태도와 품성으로 모두가 탐내는 제1생도대장(First Captain of the Corps of Cadets)이라는 영예를 차지하게 되었다는 것이다. 이러한 월계관은 남다른 삶을 살 수밖에 없는 운명이 자신을 둘러싸

고 있다는 그의 믿음을 확인시켜주는 첫 번째 징표가 되었다.[3]

●

아버지의 유산

그의 부모는 더글러스가 웨스트포인트를 자퇴하고 미국-스페인 전쟁
(미서 전쟁)에 참전하려고 하자, 그러지 못하게 설득했다. 하지만 그 전
쟁 덕분에 그의 아버지는 중령에서 중장으로 진급했으며, 필리핀에 부
임하여 미군을 지휘하게 되었다. 그런데 윌리엄 하워드 태프트(William
Howard Taft)가 도착해 총지휘를 맡자, 아서 맥아더는 기분이 언짢았
다. 사실상 강등이나 다름없는 인사로 불쾌해진 마음은 자신의 판단이
옳다는 것이 입증되면서 어느 정도는 위안을 받았다. 태프트는 도착 즉
시 필리핀인의 반란이 잠잠해지고 있다고 선언한 반면, 아서 맥아더는
더 견고해지고 있다고 주장했다. 아서 맥아더가 옳았다. 필리핀인을 상
대로 전투를 치렀음에도 불구하고 그들을 직접 경험해본 결과, 아서 맥
아더는 그들에 대한 깊은 이해와 존경심을 갖게 되었고, 그것을 아들 더
글러스에게도 고스란히 물려주었다.

　다른 한편으로 아서 맥아더는 이 일을 통해 다른 유산도 물려주었다.
태프트는 나중에 시어도어 루스벨트(Theodore Roosevelt) 행정부의 육
군장관이 되자, 서열을 무시하고 아서 맥아더 대신 다른 사람을 육군참모
총장에 임명했다. 아서 맥아더는 너무 비통한 나머지 죽어서 군복 차림으
로 묻히기를 거부했다. 이 일이 가문의 원한이 되어 더글러스에게 깊이 각
인되면서 그는 열등한 사람으로 인해 자신의 정당한 운명이 거부당할 것
같은 기미가 보일 때마다 과민반응을 보이며 경계심을 드러냈다.[4]

당시의 관행에 따라 1903년도 수석 졸업생인 더글러스는 공병장교로 임관했다. 그는 이후 10년 동안-한 여자를 만나 결혼까지 생각했으나 헤어지는 과정에서 잠시 정신적으로 힘든 시기를 보냈을 때를 제외하고-훌륭하게 임무를 완수했다. 1903년 첫 번째 필리핀 근무지에서 그는 무장반군인지 단순 강도인지 확실치 않은 필리핀인 2명과 조우했다. 그중 1명이 총을 쏴서 맥아더의 모자에 구멍이 났다. 이 사건은 그가 자신의 운명을 확신하는 또 다른 계기가 되었다. 맥아더는 근거리에서 권총으로 2명을 모두 사살했다. 나중에 그가 밝힌 바에 따르면, 이 시기에 그의 가장 중요한 임무는 1905년부터 1906년까지 아버지가 극동을 순방하는 동안 그의 부관으로서 동행하는 것이었다. 1908년에는 공병학교 고등과정에 입교했는데, 이것은 군 경력에서 그가 받은 마지막 공식적인 교육이었다. 그는 엄청나게 많은 책을 읽었는데, 군사 분야에 그치지 않고 다양한 분야의 책을 섭렵했다.[5]

●

참모총장 레너드 우드로부터 큰 영향을 받다

1913년에 더글러스 맥아더는 개혁적 성향의 참모장교로서 정력적인 참모총장 레너드 우드(Leonard Wood)를 보좌하게 되었다. 이후 50여 년 동안 아버지 다음으로 더글러스의 사고와 행동에 큰 영향을 미친 인물이 바로 레너드 우드이다. 우드는 야전장교가 아니라 계약직 군의관으로서 군 생활을 시작한 독특한 경력의 소유자였으며, 게다가 웨스트포인트 육군사관학교 졸업생도 아니었다. 따라서 맥아더가 그를 존경하게 된 이유는 출신이 같아서가 아니라 그의 사상에 공감했기 때문이다.

더글러스 맥아더에게 아버지 다음으로 큰 영향을 미친 인물은 참모총장 레너드 우드(사진)
였다. 맥아더는 우드를 보좌하면서 능수능란하게 언론을 다루거나 공개적으로 정치에 관
여하는 그의 모습을 보고 그것을 완전히 자기 것으로 만들었다. 〈사진: Public Domain〉

맥아더는 현대전을 수행할 수 있도록 육군을 준비시켜야 한다는 우드의 요구뿐만 아니라 그의 성격과 방식에도 관심을 보였다. 특히 우드가 능수능란하게 언론을 다루거나 공개적으로 정치에 잠시 관여했던 것을 본받아 완전히 자기 것으로 만들었다.[6]

1914년, 우드로 윌슨(Woodrow Wilson) 대통령은 취임한 지 얼마 안 되어 멕시코 내전이라는 상황과 마주하게 되었다. 윌슨은 한쪽 파벌의 지도자인 빅토리아노 우에르타(Victoriano Huerta) 장군을 싫어했기 때문에 베라크루스(Veracruz)로 미군을 파병해 그에게 독일제 무기가 전달되지 못하게 막았다. 상황이 전면전으로 악화되자, 참모총장 레너드 우드는 맥아더 대위를 파견해 장차 있을 작전을 위한 정찰을 수행하게 했다. 무모한 모험에 돌입한 맥아더는 몇 명의 현지 철도기사들을 매수한 뒤 멕시코 전선의 후방으로 침투해 작전에 필수적으로 요구되는 기관차 3대를 확보한 뒤 복귀했다. 하지만 이 임무에 대한 그의 보고서에는 멕시코 군대나 강도들과 세 차례 근거리 총격전이 있었고 그 과정에서 최소 4발의 탄환이 그의 옷을 관통했지만 심각한 부상을 입지는 않은 것으로 되어 있었다. 우드를 비롯해 여러 장교들이 동의한 바와 같이 만약 그 보고가 사실이라면 맥아더는 명예훈장을 받을 자격이 있었다. 맥아더는 열렬하게 명예훈장을 갈망했다. 그것은 명예훈장 서훈자의 아들로서 자신의 가치를 증명하는 것일 뿐만 아니라 자신의 운명을 알려주는 신호나 다름없었다. 훈장 수여가 상신되었지만, 유일한 증인이 뇌물을 받아 신뢰성이 떨어지는 멕시코인들뿐인 데다가 그의 행동이 적절한 사전 승인을 받지 않은 채 이루어졌다는 유치한 반대로 인해 승인이 나지 않았다. 이미 아버지의 일로 가문의 원한을 가슴에 품고 있던 더글러스는 이번 일을 가문의 또 다른 원한으로 추가했다.[7]

●

'무지개' 사단의 참모장이 되다 :
조역에서 벗어나 권력의 핵심부로

1917년 윌슨 대통령은 독일에 전쟁을 선포했다. 정치가들은 인식하지 못했겠지만, 미 육군은 1차 세계대전에 참전하기 위해서는 거대한 군대가 필요하다는 것을 잘 알고 있었다. 그것은 곧 징병을 의미했다. 맥아더 소령은 육군 역사상 최초의 공보장교로서 징병의 필요성을 납득시키는 데 눈부신 활약을 했다. 맥아더는 소규모에 불과한 정규군을 해체하여 주방위군과 징병된 장병들로 구성된 더 큰 부대의 기간요원으로 활용하는 방안을 주장하며 예리한 통찰력을 보여주기도 했다. 맥아더는 주방위군의 역할을 강조하고 특정 주나 지역을 우선시하는 주장을 내세워 정치적 혼란이 초래되는 사태를 방지하기 위해 "마치 무지개처럼 미국 전역에서 선정된" 주방위군 부대들로 1개 사단을 창설하는 방안을 제시했다. 그렇게 해서 42['무지개(Rainbow)']사단이 창설되었다. 63세인 윌리엄 A. 만(William A. Mann) 소장이 사단장이 되었고, 전시 진급으로 대령이 된 맥아더가 사단 참모장이 되었다. 맥아더는 공병 병과에서 보병 병과로 전과하게 되는데, 이를 통해 전시(戰時)에 진급할 수 있는 기회가 활짝 열리게 된다. 맥아더는 37세에 '무지개' 사단으로 발령이 나면서 조역에서 벗어나 권력 핵심부로 들어서게 되었다.[8]

'무지개' 사단은 1917년 프랑스에 처음으로 도착한 4개 사단 중 하나이자 두 번째 주방위군 사단이었다(뉴잉글랜드에 기지를 둔 26사단에 이어). 미국 원정군 사령관 존 J. 퍼싱(John J. Pershing)은 병력이 1만 명을 넘으면 통제하기 힘든데도 미군의 사단 편제는 병력이 2만 8,000명이나 되고 그에 반해 화력은 한심할 정도로 부족하다는 동맹국의 근거 있는 조언을 무시했다. 하지만 거대 사단에 집착한 퍼싱이 부딪힌 첫 번째 난관은 초기에 도착한 부대들이 모두 인가된 편제보다 병력이 적다는 것이었다. 그로 인해 아이러니하게도 맥아더가 군 경력에서 처음 거둔 승리는 관료주의와의 싸움에서 이긴 것이었다. 퍼싱이 다른 3개 사단의 병력을 채우기 위해 '무지개' 사단을 해체하려고 하자, 맥아더는 그의 계획을 좌절시키려고 했다. 맥아더는 퍼싱을 거치지 않고 육군장관에게 직접 탄원하여 이 싸움에서 승리할 수 있었다. 맥아더의 계책은 성공했지만, 그 대가로 그는 퍼싱의 참모들과 관계가 소원해졌다.[9]

●
참호 습격작전과 은성표창

퍼싱은 예정된 훈련이 채 끝나기도 전에 42사단을 오랫동안 비격전지로 구분되어 있던 전선에 배치했다. 맥아더는 참호 습격작전을 수행하는 프랑스군을 따라 두 차례 아주 신나는 공격에 나섰다. 그는 이 두 공격에서 용맹을 떨침으로써(많은 독일군 포로를 잡음-옮긴이) 자신의 첫 번째 은성표창(Silver Citation Star: 약칭 Silver Star)을 받았다. 사람들은 이때 받은 은성표창과 이후 프랑스에서 몇 차례 더 받게 되는 은성표창을 아주 잘못 이해하고 있다. 현재 미국인들에게 익숙한 무공훈장의 훈위는 2차 세계대전이 시작된 직후에 비로소 정착된 것이다. 이 서훈 체계에서 은성무공훈장(Silver Star Medal)은 육군에서 명예훈장(Medal of Honor)과 수훈십자훈장(Distinguished Service Cross)에 이어 서열이 세 번째였다. 하지만 1차 세계대전 당시 은성표창은 별도의 훈장이 아니라 종군기장에 다는, 말 그대로 조그만 은색 별 모양 부착물이었다. 사실 그것은 영국의 '표창(Mentioned in Dispatches, MID)'과 비슷한, 상당히 낮은 훈위의 포상에 해당했다. 맥아더는 육군참모총장이 되고 나서(맥아더는 1930년에 육군참모총장에 오름-옮긴이) 은성무공훈장의 제정을 촉구하고 이전 은성표창 서훈자들에게 그것을 소급해 적용했다. 이는 당시 맥아더의 행동이 나중에 제정된 은성무공훈장을 받을 만한 자격이 없다는 말이 아니라, 단지 1차 세계대전 당시 은성표창은 그 지위나 기준에 있어서 이후에 제정된 은성무공훈장과는 상당히 다르다는 것을 밝혀두기 위해 언급한 것이다.[10]

프랑스군과 함께 실시한 참호 습격 경험 이후에 맥아더는 아이오와(Iowa) 주에서 창설된 '무지개' 사단 소속 168보병연대의 참호 습격에 합류했다. 정해진 시간이 되자 맥아더는 참호 밖으로 나와 양쪽 진영 사이의 무인지대로 전진하기 시작했다. 그는 이렇게 회상했다.

"끔찍한 10여 초가 흐르는 동안 나는 그들이 나를 따라오지 않을지도 모른다는 생각을 했다. 하지만 그때 고개를 돌리지 않고도 나는 알 수 있었다. 내가 잠깐이나마 그들을 의심한 것이 얼마나 잘못된 것이었는지를. 그들은 순식간에 내 주위를 에워쌌다. 나는 결코 그 순간을 잊지 못할 것이다."

맥아더는 이 작전에서 극적인 리더십을 발휘해 수훈십자훈장을 받았다.[11]

행정적으로 처리해야 할 업무가 많았기 때문에 보통 사단 참모장은 후방의 본부에 묶여 있어야 했다. 따라서 1·2차 세계대전 당시 거의 모든 사단의 사병들은 자기 사단 참모장의 이름조차 모르는 경우가 허다했다. 맥아더는 사단 참모장의 전통적인 임무를 훌륭히 수행했을 뿐만 아니라 최전선에도 자주 모습을 드러냈다. 훗날 무지개 사단의 유명한 군목이 된 프랜시스 P. 더피(Francis P. Duffy) 신부는 1917년 5월에 이렇게 기록했다.

"맥아더는 전투를 수행하는 대신 지시를 내려야 하는 자기 본연의 임무에 짜증을 내며 급습이나 습격작전에 직접 참가했는데, 일부 고리타분한 인사들은 그가 쓸데없는 일에 나선다고 생각했다."

더피는 계속해서 훗날 유명해지는 사단 내 다른 장교들[특히 명예훈장 수훈자이자 2차 세계대전 때 미국 전략정보국(Office of Strategic Services) 국장이 될 윌리엄 J. 도너번(William J. Donovan)]이 맥아더의 전공을 병사들의 용기를 북돋는 데 가치 있는 귀중한 사례로 여겼다고 말했다. 그러나 다른 한편으로 맥아더를 포함한 이 장교들이 모두 "야만적인 켈트인(Celt)으로 나처럼 정상적인 사람은 도저히 품을 수 없는 견해를 갖고 있다"는 말도 곁들였다.[12]

●

전장에서도 돋보이게 만든 그만의 독특한 스타일

프랑스에서 전투 경력을 쌓는 동안, 맥아더는 전장에서 자신을 돋보이게 만드는 자신만의 독특한 스타일을 개발했다. 그는 베라크루스(Vera Cruz)에서 그것을 시험 삼아 착용해본 뒤, 프랑스에서 자신의 독자적인 이미지를 완성했고, 이후 그것을 계속 고수했다. 그는 철모보다 테를 뺀 정모를 더 즐겨 썼으며(그는 철모가 적의 발사체보다는 비를 막는 데 더 유용하다고 보았다), 목이 긴 터틀넥 스웨터를 입고, 2미터가 넘는 긴 분홍색 스카프를 목에 둘렀다. 무기를 거의 소지하지 않은 채 지팡이를 들고 종아리까지 올라오는 부츠를 신은 모습은 참호전의 현실에 대한 저항정

프랑스에서 전투 경력을 쌓는 동안, 맥아더는 전장에서 자신을 돋보이게 만드는 자신만의 독특한 스타일을 개발했다. 그는 철모보다 테를 뺀 정모를 더 즐겨 썼으며, 목이 긴 터틀넥 스웨터를 입고, 2미터가 넘는 긴 분홍색 스카프를 목에 둘렀다. 무기를 거의 소지하지 않은 채 지팡이를 들고 종아리까지 올라오는 부츠를 신은 모습은 참호전의 현실에 대한 저항정신을 보여주었다.

신을 보여주었다. 심지어 그를 경멸하는 사람들조차 −실제로 그를 경멸하는 사람들이 특히 더− 온갖 광을 내고 빳빳하게 주름을 세우고 단추를 단단히 채워야만 하는 규칙을 이런 식으로 변형하는 것을 격의 없는 전형적인 미국인의 특징으로 인정했다. 이것은 유럽 스타일로 때 빼고 광을 내며 군복에 빳빳하게 풀을 먹이고 넥타이까지 착용하는 퍼싱[그리고 그의 수제자 패튼(George Smith Patton Jr.)]과 완전히 대조가 되었다.

감정이 배제된 것 같은 그의 행동에는 엄청난 용기가 반영된 것처럼 보였다.

"독일인이 전부 달려들어도 나를 죽일 포탄을 만들 수는 없다."

전해진 바에 따르면, 그는 그렇게 주장했다. 하지만 만약 그가 정말로 그런 말을 했다면, 이런 철학적 의문이 들지 않을 수 없다. 그는 무모한 것일까, 아니면 용감한 것일까? 만약 두려움을 극복하는 것이 용기라고 정의한다면, 맥아더의 행동을 용기로 보기에는 중요한 요소가 부족했다. 그는 정말로 자신이 운명의 도구이기 때문에 숙명적인 역할을 다할 때까지 신의 보호를 받을 것이라고 믿었다. 하지만 그런 그조차도 신이 내려주는 개인

1918년 9월, 1차 세계대전 중 '무지개' 사단(42사단) 사령부로 사용한 프랑스 생브누아 성의
의자에 앉아 사진을 찍은 맥아더의 모습. 〈사진: Public Domain〉

적 은총의 영역에 한계가 있음을 인정했다. 독일군 포로로부터 자신이 본부로 사용하는 성[1차 세계대전 중 프랑스 생브누아(Saint-Benoît) 성을 사령부로 사용했음-옮긴이]을 독일군이 대구경 곡사포로 포격할 계획이라는 정보를 얻자, 그는 운명론적 사고를 잠시 접고 그곳이 적의 포격을 받기 전에 성을 떠났다. 또 그는 두 번이나 독가스에 심하게 중독되어 며칠 동안 병원 신세를 져야 했다. 이런 사건을 경험하면 대부분의 사람들은 "내가 죽는 일은 없을 거야"라는 식으로 현실을 부정하는 망상에서 헤어나기 마련이지만, 맥아더는 포화 속에서도 변함없이 평온함을 유지했다.

●

"용감한 자들 중에서 가장 용감한 자"

맥아더가 참모장으로서 그리고 최전선에서 눈부신 활약을 하자, 새로 부임한 사단장 찰스 메노허(Charles Menoher) 소장은 맥아더의 장성 진급을 추천했다. 새로 육군참모총장에 임명된 페이튼 마치(Peyton March)는 아서 맥아더의 부하 중 한 명이었다. 퍼싱이 장성 진급 추천자 명단에 맥아더를 포함시키지 않자, 마치는 맥아더의 이름을 추가했다. 그리고 퍼싱이 추천한 참모장교 몇 명을 명단에서 삭제했다. 맥아더는 1918년 6월 26일에 진급 명령을 받았다. 당시 겨우 서른여덟 살이었던 그는 현역 생활 16년째에 접어들고 있었다.[13]

프랑스 혁명 기념일인 1918년 7월 14일에 무지개 사단은 맹공격을 견뎌냈다. 맥아더는 또 하나의 은성표창(두 번째 은성표창-옮긴이) 추천을 받았으며, 프랑스군 군단장은 레지옹 도뇌르(Legion d'honneur) 훈장을 주어야 한다고 주장했다. 하지만 이번에 맥아더는 끔찍하고 비참한 죽음의 현

독일군이 후퇴하자, 맥아더는 기회를 포착했다. 솔선수범과 설득을 통해 그는 165보병연대의 아일랜드계 병사들을 선두로 해서 지친 무지개 사단 장병들을 전진시켰다. 이 전투가 끝난 뒤, 맥아더는 추가로 은성표창 2개와 메노허의 격찬을 받았다. 사단본부 장교들은 그에게 "용감한 자들 중 가장 용감한 자"라고 새긴 금제 라이터를 선물했다.

장을 너무나 많이 보고 들어서 훗날 전쟁이 다시는 전과 같지 않았다고 말했다.[14]

7월 28일, 독일군이 후퇴하고 있다고 생각한 프랑스군의 한 장군이 포병의 지원도 없이 무지개 사단의 보병을 공격으로 내몰았다. 독일군 4개 사단에 속한 부대들과 격렬하게 싸우는 도중에 사단장 메노허는 사단의 84여단장을 해임하고 그 자리에 맥아더를 임명했다. 독일군이 후퇴하자, 맥아더는 기회를 포착했다. 솔선수범과 설득을 통해 그는 165보병연대의 아일랜드계 병사들을 선두로 해서 지친 무지개 사단 장병들을 전진시켰다. 7일 동안 7마일을 전진하는 동안 사단에는 6,500명의 사상자가 발생했다. 이 전투가 끝난 뒤, 맥아더는 추가로 2개의 은성표창(세 번째, 네 번째 은성표창-옮긴이)과 메노허의 격찬을 받았다. 그리고 결국 참모장 직책에서 벗어났다. 사단본부 장교들은 그에게 "용감한 자들 중 가장 용감한 자"[나폴레옹이 미셸 네(Michel Ney) 원수에게 붙인 별명-옮긴이]라고 새긴 금제 라이터를 선물했다.[15]

생미엘 전투

1918년 9월 12일 생미엘(Saint-Mihiel)에서 실시될 첫 번째 미군 단독 공세를 위해, 퍼싱은 미군 50만 명과 프랑스군 10만 명을 집결시켜 독일군의 돌출부를 공격하려고 했다.[16] 2만 3,000명에 불과했던 돌출부의 독일군은 미군의 공격이 시작되었을 때 이미 철수하고 있었다. 맥아더는 직접 사단을 인솔하고 공격에 나선 공로로 다섯 번째 은성표창을 받았다. 전략적 도시인 메스(Metz)를 점령하기를 간절히 바랐던 맥아더는 나중에 그의 진격을 거부한 퍼싱의 결정이 커다란 실수라고 믿었다. 맥아더의 병사들이 실제로 메스를 점령할 수는 있었겠지만, 필연적인 적의 반격에 패퇴했을 것이다.[17]

9월 16일 퍼싱이 생미엘 공세를 중단시킨 뒤, 맥아더의 여단은 무지개 사단의 다른 여단들이 휴식을 취하는 동안 단독으로 사단 구역 전체를 맡았다. 그의 병사들은 적의 잦은 포격에 시달렸다. 독일군이 쏜 포탄이 소나기처럼 쏟아지던 그달 말의 어느 날, 맥아더는 당시 전차여단을 지휘하던 조지 S. 패튼(George S. Patton)과 마주쳤다. 패튼(개인적으로 두려움을 인정했으니 용감한 사람이라는 점에는 의문의 여지가 없다)은 이렇게 기록했다.

"이동하는 적의 탄막이 서서히 접근해오자, 나는 우리 모두가 그 자리를 떠나고 싶어 하면서도 서로 먼저 말을 꺼내기 싫어할 뿐이라고 생각했다. 그래서 우리는 그대로 있었다. 우리는 선 채로 이야기를 주고받았지만, 상대방이 하는 말에는 전혀 관심이 없었다."

패튼이 지근탄에 움찔하자, 맥아더가 그에게 이렇게 장담했다.

"중령, 걱정하지 말게. 자네는 자신을 해칠 포탄 소리를 결코 듣지 못할

1918년 여름, 프랑스 르노 전차 옆에서 사진을 찍은 1전차여단상 조지 S. 패튼 육군중령. 패튼은 맥아더를 "내가 이제까지 만난 사람 중 가장 용감한 사람"으로 꼽았다. 〈사진: Public Domain〉

테니까."

그런 문제에 있어서 전문가적 감각을 가진 패튼은 맥아더를 "내가 이제까지 만난 사람 중 가장 용감한 사람"으로 꼽았다.[18]

생미엘 공세 이후 퍼싱의 1군은 50만 병력을 96킬로미터 떨어진 뫼즈-아르곤(Meuse-Argonne) 지역으로 이동시켰다. 100만의 병력을(그중 85퍼센트가 미군이었다) 동원한 퍼싱은 독일군 전선 절반을 연결하는 철도노선을 절단하는 것을 목표로 삼았다. 이곳에서 그의 병력은 6 대 1의 비율로 독일군보다 수적인 우위에 있었지만, 독일군 정면은 기관총좌와 박격포 진지들이 밀집된 복잡한 미로를 형성하는 동시에 빽빽한 철조망 지

활기 넘치지만 무자비한 5군단장 찰스 서머럴은 여단장 맥아더에게 말했다.
"나에게 샤티용을 주든지, 아니면 5,000명의 사상자 명단을 주게."
맥아더는 이렇게 말했다.
"만약 우리 여단이 샤티용을 점령하지 못할 경우, 군단장께서는 여단장의 이름을 제일 위에 놓고 여단 전체를 사상자 명단으로 발표하셔도 됩니다."
맥아더의 답변에 서머럴의 눈에는 눈물이 고였다.

대를 향해 하향사격을 가할 수 있도록 높은 위치에 자리를 잡고 있어서, 서부전선 전체 독일군 전선에서 가장 강력한 구역 중 하나였다. 공격은 9월 26일(맥아더는 9월 25일~26일에 실시한 야간 습격으로 여섯 번째 은성 표창을 받았다-옮긴이)에 시작되어 점차 잔인한 소모전으로 치달았다. 맥아더의 42사단은 잠시 휴식을 취하다가 출동 명령을 받고 훗날 퍼싱이 미군 전체 전진의 중심축이라고 불렀던 지점, 즉 288고지와 코트 드 샤티용(Cote de Châtillon)이라는 낮은 구릉 지역의 로마뉴 고지대(Romagne Heights)에서 엄청난 전투에 휘말리게 되었다. 이후 맥아더가 출세하는 데 가장 결정적인 역할을 한 전투가 있다면, 그것이 바로 이 전투이다.

활기 넘치지만 무자비한 5군단장 찰스 서머럴(Charles Summerall: 이전에 무지개 사단 포병 지휘관을 거쳐 1사단장을 역임)은 10월 14일에 맥아더에게 이런 말을 했다.

"나에게 샤티용을 주든지, 아니면 5,000명의 사상자 명단을 주게."

맥아더는 이렇게 대답했다.

"만약 우리 여단이 샤티용을 점령하지 못할 경우, 군단장께서는 여단 장의 이름을 제일 위에 놓고 여단 전체를 사상자 명단으로 발표하셔도 됩니다."

맥아더의 답변에 서머럴의 눈에는 눈물이 고였다.[19]

●

뫼즈-아르곤 공세

가스 공격을 받아 몸이 성하지 않은 상태로 맥아더는 여단을 이끌고 전진하여 수차례나 돌격을 감행했지만, 목표를 달성하는 데 실패했다. 서머럴은 반복되는 실패를 받아들이려 하지 않고 오히려 무자비하게 무지개 사단의 다른 여단인 83여단의 지휘관을 해임하고 맥아더에게는 반드시 목표를 달성하라고 맹렬하게 다그쳤다. 이 두 사건은 한 번만 더실패하면 이번에는 맥아더 자신이 해임될 것이고 결국 군대 경력도 영원히 끝장날 것이라는 강한 암시였다. 따라서 10월 16일은 결정적인 중요한 날이었다. 맥아더 지휘 방식의 기본적인 특징을 보여주는 한 일화에서 맥아더는 자신의 경력이 위태로운 상황에서도 167보병연대장 월터 E. 베어(Walter E. Bare) 중령이 구상한 대담한 계획을 조금도 거리낌 없이 승인하여 1개 대대를 적의 방어가 취약한 지점으로 몰래 침투시켜 독일군 방어선에 틈을 낸 뒤 일제히 정면공격을 가하기로 했다. 결국 맥아더는 직접 여단을 인솔해 승리를 거두었다. 이 전투에서 42사단은 4,000명의 사상자가 발생했다. 서머럴은 맥아더의 소장 진급과 명예훈장 수여를 추천했고, 10여 년 뒤 육군참모총장 인선에서 맥아더의 강력한 지지자가 된다. 퍼싱은 진급과 수훈십자훈장을 수여하는 데 동의

뫼즈-아르곤 공세 후, 미국 원정군 사령관 퍼싱이 육군준장 맥아더(왼쪽에서 세 번째)에게 수훈십자훈장을 수여하고 있다. 맥아더가 쓴 규정에 맞지 않는 모자에 주목하기 바란다. 퍼싱은 혐오했지만, 그것은 맥아더만의 독특한 스타일이었다.

했다. 하지만 맥아더는 진급도 되지 않았고 명예훈장이 아니라 수훈십자훈장을 받게 되었다.[20]

코트 드 샤티용 점령 이후 절실하게 필요했던 잠깐의 휴식을 취한 뒤, 무지개 사단은[대략 장교 120명과 사병 7,500여 명이 부족한 상황이었다. 이는 사단 전체 전력(戰力)의 4분의 1에 해당하며, 특히 보병은 전력 부족이 더 심각했다] 11월 5일 적을 추격하는 미군 부대의 최전선에 간신히 합류했다. 맥아더는 비극이 될 수도 있었던 어처구니없는 사건을 겪게 되었다. 프랑스 연합군보다 먼저 스당(Sedan)에 진입하겠다는 무모한 열정에 사로잡힌 퍼싱이 미군 1군 소속 고위 장교들을 달달 볶는 바람에 여러 개의 미군 사단들이 통상적인 부대 경계조차 무시한 채 스당을 향한 경쟁에 돌입했다. 그 과정에서 화려한 차림으로 순찰을 돌고 있던 맥아더는 1사단 병사

수십 년 동안 맥아더 비평가들은 그의 삶 대부분을 맹렬한 공격의 대상으로 삼았다. 그러나 유일하게 프랑스에 있었을 당시의 기록만은 예외였다. 그는 1차 세계대전 서부전선에서 7개의 은성표창과 2개의 수훈십자훈장을 받았다. 코트 드 샤티용을 점령한 것은 명예훈장을 받을 만한 전공이었지만, 그것을 받지 못했다. 그의 정력적인 성격은 무지개 사단이 어떤 통계적인 기준에서 보더라도 미국 원정군에서 최고의 부대 중 하나가 되는 데 주요한 역할을 했다.

들에게 잡혀 자신이 독일군이 아니라고 그들을 설득해야만 했다. 맥아더는 11월 11일 정전이 이루어지기 전 자신의 무공 이력에 일곱 번째 은성표창을 추가했다. 그는 메노허가 군단장이 되면서 잠시 42사단(전투 중은 아니었다)을 지휘했다.[21]

수십 년 동안 맥아더 비평가들은 그의 삶 대부분을 맹렬한 공격의 대상으로 삼았다. 그러나 유일하게 프랑스에 있었을 당시의 기록만은 예외였다. 그는 1차 세계대전 서부전선에서 7개의 은성표창과 2개의 수훈십자훈장을 받았다. 코트 드 샤티용을 점령한 것은 명예훈장을 받을 만한 전공이었지만, 그것을 받지 못했다. 그의 정력적인 성격은 무지개 사단이 어떤 통계적인 기준에서 보더라도 미국 원정군에서 최고의 부대 중 하나가 되는 데 중요한 역할을 했다. 사상자 측면에서 무지개 사단은 겨우 162일 동안 전선에 머물렀을 뿐인데도 1만 4,683명의 사상자가 발생해 (1사단과 3사단에 이어) 3위를 기록했다. 특히 사심 없는 날카로운 식견을 가진 일단의 전문가들이 사후 평가자들의 과장 없는 칭찬이 사실임을 확인해주었

무지개 사단이 점령군 임무를 수행하는 동안 위대한 미국 언론
인 윌리엄 앨런 화이트는 무지개 사단을 방문한 뒤, 맥아더에
대해 이렇게 말했다.
"나는 이제까지 이렇게 활발하고, 이렇게 매혹적이며, 이렇게 사
람의 마음을 끄는 사람을 만나본 적이 없다. ……… 그의 참모들
은 그를 존경했고, 그의 병사들은 그를 숭배했으며, 그에게서 허
영 따위는 보이지 않았다."

다. 노획된 기밀문서에 따르면, 독일 황제의 장교들은 일관되게 영국과 프
랑스의 최정예 부대와 대등한 능력을 가진 것으로 간주하는 서너 개 미군
사단 중 하나로 무지개 사단을 꼽았다. 1992년 어느 연구에서는 42사단이
전투효율 부문에서 2사단에 이어 2위로 평가되었는데, 당시 2사단은 절반
이 해병이었다.[22]

이처럼 탁월한 무지개 사단은 보상은커녕 코블렌츠(Coblenz) 인근 라
인(Rhine) 강 서안 지역을 담당할 점령군의 미군 구성 부대인 9개 사단
중 하나로 지정되었다. 반면 별로 힘들지 않게 근무한 많은 미군은 자신
을 고국으로 데려다줄 배를 타러 가고 있었다. 무지개 사단이 점령군 임무
를 수행하는 동안 위대한 미국 언론인 윌리엄 앨런 화이트(William Allen
White)는 무지개 사단을 방문한 뒤, 맥아더에 대해 이렇게 말했다.

"나는 이제까지 이렇게 활발하고, 이렇게 매혹적이며, 이렇게 사람의 마
음을 끄는 인물을 만나본 적이 없다. ……… 그의 참모들은 그를 존경했고,
그의 병사들은 그를 숭배했으며, 그에게서 허영 따위는 보이지 않았다."

화이트와의 인터뷰에서 맥아더는 이후 자신이 경험할 승리와 패배에

대한 전조(前兆)를 어렴풋이 보여주는 두 가지 이야기를 언급했다. 하나는 맥아더가 유권자로서 독일 여성의 명민함을 격찬한 것인데, 이는 나중에 일본 여성의 참정권에 대한 그의 지지를 시사한다. 그리고 다른 하나는 그가 미국의 급진적인 움직임에 대한 관심을 표시했다는 것인데, 이는 육군참모총장 재직 당시 그를 재앙으로 몰고 간 어떤 강박관념에 대한 비밀스런 단서를 제공한다.[23]

●

최연소 육군사관학교 교장이 되다

마침내 1919년 4월 18일, 맥아더는 브레스트(Brest)에서 자신의 여단과 함께 항해에 나섰다. 세차게 비가 내리면서 "저기 유럽(Over There: 당시 유행했던 군가 제목이기도 하다-옮긴이)"에서 그들이 겪은 모험과 작별하는 순간, 침울한 분위기가 흘렀다. 나중에 맥아더는 이렇게 회고했다. 자신과 자신의 부하들이 뉴욕에 도착해 배에서 내렸을 때 그는 요란한 환호성과 박수를 기대했다. 하지만 그런 건 없었다. 대신 그는 한 아이와 마주쳤다. 그 아이는 배에서 내리는 사람들이 누군지를 물었다. 맥아더가 그들은 바로 유명한 42사단이라고 대답하자, 그 아이는 그들이 프랑스에 가본 적이 있는지 물었다. 배의 현문에서 벌어진 이 사건은 국가 분위기에 엄청난 반전이 있을 것이라는 전조였다. 십자군이나 이상(理想)에 대한 주장에 귀를 기울이는 사람은 사라졌다. 공화당 대통령 후보인 워런 G. 하딩(Warren G. Harding)은 "일상으로 복귀"라는 기치를 들고 행진했다.[24]

육군참모총장 페이튼 마치는 맥아더가 해외에서 귀환하자, 곧바로 그를 육군사관학교 교장에 임명했다. 이번 임명은 맥아더의 경력에서 대단히 중요한 것이었다. 최근에 진급해 장군이 된 10여 명(그와 같은 시기에 임관한 장교들 중에서 단 한 명을 제외하고 모두)은 더 낮은 계급으로 강등되었지만, 육군사관학교 교장이 된 맥아더는 준장 계급을 유지할 수 있었다.

39살의 나이로 맥아더는 존경받는 실베이너스 세이어(Sylvanus Thayer) 이래 최연소 육군사관학교 교장이 되었다. 세이어는 1812년 전쟁(영미 전쟁: 1812년 6월에 영국과 미국 사이에서 일어난 전쟁. 나폴레옹 전쟁 때 중립을 선언한 미국이 영국의 프랑스에 대한 봉쇄로 미국의 해운이 위협을 받자 영국에 선전포고를 했는데, 1814년 12월에 강화가 이루어져 종결되었다-옮긴이)이 끝난 뒤 육군사관학교를 미국의 최고 교육기관으로 만든 사람이었다. 마치는 맥아더에게 교수진(그들 중 일부는 맥아더의 생도 시절에 그를 가르치기도 했다)과 우호적인 관계를 유지하라고 지시했지만, 무엇보다 웨스트포인트에 새로운 활력을 불어넣는 일이 시급하다는 점을 강조했다. 전쟁 기간 동안 마치는 웨스트포인트를 4년제 사관학교에서 1년제 정예장교훈련 과정으로 개조했었다. 마치는 자신이 육군사관학교에 입힌 중상을 치료하는 임무를 맥아더에게 부여한 셈이었다.

민간인들은 군대와 관련된 모든 것이 그렇듯이 육군사관학교에서도 교장이 자신이 선호하는 것에 충성을 강요할 수 있을 만큼 엄청난 권력을 누릴 것으로 상상하겠지만, 사실은 그렇지 않았다. 민주적인 교무위원회가 실제 권력 기관이었다. 그것은 교장과 생도대 대장, 교수부 부장들로 구성되었으며, 각 위원은 한 표만 행사할 수 있었다. 모든 교수들은 자신이 육군사관학교의 혼(魂)을 지킨다고 생각했다. 그들이 인정하는 육군사관학교의 혼이란 신성한 전통에 의해 발현되는 것이었다. 교수들은 맥아더의 차림새를 보고 그가 체제 전복적인 의도를 갖고 있다는 조기경보로

1919년, 39살의 나이로 최연소 육군사관학교 교장이 된 맥아더의 모습. 학문과 체육, 생도 생활 전반에 걸쳐 그가 일으킨 종합적인 개혁으로 그는 20세기의 가장 중요한 육군사관 학교 교장 중 한 명으로 꼽힌다. 〈사진: Public Domain〉

받아들였다. 그의 모자에는 테두리가 없어서 일정하게 모양이 유지되지 않았다. 아무 일도 아닌 것처럼 태연하게 생도들에게 담뱃불을 붙여주는 그의 행동에서 볼 수 있는 것처럼, 그는 밑에 있는 사람들과 가까워지려는 성향이 놀라울 만큼 강했다(물론 그가 생도들과 필요한 만큼 거리를 유지하기는 했지만).[25]

맥아더와 교무위원회 사이에 벌어진 엄청난 충돌은 미래관에 대한 근본적인 갈등에 원인이 있었다. 맥아더는 전쟁 경험을 통해 육군사관학교

육군사관학교 교수들은 교장인 맥아더의 차림새를 보고 그가 체제 전복적인 의도를 갖고 있다는 조기경보로 받아들였다. 그의 모자에는 테두리가 없어서 일정하게 모양이 유지되지 않았다. 아무 일도 아닌 것처럼 태연하게 생도들에게 담뱃불을 붙여주는 그의 행동에서 볼 수 있는 것처럼, 그는 밑에 있는 사람들과 가까워지려는 성향이 놀라울 만큼 강했다.

가 지금까지와는 다른 유형의 장교를 준비해야만 한다는 것을 확신하게 되었다. 전통적으로 육군사관학교 졸업생은 모병제로 운용되는 소규모 정규군에 들어갔는데, 모병된 병사들은 자질이 떨어지기 때문에 효과적인 병사가 되기 위해서는 엄격한 규율이 필요했다. 전쟁을 겪으며 장군으로 부상한 맥아더는 자신이 이미 미래를 보았다고 확신했다. 육군의 미래는 주방위군과 지원병 혹은 징집병으로 구성된 대규모 군대에 있었다. 그런 유형의 병사들은 성취도가 높기 때문에 두려움을 자극해 지배하기보다는 존경심을 끌어낼 수 있는 장교만이 그들을 효과적으로 지휘할 수 있었다. 또한 점령군 당시의 경험을 통해 장교는 엄밀한 의미에서 군사적 성격을 벗어난 문제도 처리할 수 있는 역량을 갖추고 있어야 한다는 것을 깨달았다.

따라서 맥아더의 개혁 방안들은 종합적인 자유화를 포함하고 있었다. 그는 교과과정을 확대하여 사회과학과 현대 군사사를 포함시켜 생도들이 미국 사회와 좀 더 많이 교류하고 그들에게 더 높은 수준의 책임을 부여하려고 했다. 그리고 잔학한 괴롭힘의 희생자였던 자신의 경험에 근거하여 1차 세계대전 동안 위험할 정도로 통제를 벗어난 그런 괴롭힘을 근절 맥아더는 전쟁 경험을 통해 육군사관학교가 지금까지와는 다른 유형의 장교를 준비해야만 한다는 것을 확신하게 되었다. 전쟁을 겪으며 장군으로 부상한 맥아더는 자신이 이미 미래를 보았다고 확신했다. 육군의 미래는 주방위군과 지원병 혹은 징집병으로 구성된 대규모 군대에 있었다. 그런 유형의 병사들은 성취도가 높기 때문에 두려움을 자극해 지배하기보다는 존경심을 끌어낼 수 있는 장교만이 그들을 효과적으로 지휘할 수 있었다. 또한 점령군 당시의 경험을 통해 장교는 엄밀한 의미에서 군사적 성격을 벗어난 문제도 처리할 수 있는 역량을 갖추고 있어야 한다는 것을 깨달았다.

하는 방안을 추진했다. 비록 괴롭힘이 완전히 사라지지는 않았지만─주된 이유는 많은 졸업생과 생도 상당수가 그것을 부적격자를 솎아내는 수단으로 보았기 때문이다─ 맥아더는 근본적인 변화에 영향을 미쳤다.

맥아더는 육군사관학교에서 몇 가지 중요한 승리를 거두었다. 그는 자랑스러운 유산으로서 오랫동안 여러 세대에 걸쳐 이어져오고 있지만 초기 형태에 머물러 있던 명예규정(Honor Code: 오늘날 미국 육군사관학교에는 "생도는 거짓말, 부정행위, 도둑질을 하지 않으며 그런 행동을 하는 이들을 용납하지 않는다"는 서약이 거대한 돌에 새겨져 있다. 생도들은 이 약속을 철칙으로 여기고 처벌보다 불명예를 부끄럽게 여긴다─옮긴이)을 공식화했다. 배타적인 것으로 악명이 높을 만큼 폐쇄적인 교수진에게 더 높은 수준의 학습을 위해 다른 교육기관을 방문할 것을 강요했다. 정치계 인사나 군인, 기타 여러 분야의 전문가를 비롯해 많은 외부 교수진을 초청강사로 육군사관학교에 초빙했다. 노교수들은 이런 조치들에 저항한 반면, 좀 더 젊은 교관들은 그것을 수용했다. 맥아더가 남긴 것으로 세월이 흘러도 변치 않는 또 하나의 위대한 유산은 포괄적인 교내 체육활동 체계이다. 체육관에는 그가 직접 한 말이 새겨져 있다.

"우호적인 경쟁의 장(場)에 뿌린 씨가 훗날 다른 경쟁의 장에서 승리의 열매를 거두게 될 것이다."

미식축구에 관한 한, 맥아더의 열정에는 한계가 없었다. 그는 한 번도 연습을 참관하지 않은 적이 없었고 자신의 임기 중 육군이 해군에게 질 때마다 온몸을 뒤틀며 괴로워했다. 하지만 그가 뛰어난 미식축구 선수를 선발하는 프로그램을 시작함으로써 1920년대 말이 되면 육군이 경기를 지배하게 된다. 맥아더가 전출되자 그를 반대했던 사람들이 일부 개혁을 원점으로 되돌렸지만, 결국 육군사관학교는 그의 미래관과 개혁정책을 채택하게 된다. 학문과 체육, 생도 생활 전반에 걸쳐 그가 일으킨 종합적인 개혁으로 그는 20세기의 가장 중요한 육군사관학교 교장 중 한 명으로 꼽힌다.[26]

첫 번째 결혼에 실패하다

맥아더가 출세한 이후 몇 년은 어린 시절을 제외하고 개인적 삶이 직업적 삶보다 더 빛났던 유일한 시기였다. 1921년 9월, 맥아더는 그보다 10살 어린 제멋대로이고 매력적이며 부유한 이혼녀 루이스 크롬웰 브룩스(Louise Cromwell Brooks)를 만났는데, 그녀에게는 이미 2명의 자식이 있었다. 그녀의 넘치는 관능미는 맥아더를 사로잡았다. 루이스는 퍼싱이나 늠름한 영국 해군제독 데이비드 비티 경(Sir David Beatty: 유틀

란트 해전에서 1전투순양함전대를 지휘했다)과 같은 명사들을 상대로 거둔 연애사의 승전 기록을 자랑스럽게 여겼지만, 맥아더의 강력한 매력에 그만 빠지고 말았다. 두 사람은 1922년 발렌타인데이에 결혼식을 올렸다. 두 사람의 결합은 특출한 인간들에게만 적용되는 신성한 운명임을 알리는 것이었다. 비록 그와 루이스의 관계가 성적 욕망으로 촉진되기는 했지만, 맥아더는 너그럽고 진실하게 그녀의 아이들에게도 아낌없이 사랑을 베풀었다.

루이스가 갑자기 맥아더의 경력에 끼어들어 복잡한 문제를 만들면서 당시에는 자극적인 추문이었다가 나중에는 역사적 촌극이 된 일화가 탄생했다. 한때 루이스에게 연정을 품었던 퍼싱은 거의 부성애적인 관심으로 지켜보던 부관 존 퀘케마이어(John Quekemeyer)가 그녀와 약혼을 하자 기뻐해주었다. 루이스는 비공식적으로 이루어진 퀘케마이어와의 약혼을 파기하고 맥아더의 청혼을 받아들였다. 이 일은 퍼싱이 맥아더에게 편지를 보내 그가 해외로 전출될 것이고 그러면 4년 임기를 채우지 못하고 육군사관학교 교장직에서 물러나야 할 것이라고 알리고 나서 며칠 뒤에 일어났다. 육군 인사들의 거실에서 오가는 대화의 결론에 따르면, 이런 일련의 사건들은 맥아더의 경력과 결혼을 망치려는 퍼싱의 악의적 시도와 관계가 있었다. 사실, 퍼싱의 편지는 맥아더가 루이스와의 결혼을 발표하기 전에 작성되었다. 따라서 맥아더가 육군사관학교 교장직에서 물러나게 된 더 그럴 듯한 이유는 퍼싱이 늙은 보수파의 의견에 동조했기 때문일 것이다.

1922년 10월 필리핀으로 돌아온 맥아더는 많은 것이 변했다는 것을 알게 되었다. 전반적으로 평화가 정착되어 있었다. 1916년부터 필리핀 국회가 권력을 행사했다. 그 지도자인 마누엘 케손(Manuel Quezon)은 필리핀 정치계의 떠오르는 샛별로 독립을 위해 부지런히 활동했다. 맥아더의 오랜 우상인 레너드 우드가 필리핀 총독으로 재임 중이었다.

맥아더의 공식 직함은 마닐라 군구 사령관이었다. 실제로 그가 할 일은 거의 없었기 때문에 맥아더는 남는 시간을 필리핀 지배계층과 친목을 다지며 보냈다. 현지인들은 물론 식민지의 백인 엘리트들도 맥아더가 필리핀 상류층을 사회적으로나 지적으로 자신과 대등한 존재로 대한다는 사실을 잘 알고 있었다. 이런 태도로 인해 맥아더는 필리핀 사람들에게는 인기가 많았지만, 많은 백인과는 사이가 멀어졌다. 루이스는 사교 모임에 적극적으로 참석했지만, 거의 백인들하고만 어울렸다.[27]

어머니의 병세가 위중하여 1923년 2월 맥아더는 워싱턴으로 돌아왔다. 어머니는 회복되었지만, 이번을 마지막으로 형을 다시는 볼 수 없게 되었다. 같은 해 형이 맹장염으로 사망했기 때문이다. 1924년 6월 정예부대인 필리핀 스카우트(Philippines Scouts)의 병사들이 백인 병사들과 비교해 급료와 수당, 각종 혜택 등에서 차별을 당하자 폭동을 일으켰다. 맥아더가 필리핀인들의 동등한 대우를 옹호하는 인사로 알려졌다는 사실이 필리핀 사단의 사단장을 그로 교체하는 데 아마 영향을 미쳤을 것이다.[28]

1924년 9월 퍼싱은 육군참모총장을 끝으로 퇴역했다. 10일 뒤 맥아더의 소장 진급이 발표되었다(1925년 1월 맥아더는 최연소 육군소장이 되었다-옮긴이). 그는 1925년 초에 필리핀을 떠나 애틀랜타(Atlanta)에 본부를 둔 4군단 관구의 지휘권을 인수했다. 가을이 되자 그는 볼티모어(Baltimore)에 있는 좀 더 중요한 3군단 관구 사령관이 되었다. 이어서 그가 "내가 지금까지 받은 명령 중에서 가장 혐오스러운 것 중 하나"라고 표현한 명령이 도착했다. 그는 윌리엄 "빌리" 미첼(William "Billy" Mitchell) 준장을 재판하는 군법회의 재판관이 되었다. 그 재판에서는 중요한 법률적 문제가 대두되지 않았다. 미첼이 기소된 것은 육군과 해군 지휘부를 공개적으로 비난했기 때문이었다. 하지만 미첼과 그의 지지자들은 군법회의를 큰 의미에서 항공력을 위한 선전 기회로 삼았고, 특히 공군의 독립을 위한 선전 기회로 활용했다. 맥아더는 재판이 진행되는 동안 스핑크스처럼 알 수 없는 침묵을 유지했다. 그와 루이스는 애정 어린 시선을 주고받으며 시간을 때웠다. 나중에 그를 비롯해 다른 사람들은 그가 무죄선고에 투표했다고 주장했다. 아니면 그 부분은 아직도 명확하게 밝혀지지 않았기 때문에 그렇다고 주장하는 것 같았다. 그가 자신의 주장대로 했을 가능성은 별로 없다. 다만 맥아더가 미첼의 군적 박탈을 막으려고 노력했을 가능성은 있다.[29]

맥아더의 결혼생활은 볼티모어에서 파경을 맞았다. 1929년 두 사람이 이혼하게 된 공식적 사유는 터무니없게도 "부양의 의무를 다하지 못했다"는 것이었다. 나중에 두 사람 모두 파경의 이유를 "성격 차이"라고 말했는데, 그것이 진짜 이유였다. 만약 마지막 열정을 불태우는 일단의 쾌락주의자들의 빛으로 재즈 시대(Jazz Age)가 역사 속에서 여전히 명맥을 유지하고 있었다면, 루이스 크롬웰은 그중에서도 특히 아주 눈부신 촛불과도 같은 존재였다. 고루하기 짝이 없는 육군에서 제멋대로이고, 고집 세며, 엄청나게 돈이 많고, 나이가 들어도 여전히 아이인 여성이 설 땅은 없었다. 두 사람의 관계가 그리는 궤적을 분명하게 인식했기 때문에 그녀는 맥아더를 설득해 군복을 벗고 (정말 대단히 돈 많은) 사업가를 만들려고 했지만, 그가 거부했다. 육군은 그의 삶이자 숙명이었다. 맥아더는 자신의 첫 번째 결혼에 대한 기억에 자물쇠를 채우고 다시는 그것에 대해 언급하지 않았다. 이혼으로 인한 가장 큰 상처는 의붓자식들과 떨어져야 한다는 것이었을지 모른다. 그는 그들에게 진실로 애정을 갖고 있었다.[30]

수백 종류의 스포츠 단체들이 미국 올림픽 위원회의 우산 아래 어색한 통합을 이루어 옹기종기 모였다. 육군사관학교 교장 재직 당시 체육활동에 대한 맥아더의 헌신이 이미 잘 알려져 있었기 때문에 미국 올림픽 위원회 위원장이 갑자기 사망하게 되자, 맥아더는 1928년 암스테르담 올림픽 경기를 위해 미국 올림픽 위원회 위원장직을 맡아달라는 제안을 받았다. 새로 육군참모총장이 된 찰스 서머럴 장군(맥아더에게 샤티용을 달라고 했던 바로 그 사람)은 맥아더처럼 체육활동 옹호자였고, 당시는 평화가 영원히 계속되지 않을 수도 있다는 사실을 상기시키는 그 어떤 것도 원하지 않는 사람들이 많은 시기여서 어느 때보다도 육군이 긍정적인 모습으로 대중에 노출될 필요가 있었기 때문에, 맥아더가 올림픽 위원장직을 맡는 문제를 승인했다. 맥아더는 크리스마스트리 아래에서 장난감 열차를 발견한 소년처럼 눈을 반짝이며 열의를 가지고 그 역할에 몰두했다. 스포츠를 종교에 비교했을 때 마치 추기경과 같은 권위를 갖고 있는 각 종목 단체장들이 자신의 권위에 도전하지 못하도록 맥아더는 그들의 자만심은 억누른 반면, 미국 출전 선수들은 승리를 할 수 있도록 적극적으로 응원했다. 화려한 장면을 연출하며 그는 우승 가능성이 낮은 미국 조정팀이 금메달을 향해 힘껏 노를 저을 수 있도록 응원하기 위해 자신의 리무진 운전사에게 지시해 조정 경기장과 나란히 이어지는 도로를 따라 그들과 나란히 달리기도 했다. 그가 이끈 1928년 올림픽 미국 선수단은 참가국 중 가장 많은 메달을 획득했다. 이와 같은 업적은 이혼으로 상처 입은 그의 영혼에 진통제가 되는 동시에 그의 명성에도 빛을 더해주어 육군 장교 경력에서 최고 자리에 오를 수 있는 기회가 그만큼 더 가까워졌다.[31]

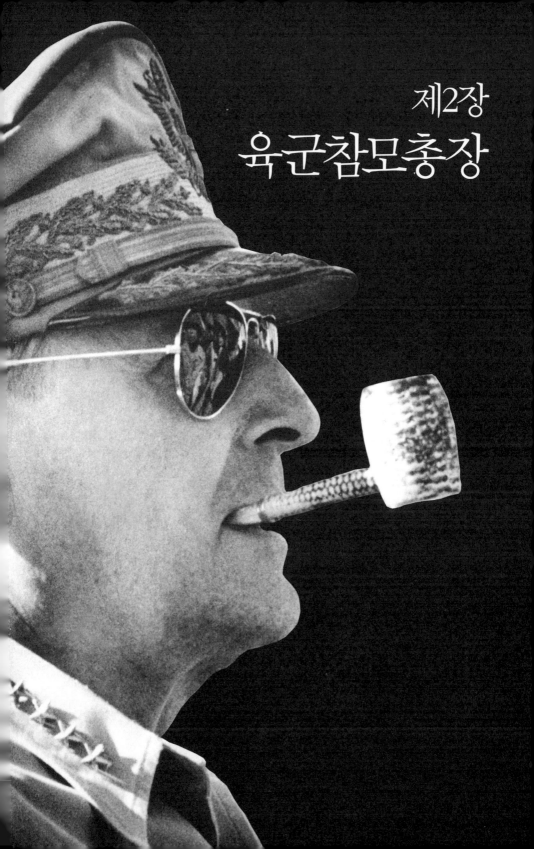

제2장
육군참모총장

육군참모총장 맥아더가 실시한 육군 개혁

1927년 지독한 홍수로 인해 허버트 후버(Herbert Hoover)('위대한 공학자') 대통령은 대규모 홍수조절사업의 선봉장이 되어줄 역동적인 새 공병감이 필요하다는 것을 인식하게 되었다. 후버는 맥아더에게 그 보직을 제안했다. 맥아더는 현명하게도 그 제안을 정중하게 거절했다. 그것이 아버지조차 오르지 못한 군인 경력의 마지막 자리이자 모두가 탐내는 육군참모총장이 될 수 있는 길을 막을 수도 있다고 생각했던 것이다.

서머럴의 참모총장 임기가 1930년에 끝나게 되어 있는 상황에서 맥아더는 압도적이지는 않아도 유리한 위치에 있었다. 육군참모총장의 '임기'는 통상 4년이었다. 소장들 중 맥아더보다 서열이 높은 6명은 모두 그 이전에 정년에 도달하게 되어 있었다. 정년까지 적어도 4년 이상 남은 11명의 소장 중 맥아더가 가장 어렸다. 하지만 그는 대중적으로 가장 잘 알려져 있었고, 훈장 수훈 이력 면에서도 가장 두드러졌다. 올림픽에서 거둔 최근의 성과는 그의 이름을 더욱 빛나게 만들었다. 소문에 따르면, 퍼싱 장군은 폭스 코너(Fox Connor)를 지지했지만, 유럽에 전쟁기념물을 설립하는 일에 몰두하고 있어 자신이 지지하는 후보를 돕기에는 불리한 상황이었다. 맥아더는 서머럴과 늠름한 육군장관이자 석유재벌인 패트릭 헐리(Patrick Hurley)의 적극적인 지지를 받고 있었다. 후버 대통령이 맥아더를 높이 평가했기 때문에 상황은 종결되었다. 1930년 11월 21일, 맥아더는 참모총장 취임 선서를 했다. 그는 워싱턴과 인접한 버지니아(Virginia) 주 포트마이어스(Fort Myers)에 있는 관사로 이사했다. 어머니가 그와 동행했다.[1]

마침내 자기 아버지도 손에 넣지 못한 육군 최고 자리에 올랐기 때문에 육군참모총장으로서 맥아더는 모든 병종과 병과의 균형 잡힌 광범위한 발전을 실현하려고 했다. 경제 사정이 절박했기 때문에 육군의 예산은 급격하게 삭감되었다. 육군의 규모, 특히 장교단이 심하게 감소되자, 그는 자신의 생각을 간략하게 담은 서한을 의회에 제출했다.

"현대전에서 훈련된 장교는 가장 중요한 핵심 요소이며, 그들만은 어떤 상황에서도 절대로 임시방편이나 즉흥적으로 양성될 수 없습니다."

맥아더는 하드웨어가 아니라 육군의 장교 교육체계를 유지하기 위해, 아니 엄청나게 개선하기 위해 필사적으로 싸웠다.

맥아더의 자부심은 한껏 부풀어 올랐다. 실제로 그는 진정한 왕관을 쓴 셈이었다. 격동의 시기였던 재임 기간에 그가 거둔 많은 성공은 실패의 그늘에 가려졌다. 맥아더가 상대한 적은 대공황(Great Depression)이었다. 군사 용어로 표현하자면, 그는 근사한 기병이 되어 승리를 향해 전속력으로 질주하는 역할이 아니라 사면초가의 지휘관이 되어 매서운 후위 전투를 수행하는 상황에 빠졌다.

참모총장으로서 맥아더가 수행해야 하는 엄청난 업무들 중에서 육군에 미래상을 제시하는 것이 가장 중요했을 것이다. 맥아더의 미래관은 지극히 평범했다. 그는 모든 병종과 병과의 균형 잡힌 광범위한 발전을 실현하려고 했다. 하원 국방예산 소위원회 위원장인 로스 A. 콜린스(Ross A. Collins) 하원의원은 맥아더의 적대적 인물 목록 수위에 올라 있는 인물이었다. 콜린스는 미래의 전장이 기계화와 공군력에 의해 지배될 것이라는 전혀 다른 미래관을 제시했다. 맥아더는 둘 중 그 어느 쪽에도 우선권을 주려고 하지 않았다.

그럼에도 불구하고 맥아더를 선사시대 혈거인(穴居人)으로 묘사한 만화를 통해 두 사람의 충돌을 묘사한 것은 공정하지 못한 처사일지 모른다. 경제 사정이 절박했기 때문에 육군의 예산은 급격하게 삭감되었다. 사용 가능한 예산이 부족한 상황에서 어떤 계획이든 새로 비싼 장비들을 구입해야 할 경우 인력과 교육훈련 부분에서 상당한 예산 감축이 뒤따를 수밖에 없었다. 1차 세계대전 이후 의회는 육군의 최소 규모가 장교 1만 8,000명과 부사관 및 사병 28만 5,000명은 되어야 한다고 추정했다. 맥아더가 인수한 육군은 대략 장교 1만 2,000명과 부사관 및 사병 12만 5,000명으로 구성되어 있었다. 맥아더는 육군의 규모, 특히 장교단이 심하게 감소되었기 때문에 전혀 타협의 여지가 없다고 생각했다. 그는 자신의 생각을 간략하게 담은 다음과 내용의 서한을 의회에 제출했다.

"현대전에서 훈련된 장교는 가장 중요한 핵심 요소이며, 그들만은 어떤 상황에서도 절대로 임시방편이나 즉흥적으로 양성될 수 없습니다."

맥아더는 하드웨어가 아니라 육군의 장교 교육체계를 유지하기 위해, 아니 엄청나게 개선하기 위해 필사적으로 싸웠다. 실제로 우리는 맥아더의 뛰어난 업적이자 2차 세계대전 이전에 이루어진 유일한 급진적 혁신이 교육과 관련된 것이라고 주장해도 무방하다. 마침내 돈줄이 풀려서 육군이 교리를 개혁하고 현대화된 장비를 신속하게 배치하고 대규모 동원(1945년 전력이 최고조에 달했을 당시 육군은 맥아더가 참모총장으로서 이끌었던 군대보다 거의 '60배'나 커졌다)을 수행할 수 있는 역량을 보여주자, 그의 선택이 옳았음이 입증되었다. 이 모든 것이 고등교육을 받은 직업군인 장교들, 비상시에도 "절대 임시방편이나 즉흥적으로 양성"될 수 없는 핵심 집단이

있었기에 가능했던 것이다.[2]

맥아더가 시작한 개혁 중 중요한 것은 두 가지였다. 하나는 총참모본부 자체를 재편성하는 것으로, 그로 인해 협조와 효율이 크게 개선되었다. 이 보다 더 중요한 것으로 드러난 또 다른 개혁은 육군의 9개 군단 관구들을 4개 군으로 통합하려 한 것이다. 결국 이 4개 군은 동원과 훈련, 전술적 배치의 기준이 되었다. 육군 역사가들은 그것을 "육군의 전술 편제가 곧 닥칠 세계적 분쟁에 맞게 자신의 임무에 대비하는 방향으로 전진하는 기념비적 단계"였다고 격찬하면서 조지 마셜(George Marshall)이 2차 세계 대전의 거대한 팽창에 맞춰 적용하게 될 편제의 초기 단계로 보았다.[3]

맥아더는 항공력을 신장시키는 데 핵심적인 역할을 했지만, 그것은 순전히 우연이었다. 1931년, 맥아더는 각 군의 항공병과의 역할과 관련하여 해군의 합의를 얻어냈다. 맥아더는 육군을 위해 항공기로 해안을 방어하는 임무를 확보했다. 이 임무 덕분에 육군 항공병과는 장거리 '해안 방어' 역량을 가진 항공기를 보유할 수 있게 되었다. 1933년 그들은 폭격기 설계를 경쟁에 붙여 B-17 "하늘을 나는 요새(Flying Fortress)"를 탄생시켰는데, 이 항공기를 통해 육군항공대는 마침내 전략폭격이라는 자신의 꿈을 실현시킬 수 있게 되었다.[4]

기계화와 관련하여 맥아더는 자신이 물려받은 아주 다루기 힘든 문제를 한편으로는 개선하고 다른 한편으로는 악화시켰다. 역사가 조지 호프만(George Hoffman)의 말처럼, 대규모 기계화 프로그램을 배제해야 할 만큼 혹독했던 예산 제약도 "육군 지휘부가 인간을 현대화시키는 것까지 배제하지는 못했다." 1920년 국가방위법(National Defense Act)은 발전된 개념들이 싹트고 있던 독립 전차군단(Tank Corps)을 폐지함으로써 미군 기갑전투교리의 개발을 가로막는 근본적인 장애물이 되었다. 그 대신 국가방위법은 전차의 통제권을 보병 병과에 넘겨주었는데, 보병 병과를 지휘하는 장교들은 전차가 보병을 직접적으로 지원해야 한다는 관점에서 기계화를 구상했다. 1931년 맥아더는 창설된 지 얼마 되지도 않은 실험적인 기계화여단을 해체했다. 이렇게 한 걸음 뒤로 물러섬으로써 중요한 두 걸음을 전진할 수 있었다. 그는 앞으로 빠른 속도전에 적합하지 않은 고물 차량들을 유지하느라 한정된 자원을 소비하는 것보다는 그것을 빠르고 튼튼한 신형 전차의 시제품에 투입하는 편이 낫다고 제대로 판단했던 것이다. 그 신형 전차들은 2차 세계대전에 사용될 차량으로 발전했다. 더욱 중요한 사실은 그가 모든 병과에 기계화 역량을 개발하라고 명령했다는 것이다. 이것이 결정적이었다는 것은 2차 세계대전에 적용된 첨단 전투교리의 대부분이 기병 병과에서 나왔다는 사실로 입증되었다. 하지만 맥아더가 기계화 역량 개발의 책임을 개별 병과로 분산시킨 결과 제병협동작전을 위한 기법 개발이 지체되었으며, 그는 물론이고 그의 후임자도 독일과 소련의 종심 기동을 통한 침투작전을 예견하지 못했다.[5]

온갖 다른 힘든 일 속에서도 맥아더는 종교 잡지 출판사의 요구에 일부러 시간을 내어 반전주의에 물들어 있는 이념을 설교하는 미국 성직자들에 대한 여론조사에 응답했다. 맥아더는 책임을 지지 않은 채 권리만을 요구하는 사람으로 규정한 자들을 남성적 관점에서 맹렬하게 비난했다. 이 일로 인해 익명의 한 반전주의자가 맥아더에게 살해 위협을 가하는 사태가 벌어지기도 했다.[6]

맥아더는 거리감이 느껴지는 냉담한 후버 대통령이 허용하는 만큼만 가까운 친구였다. 그들은 서로를 각자의 분야, 즉 군과 공학에서 유능한 전문가로 평가했다. 맥아더의 입장에서는 후버가 직업 정치가가 아니라는 사실이 그의 품위를 높여주었다. 맥아더가 군 생활 이외에 자신의 철학을 표현한 몇몇 말들을 보면, 후버의 저서인 『미국의 개인주의(American Individualism)』에 묘사된 "단호한 개인주의"와 아주 유사했다. 그것은 유럽의 출신 성분에 따른 계급제도와 사회주의 모두를 거부하는 이상적인 체계였다. 그는 각 개인이 자신의 "지능과 성격, 능력, 야망"에 맞춰 최고의 성취를 이룰 수 있게 하는 것이 정부의 합법적인 목표라고 믿었다. 또한 어떤 정치적 혹은 경제적 파당이 지배력을 행사하여 개인의 기회를 좌절시키지 않도록 정부는 심판자 역할을 해야만 한다고 생각했다. 그것에 대한 보답으로 개인은 불우한 사람들에 대한 배려―하지만 그들의 자립심과 주도권에는 해가 되지 않는 수준에서― 등과 같은 공동체에 대한 사회적 책임을 갖는다. 이런 유형의 철학은 애덤 스미스(Adam Smith)의 자유방임주의를 거부하는 반면, 정부의 개입을 사회나 경제 문제에 대한 하나의 해법으로 보았다. 다만 그것은 냉정한 시각에서 조심스럽게 매우 간헐적으로 적용해야 했다. 맥아더는 후버의 철학을 모방함으로써 자신이 스스로 떠올린 생각을 새롭게 발전시키기보다는 다른 사람의 것을 개작하는 쪽을 택하는 성향이 강하다는 것을 보여주는 또 하나의 사례를 남겼다. 좀 더 실제적인 면에서 보면, 이런 원칙들로 인해 맥아더는 파시즘이나 군사 쿠데타, 거대 기업에 대한 무분별한 추종 등과 절대 양립할 수 없었다.

●
아이젠하워를 발굴하다

일단 육군참모총장이 되자, 맥아더는 당시에는 잘 알려지지 않은 드와이트 D. 아이젠하워(Dwight D. Eisenhower) 소령을 발굴했다. 젊은 장교 아이젠하워는 세부사항을 잘 숙지하고 있었고, 자신의 책임을 남에게 미루지 않는 적극성을 보였으며, 남에게 호감을 주는 성격을 갖고 있어서 민간인들하고도 쉽게 어울렸다. 하지만 무엇보다 맥아더는 아이젠하워의 유려한 문장력에 주목했다. 맥아더는 야심만만한 아이젠하워를 자신의 정규 업무 외에 특별 임무에 몇 번이나 투입해 활용한 뒤, 1933년 2월에 부관으로 임명하고 자신의 사무실에 배치했다. 아이젠하워는 거의 7년이나 그 임무를 수행했다.[8]

두 사람 사이의 복잡한 관계와 맥아더에 대한 아이젠하워의 태도는 매우 흥미롭다. 아이젠하워가 그때 당시와 훗날 했던 맥아더에 대한 다양한 논평들은 존경과 경멸이 뒤섞여 있었다. 맥아더의 지적 능력은 아이젠하워를 경외감에 빠지게 했다.

"맙소사, 그는 정말 똑똑해."

아이젠하워는 그렇게 말했다. 아이젠하워의 자아는 경계심을 무너뜨리는 맥아더의 매력 앞에 햇살을 받은 씨앗처럼 발아했다. 그처럼 상대방의 마음을 열게 하는 맥아더의 매력을 구성하는 가장 강력한 요소는 상대방을 치켜세우는 것이었다(맥아더는 아이젠하워가 작성한 서류를 보고 "내가 직접 한 것보다 훨씬 낫다"는 평가를 한 적도 있다. 뛰어난 참모총장에게 그와 같은 말을 들을 경우 정상적인 사람이라면 누구나 흥분할 수밖에 없을 것이다). 참모총장인 맥아더를 위해 아이젠하워는 그의 견해를 예측하고 그것을 완벽하게 제시하는 놀라운 능력을 결합시켜 세련된 문장을 제공했다.[9]

다른 한편으로 아이젠하워는 맥아더의 강한 자존심과 과장된 언행이 너무 불쾌했다. 육군의 규범을 자발적으로 어겨가며 정당 활동에 참가하는 맥아더의 무신경이 아이젠하워를 불안하게 했다. 두 사람의 또 다른 큰 차이는 아이젠하워가 겉으로는 가식 없는 직업 장교인 것처럼 보인 데 반해, 맥아더는 관중의 규모와 상관없이 항상 무대 위에서 공연 중인 무

맥아더 밑에서 근무하는 동안 아이젠하워는 맥아더를 보고 철저한 지휘 방식을 개발했다. 그것은 해당 주제에 대해 세세한 부분까지 통달한 뒤, 권위는 있지만 과장되지 않은 목소리로 집요하게 엄격한 논리로 사실을 제시하는 것이었다. 거대한 맥아더의 자아를 자주 접하다 보니 아이젠하워는 영국 수상 처칠이나 영국군 몽고메리 장군을 상대하는 데 필요한 준비를 따로 할 필요가 없었다. 즉, 학생으로서 아이젠하워는 자신의 선생인 맥아더의 미덕은 물론이고 악덕으로부터 중요한 교훈을 배웠던 것이다.

슨 뛰어난 배우라도 된 것처럼 당당하게 자신을 과시했다는 것이다. 맥아더는 여러 사람 앞에서 말을 할 때, 과장된 몸짓을 하면서 마치 신을 향해 기도를 드리듯 현란한 표현들을 쏟아냈다. 사적인 자리에서 맥아더가 자신을 3인칭으로 표현하는 것을 듣고 캔자스(Kansas) 주 농부의 아들(아이젠하워-옮긴이)은 재미있어 했다.

또한 아이젠하워가 맥아더와 그 이후 마셜 장군 밑에서 겪은 경험에서 맥아더와 마셜의 뚜렷한 몇 가지 차이점을 찾아볼 수 있다. 마셜과 달리, 맥아더는 자신의 부하들을 가르치는 데 특별한 노력을 기울이지 않았다. 그는 그저 아이젠하워에게 자신을 관찰할 수 있는 기회를 주었을 뿐이다. 한편 맥아더는 아이젠하워와 재미있는 농담을 주고받는가 하면, 아이젠하워 부부와 허물없이 만나기도 했다. 반면, 마셜은 그런 일을 가급적 피했다. 맥아더는 아이젠하워의 근무 평정에 한 번은 이렇게 썼다.

"아이젠하워는 육군 최고의 장교이다. 다음에 전쟁이 벌어진다면, 반드시 최고위직에 올라야 한다."

하지만 맥아더는 단 한 번도 아이젠하워를 자기와 대등한 존재로 생
각해본 적이 없었다. 심지어 "최고위직"에 있을 때도 말이다. 맥아더 밑에
서 근무하는 동안 아이젠하워는 서류상의 육군원수가 되는 방법 그 이상
의 것을 배웠다. 그는 맥아더를 보고 철저한 지휘 방식을 개발했다. 그것
은 해당 주제에 대해 세세한 부분까지 통달한 뒤(아이젠하워는 때때로 그
것을 가볍게 취급해야 한다고 배웠지만), 권위는 있지만 과장되지 않은 목
소리로 집요하게 엄격한 논리로 사실을 제시하는 것이었다. '힌덴부르크
(Hindenburg) 호'(체펠린 사가 만든 최대 비행선으로, 1937년 독일을 출발
하여 미국에 착륙을 시도하다 비행선 내부에 저장한 수소가 폭발하여 추락했
다-옮긴이)만큼이나 거대한 맥아더의 자아를 자주 접하다 보니 아이젠하
워는 영국 수상 처칠(Winston Churchill)이나 영국군 몽고메리(Bernard
Law Montgomery) 장군을 상대하는 데 필요한 준비를 따로 할 필요가
없었다. 즉, 학생으로서 아이젠하워는 자기 선생인 맥아더의 미덕은 물론
이고 악덕으로부터 중요한 교훈을 배웠던 것이다.[10]

●
보너스 군대 진압 사건

다른 나라들과 마찬가지로 미국에서도 대공황에 따른 경제적 재앙으로
인해 정치적 불안이 야기되었다. 맥아더는 예비군 소속 사병들을 공공
사업에 투입하려는 의회의 다양한 제안과 같은 구제사업에 육군이 직
접적으로 얽히는 것을 단호하게 반대했다. 또한 맥아더는 자신의 참모
차장인 조지 밴 혼 모즐리(George Van Horn Moseley) 소장과 매우 친

하게 지냈다. 맹렬한 이민배척주의자이자 반유대주의자이며, 공산주의
자들의 천적과도 같은 존재인 모즐리는 맥아더에게 급진주의의 출현에
대해 경고했으며, 모든 대중 소요사태의 배후에 그런 세력들이 있다고
생각했다.[11]

1924년 의회는 약 350만 명의 1차 세계대전 참전용사에게 보상으로 '조
정보상증권(adjusted compensation certificate)'을 제공했다. 이 증권은
의회가 약속한 1945년에 현금으로 교환할 경우 평균 약 1,000달러의 가치
가 있었다. 불경기가 한창일 때, 이것은 상당히 큰 금액이었기 때문에 실
직 상태인 참전용사들은 '보너스(bonus)'의 즉각적인 상환을 요구했다. 의
회가 후버 대통령의 거부를 뒤집고 보너스의 반액을 지불한 뒤, 1932년 라
이트 패트먼(Wright Patman) 하원의원이 '보너스'의 잔액을 지불하게 하
는 법안을 제출했다. 수천 명의 참전용사들이 일부는 가족까지 동반한 채
그 법안을 통과시키기 위해 워싱턴 D. C.(Washington D. C.)로 행진했다. 나
중에 맥아더와 후버 행정부 공직자들은 이들 중 실제 참전용사는 거의 없
었다고 주장했지만, 여러 조사를 통해 최대 94퍼센트가 실제 참전용사였
던 것으로 증명되었다. 후버 대통령과 헐리 육군장관, 그리고 맥아더는 보
너스 시위자들이 이렇게 모이게 된 것을 음모 때문이라고 보았다. 워싱턴
D. C.에서 일련의 소동과 행진이 몇 차례 벌어지면서 후버 대통령과 육군
부 요인들은 공산주의자들이 은밀히 사태를 조장했다고 확신했다.[12]

미국 원정군(American Expeditionary Force, AEF)에서 병장으로
근무했던 월터 W. 워터스(Walter W. Waters)가 '보너스 원정군(Bonus
Expeditionary Force, BEF)'[1차 세계대전 당시 유럽에 파병된 영국군
(British Expeditionary Force, BEF)과 약자가 같다—옮긴이]을 이끌었는데, 6
월에 그 수는 아마 2만 2,000명에 이르렀을 것이다. 언변이 뛰어나고 카리

스마 넘치는 워터스는 규율과 질서를 강조했다. 그는 자신의 재향군인들이 급진주의를 대표한다는 생각을 공개적으로 거부했다. 보너스 원정군을 처리해야 하는 부담을 짊어지게 된 사람은 경찰국장 펠럼 D. 글래스퍼드(Pelham D. Glassford)였다. 이 사건에 대한 역사 기록에서 그는 영웅으로 빛을 발한다. 1차 세계대전 당시 준장으로 복무했던 글래스퍼드는 보너스 시위자들에게 필요한 것은 진압(Suppression)이 아니라 지원(Support)이라는 사실을 정확하게 인식했다. 그는 자신의 영향력은 물론 약 1,000달러에 달하는 자기 돈까지 들여 그들에게 식량을 제공하고 보살펴주었으며, 자신의 상당한 언변과 매력을 동원해 그들이 집으로 돌아가도록 부추겼다.[13]

6월 중순, 상원에서 패트먼 법안이 부결되자, 의회는 귀향을 원하는 시위자들에게 돈을 지불했다. 이런 조치와 법안 부결에 따른 체념으로 7월 중순이 되자 보너스 원정군은 약 1만 명 수준으로 감소했다. 7월 말이 되자 후버 대통령부터 워싱턴 D. C. 행정위원회 위원들까지 모두 인내력의 한계에 도달했다. 글래스퍼드는 7월 21일까지 보너스 원정군 시위자들이 점거하고 있는 펜실베이니아 가(Pennsylvania Avenue)의 건물에서 그들을 몰아내고 8월 4일까지 워싱턴 D. C. 밖으로 내보내라는 명령을 받았다. 글래스퍼드가 다시 한 번 기간을 연장해달라고 요청하여 어느 정도 연장이 이루어졌지만, 7월 27일에 후버 대통령은 보너스 원정군을 반드시 내보내야 한다고 단호하게 명령했다.[14]

글래스퍼드가 7월 28일부터 시위자들을 펜실베이니아 가에서 몰아내기 시작하자, 폭력사태가 발생했다. 글래스퍼드는 벽돌에 맞아 심한 부상을 입었는데도 계속 임무를 수행했다. 이후 벌어진 사태는 논란의 대상이 된 일련의 사건들의 시작에 불과했다. 글래스퍼드가 나중에 기록한 바에 따르면, 그는 경찰이 상황을 통제하고 있지만 추가적인 퇴거 조치는 다음

날까지 미룰 예정이라고 보고했다. 워싱턴 D. C. 행정위원회 위원들은 글 래스퍼드가 실제로 연방정부 병력을 요청했다고 주장했다. 행정위원들은 병력 동원 요청을 후버 대통령에게 전달했다. 오후 2시 15분, 소요사태로 인해 경찰이 2명의 시위자에게 발포하여 치명상을 입히자, 사태가 요동치 며 걷잡을 수 없는 상황으로 치닫게 되었다.[15]

이 사건으로 후버는 육군의 지원을 받는 방안을 모색하게 되었다. 오후 2시 55분, 육군장관 헐리는 민간 정부가 법과 질서를 유지할 수 있는 능력 을 상실했다며 맥아더에게 현장에 병력을 파견하라고 명령했다.

"침범당한 지역을 포위하고 즉시 침입자를 제거하라."

그리고 추가로 다음과 같이 명령했다.

"체포된 자들은 민간 당국에 넘기고, 여자와 아이들을 우선적으로 배려 하고 보살펴주며, 이 명령이 정당하게 집행될 수 있도록 그에 상응하는 모 든 인간애를 발휘하라."

오후 4시가 되자, 1개 기병대대와 1개 보병대대, 1개 전차소대, 자동차수 송중대가 백악관의 타원형 지붕 남쪽에서 대기 상태에 들어갔다. 아이젠 하워의 설득력 있는 조언에도 불구하고 맥아더는 출동 병력과 동행했다. 그 출동 병력에 대한 직접적인 지휘권은 페리 L. 마일스(Perry L. Miles) 준장에게 있었다. 맥아더는 헐리에게 자신이 현장에 있어야 하는 이유를 마일스의 권한을 넘어서는 상황이 발생할 경우 자신이 '필요한 결정'을 내 려야 하기 때문이라고 설명했다. 아이젠하워에게는 "임박한 혁명의 기운이 감돈다"는 좀 더 적나라한 이유로 자신이 현장에 있는 것을 정당화했다.[16]

비록 몇 곳에서 화재가 발생하기는 했지만 피해를 최소화하면서 진 압군은 오후 5시까지 펜실베이니아 가의 충돌 지역에서 시위자들을 몰 아내는 데 성공했다. 밤이 될 때까지 거의 모든 시위자들이 11번가 다리

1932년 7월 28일, 보너스 군대 시위자들을 진압하고 있는 경찰의 모습. 당시 맥아더는 진압군을 이끌고 시위자들을 잔인하게 진압했다. 이 사건으로 육군 물론이고 맥아더도 자신의 이미지에 치명타를 입었다. 〈사진: Public Domain〉

(Eleventh Street Bridge)를 건너 애너코스티어 강(Anacostia River) 건너편으로 물러났다. 진압군은 마지막 단계에서 많은 최루가스를 사용했다. 이 과정에서 가스를 마신 유아 1명이 사망했다.

이 시점에서 사태가 더 이상 진전되지 않았더라면 이후 기껏해야 가벼운 언쟁만 이어졌을지 모른다. 하지만 사태는 그렇게 진행되지 않았고, 그렇게 되지 않은 이유가 이후 초래된 태풍의 눈이 되었다. 헐리는 11번가 다리 너머 시위자들을 추격하지 말라는 대통령의 지시를 담은 전보 2개를 맥아더에게 보냈다. 나중에 아이젠하워는 어떤 전보에서도 맥아더가 그런 명령을 "듣지 못했다"고 주장했다. 마찬가지로 마일스도 그와 같은 명령이 맥아더에게 전달되지 않았다고 단언했다. 맥아더가 고의적으로 대통령의 명령을 어겼다는 이야기가 나돌았고, 그 이야기는 맥아더 비방자들에게 복음이나 다름없었다. 그 이야기를 한 사람은 바로 밴 혼 모즐리였다. 하지만 항공 담당 육군차관보 F. 트루비 데이비드슨(F. Trubee Davidson)은 모즐리의 주장을 반박했다. 진실에 가장 가까운 사실은 모즐리가 '첫 번째' 전보를 맥아더에게 전달하지 않았다는 것이다. 하지만 나중에 클래런스 라이트(Clarence Wright) 대령이 '두 번째' 전보를 전달하려고 시도했다. 아이젠하워는 이에 대해 이렇게 회고했다.

"나는 장군에게 가서 '이 일과 관련해 명령을 갖고 온 사람이 있습니다'라고 말했다. 그는 이렇게 말했다. '나는 명령을 듣고 싶지도, 보고 싶지도 않네. 그를 보내게.' 그는 그 어떤 지시사항도 들으려 하지 않았다. 그렇기 때문에 내가 아는 한 그는 결코 그것을 듣지 못했다."

따라서 아이젠하워의 진술에 따르면, 맥아더는 엄밀하게 말해 대통령의 명령을 거부하지 않았다. 하지만 당시 사건에 대한 가장 우호적이었던 이런 진술을 보더라도 맥아더는 라이트가 전달하려던 지침으로 인해 시위자를 몰아내기 위해 본인이 직접 결정한 목표가 좌절 내지는 지연될지 모른다는 사실을 감지하고 있었음을 알 수 있다. 따라서 그는 라이트의 이야기를 들으려 하지 않았고, 그것은 사실상 민간 정부의 권위에 대한 저항이나 다름없었다.[17]

나중에 맥아더는 시위자들에게 그 지역을 떠나라고 지시했고 진압군이 서서히 전진할 예정이기 때문에 병사들이 식사를 마칠 때까지는 아무 일도 없을 것이라고 글래스퍼드에게 말했다. 그가 말한 유예 시간은 실제로 주어졌다. 마일스가 병력을 인솔하고 밤 11시 15분경에 다리에 도착했을 때, 시위자들이 그곳을 떠날 수 있도록 다시 한 번 전진을 잠시 중단했다.

시위자들이 분노하여 저항의 표시로 불을 질렀는지, 아니면 최루탄 화염 때문인지 야영지에서 화염이 솟구쳤다. 대부분 가난한 수천 명의 참전용사와 그들의 가족은 연기에 질식하고 공포에 질린 채 자정에 모두 도주했다. 그 무렵 맥아더는 이번에도 아이젠하워의 조언을 무시하고 언론의 주목을 받기 위해 직접 몇 차례 신호탄을 발사하기도 했다. 그는 참전용사인 시위자들의 진실성에 의문을 제기하며 그들이 약자로 대우받을 것이라고 생각했다면 그것은 잘못된 생각이라고 선언했다. 그리고 혁명이 임박했다고 주장하며 정부가 행동하지 않을 경우 더 나쁜 결과가 초래될 것이라는 견해를 밝혔다.

이 모든 사건은 육군의 이미지에 치명타를 입혔고, 이로 인해 맥아더의 이미지는 실추되었다. 대부분의 언론과 거의 소규모 군대 수준으로 그 수가 증가한 비방자들은, 단호한 행동을 요구한 후버의 요청을 강력하게 지지하려고 애쓴 맥아더의 노력을 그날 밤 끔찍한 장면을 연출하려는 계획을 감추기 위한 속임수로 해석했다. 여기서 진실의 핵심은 맥아더(헐리와 후버 역시)가 정말로 시위자들을 공산주의자들의 꼭두각시라고 믿었다는 것이다. 그러나 그것은 잘못된 생각이었다. 따라서 그들(언론과 비방자들-옮긴이)은 이 사건을 실제로 정당화될 수 있는 수준보다 훨씬 더 악의적인 관점에서 해석했던 것이다. 글래스퍼드가 설정한 관대한 기준에 따르면, 보너스 군대 시위자들과 그 가족들을 몰아낸 것은 용서할 수 없는 잔학행위로 보였다. 맥아더에게 불리하게도 이 사건에서 거의 언급되지 않은 사실은, 우발적으로 발생한 유아의 사망을 제외하고 모든 사망자는 육군이 아니라 경찰이 가해자였다는 것이다.[18]

이후 맥아더의 명성과 관련하여 프랭클린 루스벨트(Franklin D. Roosevelt)를 포함한 진보주의자들 사이에서 끊임없이 회자되던 또 하나의 이야기는, 군인 출신 최고 지도자가 되려는 맥아더의 숨겨진 야심이 그 사건을 통해 겉으로 드러났다는 것이었다. 루스벨트가 보좌관에게 미국의 2대 위험인물 중 한 사람으로 휴이 롱(Huey Long: 1893년~1935년. 미국의 정치인으로, 루이지애나 주의 40대 주지사이자 1932년부터 1935년까지 루이지애나 주 미국 의회 상원의원이었다. 급진적인 정책으로 유명하며, 이로 인해 프랭클린 루스벨트의 뒤를 이을 민주당 대통령 후보로 떠올랐지만 1935년 루이지애나 주 의회 건물에서 암살당했다-옮긴이)을 언급했다는 일화는 널리 알려져 있다. 보좌관이 나머지 한 사람은 누구냐고 질문하자, 루스벨트는 "더글러스 맥아더"라고 대답했다(이 일화가 계속 회자되는 과정에서 맥아더의 위협은 단지 드러나지 않았을 뿐이라고 루스벨트가 덧붙였다는 사실은 언제나 누락되었다). 만약 미국 내 공산주의자들의 영향력이라는 주제에 대해 맥아더의 히스테리가 너무 심하다고 한다면-실제로 그렇다-, 글이든 말이든 그와 관련된 어떤 증거도 존재하지 않는 상태에서 그가 독재자가 되려는 야심을 품고 있다고 공격하는 비평가들 역시 히스테리가 심하기는 마찬가지이다.[19]

●
보너스 군대 진압 사건으로 인한 민주당 정부의 출범

프랭클린 루스벨트는 당시 대통령 당선이 확실하지 않았으나, 보너스 군대 진압 사건으로 당선이 확실해졌다. 맥아더가 종마를 타고 루스벨트 신임 대통령 취임식 행진을 선두에서 인솔하기는 했지만, 신임 대통령이 어떤 면모를 보일지 짐작할 수 없었던 것은 다른 사람들과 다를 바

널리 알려진 일화에 따르면, 프랭클린 루스벨트(사진)는 보좌관에게 미국의 2대 위험인물 중 한 사람으로 휴이 롱을 언급했다. 보좌관이 나머지 한 사람은 누구냐고 질문하자, 루스벨트는 "더글러스 맥아더"라고 대답했다. 〈사진: Public Domain〉

없었다. 월터 리프먼(Walter Lippmann)은 루스벨트를 "대통령에 적합한 중요한 자질을 전혀 보유하지 않았지만 몹시도 대통령이 되기를 바라는 호감 가는 인물"이라고 평가한 것으로 유명하다. 맥아더와 루스벨트의 관계는 1차 세계대전 이전으로 거슬러 올라간다. 두 사람의 관계

1933년, 근로구호 프로그램의 일환으로 창설된 시민자원보존단원들이 공공근로를 하고 있는 모습. 당시 육군은 27만 5,000명의 시민자원보존단원을 모집했다. 이 기록은 대통령의 목표를 초과달성한 것이었을 뿐만 아니라 1차 세계대전 참전 후 6개월 동안 이루어진 동원 기록마저 능가한 것이었다. 맥아더는 이것을 참모본부의 계획 기능과 능력 있는 대규모 장교단의 가치를 실증하는 사례라고 말했다. 〈사진: Public Domain〉

와 관련하여 맥아더는 이렇게 말했다.

"우리 둘 사이에 어떤 차이가 있든, 그로 인해 그를 향한 나의 개인적 우정 속에 깃든 따뜻함은 조금도 훼손되지 않았다."

조금은 이상하게 들리겠지만, 루스벨트는 맥아더에게 사실상 존경심이라 할 만한 감정을 어느 정도 품고 있었다. 두 사람은 웅장한 무대 위에서 함께 공연하는 위대한 귀족적인 배우라는 공통점이 있었다. 하지만 서로 상대방을 능가하려고 했고, 대개는 루스벨트가 승리했다.

두 사람 사이에는 두 가지 문제가 가로놓여 있었다. 업무적으로, 맥아더는 루스벨트가 좋아하지 않는 병종을 대표했다. 루스벨트는 해군에 깊은 애정을 갖고 있었고, 가끔은 육군항공대에도 애정을 표시하기도 했다. 이념적으로, 그들은 완전히 다른 세상에 살고 있었다. 그럼에도 불구하고 거의 처음부터 두 사람 모두 그로 인한 분열을 피하면서 업무를 수행하는 능력을 보여주었다. 상상력이 풍부한 루스벨트는 놀고 있는 대규모 실직자들을 건강에도 좋고 생산적이기도 한 천연자원보존사업에 투입한다는 구상을 내놓았다. 의회는 1933년 3월 말에 근로구호 프로그램의 일환으로 시민자원보존단(Civilian Conservation Corps, CCC)의 창설을 승인했다. 루스벨트는 7월 1일까지 25만 명의 인력이 동원되기를 원했다. 맥아더는 법안이 통과되기 전에 이미 참모본부에 세부 실행 계획을 작성하는 임무를 부여하고 군단 관구 지휘관들에게 사전준비에 착수하도록 비밀리에 경보를 발령했다. 처음에 루스벨트는 단원을 모집해 교육시킨 뒤 다른 연방 기관이 관할하는 작업장에 배치하는 수준으로 육군의 역할을 제한했다. 그러나 다른 연방 기관들이 이 난제 앞에서 허둥대자, 5월 10일자로 육군이 모든 업무를 관할하게 되었다.

참모본부는 눈부신 역량을 발휘해 이틀 만에 기본계획을 완성했으며, 이를 통해 두 달이나 지속된 혼란의 먹구름을 일소했다. 맥아더는 실제적인 집행을 군단장들에게 위임했다. 그 결과, 추진력은 향상되었고, 관료주의적 경화증은 최소에 그쳤다. 5월 17일부터 7월 1일 사이에 육군은 27만 5,000명의 시민자원보존단원을 모집했다. 이 기록은 대통령의 목표를 초과달성한 것이었을 뿐만 아니라 1차 세계대전 참전 후 6개월 동안 이루어진 동원 기록마저 능가한 것이었다. 루스벨트 대통령은 매우 기뻐했다. 맥아더는 이 일화를 참모본부의 계획 기능과 능력 있는 대규모 장교단의 가치를 실증하는 사례라고 말했다.[20]

이 성공 덕분에 맥아더는 자리를 보존할 수 있었는지도 모른다. 이 무렵 예산을 두고 벌어진 그의 힘든 투쟁이 극한의 대립 수준까지 격화되고 있었다. 1933년 3월, 의회는 1934회계연도 예산으로 육군에 고작 2억 7,700만 달러만을 인가했다. 설상가상으로 루스벨트 행정부는 거기에서 8,000만 달러가 더 삭감된 예산안을 제시했다. 필사적인 심정으로 맥아더와 신임 육군장관 조지 H. 던(George H. Dern)은 루스벨트를 만났다. 열띤 논쟁이 오가는 가운데 루스벨트에게 완전히 멸시를 당한 던은 풀이 죽었다. 그 순간 맥아더가 앞에 나섰다. 나중에 맥아더는 당시 상황을 이렇게 회고했다.

……나는 막말을 내뱉으며 우리가 다음 전쟁에서 패했을 때 적의 총검에 배를 찔리고 적의 군홧발에 목을 짓밟힌 채 진창에 쓰러진 미국 청년이 죽어가며 마지막으로 내뱉는 저주의 대상이 내가 아니라 루스벨트이기를 바란다는 말을 했다. 대통령은 격노했다.

"대통령에게 그런 식으로 말하면 안 돼지!"

그는 호통을 쳤다. 물론 그가 옳았다. 그 말을 입 밖으로 꺼내는 순간 나도 내가 잘못하고 있다는 것을 깨달았다. 나는 미안한 마음에 사과했다. 하지만 이제 더 이상 육군에 머물 수 없을 것 같았다. 그래서 그에게 육군참모총장직을 사임하겠다고 말했다. 밖으로 나가려고 내가 문 앞에 섰을 때, 놀라운 자제력을 발휘하며 침착하게 말하는 그의 목소리가 들렸다.

"더글러스, 바보 같은 짓 하지 말아요. 당신과 예산은 함께 가야 하니까."

던이 곧장 나를 따라 나오며 말했다. 나는 그의 목소리가 들떠 있다는 것을 느낄 수 있었다.

"당신이 육군을 구했어."

하지만 나는 그 자리에서 백악관 계단에 토하고 말았다.[21]

●

또 다른 적과의 싸움

맥아더는 육군이 1920년 국가방위법(National Defense Act)이 계획했던 전력의 절반 수준에 정체되어 있으며, 장비는 1차 세계대전 때 생산된 것들이 압도적인 비율을 차지하는 실정이라고 경고했다. 하지만 1935회계연도에 승인된 예산은 2억 8,000만 달러에 불과했다. 그다지 달갑지는 않았겠지만, 맥아더는 육군 건설 사업을 위한 수백만 달러의 자금을 공공사업청(Public Works Adminstration)에 의지하고 있었다.[22]

1934년, 맥아더의 고난은 여기서 그치지 않고 다른 전선으로 확대되었다. 진보주의 언론 중에서 최고 맥아더 혐오자 타이틀을 노리는 많은 도전자들 중에서 드루 피어슨(Drew Pearson)은 적어도 결승 진출자라고 할 만했다. 피어슨의 전형적인 방식은 루이스 크롬웰 브룩스가 전남편 맥아더에 대해 신랄하게 내뱉은 말들을 무비판적으로 수용하는 것이었다. 피어슨은 맥아더를 허영심이 강하고(진실), 능력도 없으며(거짓), 루스벨트에 충성하지 않는다고(정치적으로는 사실, 직업적으로는 거짓) 비난하는 칼럼을 게재했다. 그는 기사화하지는 않았지만 맥아더가 성적으로 불구라는 루이스의 악랄한 험담을 추가적으로 유포시켰다(그들이 주고받은 서신을 보면 그것은 전혀 사실이 아니다).

지면을 통한 비난에 자극을 받은 맥아더는 피어슨을 고소하는 끔찍한 실수를 저질렀다. 피어슨은 처음에는 자신을 쉽게 변호할 수 있을 것이라고 생각했다. 루이스를 증언대에 세워 맥아더와 관련된 '진실'에 대해 본인이 한 이야기를 반복해 말하게 하면 되었으니까. 그런데 심한 알코올 중독에 시달리며 매우 불행한 세 번째 결혼의 감옥에 갇힌 삶을 살고 있었지만 자신의 이야기가 반대심문 앞에 얼마나 빨리 거짓으로 드러날지 판단할 수 있는 이성은 남아 있었는지 루이스가 증언을 꺼렸다. 피어슨이 파멸을 눈앞에 두고 있던 바로 그 순간, 의회에 있는 맥아더의 또 다른 천적 로스 콜린스(Ross Collins) 하원의원이 그에게 치명적인 무기를 건네주었다.

마닐라(Manila)에서 근무하고 있을 당시인 1930년 4월, 맥아더는 이사벨 로사리오 쿠퍼(Isabel Rosario Cooper)에게 푹 빠졌었다. 스코틀랜드인 아버지와 필리핀인 어머니 사이에서 태어난 그녀는 노래와 춤 솜씨가 그다지 대단하지 않았지만 코러스 걸로 활동하고 있었다. 당시 쉰 살이던 맥아더는 열여섯 살에 불과한 자기 애인을 "우리 아가(baby girl)"라고 불렀다. 맥아더는 참모총장에 임명되어 마닐라를 떠날 때 이사벨을 데려와서 업무를 수행하고 어머니를 돌보는 데 지장이 없도록 워싱턴 가까운 지역에 정착시켰다. 그녀와 떨어져 있을 때 그는 그녀에게 편지 세례를 퍼부음으로써 두 사람의 관계에 일말의 의심의 여지도 남기지 않았다. 비록 맥아더가 자신들의 관계는 사랑이라고 이사벨에게 말했지만, 둘이 함께 있을 때는 대부분 침대 위에서 시간을 보냈다.

이사벨은 어렸을 뿐만 아니라 방치되어 있었기 때문에 곧 지루함을 느끼게 되었고 점점 줄어드는 맥아더의 방문을 기다리는 동안 느긋하게 시간을 때우기 위해 몇 가지 수업을 들었다. 예상대로 그녀는 동년배의 다른 남학생을 만나 사랑에 빠졌다. 한편 맥아더는 무너지고 있던 두 사람의 관계를 끝내고 이사벨이 필리핀으로 돌아갈 뱃삯을 마련해주었다. 하지만 이사벨이 떠나기 전에 드루 피어슨이 먼저 그녀를 찾아냈다. 그녀는 단지 두 사람의 관계를 증명하는 편지만 갖고 있었던 것이 아니라 맥아더가 침대에서 다른 유명 인사들을 비하하기 위해 허세를 부리며 내뱉었던 불리한 이야기들을 줄줄이 읊었다. 이 소송사건은 이렇게 합의에 도달했다. 맥

육군참모총장 임기가 끝나는 시기인 1934년 11월이 서서히 다가오고 있었다. 뉴딜 정책의 등장과 함께 워싱턴의 공식적 관계를 원활하게 해주는 사교 모임에서 맥아더는 이방인으로 전락했다. 한 언론계 목격자는 맥아더를 "외로운 인물"로 묘사하며 "그와 같은 사상을 가진 사람은 아무도 없었다. 누구도 그와 같은 사상을 언급하고 싶어 하지 않았다"고 말했다.

아더는 1달러에 고소를 취하하고 피어슨의 변호사로부터 이사벨의 선서진술서를 확보했다. 이사벨은 다시는 돈을 요구하지 않는다는 조건으로 1만 5,000달러를 받았다. 그녀는 할리우드(Hollywood)에서 활동을 시작하려 했지만 실패하자 1960년에 자살했다.[23]

어떤 공식적인 제약에 의한 것이 아니라 전통적으로 참모총장의 임기는 4년이라는 생각이 널리 퍼져 있었다. 따라서 맥아더의 임기가 끝나는 시기인 1934년 11월이 서서히 다가오고 있었다. 뉴딜 정책(New Deal)의 등장과 함께 워싱턴의 공식적 관계를 원활하게 해주는 사교 모임에서 맥아더는 이방인으로 전락했다. 한 언론계 목격자는 맥아더를 "외로운 인물"로 묘사하며 "그와 같은 사상을 가진 사람은 아무도 없었다. 누구도 그와 같은 사상을 언급하고 싶어 하지 않았다"고 말했다. 무기생산 기업들의 음모에 미국이 속아서 세계대전에 참전하게 되었다는 사실을 증명하려 했던 군수산업조사특별위원회(Special Committee on Investigation of the Munitions Industry: 미 상원은 1934년 4월 12일 군수산업조사특별위원회를 설치하고 1934년 9월부터 1936년 2월까지 제럴드 나이 의원을 포함한 7명의 상원의원들에게 탄약생산업자와 은행가 등을 상대로 이들이 이윤 획득을 위해 전쟁을 부추겼는지 여부를 조사하는 청문회를 진행하도록 했다. 위원회는 혐의를 입증할 증거를 확보하지는 못했으나, 무기업자들이 인간 파괴의 도구들을 팔아먹는 죽음의 상인이라는 사실을 국민들에게 인식시키는 데 크게 기여했다-옮긴이)를 이끈 제럴드 나이(Gerald Nye) 상원의원은 맥아더를 전쟁광이자 무기 상인들의 앞잡이로 묘사했다. 루스벨트는 맥아더가 뉴딜 정책에 이념적으로 철두철미하게 반대한다는 사실에 대해 어떤 의문도 품지 않았다. 행정부의 구제 노력에서 육군이 유례없이 중요한 역할을 수행하고 있다는 관점에서 보면 대통령이 마땅히 의문을 품어볼 만한데도 말이다. 또한 루스벨트 대통령은 웨스트포인트 육군사관학교 생도 시절 당시 맥아더와 친구였던 시어스 로벅(Sears, Roebuck and Company)의 부회장 로버트 우드(Robert Wood)가 아직도 맥아더와 관계를 유지하고 있다는 점과, 우드가 뉴딜 정책에 반대하는 유력한 기업 조직을 이끌고 있다는 사실을 잊지 않고 있었다. 그 외에도 보너스 군대 진압 사건이 있었다. 헌신적인 루스벨트 추종자들에게 그것은 맥아더가 음흉한 파시스트와 전혀 다를 바가 없다는 유력한 증거였다. 이 모든 사실들을 종합해볼 때, 루스벨트가 맥아더의 후임자 물색을 서두르지 않을 가능성은 별로 없어 보였다.[24]

맥아더의 지지자들은 소수에 불과했지만 대신 영향력이 있었다. 첫째, 육군이 계속 그를 지지하고 있었다. 둘째, 민주당 의원들(특히 청문회에서 맥아더와 싸웠던 인사들을 포함해)이 그럼에도 불구하고 맥아더의 재임명을 요구했다. 맥아더의 재임명을 요구할 수밖에 없는 또 다른 이유는 맥아더의 후임자로 유력한 후보자이자 그로튼 고등학교(Groton School) 시절부터 루스벨트의 친구였던 스튜어트 하인츨먼(Stuart Heintzelman)의 건강이 점차 악화되고 있었기 때문이다(결국 1935년에 사망한다). 다른 후보들은 맥아더보다 뉴딜 정책을 더 환영한다고 할 수 없는 인사들이었다. 반대쪽을 회유하기 위한 교묘한 조치로 루스벨트는 후임자가 임명될 때까지 맥아더가 계속 육군참모총장직을 수행할 것이라고 발표하면서 그를 한 번 더 4년 임기를 수행하도록 재임명하지는 않을 것임을 분명히 했다. 따라서 이것을 맥아더에 대한 진짜 신임의 표시로 간주하는 것은 상당한 오해이다. 맥아더 옹호자들이 가끔 주장하는 것과 달리, 이것은 확실하게 육군참모총장 '재임명'을 의미하지 않기 때문이다.[25]

맥아더는 육군참모총장으로서 여분의 임기를 누리는 동안 취임 이후 상실했던 영역을 부분적으로 회복할 수 있었다. 암울해지는 국제적 분위기가 그에게는 가장 강력한 동맹으로 작용했다. 일본 제국이 만주를 침략하고 독일에서 히틀러가 부상하면서 군비확장 반대 조류가 역전되었다. 1936회계연도의 경우, 육군 예산이 3억 5,550만 달러로 껑충 뛰었다. 맥아더는 장교단의 규모를 늘리려는 투쟁에서는 패배했지만, 사병의 규모를 16만 5,000명까지 늘리는 데는 성공했다. 나아가 그는 특별히 장래성이 있는 장교들을 빨리 진급시킬 수 있도록 장교 진급체계 개정을 이끌었다.[26]

맥아더의 참모총장 재임에 대해 마지막으로 한 가지 더 추가해야 할 것이 있다. 조지 마셜의 전기를 쓴 노련한 작가 포레스트 포그(Forrest Pogue)는 맥아더가 마셜의 진급을 방해했다는 악의적 비난을 검토하고 고려할 가치가 없다고 일축했다. 맥아더는 적개심과 관계없이 다른 여러 가지 이유로 많은 선임자들을 제치고 마셜을 진급시키는 데 주저했던 것이다. 사실 맥아더는 1935년에 마셜을 준장으로 진급시켜 보병감으로 승격시키려고 했는데, 그것은 소장이 맡는 보직이었다. 하지만 그 일은 성사되지 않았다. 아마 루스벨트가 맥아더의 업무인계 날짜를 조정했기 때문인 것으로 보인다. 따라서 마셜은 맥아더가 참모총장 임기를 끝낸 뒤에야 비로소 첫 번째 별을 달게 되었다.[27]

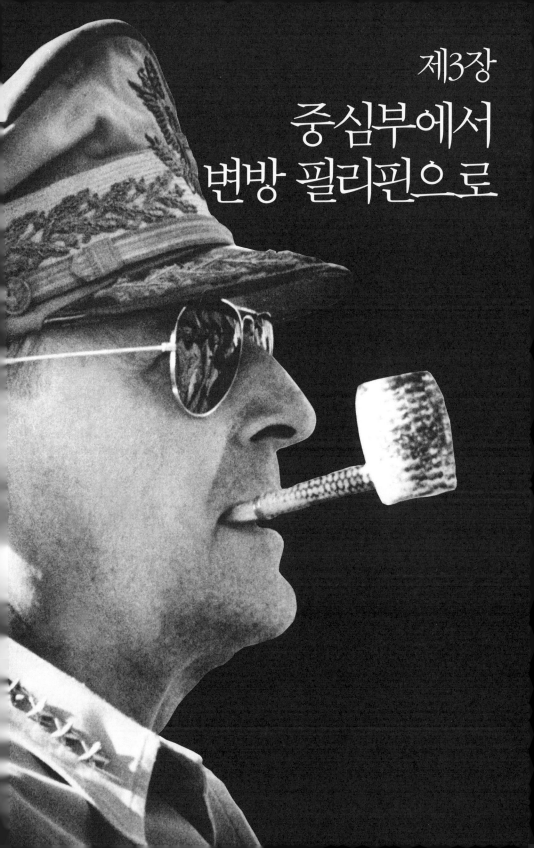

제3장
중심부에서
변방 필리핀으로

●

필리핀을 두고 진퇴양난에 빠진 미국

필리핀 제도(Philippine Archipelago)는 미국에서 대략 7,000마일 떨어진 7,100여 개의 섬으로 이루어졌다. 그중 크기가 큰 11개의 섬이 11만 5,000제곱마일의 총면적 중 94퍼센트를 차지한다. 그중에서도 가장 큰 2개의 섬은 루손(Luzon: 4만 420제곱마일)과 민다나오(Mindanao: 3만 6,527제곱마일)이다. 많은 인구가 모여 있는 이 두 섬에서부터 타이완(臺灣)에서 보르네오(Borneo)까지 남북 1,150마일에 달하는 2개 축이 뻗어나간다. 필리핀은 아시아 대륙에서 불과 500마일 떨어진 곳에 있으며, 일본과 중국, 인도차이나, 네덜란드령 동인도 사이를 가로지르는 자연이 만든 교차로를 형성한다.[1]

미국은 1898년 미국-스페인 전쟁에서 스페인을 물리치고 필리핀을 확보했지만, 필리핀 반란세력을 상대로 잔인한 전쟁을 치른 뒤에야 비로소 그들을 실제로 지배할 수 있게 되었다(미국인들이 이 일을 부끄럽게 여기든 말든, 미국이 지배하지 않았더라도 어차피 처음에는 독일인이 그 뒤에는 일본인이 필리핀을 정복했을 것이다). 1934년 미국 의회는 타이딩스-맥더피 법(Tydings-McDuffie Act)을 통과시켜 1946년에 필리핀을 독립시키기로 했다. 다음해인 1935년 자유선거를 통해 마누엘 케손이 필리핀 연방공화국 자치 정부 초대 대통령으로 선출되었다.[2]

냉철한 미국인과 필리핀인들 사이에서는 일본이 1931년 만주를 지배하고 1932년에 일시적이지만 상하이(上海)를 점령하는 상황을 보고 필리핀의 독립은 오래 가지 못할 것이라는 두려움이 고조되었다. 필리핀인들이 아직 혼자 힘으로 세계무대에 서지 않은 상황인데도 미국은 오래전부터 자신의 의무로 인해 초래된 진퇴양난의 상황과 씨름하고 있었다. 당시 미국 군사계획과 관련하여 최고 권위를 가진 기관은 육·해군 합동위원회(Joint Army-Navy Board)였다. 육·해군 합동위원회는 잠재적 적대국에 색깔로 암호를 부여했다. 일본을 가리키는 암호는 '오렌지(Orange)'였다. 따라서 일본을 상대하기 위한 가상 전쟁계획을 '오렌지 전쟁계획(War Plan Orange)'이라고 했다. 이 계획에 따르면, 육군은 해군 원정부대가 구조하러 올 때까지 약 6개월 동안 마닐라 만(Manila Bay)을 방어하는 임무를 수행해야 했다. 하지만 수십 년 동안 고위 장교들은 필리핀 주둔 육군은커녕 태평양 함대마저도 전력이 부족해서 오렌지 전쟁계획을 위한 임무를 수행할 수 없다는 사실을 인식하고 있었다. 실제로 육군 장교들은 절망한 나머지 모든 병력을 필리핀에서 철수시키는 방안을 아주 진지하게 제기했다. 해군은 언젠가는 방어가 가능해질 정도로 전력이 증강되기를 기대하며 육군 부대를 계속 주둔시켜야 한다고 주장했다. 일본의 공세가 거세지자, 미국 국무부는 모순되게도 군사력이 받쳐주지 못하는 상황에서 강력한 외교정책을 주장했다.[3]

● 필리핀 육군원수가 되다

마누엘 케손은 "필리핀 자유를 위한 팔라딘(Paladin of Philippine Freedom: 팔라딘은 샤를마뉴 대제의 12용사를 가리키는데, 보통 의협심이 강한 전사라는 의미로 사용된다–옮긴이)"으로 자처하기는 했지만, 사실 완전한 독립보다는 미국의 자치령으로 남는 쪽을 더 선호했다. 게다가 그는 이렇게 험난한 시기에 필리핀 국민들을 미국이 보장하는 안보의 우산 속에 머물게 하려고 책략을 구사했다. 그는 자연 조건적으로 필리핀이 너무나 중요한 전략적 지점에 자리를 잡고 있어서 해군기지와 항공기지로 매우 적합하다는 한 가지 유리한 협상 카드를 쥐고 있었다. 그는 한 가지 협상 카드를 더 추가하기 위해 필리핀 군대를 창설하기로 결정했다. 필리핀 군대는 필리핀 제도 자체를 방어할 뿐만 아니라 미군 기지 경비를 담당함으로써 미국의 보호막을 계속 유지하게 하는 두 가지 역할을 수행할 수 있었다. 그런 목적을 간파한 반대파들이 사회복지에 투입해야 할 자원을 전용한다며 '군비 확장'을 매도하자, 케손은 그들을 맹렬히 비난했다. 하지만 미 해군기지를 계속 주둔케 하려는 자신의 바람을 공개적으로 부인하지는 않았다. 게다가 맥아더의 비공개 발언을 보면, 그도 필리핀 군대의 두 가지 역할을 염두에 두고 있었다는 데는 의심의 여지가 없다.

따라서 미국에서 군사고문을 고용하기로 결정했을 때, 케손은 단순히 신생 공화국 군대의 창설 과정을 감독하는 수준에 그치지 않고 미국과 군사 유대를 강화하는 목표를 추진할 수 있는 역량을 가진 장교를 구하려고 했다. 케손과 비슷한 생각을 가진 맥아더가 가장 그 역할에 부합하는 적임자로 부상했는데, 그가 선택될 경우 모든 이해 당사자들이 커다란 혜택을 얻게 되어 있었다. 맥아더의 입장에서 그것은 육군참모총장이라는 정점에서 내려와 더 낮은 직책을 수행하면서 퇴역을 기다리지 않아도 된다는 의미였다. 케손의 입장에서 맥아더는 그동안 군인으로서 그가 보여준 행적으로 볼 때 필리핀을 위해 헌신해온 것에 의심의 여지가 없으며, 겉으로는 표현할 수 없는 그의 목표에 공감하고 있었기 때문에 그의 요구를 만족시키는 이상적인 인물이었다. 루스벨트의 입장에서 이 인사이동은 미국의 이해관계를 넓히는 동시에 잠재적인 정치적 경쟁자를 주요 무대에서 제거함으로써 점점 약해지는 대통령 개인의 이해관계를 공고히 할 수 있었다. 영악한 루스벨트는 공식적으로 1935년 10월까지 맥아더를 육군참모총장에 유임시켰다. 루스벨트가 그런 술수를 부린 이유는 아마도 1935년 10월 이후이면 맥아더가 지지하는 조지 S. 사이먼스(George S. Simonds)가 남은 현역 복무연한의 제한으로 인해 육군참모총장 임기 4년을 채울 수 없기 때문이었을 것이다. 루스벨트는 맥아더의 후임으로 멀린 크레이그(Malin Craig)를 선택했다.[4]

맥아더는 연봉 1만 8,000달러에 매년 1만 5,000달러의 수당을 보장하는 계약을 필리핀 정부와 체결했다. 이것 외에 그는 여전히 미군 현역 신분을 유지했기 때문에 미국 육군소장 급료 전액을 따로 받았다. 그렇게 해서 맥아더는 세계에서 급료를 가장 많이 받는 군인이 되었다. 원수라는 칭호도 세계에서 가장 탁월한 군인을 상징하는 것으로서 그에게 매력적으로 다가왔다. 국제적으로도 원수라는 계급은 군인이 이를 수 있는 최고 계급이었다. 하지만 누가 봐도 민주주의 미국에서 그런 계급을 받을 가능성은 없었다. 어느 신문기자는 당시 맥아더에게 엄청난 보수와 지위뿐만 아니라 그의 화려한 취향에 맞는 군복까지 제공되었다는 낭설을 퍼뜨리기도 했다. 사실 그 신문기자는 새로운 미국 육군 군복을 '필리핀 원수'의 제복으로 오해했던 것이다. 새로 생긴 규정에 의하면, 전·현직 참모총장은 자신만의 독특한 복장을 선택할 수 있는 권한이 있었던 것이다. 맥아더는 그 독특한 특권을 활용하여 화려한 금몰을 두른 자기만의 정모를 고안했다. 그 모자는 앞으로 그가 죽는 날까지 그의 대중적 이미지를 만든 특징적 요소 중 하나가 되었다.

맥아더의 공식 직함은 필리핀 연방공화국 자치 정부 군사고문이었다. 그는 아이젠하워를 핵심 참모로 하는 소규모 참모진을 구성했다. 맥아더와 그의 참모들은 육군대학의 도움을 받아 1946년까지 필리핀 연방공화국에 국가 안보를 제공할―그리고 케손을 위한 협상 카드를 만들어낼― 계획을 작성했다. 그 계획의 주요 특징은 다음과 같다. 정규군은 소규모(병력 10만 명)로 유지하면서 징병제도를 실시하여 매년 두 차례에 걸쳐 한 기수 2만 명 규모의 훈련 과정(훈련 기간 5개월 반)을 10년간 운영하는 방법으로 예비군을 확보하는 프로그램(병력 40만 명을 목표로)을 시행하며, 소규모 공군(고속 폭격기 100대)과 소형 어뢰정 36척으로 구성된 1개 함대를 보유한다. 전술적으로 육군은 필리핀의 지형과 재정 상황에 적합한 장비로 무장한 약 7,500명 규모의 사단들로 구성되었다. 이 구상은 맥아더의 적응성을 보여주는 또 하나의 사례이다. 왜냐하면 이 구상의 기본 개념은 레너드 우드의 스위스 방식 시민군 개념에서 비롯된 것으로, 국가에 지나친 부담을 주지 않으면서 침략을 저지할 수 있을 만큼 강력한 전력을 확보할 수 있는 이상적인 방식이었기 때문이다.[6]

비평가들은 산악 지형인 스위스와 달리, 필리핀 제도가 태생적으로 ―일본과 같은― 적에 비해 해군력과 항공력에 취약하다며 우려를 표명했다. 일부 불신자들은 필리핀 병사들에 대해 어쩌면 인종주의적 편견일 수 있는 낮은 평가를 내렸다. 하지만 역사 기록이 분명히 입증해주고 있듯이, 적절한 훈련을 받고 장비를 갖춘 필리핀인들은 뛰어난 전사였다. 이 사실을 맥아더는 조금도 의심하지 않았다. 맥아더가 수립한 계획이 전반적으로 타당했으며 효과적이었는지는 명확하게 결론을 내리기 어려운 문제이다. 우리가 할 수 있는 말은 그 계획이 공정한 시험을 받지 못했다는 것이다. 왜냐하면 그 계획이 예상했던 대로 지원이 이루어지지 않았으며 특히 예산이 부족했기 때문이다. 맥아더의 통제권 밖에 있는 세력들이 그의 계획을 좌절시키는 데 큰 역할을 했다. 하지만 맥아더는 자신의 영향력 범위 안에 존재하는 확연한 결점과 자신의 이상과 현실 간의 차이를 인식하지 못한 잘못에 대해 책임을 져야만 한다.

그의 계획에 내재된 가장 기본적인 문제는 응집력에 있는 것으로 드러났다. 미국이 40년간 지배한 뒤, 필리핀 인구 중 약 27퍼센트가 영어를 사용하고 3퍼센트가 스페인어를 사용했다. 그런데 루손 중부 지역의 영향력 있는 거주자들은 타갈로그어(Tagalog)를 사용했고, 1937년에는 타갈로그어가 필리핀 국어가 되었다. 하지만 다른 지역의 경우, 65개 이상의 방언이 필리핀인들을 갈라놓았다. 맥아더와 그의 참모진은 이런 언어 장벽을 적절하게 고려하지 못했으며, 그것은 필리핀이 진정한 육군을 창설하는 데 커다란 장애물이 되었다. 다른 섬 출신의 징집병들은 대부분의 필리핀 장교들이 사용하는 영어나 타갈로그어를 이해하지 못했기 때문이다.

게다가 훈련된 장교단의 규모가 적절한 수준에 미치지 못해 프로그램 전체가 흔들렸다. 아마 맥아더는 필리핀 스카우트(Philippine Scouts), 즉 미군 장교들의 지도로 잘 훈련을 받아 미국 육군 소속으로 복무 중인 필리핀인 정예 병사들을 이제 날갯짓을 시작한 필리핀 연방공화국 육군으로 전출시키면 자격을 갖춘 교관의 수요를 충족시킬 수 있다고 봤을 것이다. 하지만 그것은 실현되지 않았다. 다섯 달 반의 훈련 기간도 완전히 백지 상태인 징집병에게 훈련이 몸에 배게 하기에는 충분치 않다는 것이 드러났을 뿐만 아니라, 한때는 이 프로그램에 대해 "군국주의적"이라는 비난이 일자 기초 교육과 직업 수업을 허용함으로써 군사교육 시간이 줄어들기까지 했다. 심각한 결함에 대해 아이젠하워가 경고했음에도 불구하고 맥아더는 감독 업무를 철저하게 수행하지도, 시정 조치를 취하지도 않았다. 전투 효과가 높은 병사를 육성하기에는 현명한 방식이 아니었는데도 불구하고 맥아더가 초기 단계에서부터 단일 훈련기수에서 대규모 신병을 교육시키는 방식을 계속 고집한 것은 이해할 수 없는 일이다. 그는 신속하게 대규모 군대를 육성할 경우 미국과 지속적인 안보 유대를 추구하는 케손에게 도움이 된다고 생각했던 것이다.[7]

신임 군사고문인 맥아더는 적절한 재원을 확보하기 어려울 것이라는 사실을 이내 깨달았다. 처음부터 아이젠하워는 이제 날갯짓을 시작한 필리핀 연방공화국에 적절한 방어력을 제공하려면 연간 2,500만 달러가 필요할 것으로 추산했다. 하지만 필리핀이 매년 제공할 수 있는 금액은 약 800만 달러에 불과했고, 미국이 차액을 메워주지도 않았다. 심지어 미국 육군은 유례없이 제한적인 예산으로도 주방위군 1인당 매년 거의 220달러에 달하는 예산을 지출했다. 미국 육군은 필리핀 육군에 대등한 대우는커녕 맥아더가 필리핀 병사 1인당 고작 50달러를 간청한 것조차 기각했다. 따라서 예비군 훈련 과정 각 기수에 대해 숙박시설과 장비를 제공하고 기초 과정 이상의 훈련을 실시하는 것조차 불가능했다. 미국이 인색하게 싸구려 무기와 탄약을 공급하는 바람에 맥아더의 고민은 더욱 커졌다.[8] 필리핀 연방공화국 군대의 다른 구성군의 사정은 이보다 더 심각했다. 필리핀 공군은 쓰다 버린 미군 항공기를 그것도 극히 적은 대수밖에 받지 못했다. 열정적인 노력에도 불구하고 고속 어뢰정 함대를 건설하려는 시도는 거의 아무런 성과가 없었다.[9]

설상가상으로 케손과 맥아더 간에 균열이 생기기 시작했다. 그 시대 다른 소국들의 지배자들처럼 케손은 자국 국민을 보호하기 위한 최선의 방법을 결정해야 하는 힘든 선택의 기로에 놓여 있었다. 추축국들의 승리와 민주주의 진영의 미약한 저항, 필리핀 제도 방어를 위한 부족한 미국의 투자, 안보협정을 계속 유지하는 데 무관심한 것처럼 보이는 미국의 태도 등 여러 요인들이 결합되면서 케손은 저항보다 타협을 고려하게 되었다. 그는 필리핀의 중립을 제공하고 안보를 보장받으려고 일본에 추파를 던지기도 했다. 1940년 독일이 유럽에서 승리를 거둠으로써 국제 정세가 확실히 불리해지자, 케손은 흔들리고 있었다.[10]

●
안정을 되찾게 해준 두 번째 결혼

그사이 맥아더의 개인적 삶은 엄청난 변화를 겪었다. 첫 번째이자 가장 충격적인 사건은 1935년 12월에 그들이 필리핀에 도착한 지 5주 만에 당시 여든네 살이던 어머니가 임종을 맞은 것이었다. 그것은 맥아더에게 치명적인 사건이었다. 아이젠하워는 그녀의 죽음이 "몇 달 동안 장군의 정신에 큰 영향을 미쳤다"고 언급하기도 했다. 게다가 이 일이 루이스와 이혼하고 이사벨 로사리오 쿠퍼와의 불장난으로 재앙을 맞을 뻔했던 사건에 이어서 발생했기 때문에 여자 문제로 인한 맥아더의 고통은 이루 말할 수 없는 지경에 이르렀다.

하지만 이와 동시에 마치 수호신이 진짜로 존재하기라도 하는 것처럼 반전이 일어나면서 어떤 여성이 맥아더 앞에 나타나 행복한 가정을 안겨주고 그의 삶을 안정시켜주게 된다. 극동으로 향하는 배 안에서 맥아더는 테네시(Tennessee) 주 머프리즈버러(Murfreesboro) 출신 진 마리 페어클로스(Jean Marie Faircloth)를 만났다. 그녀는 37세의 미혼으로 성격이나 말투에 사람을 끌어당기는 매력이 있었으며, 태도에 당당함이 엿보였다. 무엇보다 그녀는 200만 달러가 넘는 재산을 소유하고 있었다. 맥아더가 그녀에게 그랬듯이 그녀도 즉시 그에게 빠져들었다. 1937년 4월에 어머니의 유해를 알링턴 국립묘지(Arlington National Cemetery)의 아버지

1937년 4월에 맥아더는 뉴욕에서 진과 결혼식을 올렸다. 1938년 2월 그녀는 아들 아서 4세를 낳았다. 사진은 1944년 2월 21일, 두 번째 아내 진과 함께 아들 아서 4세의 생일을 맞아 단란한 한때를 보내는 맥아더의 모습. 맥아더는 진실하고 무한한 사랑을 아내 진과 아들에게 쏟아 부었다.

무덤 옆에 안장하기 위해 휴가를 냈을 때, 맥아더는 뉴욕에서 진과 결혼식을 올렸다. 1938년 2월에 그녀는 그에게 아들 아서 4세(Arthur IV)를 낳아주었다. 마치 일종의 내적 댐 같은 것이 붕괴되면서 빅토리아 시대 방식의 양육으로 인해 오랫동안 억압되었던 감정을 분출하기라도 하는 것처럼 맥아더는 진실하고 무한한 사랑을 아내 진과 아들에게 쏟아 부었다.[11]

● 맥아더의 참모진

그런데 맥아더가 군사고문으로 근무하는 동안 불길한 변화가 보이기 시작했다. 1차 세계대전에서 맥아더는 전방으로 나가 자기 눈으로 확인한 바에 따라 직접 지휘하는 방식을 취했다. 1930년대에는 육군참모총장으로서 대규모 조직을 관리하고 간접적으로 정보를 수집하는 데 익숙해졌다. 이런 지휘 방식 하에서는 그의 효과성이 부하 장교들의 관심과 인지력에 좌우될 수밖에 없는데, 그의 부하 장교들 중 다수는 지적 재능과 에너지 면에서 그보다 뒤떨어졌다.[12]

많은 유력 인사들이 그런 것처럼 맥아더는 허영심과 자아로 인해 자신의 성취를 눈부시게 포장해서 보여주려는 경향이 있었다. 하지만 이전까지만 해도 터무니없이 진실을 호도하거나 새빨간 거짓을 공포하는 '경향'은 두드러지지 않았었다. 1936년 4월 필리핀 육군의 창군 진행 상황 보고를 시작으로 이후 맥아더는 일련의 허위 사실들을 계속해서 만들어내기 시작했다. 이런 그의 행동은 그가 진정으로 필리핀의 궁극적인 이익에 도움이 된다고 믿은 방안을 지지하게 만들려는 데서 비롯된 것일 수도 있다. 뿐만 아니라 어쩌면 그는 미국과 동맹을 추구하는 케손의 정책을 지원하기 위해 프로젝트에 대한 진상에는 고개를 돌릴 수밖에 없다고 믿었는지도 모른다. 하지만 아이젠하워는 이미 드러나고 있는 프로그램의 허점에 대해 맥아더에게 분명하게 보고했다. 맥아더는 자신의 독자적인 결정에 따라 상황을 있는 그대로가 아니라 자신이 원하는 바에 맞춰 발표하기 시작했다. 일단 그가 그 방향으로 나아가기 시작한 뒤로는 그것을 바꾸지 않았다. 어쩌면 그것을 바꿀 수 없었는지도 모른다.[13]

2차 세계대전 발발 이전 필리핀 마닐라에서 자신의 핵심 참모인 T. J. 데이비스(T. J. Davis)(왼쪽)와 드와이트 아이젠하워(오른쪽)와 함께한 맥아더(가운데).

이런 이후의 변화가 일어난 이유는 그의 추종자들은 연속적인 승리의 이면으로 간주하지만 그를 비난하는 사람들은 그의 근본적인 특성으로 파악하는 것을 이해하는 데 중요하다. 정확한 원인은 밝혀지지 않았지만, 몇 가지 두드러진 요인이 관련되었을 가능성이 있다. 가장 중요한 요인은 아마도 그의 독특한 지위였을 텐데, 미국 육군의 경우 심지어 참모총장조차도 궁극적으로는 정부의 통제에서 벗어날 수 없었지만 그는 그렇지 않았다. 실제로 이 시기부터 그는 민간인 지휘자들을 기껏해야 동료[케손과 루스벨트, 헨리 스팀슨(Henry Stimson) 육군장관, 히로히토(裕仁) 일황] 대하듯 하는가 하면, 심지어는 하급자[해리 S. 트루먼(Harry S. Truman) 대통령] 대하듯 행동했다. 게다가 그는 혜성처럼 빠르게 진급하여 동년배들이 이미 퇴역했거나 심지어 사망한 시점에도 여전히 현역 군인으로서 경력을 이어가고 있었기 때문에, 육군 내에서 상급자는커녕 대등한 인물조차 남아 있지 않는 무시할 수 없는 존재였다. 2차 세계대전과 그 이후에 그는 공식적으로 육군참모총장의 하급자였다. 하지만 그가 육군참모총장이었던 당시 그들은 대령(조지 마셜)이나 소령[아이젠하워와 오마 브래들리(Omar Bradley)], 심지어 대위[J. 로턴 콜린스(J. Lawton Collins)]와 같은 한참 아래 계급에 있었다. 이런 배경으로 인해 맥아더 이후에 육군참모총장이 된 그들은 아주 난처한 상황에 처했다. 맥아더가 물리적으로도 통제력의 원천에서 멀리 떨어져 있다는 점도 어느 정도 작용한 것이 분명하다. 그는 1935년부터 1951년까지 1937년 어머니 장례식 참석과 1944년 진주만(Pearl Harbor) 회합 참석을 위해 미국으로 돌아온 경우를 제외하면, 자신의 미국 귀환을 요청하는 어떠한 제안에도 심지어 명령에도 분명하게 저항했다. 어머니의 사망으로 더 이상 어머니로부터 비난받을 일이 없게 되자, 그는 사실을 재정립하는 행위를 거리낌 없이 자행하게 되었는지

1939년과 1940년에 맥아더 참모진은 참모장 아이젠하워가 미국 본토로 복귀하게 되면서
변화를 겪게 된다. 이 시기에 맥아더의 참모진에 합류하게 몇몇 사람은 전쟁 기간 내내 맥
아더의 측근 세력을 형성하게 되며, 그중 일부는 전쟁이 끝난 뒤에도 그 자리를 지키게 된
다. 아이젠하워가 미국 본토로 복귀한 뒤 그를 대신해 맥아더의 참모장을 맡은 예일 대학
출신 보병장교인 리처드 서덜랜드(위 왼쪽 사진), 노련한 계획 입안자로서 서덜랜드가 다른
참모들에게 마음의 상처를 줄 때마다 마치 연고와 같은 역할을 한 보급장교 리처드 마셜
(위 오른쪽 사진), "격식밖에 모르는 사람들의 사막에 위트를 제공하는 오아시스"와 같은 존
재라는 평을 받은 대공장교 윌리엄 마콰트(아래 왼쪽 사진), 비범한 역량을 인정받아 맥아더
의 공병참모까지 승진하는 공병장교 휴 케이시(아래 오른쪽 사진). 〈사진: Public Domain〉

> 맥아더의 근엄하고 오만한 겉모습으로 인해 주위 사람들은 그
> 와 친밀해지기 어려웠다. 그는 직계가족 이외에 오직 소수의 사
> 람에게만 자신의 내면을 보여주었다. 프랭클린 루스벨트처럼 그
> 는 다양한 역할을 수행했기 때문에 심지어 그와 절친한 사람조
> 차 누가 '진짜' 맥아더인지 도저히 알 수 없었다.

도 모른다.

이 변화와 관련된 또 다른 원인은 그의 근엄하고 오만한 겉모습으로 인
해 주위 사람들이 그와 친밀해지기 어렵다는 것이었다. 그는 직계가족 이
외에 오직 소수의 사람에게만 자신의 내면을 보여주었다. 프랭클린 루스벨
트처럼 그는 다양한 역할을 수행했기 때문에 심지어 그와 절친한 사람조
차 누가 '진짜' 맥아더인지 도저히 알 수 없었다. 한 장교는 이런 말을 했다.
"그의 가까운 친구들은 누구일까? 특정 순간에 그의 참모진에 속하는
사람들로, 그들이 누구인지는 중요하지 않았다."

이 통찰력 있는 발언은 맥아더가 보여준 지휘 행동의 중요한 측면을 분
명하게 설명해주고 있는지 모른다. 그가 참모진을 구성하는 방법은 잘 알
려져 있었는데, 아마 악명이 높았던 것으로 더 유명했던 것 같다. 마셜은
그것을 궁정에 비유했다. 그가 일부 평범한(혹은 열등한) 참모장교들을 교
체하지 않는 이유를 두고 사람들은 그가 역량 있는 인물보다는 아첨을 잘
하는 사람을 요구했거나, 부적합한 참모장교를 해임할 경우 그가 참모를
선택할 때 실수를 했다는 사실을 알리는 꼴이 되지 않을까 두려워했기
때문이라고 보았다. 비록 이런저런 이유들이 어느 정도까지는 사실이겠지
만, 다른 지도자들과 달리 맥아더가 참모들을 친구로 삼은 경우는 바람직

하지 않을 만큼 비정상적으로 높은 비율을 차지했다.[14]

그의 참모진은 1939년과 1940년에 중요한 변화를 겪는다. 아이젠하워가 마침내 미국 본토의 보직으로 복귀하게 된 것이다. 훗날 아이젠하워는 맥아더와 이별할 당시 자신이 맥아더에게 적대감을 갖고 있었다는 사실은 부인하면서 맥아더를 통해 얻은 관리 경험 덕분에 앞으로 어떠한 큰 도전이 다가와도 맞설 준비가 되어 있다는 사실은 인정했다. 맥아더의 참모장으로 아이젠하워와 교대하게 된 인물은 예일 대학(Yale University) 출신 보병장교인 리처드 서덜랜드(Richard Sutherland) 중령이었다. 서덜랜드는 절대적인 충성심을 진정한 참모장교의 자질로 생각했다. 이런 자질들이 맥아더의 눈에서 서덜랜드의 결점을 가려주었지만, 서덜랜드는 유별나게 거칠고 빈정대는 관리 방식 때문에 누구하고도 친해지지 못했다. 더욱 심각한 문제는 맥아더가 다른 육군이나 해군 지휘관들과 쉽게 불화를 일으키는 경향이 있는데도 서덜랜드가 그런 상황을 개선시키기는커녕 오히려 악화시킨다는 것이었다. 보급장교인 리처드 마셜(Richard Marshall) 중령은 노련한 계획 입안자였는데, 서덜랜드가 일상적으로 다른 참모들에게 마음의 상처를 줄 때마다 마치 연고와 같은 역할을 해서 더욱 가치 있는 존재였다. 윌리엄 마쿼트(William F. Marquat) 소령(그를 만난 어떤 사람은 그에 대해 "격식밖에 모르는 사람들의 사막에 위트를 제공하는 오아시스"라는 재치 있는 평가를 남겼다)은 대공장교로 참모진에 합류했다. 그는 전쟁 기간과 일본 점령 기간 동안 핵심적인 역할을 수행했다. 비록 수십 년 동안 역사가들은 맥아더가 구성한 참모진의 재능을 비난하는 데서 일종의 오락거리를 찾았지만, 맥아더의 공병참모까지 승진하는 공병장교 휴 케이시(Hugh Casey) 대위에 대해서는 그가 비범한 역량을 갖고 있어서 어떤 지휘관 밑에서도 중요한 자산이 되었을 것이라는 데 아무도 이의를 제기하지 않았다. 그 다음으로는 독일 태생 찰스 A. 윌러비(Charles A. Willoughby) 중령이 있는데, 그는 맥아더의 정보장교로서 많은 실수를 저지르게 된다. 윌러비는 자신의 변덕스러운 성격대로 정보를 취급했다(아직은 윌러비에 대해 더 이상 언급할 필요가 없지만, 독자들은 앞으로 다가올 시련에 대비해 미리 각오를 단단히 해야 할 것이다). 이들과 더불어 이 시기에 맥아더에게 합류한 다른 몇몇 사람들이 전쟁 기간 내내 맥아더의 측근 세력을 형성하게 되며, 그중 일부는 전쟁이 끝난 뒤에도 그 자리를 지키게 될 운명이었다.[15]

● 워싱턴 권력투쟁의 희생자, 전쟁으로 부활하다

알려지지 않은 워싱턴의 권력투쟁으로, 맥아더는 1937년 현역에서 물러날 수밖에 없었다. 2년 뒤 케손과 긴장 관계가 점점 악화되면서 필리핀에서도 그의 역할이 끝나게 될 것으로 전망되었다. 따라서 1939년 무렵에 시대의 조류는 맥아더를 역사의 주류에서 가차 없이 밀어내고 있는 것처럼 보였다. 만약 그렇게 되었다면, 그는 한때 위세를 떨쳤던 수많은 인물들 중 한 명이 되어 그의 삶은 오직 소수의 역사학 교수들에게만 알려졌을 것이고, (요즘 같은 분위기라면 별로 장래성이 없는) 학생들의 석사학위나 박사학위 논문 주제거리밖에 되지 않았을지 모른다.

하지만 일본과 독일이 상황을 완전히 바꾸어놓았다. 맥아더는 흥미롭다는 점 외에는 공통점이 전혀 없는 사람들의 집단에 합류했다. 그들은 경력이 거의 끝난 것이나 다름없던 상태에서 전쟁으로 부활하게 된 사람들로, 윈스턴 처칠(Winston Churchill)과 헨리 스팀슨, 어니스트 킹(Ernest King) 제독, 영국 해군 버트럼 램지(Bertram Ramsey) 제독, 오

스트레일리아 육군 토머스 블레이미(Thomas Blamey) 장군 등이 거기에 해당된다.[16]

1937년 7월부터 일본은 중국을 상대로 전면전을 벌였다. 미국인들은 견실한 고립주의자이기는 해도 중국인들에게 동정심을 품었다. 이와 같은 관점을 공유하고 있던 루스벨트 대통령은 중국을 지원하고 일본을 저지하기 위한 조치를 취했지만, 그것은 전적으로 외교적이고 경제적인 조치에 그쳤다. 이런 조치로는 일본을 설득할 수 없었기 때문에, 결국 일본은 독일, 이탈리아와 동맹을 맺게 되며 미국과 관계는 더욱 멀어졌다.

1940년 서유럽에서 독일이 승리하자, 미국은 충격을 받아 잠에서 깨어나 1차 세계대전 이래 처음으로 진지하게 팔을 걷어붙이고 군비확장에 나섰다. 하지만 루스벨트는 그와 같은 행보가 상대를 도발할 수도 있다는 이유로 1940년에 필리핀 육군에 동원령을 내리지 않았다. 그것은 커다란 실수였다. 적절한 재정적 지원이 이루어진 상태에서 1년의 준비 기간을 더 가졌다면, 일본이 마주하게 될 문제는 상당히 복잡해졌을 것이다. 워싱턴은 일본군이 프랑스령 인도차이나 남부를 점령하게 되는 1941년 7월에야 비로소 일본을 상대로 루비콘(Rubicon) 강을 건넜다[율리우스 카이사르(Gaius Julius Caeser)가 BC 49년에 군대를 이끌고 이 강을 건너 내전이 벌어지게 된 일화에서 유래한 말로 이미 결정이 끝나서 밀고 나갈 수밖에 없는 상황을 뜻함-옮긴이]. 루스벨트는 독창적이고 강력한 일련의 경제 제재들을 통해 대응에 나섰는데, 그중에는 원유 수출을 금지한다는 위협도 포함되어 있었다. 루스벨트는 H. P. 윌모트(H. P. Willmott)의 표현을 그대로 인용하면 "일본의 행동에 따라 조일 수도 늦출 수도 있는 고도로 섬세한 고문 도구"로서 그 프로그램을 고안했다. 하지만 루스벨트 특유의 애매모호한 표현이 부메랑이 되어 역효과를 초래했다. 의욕적인 부하들은 그의 말을 즉각적이고 전면적인 원유금수조치로 해석했던 것이다. 하룻밤 사이에 루스벨트의 입장은 융통성이라고는 찾아볼 수 없게 되었고 분명한 선을 그음으로써 이제 어느 쪽도 체면을 유지하면서 뒤로 물러설 수는 없는 상황이 되었다.[17]

외교적 변화에 따라 급격하고 급진적인 전략적 정책의 변화가 이어졌다. 1941년 5월에 발표된 공식 정책에서는 필리핀 제도의 방어가 불가능하다는 오래된 견해가 재확인되었다. 이로부터 두 달도 채 지나지 않아서 워싱턴은 이 정책을 완전히 뒤집어서 7월 26일에 내린 세 가지 결정과 함께 필리핀 연방공화국을 방어하기 위한 준비에 들어갔다. 첫째, 모든 미군과 필리핀군은 미국 극동육군(U. S. Army Forces in the Far East, USAFFE) 단일 사령부 예하에 편입되었다. 둘째, 맥아더가 현역으로 소환되어(처음에는 소장이었으나 곧 중장이 됨) 단일 사령부의 지휘권을 맡았다. 셋째, 11시간(더하기 59분) 만에 워싱턴은 필리핀 육군의 전면 동원을 위한 자금을 제공하기로 결정했다.

워싱턴은 거기에서 멈추지 않았다. 이후 몇 개월 동안 맥아더의 미국 구성군은 상당한 증원과 보급을 받았다. 한때는 미국 1개 보병사단을 배치하는 방안도 고려했었다. 그것의 집행을 연기하는 대신 맥아더에게는 대공과 항공, 군수, 소규모 전차 등의 혼성 전력이 보강되었다. 이들 증원부대 덕분에 그의 미국 구성군은(여기에는 필리핀 스카우트가 포함되었다) 2만 2,532명에서 3만 1,095명으로 강화되었다.

맥아더의 항공 전력은 그것보다 더 확대되었다. 12월 초까지 필리핀에는 적어도 181대의 항공기가 있었다. 게다가 그들은 35대의 B-17 폭격기와 67대의 P-40E 전투기를 보유했는데, 육군이 보유한 것 중 가장 현대적인 이 항공기들은 하와이에도 각각 12대와 39대만이 있을 뿐이었다. 하지만 조기경보와 대공전 전력은 항공기의 증가를 따라잡지 못해 12월 초에도 고작 2대의 레이더만이 운용되고 있었다.[18]

이런 일련의 결정을 내리게 된 이유는 아직도 명확하게 밝혀지지 않았지만, 가장 합리적인 해석은 워싱턴이 마침내 일본을 저지하기 위해서는 진주만의 함대뿐만이 아니라 필리핀의 병력도 필요하다는 사실을 이해하게 되었다는 것이다. 이런 논리적 추론에는 불행하게도 근거 없는 믿음에서 비롯된 한 가지 논리적 비약이 포함되어 있었다. 워싱턴이 숭배하는 대상은 보잉 B-17 '하늘을 나는 요새(Flying Fortress)'였다. 대통령을 비롯해 육군의 모든 고위 의사결정권자들은 필리핀에 충분한 수의 B-17을 배치하면 단기적으로 일본을 억제할 수 있을 것이라고 확신하게 되었다. B-17은 미군 동원이 완료될 때까지 시간을 벌 수 있게 해줄 뿐만 아니라 장기적인 억제를 보장해줄 수단이었다. 루스벨트는 나중에 맥아더가 필리핀을 방어할 수 있다고 잘못된 보장을 했기 때문에 이런 결정들을 내리게 되었다고 은연중에 암시했지만, 기록에 따르면 워싱턴의 지도자들은 분명 맥아더의 재촉을 받지 않은 상태에서 어리석은 계산 착오를 일으켰던 것이다. 스팀슨 육군장관은 적어도 두 가지 요소, 즉 맥아더의 낙관적인 보고와 B-17에 대한 믿음으로 인해 워싱턴의 정책이 뒤집혔음을 시인했다.[19]

하지만 이런 사실들을 감안하더라도 부인할 수 없는 사실은, 1941년 맥아더가 다른 미군 관료들에게 한 진술을 통해 필리핀을 지키는 자기 부대의 역량을 너무 비현실적으로 평가하고 있음을 드러냈다는 것이다. 전쟁 초기 내내 맥아더는 자기 관할 부대에 대한 자신감으로 터무니없는 꿈에 부푼 채 일본군을 너무 과소평가했다. 특히 소련에 대한 그의 태도를 감안할 때 아이러니하게도, 서방 군부의 고위 장교들 중에서 1941년 독일이 소련을 정복하지 못할 것이라고 예측한 사람은 맥아더가 거의 유일했다.

이런 사실은 자신의 이해관계가 달려 있지 않은 상황에서는 맥아더가 뛰어난 군사적 판단력을 발휘했다는 것을 암시한다.

하지만 소련 전역(戰域)에 대한 맥아더의 예언 속에는 그가 일본을 과소평가하게 된 이유에 대한 단서가 내포되어 있을 수도 있다. 소련은 1938년과 1939년 만주에서 발생한 두 차례의 대규모 국경 분쟁에서 일본을 완파했다. 이어서 핀란드 예비군은 1939년과 1940년 사이의 겨울 전쟁에서 소련군을 저지하며 그들에게 혹독한 시련을 안겨주었다. 이 사건들을 고려해 도출한 논리적 추론 속에 일본은 초라한 모습으로 반영되었다.[20]

맥아더가 깨달았어야 하는데 그러지 못한 1941년의 실상은 필리핀을 성공적으로 방어하는 데 충분한 자원이 그에게 없었다는 것이다. 필리핀 제도는 미국 본토보다 해안선이 더 긴 데다가 일본군의 기지에 거의 포위되다시피 한 상태였다. 게다가 미국은 네덜란드나 영국과 공조를 이루기 위한 어떤 의미 있는 시도도 하지 않았다.[21]

하지만 1941년 필리핀에 대한 현실적인 판단은 맥아더의 두뇌를 거치는 과정에서 굴절되어 일본이 1942년 4월까지는 공격하지 않을 것이라는 확신으로 둔갑했다. 그때쯤이면 맥아더가 전력 동원 시 명백하게 드러난 모든 부족을 모두 바로잡은 이후가 될 터였다. 이제 예산 문제는 막힘없이 잘 풀렸지만, 이미 때가 늦은 상태였다. 전쟁이 발발했을 때 10개 예비사단 중 단 하나도 완전편제 전력에 도달하지 못했으며, 대부분 인가된 병력의 50~75퍼센트 수준에 머물러 있었다. 복장과 모든 장비들은 부족하지 않으면 오래되어 질이 떨어졌다. 일부 병사들은 맨발이었다. 동원된 필리핀인 12만 명 중 대부분은 사전 훈련조차 받지 못한 상태였다. 조너선 웨인라이트(Jonathan Wainwright) 소장은 사격술과 척후·순찰 분야에서 발견되는 총체적인 결함들을 지적했다. 각 사단에 배속된 3개 연대 중 1개

내지 2개 연대만이 전쟁 발발 전에 조금이라도 보충 훈련을 받을 수 있었다. 필리핀인들이 가진 몇 가지 장점들은 매우 중요했다. 그들은 배우고자 하는 열망에 불타고 있었으며 명령에 기꺼이 복종했기 때문에 군기 문제는 사실상 존재하지도 않았다.[22]

아주 과장해서 필리핀 육군의 모든 예비 사단들이 완전히 훈련된 병사들로 구성되었다고 해도, 그들에게 인가된 장비들은 일본군의 것에 비해 심각하게 성능이 떨어졌다. 장교 92명과 병력 1,620명으로 구성된 어떤 완전편제 보병연대는 너무 오랫동안 창고에 처박혀 있어서 보통의 필리핀인들이 다루기에는 부적합한 엔필드 소총(Enfield rifle) 1,437정을 보유하고 있었다. 더 심각한 사실은 그 보병연대에 단지 36정의 자동소총과 24정의 30구경 기관총만 있었다는 것이었다. 일본군의 연대는 그 3배가 넘는 자동화기를 보유하고 있었는데, 최하 보병중대 수준까지 내려가도 그 비율에는 변함이 없었다. 필리핀군 사단 중 대전차대대를 확보한 사단은 하나도 없었다. 10개 사단 중 고작 2개 사단만이 사단 직할 포병연대에 인가된 곡사포 24문의 정수를 채울 수 있었다.[23]

필리핀 육군 31사단의 실례는 당시 장비가 얼마나 부족했는지를 보여준다. 필리핀 육군 31사단의 31보병연대는 1941년 9월 1일에 동원되었다. 33보병연대는 11월 25일에 병력을 소집하기 시작했다. 32보병연대는 12월 6일이 되어서야 사단에 합류했다. 사단의 포병연대는 1차 세계대전 연식 75밀리미터 곡사포를 고작 8문 보유하고 있었다. 브라우닝 자동소총(Browning automatic rifle)은 중대별로 인가된 4정이 아니라 1정밖에 없었다. 어떤 연대의 경우, 1개 대대의 병사들이 사격연습을 했지만 소모된 탄약은 50발에 불과했다. 두 번째 대대는 25발을 사격했다. 세 번째 대대는 1발도 쏴보지 못했다. 많은 필리핀인 병사들이 훈련에서 단 1발도 사

격해보지 못한 채 전투에 투입되었다.[24]

비록 필리핀 육군의 부족한 부분들 중 상당수가 다른 곳에 책임이 있기는 했지만, 맥아더도 파멸을 초래할 정도로 엄청난 전략적 오판을 했다. 다만 일반적 통념과 달리, 그것이 그의 독창적인 생각은 아니었다. 필리핀의 미국 육군 고위 장교들은 대체로 적대행위가 시작되면 전 병력을 즉시 바탄 반도(Bataan Peninsula)와 코레히도르 섬(Corregidor island)으로 철수시켜 마닐라 만을 지킨다는 전쟁 계획에 찬성했다. 하지만 1920년대 맥아더와 1930년대 말 필리핀을 담당했던 장교들은 적의 상륙을 막는 해안방어에 우선권을 부여하는 좀 더 공격적인 방식을 지지했다. 마지막 필리핀 관구 사령관이었던 조지 그루너트(George Grunert)는 공식 작전계획을 재작성하여 그런 공격적인 태도를 반영했다. 맥아더는 그루너트의 계획을 자신의 것으로 삼았다.[25]

필리핀 방어 계획이 이렇게 크게 바뀌게 된 이면에는 1942년 4월까지 훈련된 병력 20만 명을 확보하여 준비를 완료하게 될 것이라는 맥아더의 보이지 않는 전제가 반영되어 있었다. 맥아더는 자신의 병력을 북부 루손 부대(North Luzon Force)와 남부 루손 부대(South Luzon Force), 비사야-민다나오 부대(Visayan-Mindanao Force)로 나누었다. 하지만 이 새로운 체계는 치명적인 결함을 갖고 있었다. 보급물자들이 바탄과 코레히도르로부터 해안방어 전략을 지원할 수 있는 위치로 분산된 것이다.[26]

전쟁이 발발하기 직전 이루어진 인터뷰에서 맥아더는 언론인 시어도어 화이트(Theodore White)에게 운명이 자신을 마닐라로 보냈다며 열변을 토했다. 1941년 12월 8일 아침, 드디어 운명이 모습을 드러냈다.[27]

제4장
필리핀 탈출

재앙과도 같은 태평양 전쟁의 서막

더글러스 맥아더에게 2차 세계대전은 태평양에서 재앙으로 시작되었다. 하지만 하와이(Hawaii)의 허스번드 킴멜(Husband Kimmel) 제독이나 월터 쇼트(Walter Short) 장군과 달리, 그는 자리에서 쫓겨나지 않았다. 하물며 일본의 초기 공격에서 그의 항공부대가 심각한 피해를 입었는데도 말이다.

일본이 진주만을 공격했다는 비공식 소식이 육군부가 공식적으로 통보하기 약 2시간 전인 1941년 12월 8일 3시 40분경에 (날짜 변경선을 건너) 맥아더에게 도착했다. 새벽 5시부터 맥아더의 항공부대 사령관 루이스 H. 브레러턴(Lewis H. Brereton)이 계속해서 맥아더의 본부에 B-17 폭격기로 타이완을 공습할 수 있도록 승인을 요청했다. 처음에 브레러턴은 일본군 비행장이 아니라 '선박'에 대한 공습을 제안했다. 타이완에 500대의 일본군 항공기가 있었다는 사실이나, 안개로 인해 새벽에 실시될 예정이던 일본 제국 해군의 필리핀 대규모 공습이 실시되지 못했다는 사실을 브레러턴은 알지 못했다. 오전 10시 14분이 되어서야 맥아더가 직접 브레러턴에게 전화를 걸어 공습을 인가했다.

한편 타이완의 일부 안개가 끼지 않은 비행장을 이륙한 일본 제국 육군의 소규모 공습부대가 루손 북부를 폭격하자, 경계태세가 발령되었다. 클라크 비행장(Clark Field: 루손 섬 서부에 위치-옮긴이)에 있는 육중한 B-17들은 오전 8시 45분에 이륙해 공중으로 대피했다. 일본 제국 해군 항공함대의 항공기 192대가 마침내 이륙하여 오후 12시 35분에 도착했을 때, 그들은 지상에서 재급유를 받던 B-17들을 덮쳤다. 그들은 B-17 19대

중 12대, P-40 91대 중 34대-맥아더가 보유하고 있던 폭격기와 전투기들 중 가장 우수한 전력-를 제거했다. 그리고 추가로 항공기 28~33대를 더 파괴했다(다른 B-17 16대는 이미 남쪽 민다나오로 이동했기 때문에 살아남을 수 있었다). 일본군이 유일하게 운용되던 레이더 시설을 파괴하는 바람에 이후 미군은 일본군의 공습에 대해 눈뜬장님이 되었다. 일본군의 손실은 전투기 7대에 불과했다. 미군은 사기에도 커다란 타격을 입었다. 미국 육군 공식 역사가는 "일본군은 단 한 번의 타격으로 그들의 남방 진격에 가장 큰 걸림돌을 제거했다"고 결론을 내렸다.[1]

워싱턴은 진주만의 재앙에 대해 즉각적인 조사에 나섰고, 결국에는 대규모 의회 청문회까지 열었다. 전쟁 중에는 필리핀으로 조사관을 파견하거나 주요 장교들을 소환하는 것이 사실상 불가능했지만, 전후에도 이 일에 대해 진주만 공습과 상응하는 절차가 이루어지지 않았다. 따라서 필리핀의 대실패를 둘러싼 진실은 한 번도 완벽하게 규명된 적이 없어 어떤 균형 잡힌 최종 판단에 도달하기는 여전히 어려운 상태이다. 맥아더는 브레레턴에게 즉시 타이완 공습을 인가해주지 않은 책임이 있다. 만약 그것을 인가해주었더라면 B-17 12대가 지상에서 파괴되는 사태를 막을 수 있었을지도 모른다. 브레레턴이 원래 비행장이 아니라 선박을 표적으로 삼았기 때문에, 공습이 진행되었다면 전쟁 초기 5개월 내에 일본군이 경험한 소수의 중요한 실패 중 하나를 안겨주었을지도 모른다는 생각은 그저 근거 없는 믿음에 불과한 것으로 보인다. 하지만 이것은 비난 대상 목록의 시작에 불과하다.

재앙의 뿌리는 1941년 7월 워싱턴에서 내린 결정에서 자라기 시작했다. 루스벨트 대통령을 위시한 지도부는 군사적 효과를 얻기 위해서가 아니라 일본에 대한 정치적 억제책으로서 필리핀에 항공 전력을 전개해보자는 선택을 했다. 그들은 방어적 항공 전력보다는 공세적 항공 전력을 더 강조했다. 게다가 적절한 비행장 방어수단을 제공하지 않은 채 (혹은 24톤이나 되는 B-17은 쉽게 이동시킬 수 있는 아르데코 정원 장식물이 아닌데도 심지어 적절하게 분산시킬 수 있는 공간조차 제공하지 않았다) 공세적 항공 전력을 성급하게 필리핀에 파견하여 이 재앙을 더욱 심화시켰다.

미국이 저지른 계산 착오에서 중요한데도 인정을 덜 받는 요소는 기술적 기습이었다. 미국 조종사들은 타이완에서 루손 중부지역까지 일본군 전투기가 폭격기를 호위하는 것은 불가능하다고 맥아더에게 조언했다. 따라서 전투기의 호위를 받지 못하는 일본 폭격기들이 공습을 감행할 가능성은 별로 없다는 것이었다. 유일한 위협이라면 일본군이 항공모함에서 출격한 전투기로 타이완에 기지를 둔 폭격기들을 호위하게 하는 묘기를 부릴 경우였다. 미국 항공 관계자들이 까맣게 몰랐던(혹은 믿고 싶어 하지 않았던) 사실은, 미쓰비시(三菱) A6M 0식 함상 전투기가 타이완으로부터 500마일 떨어진 곳까지 놀라운 장거리 비행 임무가 가능한 전략적 작전 범위를 갖고 있는 세계 최초의 항공기라는 것이었다. 사실 진주만에 대한 일본 항공모함 습격은 전쟁 전에 몇 차례의 훈련을 통해 미국 해군 스스로가 그 가능성을 보여준 적이 있지만, 타이완에서 클라크 비행장에 도달할 수 있는 0식 함상 전투기의 능력은 전적으로 전례가 없는 것이었다. 따라서 타이완 기지 폭격기는 걱정하지 않아도 된다는 비교적 확실한 조언과 함께 사실상 360도 어느 방향에서 출현할지 알 수 없는 일본군 항공모함을 경계해야 한다는 경고는, 맥아더가 주저하다가 치명적인 결과를 초래하게 된 이유를 설명하는 데 도움이 된다.

실패의 두 번째 단계에서는 육군항공대 장교들이 그들이 보유한 방어 자산으로 최대의 효과를 이끌어내지 못했다. 인과관계에 의해 연쇄적으로 진행된 사건들의 거의 마지막 단계에 가면, 항공대 지휘관들이 일본군의 공격을 요격하는 데 터무니없을 정도로 서툰 모습을 보여준다.

끝으로 행운이 일본군의 편이었다. 미국은 새벽 공격에 대비하고 있었고 사실 그것이 일본군의 의도였지만, 악천후로 인해 대규모 공격은 연기되었으며, 미군 측의 인적 실수가 나머지 부분을 결정지었다.[2]

이 재앙이 "제2의 진주만이나 다름없을 정도로 끔찍하다"는 주장은 터무니없다. 1941년 미국 지도자들은 자랑스러운 B-17을 과신했다. 전쟁 경험을 통해 '하늘을 나는 요새' B-17은 기동 중인 선박을 공격할 때 사실상 아무런 쓸모가 없으며, 심지어 해상이나 해안에 정지해 있을 때조차 소규모 표적에 거의 아무런 효과가 없다는 사실이 증명되었다. 따라서 만약 B-17 폭격기 35대가 전부 그대로 있었더라면 일본의 팽창 기조에 현저한 변화가 있었을 것이라는 가정은 말도 되지 않는다. 미국 육군 공식 역사조차 "B-17 폭격기들의 (타이완에 대한) 공습이 성공할 가능성은 대단히 희박한 것으로 보인다"고 결론을 내렸을 정도이다. 사실 태평양 전쟁의 개전 단계 전반을 통틀어 맥아더 관할 지역에는 대략 80대의 B-17이 도착했다. 그것들은 2척의 선박을 정확하게 침몰시켰지만, 여러 가지 다양한 이유로 10대를 제외한 나머지 기체는 상실되었다. 맥아더의 항공 전력에 진정 치명타가 된 것은 방어용 전투기와 핵심적인 레이더 장비의 상실이었다.[3]

●

바탄 반도로 철수하라

1940년 11월 30일, 맥아더의 군대에는 3만 1,095명의 미국 육군이 포함되어 있었다. 우수한 필리핀 스카우트 부대를 제외하고 1941년 12월 필리핀에 복무 중인 미군의 대다수가 해안방어와 항공, 근무지원 부대에 배치되어 있었다. 일선 전투요원으로 훈련을 받거나 근무한 미군은 극소수에 불과했다. 필리핀 사단 예하의 유일한 미군 보병연대(31연대)는 병력이 고작 2,100명이었다. 중국에서 막 도착한 해병 4연대는 "연대"라는 말이 무색하게 병력이 750명에 불과했다. 필리핀 스카우트 1만 1,957명(그중 절반 정도가 1941년에 비로소 입대했다)은 훈련과 군기 면에서 뛰어난 수준에 도달해 있었지만, 그들이 일선 전투부대에 추가할 수 있는 병력은 약 7,240명에 불과했다.

서류상으로 필리핀 육군은 10개 예비군 사단으로 구성되어 있었다. 더불어 필리핀 육군에는 명목상 '정규' 사단이 하나 있었는데, 실제로 사단 병사들 중 상당수가 예비군이었다. 두 번째 필리핀 육군 '정규' 사단은 경찰 조직에서 병력을 긁어모았다. 전부 합쳐 필리핀 육군 병력은 대략 12만 명이었지만, 그들은 필리핀 전역에 분산되어 있었다. 따라서 15만 명을 넘는 병력 중에서 일선 전투요원으로 훈련되고 장비를 갖춘 맥아더의 실제 전투 전력은 고작 1만 100명에 불과했다. 그가 보유한 다른 일급 자산은 미군 혹은 필리핀 스카우트의 4개 포병대대와 2개 경전차대대로 이루어진 1개 전차단이었는데, 이들은 연료 공급이 원활하고 지형이 적합할 경우 매우 뛰어난 활약을 펼쳤다.[4]

일본 14군 사령관은 혼마 마사하루(本間雅晴) 중장이었다. 14군은 약 4만 3,110명으로 구성되어 있었으며, 그중 3만 4,856명이 전투병이었다. 나머지 병력은 수송부대와 항공부대에 속했다. 혼마의 전투부대는 16사단과 48사단, 65여단, 4전차연대, 7전차연대로 구성되어 있었다. 그는 포병 전력에서 압도적으로 우세했다.[5]

일본군의 최초 상륙은 대대와 연대 규모로 12월 10일에는 루손 북부 아파리(Aparri)와 비간(Vigan)에서, 12월 12일에는 루손 남부 레가스피(Legaspi)에서 각각 실시되었다. 이 기간 사이에 그리고 12월 22일에 일본군 항공부대는 필리핀 상공에 대한 제공권을 완전히 장악했다. 브레레턴은 잔류 B-17들을 오스트레일리아로 보냈다. 맥아더와 브레레턴의 관계는 서로 정중하게 예의를 갖췄지만 냉담했는데, 이는 맥아더가 아시아 함대 사령관인 토머스 하트(Thomas Hart) 제독하고는 격렬한 언쟁을 주고받은 것과는 대조를 이룬다. 하트 제독은 크리스마스에 남쪽으로 물러났다. 처음부터 그는 필리핀을 승산이 없다고 보았다. 그는 잠시도 지체하지 않고 자신의 제한된 수상함 전력을 남쪽으로 보냈다. 그리고 그들 대부분은 자바(Java) 인근에서 영웅적으로 산화했다. 격분한 맥아더는 해군이 그 이상의 일을 할 수 있었다고 여전히 확신했다. 하트의 순양함과 구축함은 자신을 희생하는 것 외에는 할 수 있는 일이 거의 없었는데도, 맥아더는 그들에 대해서 잘못 생각하고 있었다. 하지만 하트의 29척이나 되는 상당한 규모의 잠수함부대에 대한 그의 분노는 일리가 있었다. 미국의 잠수함들이 적에게 어떤 의미 있는 손실도 가하지 못했다는 추문에 가까운 사실은 장비의 오작동(주로 어뢰)과 전술, 공격적인 함장을 찾기가 어렵다는 만성적인 문제에서 비롯되었다. 맥아더는 파란만장한 존 D. 벌클리(John D. Bulkeley) 대위와 6척으로 구성된 그의 고속어뢰정전대, 끝까지 남아서 전투를 수행한 4,300명의 수병과 해병을 정말로 존경했다.[6]

일본군 주력 부대가 12월 22일-얄궂게도 맥아더가 대장으로 진급하여 별 4개를 달던 날-에는 링가엔 만(Lingayen Gulf)에, 12월 24일에는 마닐라 남동쪽 70마일 지점인 라몬 만(Lamon Bay)에 상륙했다. 링가엔 만에서는 2만 5,000명으로 추정되는 혼마의 부대가 필리핀 육군 3개 사단을 밀어냈다. 라몬 인근에서는 일본군 16사단이 기타 전투 병력 7,000명과 함께 마닐라를 향해 빠르게 전진했다. 그들과의 최초 접촉에서 햇병아리 필리핀 육군 사단들은 무너졌고, 많은 병사들이 탈주했다. 싸울 용기를 가진 필리핀인들은 많았지만, 그들 중 제대로 훈련을 받고 적절한 무기를 갖춘 사람은 소수에 불과했다.

"놈들은 오합지졸이야."

한 미군 장교는 그렇게 불평했다. 게다가 그들은 맥아더의 본부에 과장된 보고를 해서 일본 침공부대의 병력이 8만 명으로 집계되었고, 이런 엉터리 수치로 인해 맥아더의 부대가 수적으로 커다란 열세에 있다는 잘못된 주장이 나오게 된 것이다.[7] 맥아더는 신중하게 자신의 최고 부대들을 예비로 보유했는데, 필리핀 스카우트 26기병연대와 전차부대는 훌륭하게 전투를 수행했지만 심각한 손실을 입어 제외되었다.

12월 22일과 23일 사이에 링가옌 방어선이 붕괴되자 충격을 받은 맥아더는 필리핀 육군이 훈련과 무기 부족에서 벗어나게 되는 1942년 4월까지 일본의 침공은 없을 것이라는 환상에서 깨어났다. 12월 23일, 맥아더는 무산된 해안방어 계획을 포기하고 바탄 반도로 단계적인 철수를 명령했다. 이 계획을 포기한 그의 결단력을 칭찬하고 싶은 마음이 들더라도 참아야 할 것이다. 왜냐하면 필리핀 육군이 전혀 준비되지 않았다는 명백한 사실에도 불구하고 그때까지 그가 잘못된 계획에 비이성적으로 집착해왔기 때문이다.

새로운 계획에는 서로 우열을 가릴 수 없을 정도로 중요한 두 가지 핵심 요소가 담겨 있었다. 하나는 신중한 조율을 통해 루손 북부와 남부에서 방어 병력을 철수시키는 것이었다. 맥아더는 전반적인 계획을 입안하고 필요한 지휘관들을 선택했다. 그런 다음 그는 처음으로 최고사령관의 고뇌를 맛보았다. 별다른 할 일 없이 자신의 계획이 성공하는지를 지켜보며 기다릴 수밖에 없었기 때문이다. 놀랍게도 루손 북부 지역의 조너선 웨인라이트 장군을 필두로 한 미군 장교들은 훨씬 더 잘 훈련되고 장비도 우월한 적을 상대로 다단계 철수작전을 벌이며 사실상 필리핀 민병대나 다름없는 군대를 이동시키는 데 성공하고 있는 것처럼 보였다. 하지만 그 작전에 직접 참가했던 어느 미군 장교에 따르면, 그것은 전장 이탈이라고 부르는 것이 더 적절해 보였고, 적을 지연시킨 모든 공로는 공병의 파괴 활동과 반무한궤도장갑차에 장착된 75밀리미터 자주포를 운용하는 2개 포병대대에게 돌아가야 했다. 웨인라이트는 최초 2만 8,000명의 병력 중 약 1만 5,000명을 거느리고 바탄 반도에 도착했다. 루손 남부의 부대는 더 성공적이어서 최초 1만 5,000명 중 1만 4,000명이 도착했다. 혼마가 제한된 병력만 보유했고 맥아더의 의도를 오판했다는 사실은 맥아더에게 절실한 구원자와도 같았다. 일본군 지휘관은 마닐라 인근에서 전투가 있을 것으로 예상했기 때문에 미군이 바탄 반도로 철수 중이라는 정보를 무시했다. 사실상 꼬리에 꼬리를 물고 늘어선 차량 행렬과 그 차량을 가득 채운 병력이 바탄 반도로 이어지는 2개의 도로 위를 엉금엉금 기다시피 움직이고 있을 때 일본 항공기들이 그들에게 별다른 피해를 입히지 못한 이유는 아마 그런 오판 외에 다른 것으로는 설명할 수 없을 것이다.[8]

하지만 맥아더의 계획에서 두 번째 핵심 요소는 바탄 반도에 충분한 보급품을 비축하는 것이었다. 그러나 그것은 처참한 실패로 끝났다. 상비 계획 하에 원래 바탄 반도로 보내기 위해 선적한 보급품들이 새로운 해안방어 전략에 따라 분산되어버린 상태였다. 이 보급물자들을 회수하거나 다른 공급처를 찾기는 불가능한 것으로 드러났다. 이런 파멸적인 관리 실패가 벌어진 첫 번째 이유는 12월 23일까지 원래 계획으로 돌아가기를 주저한 맥아더의 우유부단함 때문이었다. 그것은 돌이킬 수 없는 지연을 초래했다. 두 번째 이유는 병참부대 병력(맥아더의 부대에는 고작 1,300명이 전부였다) 및 수송 수단 부족, 관리 실패, 그리고 몇몇 경우에 민간인을 구하기 위해 필리핀이 거부 혹은 방해를 했기 때문이었다. 필리핀 육군 3개 사단은 필리핀 중부와 남부를 지키고 있었기 때문에 루손 섬의 군수 문제에 아무런 부담을 주지 않았다. 하지만 계획과 달리, 최소한 2만 6,000명의 민간인 피난민이 바탄 반도로 도주하면서 약 7만 명에 이르는 육군과 해군 인원에 추가되었기 때문에 이미 충분치 않은 식량과 의료 보급 상황이 더욱 심각하게 악화되었다. 1942년 1월 5일부터 맥아더는 식량 배급을 절반으로 줄이라고 명령했고, 이후 보급 상황은 악화일로를 걸어서 바탄 반도와 코레히도르(Corrgidor) 섬에 있는 모든 사람의 주요 관심사는 일본군이 아니라 식량이 될 지경이었다.[9]

이 시기에 맥아더가 내린 두 가지 중요한 결정에는 총력전 사상에 대한 그의 거부감이 반영되어 있다. 첫째, 맥아더는 도시 폭격을 혐오했기 때문에—이것은 2차 세계대전은 물론 한국전쟁에서도 반복해서 나타나는 주제이다— 마닐라를 "비무장 도시"로 선언하여 일본군의 폭격에서 그 도시를 보호하려고 했다. 둘째, 보급물자를 바탄으로 옮기기 위해 필사적으로 노력하는 동안, 맥아더는 필리핀 민간인들의 복지를 위태롭게 하는 어떤 수단도 사용하지 말라는 케손 대통령의 요구를 충실히 따랐다. 그 결과, 맥아더의 병참장교들은 언제든지 사용 가능한 민간 비축 식료품을 징발할 수 없었다. 히로히토나 히틀러(Adolf Hitler), 스탈린(Iosif Stalin)이 최고사령관이었다면, 누구도 그와 같은 친절을 베풀지 않았을 것이다.

● 바탄 전투

바탄 반도는 남북으로 약 29마일 뻗어 있지만, 맥아더는 11마일 남으로 내려가 나팁 산(Mt. Natib)을 좌우로 걸치도록 첫 번째 '주저항선'을 설정했다. 웨인라이트의 1군단이 좌익을, 조지 파커(George Parker) 소장의 2군단이 우익을 맡았다. 일본군은 고작 2만 5,000~4만 5,000명 정도(실제 수치는 약 7만 명)의 사기가 떨어진 방어 병력이 바탄 반도를 장악하고 있다고 판단하고, 나라 아키라(奈良晃) 중장의 65여단 소속 6,500명(대부분 한 달 동안 기본 훈련만 받은 병사들로 구성)의 병력과 1개 연대면 필리핀 전역을 끝낼 수 있을 것으로 계산했다.

미군 장교들은 방어선 중앙에 2마일 틈을 남겨놓았는데, 빽빽한 밀림으로 덮인 나팁 산은 통과가 불가능하다고 판단했기 때문이다. 그러나 일본군의 생각은 달랐다. 일본군은 1942년 1월 9일부터 너무나 빤한 동쪽 해안의 주도로를 주공격 노선으로 삼고 공격을 시작했다. 그것이 저지당하자, 일본군은 서쪽 해안에서 조공을 감행했다. 일본군이 용케도 1개 대대를 서쪽에서 주도로 쪽으로 진출시켰다. 그들은 며칠 동안 나팁 산에서 길을 잃고 헤매다가 마침내 1월 16일 기진맥진한 채로 미군의 측면에 나타났다. 맥아더의 군대는 남쪽으로 6마일 떨어진 최종 방어선으로 후퇴했다. 일부 필리핀 육군 부대들은 또다시 큰 혼란에 빠지거나 심지어 붕괴되기도 했지만, 전력이 고갈된 일본군은 전과를 확대할 여력이 없었다. 현지 지휘관들이 간신히 전투를 감당하는 가운데 맥아더가 한 주요 역할은 시기적절하게 철수를 인가하는 것이었다.

이어진 일본군의 타격은 재앙으로 끝났다. 20보병연대 예하 2개 대대는 우회상륙작전을 시도했다가 포인트 전투(Battle of the Points)라고 알려지게 될 일련의 전투에서 사실상 전멸했다. 한편 다시 한 번 새로운 방어선의 중앙을 뚫고 나오려는 일본군의 시도는 포켓 전투(Battle of the Pockets)로 절정에 이르렀다. 여기서는 20연대 세 번째 대대가 완패를 당했다.[10]

첫 번째 방어선을 분쇄하는 과정에서 혼마의 14군은 감당할 수 없을 정도로 많은 ―그리고 불필요한― 사상자가 발생했다. 일단 미군과 필리핀군을 바탄 반도의 막다른 골목으로 몰아넣은 상태에서 일본군은 적이 굶주림과 질병에 견디지 못해 항복해오기만을 기다리면 되었다. 하지만 혼마도 잘 알고 있는 것처럼, 이런 식의 지구전으로는 일본 제국 육군에서 어떤 명예도 얻을 수 없었다. 네덜란드를 공격하기 위해 (그의 병력 중 최정예인) 48사단과 5항공집단이 차출되었지만, 혼마는 일본 정부가 남은 병력으로 신속하게 결말을 낼 것으로 기대하고 있다는 것을 잘 알고 있었다. 따라서 1월부터 그는 가용한 부대들을 공격에 투입했다. 공세가 끝난 뒤, 그는 실제 전력이 겨우 3개 대대 전력에 해당하는 수준이라고 추산했다. 그는 어쩔 수 없이 좀 더 방어가 가능한 전선으로 철수하라고 명령을 내렸다. 이것은 일본군의 초기 전역들을 통틀어 그들이 점령한 땅을 의도적으로 포기한 유일한 사례이다.[11]

맥아더는 1차 세계대전 때와 다름없는 모습으로 코레히도르 섬에 있는 자신의 본부에서 일본군의 포탄과 폭탄이 떨어지는 가운데 꼿꼿하게 선 채 태연한 모습을 자주 과시함으로써 포화 속에서도 자신의 용기를 직접 보여주었다. 어떤 특파원은 맥아더의 부인 진이 포격과 폭격에 만신창이가 된 언덕 꼭대기를 정기적으로 방문해 병사들과 대화를 나누는 것을 보고 그녀를 "맥아더의 가장 훌륭한 병사 중 한 명"이라고 불렀다. 하지만 본인은 그 이유를 결코 밝히지 않았지만, 맥아더는 두 달 반 동안 바탄 반도를 고작 한 차례만 방문했다. 그가 모습을 보이지 않자, "방공호 더그"라는 별명이 생겼다. 비록 추측에 불과하기는 하지만 이에 대한 가장 그럴듯한 설명은, 맥아더의 육체적 용기가 도덕적 용기보다 훨씬 강했다는 것이다. 그는 역경에 빠진 부하들을 직접 대면할 수 없었을 것이다.

같은 시기에 어쩌면 그의 삶에서 가장 쓰라린 것이었을지도 모르는 오명도 얻게 되었다. 본인은 그 이유를 결코 밝히지 않았지만, 맥아더는 두 달 반 동안 바탄 반도를 고작 한 차례만 방문했다. 그가 모습을 보이지 않자, "방공호 더그(Dugout Doug)"라는 별명이 생겼다. 비록 추측에 불과하기는 하지만 이에 대한 가장 그럴듯한 설명은, 맥아더의 육체적 용기(혹은 운명론)가 도덕적 용기보다 훨씬 강했다는 것이다. 그는 역경에 빠진 부하들을 직접 대면할 수 없었을 것이다.[12]

●
필리핀을 구조할 수 있는 가능성이 사라지다

맥아더가 바탄 반도로 후퇴하는 동안, 루스벨트와 처칠은 워싱턴에서 만나 아르카디아 회담[Arcadia Conference: 1941년 12월 22일~1942년 1월 14일 미국의 2차 세계대전 참전 직후에 열렸던 이 회담에서 양국 지도자는 양국은 유럽의 전쟁에 전력을 집중하고 태평양 전쟁은 당분간 수세(守勢)를 취할 것과, 미영 합동참모본부회의를 워싱턴에 설치하고 양국의 전쟁계획을 조정한다는 것 등을 결정했다-옮긴이]으로 알려진 회의를 가졌다. 이 회의에서 양국은 전반적으로 '독일 우선' 전략을 재확인했다. 이를 통해 필리핀을 구조할 수 있는 실낱같은 가능성이 사라졌지만, 진주만 공습 이후 몇 주가 흐른 뒤에도 미국 고위 관리들은 맥아더를 구조할 수 있다는 환상에 빠져 있었다. 더욱 심각한 것은 정부 성명서나 언론 보도, 심지어 마셜이 보낸 전문조차 "구원부대가 가는 중이다"라는 약속으로 읽힐 소지가 있었고 또 그런 의미로 해석되었다. 루스벨트는 12월 28일에 "해군이 철저하게 잘 계획된 전역을 수행하는 중이며, 그것은 필리핀 제도의 방어에 긍정적인 도움을 줄 것이다"라는 상당히 잘못된 주장을 했다. 1월 4일자 마셜의 전문은 특히 더 어처구니없었다. 비록 세계 전역에 미군 전력이 투입되어야 한다는 점과 서태평양에 강력한 해군 부대를 집중시킬 수 없다는 사실은 인정했지만, 그럼에도 불구하고 그 전문에서 마셜은 강력한 항공부대가 오스트레일리아로 이동 중이며 거기에서 필리핀으로 가는 길을 활짝 열 것임을 분명하게 암시했다. 맥아더는 당연히 태평양으로 가기 위해 선적되는 인원과 항공기를 열거하는 다른 전문을 구원부대의 선발대로 해석했지만, 사실 그들은 오스트레일리아와 뉴질랜드로 가는 경로를 유지하기 위해 배치되는 방어적 성격의 주둔 부대였다.[13]

이와 같은 희망과 환상이 혼재하는 상황에서 명확한 사고로 진실을 주장하는 한 사람이 등장했다. 준장으로 진급한 드와이트 D. 아이젠하워는 정식 인사 조치 없이 마셜의 소환을 받고 워싱턴으로 부임해 태평양 전쟁 계획을 맡았다. 맥아더와 오랜 유대관계도 있고 필리핀 상황에 대해 누구보다 잘 알고 있던 아이젠하워는 조언을 제공하기에 적임자였다. 아이젠하워는 그의 삶에서 가장 중요한 순간이었을 한 인터뷰에서 상황을 전반적으로 검토한 뒤에 마셜에게 필리핀 제도는 가망이 없다고 말했다. 미국은 방어가 가능한 지역을 방어해야만 했다. 하지만 아이젠하워는 아시아인들

아이젠하워는 그의 삶에서 가장 중요한 순간이었을 한 인터뷰에서 상황을 전반적으로 검토한 뒤에 마셜에게 필리핀 제도는 가망이 없다고 말했다. 미국은 방어가 가능한 지역을 방어해야만 했다. 하지만 아이젠하워는 아시아인들이 "패배는 용서할 수 있을지 몰라도 포기는 용서하려 들지 않을 것"이라는 점을 강조했다. 아이젠하워는 맥아더를 지원하려는 모습을 보여주면서 다른 한편으로는 오스트레일리아를 기지 삼아 장차 작전을 준비해야 한다고 조언했다.

이 "패배는 용서할 수 있을지 몰라도 포기는 용서하려 들지 않을 것"이라는 점을 강조했다. 아이젠하워는 맥아더를 지원하려는 모습을 보여주면서 다른 한편으로는 오스트레일리아를 기지 삼아 장차 작전을 준비해야 한다고 조언했다. 아이젠하워가 금방 파악한 사실을 많은 사람이 받아들이기까지 여러 주가 흘렀다. 2월에 육군장관 스팀슨은 일기에 이렇게 썼다.

"사람들이 죽을 수밖에 없는 시기도 있는 법이다."[14]

●

필리핀 탈출: "나는 반드시 돌아올 것이다"

필리핀 민간인들을 어렵게 만들면서 바탄 반도에 물자를 비축해서는 안 된다는 케손 대통령의 요구에 충실히 따랐을 때는 맥아더가 최고사령부를 구성하는 정치가들에게 세심함을 보였다. 하지만 그 뒤 케손이 심각하게 개입했을 때 그것을 처리한 맥아더의 방식은 그의 명성에 도움이 되지 않았다. 필리핀을 포기한 것으로 간주할 만한 상황에 처해 비로소 환상에서 깨어난 케손은 1942년 2월에 루스벨트에게 전문을 보내 더 이상의 저항은 불필요하기 때문에 필리핀 제도가 중립을 선언할 수 있도록 미국이 즉시 독립을 승인하는 방안을 제안했다. 스팀슨 육군장관은 첨부된 맥아더의 평가와 논평이 케손을 지지하는 쪽으로 "절반 이상 기울어 있음"을 알았다. 루스벨트는 케손의 제안에 대해 거부로 응수하면서, 그와 더불어 맥아더에게 "조금이라도 저항의 가능성이 존재하는 한, 필리핀 제도에 우리의 국기를 게양하라"고 명령했다.[15]

맥아더는 케손을 철수시키라는 워싱턴의 추가적인 지시를 준수하면서 자기 자신의 철수와 관련하여 마셜이 그의 의사를 타진했지만 거기에는 반응하지 않았다. 전임 참모총장이 일본군의 포로가 될 수도 있다는 잠재적 가능성은 특히 그의 명성이 크게 높아진 상태에서 절대 허용할 수 없었다. 2월 22일 루스벨트는 맥아더에게 오스트레일리아로 가라고 명령했다. 1942년 3월 11일 저녁, 맥아더와 그의 직계 가족, 핵심 참모들은 벌클리의 남아 있는 고속 어뢰정 4척에 탑승하여 필리핀으로부터 탈출하는 장대한 모험에 돌입했다.[16]

비구름이 일본군 해안 포대와 해군 봉쇄부대의 시야를 가린 가운데 그들을 태운 소형 전투정 전단은 허둥지둥 외해로 나갔다. 하지만 어뢰정의 함수는 끊임없이 거센 파도에 부딪쳤고, 비를 동반한 돌풍이 부는 가운데 비와 경쟁하듯 파도가 물보라를 사방으로 흩뿌리는 바람에 뱃멀미에 시달리는 탑승객들의 몸은 잠시도 마를 틈이 없었다. 맥아더는 자신의 이러한 처지를 "콘크리트 혼합기를 타고 가는 여행"에 비유했다. 술루 해(Sulu Sea) 남쪽 끝에 있는 중간 도착지인 타가우아얀(Tagauayan)에서 발생한 불운으로 어뢰정 1척을 잃었지만, 나머지 3척은 여정을 계속해 3월 13일에 민다나오(Mindanao) 섬에 도착했다. 맥아더에게 그들이 봉쇄망을 뚫고 나

1942년 3월 1일, 작전본부로 쓰인 필리핀 코레히도르 섬 말린타 터널(Malinta Tunnel)에서 참모장 리처드 서덜랜드 소장(오른쪽)과 함께 있는 맥아더의 모습(왼쪽). 〈사진: Public Domain〉

왔다는 사실은 미국 해군에 불리한 증거가 되었다. 그를 태우고 오스트레일리아로 가기 위해 도착한 부실한 상태의 B-17과 경험이 부족한 승무원들을 보자, 맥아더는 격분했다. 더 나은 비행기가 도착할 때까지 기다리는 동안 맥아더는 막간을 이용해 아주 급하게 결정된 필리핀 제도의 지휘권 분할을 시행했다. 그는 웨인라이트의 권한을 바탄 반도와 코레히도르 섬으로 제한했다. 그리고 비사야 제도(Visayas)와 민다나오 섬에 각각 별도의 지휘관을 임명했다. 이런 체제를 구축하게 된 가장 큰 이유는 웨인라이트가 음주벽이 있다는 것을 알고 맥아더가 불안해했기 때문이다.[17]

맥아더를 태우고 오스트레일리아로 가기 위해 제대로 된 B-17이 도착한 것은 3월 16일 저녁이었다. 조종사는 정신을 차리기 위해 커피를 여덟 잔이나 마신 뒤 자정이 막 지났을 때 이륙하여 다윈(Darwin)으로 향했다.

3월 18일 오스트레일리아 애들레이드에 도착한 맥아더는 기자들을 만나 회견을 했다. 그는 대통령이 자신에게 오스트레일리아로 가라고 명령한 이유에 대해 이렇게 말했다.

"내가 이해하고 있는 바에 따르면, 일본을 상대로 미국의 공세를 준비하기 위한 것이며, 주요 목적은 필리핀 구조입니다. 나는 그 임무를 완수하고 반드시 돌아갈 것입니다."

맥아더는 기자회견을 끝낸 뒤, 자신의 참모 중 한 명을 만나 상황을 보고받았다. 그 자리에서 그는 필리핀 구원을 위해 집결 중인 대규모 부대는 없다는 사실을 알고는 깜짝 놀랐다.

오스트레일리아 상공에서는 일본군의 공습이 진행되고 있어서 일행은 어쩔 수 없이 배첼러 비행장(Batchelor Field)을 향해 남쪽으로 40마일을 더 가야 했다. 맥아더는 마지못해 C-47 수송기를 타고 앨리스 스프링스(Alice Springs)까지 가는 데 동의했지만, 그 이후에는 오직 기차만을 고집했다. 3월 18일 그가 오스트레일리아 애들레이드(Adelaide)에 도착했을 때, 그는 기자들을 만나 그의 생애에서 가장 유명한 회견을 했다. 그는 대통령이 자신에게 오스트레일리아로 가라고 명령한 이유에 대해 이렇게 말했다.

"내가 이해하고 있는 바에 따르면, 일본을 상대로 미국의 공세를 준비하기 위한 것이며, 주요 목적은 필리핀 구조입니다. 나는 그 임무를 완수하고 반드시 돌아갈 것입니다."

"나는 반드시 돌아갈 것입니다"라는 맥아더 개인의 약속은 이후 2년 반 동안 미국 전략 전반에 걸쳐 큰 파장을 일으켰다.[18]

맥아더는 기자회견을 끝낸 뒤, 자신의 참모 중 한 명을 만나 상황을 보고받았다. 그 자리에서 그는 필리핀 구원을 위해 집결 중인 대규모 부대는 없다는 사실을 알고는 깜짝 놀랐다.

●
필리핀 전역을 둘러싼 맥아더에 대한 평가

필리핀 전역은 전시 최고사령부에서 맥아더가 겪은 최초의 모험으로 기록되었다. 맥아더에 대한 모든 판단이 전형적으로 보여주는 것처럼, 그것은 매우 적대적인 평가들을 양산했다. 실제 전역이 수행되던 당시에는 압도적인 열세에도 불구하고 능숙하게 수행된 방어전으로 동맹국들로부터 널리 격찬을 받았었다. 전쟁이 끝나자, 찰스 윌러비는 필리핀 제도를 장기간 방어한 덕분에 과달카날(Guadalcanal) 전역과 뉴기니(New Guinea) 전역의 파푸아(Papua: 뉴기니 섬의 서반부를 차지하고 있는 지역-옮긴이) 단계가 진행되는 1942년 말까지 일본군의 전쟁 수행 노력을 방해하는 강력한 효과가 있었다고 주장했다. 반면, 미국 육군 역사가들은 맥아더가 수적으로 열세였다는 오랜 믿음이 잘못된 것임을 입증했다. 또한 그들은 일본군의 작전에 미친 장기적인 효과 혹은 실제로 어떤 효과가 있었는지를 입증할 만한 증거를 발견하지 못했다. 왜냐하면 일본군은 맥아더의 군대를 효과적으로 우회해 네덜란드령 동인도 제도에 있는 귀중한 자원지대를 포함한 다른 목표들을 점령했기 때문이다. 둘째로, 필리핀 탈환을 다룬 미국 육군 공식 역사는 바탄 반도로 후퇴하지 않고 루손의 산악지대에서 저항했던 일본군 지휘관을 칭찬함으로써 넌지시 맥아더의 지휘능력을 비난하고 있다. 오스트레일리아 공식 역사가는 질적으로 떨어지는 일본군이 바탄 반도와 코레히도르를 점령하는 데 걸린 시간은 그들보다 훨씬 더 우수한 말레이 반도(Malaya)의 일본군 부대가 싱가포르(Singapore)를 점령하는 데 걸린 실제 전투 일수만큼이나 짧았다고 주장함으로써 맥아더의 전역 수행 방식을 심하게 묵살했다.

맥아더의 필리핀 전역 수행에 대한 모든 평가는 전체적인 맥락을 고려해야만 한다. 1930년대 중반에서 1942년 초반까지 추축국을 상대했던 부대들의 암울한 기록들을 다시 끄집어낸다는 것은 이제 너무 어려운 일이 되었다. 에티오피아(Ethiopia)와 스페인(Spain), 폴란드(Poland)가 넘어갔고, 그 뒤로 1차 세계대전 때는 4년 동안이나 버텼던 서유럽 국가들이 고작 6주 만에 붕괴되는 충격이 이어졌다. 태평양 전쟁의 초기 단계는 진주만과 홍콩(Hong Kong), 괌(Guam), 웨이크 섬(Wake Island)(초기 일본군의 침공에 맞서 눈부신 승리를 거둔 이후), 네덜란드령 동인도 제도들이 어두운 역사를 추가했다. 바탄 반도 방어전은 미래의 희망을 비추는 거의 유일한 등불로서 빛을 냈다. 바탄 반도는 싱가포르보다 거의 두 달 이상, 네덜란드령 동인도 제도보다는 한 달 이상을 더 버텼다. H. P. 윌모트가 예리하게 지적한 것처럼, "미국인들은 자신이 바탄 반도에서 잘 싸웠다고 믿었으며 그것은 실제로 잘 싸운 것만큼이나 중요하다."[19] 그것이 연합군의 대의명분(大義名分)에 이익이 되었음은 부인할 수 없는 사실이다. 사실 필리핀 장기간 방어에 일본은 조금도 당황하지 않았다. 최초 일정표에 따르면 필리핀 제도를 점령하는 데 고작 15일 정도면 충분할 것으로 예상했지만, 결국 그것은 6개월이 걸렸다. 하지만 1942년 8월, 일본군 대본영이 승리자인 혼마 장군을 퇴역 대상자 명단에 올려 그의 경력을 끝냈다는 사실은 의미심장하다.

이것이 필리핀 전역에서 맥아더가 최고의 모습을 보여주었다고 말하는 것은 결코 아니다. 왜냐하면 그가 저지른 몇 가지 중대한 실수는 그의 업적으로도 상쇄가 되지 않기 때문이다. 해안을 방어한다는 결정은 맥아더가 예상했던 것보다 4, 5개월 빨리 일본군이 공격했기 때문에 공정하게 심판을 받을 기회조차 없었다. 결과적으로 그의 필리핀 육군 부대들은 훈련이나 장비가 예상했던 수준에 훨씬 못 미쳤다. 맥아더는 바탄 반도와 코레히도르 섬에 충분한 보급물자를 비축하지 못한 것에 대한 엄청난 책임도 있었다. 나아가 그는 12월 8일 그의 항공부대가 당한 손실에 대한 최종 책임도 있었지만, 워싱턴과 그의 항공부대가 저지른 실수와 운이 따르지 않았다는 사실 덕분에 그 책임의 무게는 상당히 줄어들었다.

바탄 반도와 코레히도르 방어전 수행은 수적으로 훨씬 더 우세했던 1만 3,000명 말레이 반도 주둔 부대가 보여준 최악의 패배와 비교할 수밖에 없다. 비록 싱가포르를 방어했던 오스트레일리아와 영국, 인도 부대들 중 일부가 훈련 부족에 시달리기는 했지만, 그들은 5개 사단과 1개 기갑여단을 보유하고 있었기 때문에 맥아더가 배치한 병력보다 훨씬 훈련이 잘되어 있고 좋은 장비를 갖추고 있었다는 데는 의문의 여지가 없다. 루손에 배치된 맥아더의 전체 병력 8명 중 1명에 해당하는 약 1만 100명만이 현대적인 일선 전투요원으로서 실질적인 훈련과 장비를 갖추고 있었다. 일부 사람들이 그렇게 믿었고 지금까지도 믿고 있는 것처럼 맥아더의 성적이 최악은 아니더라도 평범한 수준이었다고 한다면, 마셜 같은 철저한 군인이 필리핀의 실패를 인식하지 못했다는 결론을 내릴 수밖에 없을 것이다. 반대로 마셜이 맥아더가 "수적으로 열세였다"는 견해를 받아들였다면 맥아더 사령부가 보고한 인상적인 미가공 수치 속에 훈련된 보병이 부족하다는 사실이 숨겨져 있다는 것을 인정하고 맥아더의 성적을 그것에 맞춰 평가했어야 한다. 그리고 우리도 그래야만 한다.[20]

맥아더의 실적에서 핵심 실적은 어느 정도 존중받을 가치가 있지만, 그것은 은밀하게 역겨운 포장에 싸인 채 도착했다. 1941년 12월 8일부터

1942년 3월 11일까지 맥아더 사령부에서 발표한 142건의 공식 성명 중 최소한 109건이 단 한 사람, 맥아더의 이름으로 되어 있었다. 심지어 이와 같은 놀라운 허영심조차도 거짓말이라는 전염병에 압도당했다. 아마 혼마가 자살했다고 주장한 것은 그중에서도 최악의 사례일 것이다. 이런 속보들 덕분에 맥아더는 미국 대중의 눈에 대단한 영웅으로 보였다. 하지만 그런 불명예스러운 행동으로 인해 그는 워싱턴의 고위 지도자들과 자신의 병사들 모두로부터 멀어지게 되었다.[21]

그 역겨운 포장을 묶고 있던 매듭은 오직 소수의 선택된 사람들에게만 알려진 채 수십 년 동안 감춰져 있었다. 2월 13일, 케손 대통령은 필리핀 정부 자금에서 맥아더에게는 50만 달러를, 그의 참모 3명에게는 합계 13만 5,000달러를 지급하게 하는 행정 명령에 서명했다. 그 액수는 틀림없이 1945년까지 지급하기로 되어 있던 급료에 맥아더와 필리핀 정부 사이에 맺은 계약에 따라 고려된 실적 보너스를 합친 금액이었을 것이다. 그 계약의 조항에 의하면, 그 액수의 지급에 대한 구체적인 적법성은 상급자의 승인이 있을 경우 공개하지 않아도 되었는데, 실제로 그랬다(루스벨트와 스팀슨이 그 거래를 묵인했다는 부분에서 그들이 필리핀을 포기하기로 한 결정에 대한 죄책감의 기미가 느껴진다). 3명의 참모장교(서덜랜드를 포함해)가 받은 돈은 필리핀 정부가 당연히 지불해야 하는 액수와 밀접하게 관계가 있기는 하지만, '입막음용'이라는 냄새를 강하게 풍긴다. 맥아더 비판자들은 당연히 구체적인 적법성 여부를 떠나 이런 일화가 존재한다는 사실 자체가 변명의 여지가 없다고 주장한다. 이 일화로 인해 맥아더가 케손의 중립화 제안을 지지하고 처음에는 케손의 탈출을 반대했던 이유에 대한 의문은 더욱 깊은 미궁 속으로 빠지게 되었다. 그것은 어떤 미군 장교도 따라서는 안 되는 영원한 본보기가 되었다.[22]

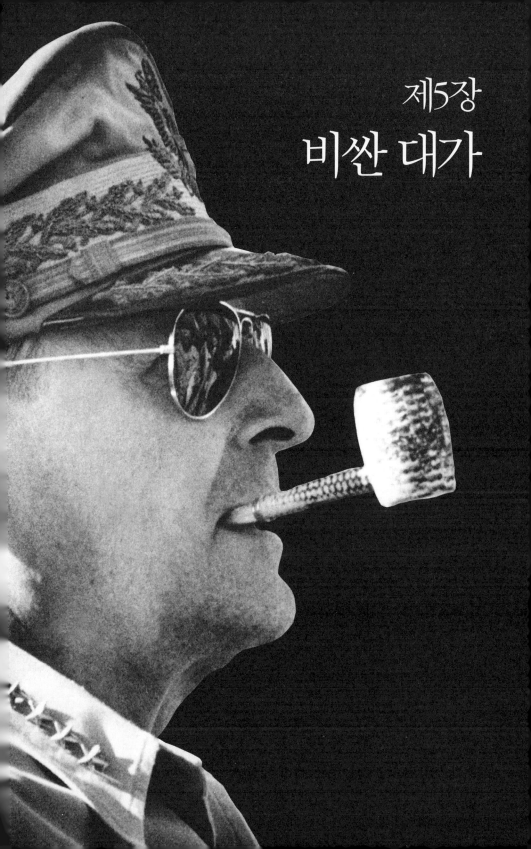

제5장
비싼 대가

슈퍼 영웅의 탄생

추축국의 선전이 맥아더가 자기 병사들을 "버렸다"는 점을 파고들 것으로 예상되자, 그에 대응하기 위해 마셜 장군은 앞장서서 맥아더에게 명예훈장을 수여하려고 노력했고, 결국 그렇게 하는 데 성공했다. 그 훈장은 졸렬한 사기극(이 새로 시작된 전쟁에서는 그런 훈장을 받을 만한 정당한 근거가 존재하지 않기 때문에)이 아니면, 받아 마땅한 보상(비록 베라크루스 점령 당시는 해당되지 않더라도 1차 세계대전에서 그것을 받아야 했기 때문에)을 상징했다.[1]

어뢰정과 비행기, 열차를 이용해 코레히도르 섬에서 오스트레일리아까지 멜로드라마 같은 맥아더의 여정은 11일이 걸렸다. 맥아더가 도착하자, 미국 대사 패트릭 J. 헐리(Patrick J. Hurley: 후버 행정부에서 육군장관 역임)는 맥아더의 명성이 이제까지 조지 듀이(George Dewey: 미국-스페인 전쟁에서 스페인 해군을 격파해 명성을 얻었다-옮긴이) 제독과 존 J. 퍼싱 장군, 찰스 린드버그(Charles Lindbergh)만이 누렸던 대중적 찬양 수준까지 치솟았다는 사실을 알렸다. 루스벨트 반대파 언론의 주포인 윌리엄 랜돌프 허스트(William Randolph Hearst)와 로버트 매코믹(Robert McCormick) 대령, 헨리 R. 루스(Henry R. Luce)의 출판물들은 맥아더를 자랑스럽게 알렸다.[2]

맥아더의 이름이 갑자기 헤아릴 수 없이 많은 신생아와 꽃과 춤, 공원, 거리, 빌딩 등을 장식했다. 인디언 부족의 공물(맥아더의 유년 시절을 고려하면 이해가 된다)이나 대학 학위, 일류 혹은 이류 각종 단체들의 회원자격 등이 동시대 미국의 슈퍼 영웅에게 쏟아져 들어왔다. 공화당과 심지어 일부 민주당 의원들까지 마치 고장 난 수도꼭지라도 된 양 과장된 찬사를 보냈다. 어떤 사람은 맥아더를 본국으로 불러들여 전군을 지휘하게 해야 한다는 조언까지 했다. 또 어떤 사람은 한 단계 더 나아가 맥아더를 차기 대통령감으로 보기 시작했다.[3]

야망을 가진 정치가들은 스타의 후광을 입을 수 있는 기회라고 생각하고 맥아더의 전선을 방문했다. 텍사스(Texas) 주 린든 B. 존슨(Lyndon B. Johnson) 하원의원은 자신의 신사복을 벗고 해군 예비대 장교 복장으로 갈아입고는 워싱턴에서 출발하는 전선 방문단에 끼어들었다. 존슨과 펜타곤의 한 대령은 뉴기니 라에(Lae)의 견고하게 방어된 일본군 비행장 공습 임무에 자원했다. 대령이 탄 비행기는 일본군 전투기에 격추되어 승무원 전원이 사망했다. 존슨의 비행기는 엔진 고장으로 일본군 비행기를 만나기도 전에 임무를 중단했다. 맥아더는 존슨과 훨씬 더 유용한 또 한 명의 군복 차림을 한 방문자 하원의원 멜빈 마스(Melvin Maas)에게 은성무공훈장을 수여했다. 이 일화에 대한 대부분의 설명들은 진실과 그 의의를 심하게 훼손하고 있다. 첫째, 그 비겁자는 당시 라에 근처에 얼씬도 하지 못했다. 둘째, 가장 신뢰할 만한 증거에 따르면 존슨의 비행기는 전투에 참가하지 않았다. 셋째, 맥아더가 존슨에게 수여한 은성무공훈장은 서훈체계가 재정립되기 이전의 것으로 훈장 서열이 그리 높은 것은 아니었다. 맥아더가 존슨에게(그리고 마스에게) 수여한 훈장은 1차 세계대전 당시 은성표창과 같은 의미였던 것이다.[4]

남서태평양지역 최고사령관이 되다

맥아더의 명성은 그에게 엄청난 행운을 가져다주었다. 1942년 3월 30일, 워싱턴은 태평양 지역에 대한 새로운 지휘체계를 공표했다. 타당한 논리에 따르면, 태평양 전구에 1명의 최고사령관을 두어야 했다. 맥아더와 육군에게는 그 자리가 당연히 맥아더의 몫으로 보였다. 하지만 미국 함대 사령관인 어니스트 킹(Ernest Joseph King) 제독을 필두로 한 해군은 맥아더가 연령이나 입증된 능력(즉, 능력의 부족)으로 볼 때 적합하지 않다고 생각했다. 더욱이 해군은 해상 전투와 상륙작전을 요구하는 거대한 대양 전구를 효과적으로 지휘하는 임무는 오로지 해군 제독만이 수행할 수 있다는 매우 설득력 있는 논거를 갖고 있었다. 결과는 이것들을 절충한 것이었다. 태평양의 대부분은 체스터 W. 니미츠(Chester W. Nimitz) 제독이 관할하게 되었다. 그는 태평양지역 최고사령관(Commander in Chief Pacific Ocean Area, CINCPOA)에 임명되었으며, 그가 맡은 태평양지역은 3개의 예하 지역인 북태평양과 중부태평양, 남태평양으로 세분화되었다. 맥아더는 남서태평양지역 최고사령관(Commander in Chief Southwest Pacific Area, CINCSPA)이 되었다. 맥아더의 관할 지역에는 오스트레일리아와 필리핀 제도, 뉴기니, 솔로몬 제도(Solomon Islands), 비스마르크 제도(Bismarck Archipelago)를 비롯해 수마트라(Sumatra)를 제외한 네덜란드령 동인도 제도가 포함되어 있었다.[5]

4월 18일, 맥아더는 오스트레일리아 육군의 토머스 블레이미 대장을 지상군 사령관에 임명했고, 조지 H. 브렛(George H. Brett) 중장이 항공부대 지휘관이 되었으며, 허버트 H. 리어리(Hubert H. Leary)[곧 아서 A. 카펜

더(Arthur A. Carpender)로 교체된다] 중장이 맥아더 휘하 해군 부대의 지휘를 맡았다. 마셜이 고위 참모에 오스트레일리아인과 네덜란드인을 포함시켜야 한다고 강력하게 권고했는데도 불구하고 맥아더는 고위 참모에 전부미국인들을 임명했으며, 11개 요직 중 8개가 이전 필리핀 사령부 출신인'바탄 갱(Bataan Gang)'에게 돌아갔다. '바탄 갱'은 "마셜과 루스벨트가 타협할 수 없는 적"이라는 맥아더 최고사령관의 편집증적인 판단에 공감했다.[6]

맥아더는 오스트레일리아인들의 참여를 가급적 억제했지만, 한 가지 중요한 눈에 띄는 예외는 정보와 관한 것이었다. 미국과 영국, 오스트레일리아 무선정보부대들은 1942년 4월 맥아더의 통신장교인 스펜서 B. 어킨(Spencer B. Akin) 대령 아래 중앙국으로 통합되었다. 중앙국은 연합군의 다른 무선정보 기관들과 긴밀하게 협력했다. 하지만 당시와 같은 전쟁초기 단계에 일본 제국 육군의 암호는 거의 이해가 불가능했다. 1942년부터 1943년까지 암호 해독은 거의 대부분 일본 제국 해군 통신이나 외교전문들을 통해 이루어졌다. 1943년 4월, 일본의 선박암호서가 해독되면서결정적인 돌파구가 열렸다. 이후 맥아더는 일본의 해상 군수활동과 관련된 대단히 귀중한 정보를 입수하게 되었다.[7]

●

태평양의 모든 작전에 대한 전반적 통제권을 둘러싼 보이지 않는 싸움

맥아더가 남서태평양지역 최고사령관이 되고 9주가 흐르는 동안 전쟁의 흐름에 전반적인 변화가 생겼다. 거의 3개 사단에 이르는 병력으로일본군이 공세를 재개하면서 기아와 질병에 시달리던 바탄 반도 주둔

바탄 죽음의 행진

태평양 전쟁 초기에 일본군이 미군과 필리핀군 전쟁포로를 학대한 행위로, 1942년 4월 9일 필리핀 바탄 반도 남쪽 끝 마리벨레스(Mariveles)에서 산페르난도(San Fernando)까지 강제로 행진하게 한 것이다. 전쟁포로들은 다시 카파스(Capas)부터 오도널 수용소(Camp O'Donnell)까지 강제로 행진했는데, 행진 과정에서 전쟁포로 7만 명이 구타를 당하고 굶주림에 시달렸으며 낙오자는 총검으로 찔려 죽음을 당했다. 결국 7,000~1만 명의 전쟁포로들이 행진 도중에 사망했고, 5만 4,000명만 수용소에 도착했다. 그리고 나머지는 정글 속으로 도망쳤다. 이 책임으로 필리핀 침공작전을 계획한 사령관 혼마 마사하루 중장은 1946년 4월 3일 마닐라 군사재판에서 유죄를 선고받고 처형된다. 하지만 고의적 명령 왜곡으로 이 사태를 초래한 쓰지 마사노부 중좌는 처벌은커녕 전범으로 기소되지도 않았다.

1942년 5월, 바탄 죽음의 행진 당시 손을 뒤로 묶인 채 바탄 반도에서 포로수용소가 있는 카바나투안으로 향하고 있는 전쟁포로들의 모습. 〈사진: Public Domain〉

부대는 4월 9일에 항복할 수밖에 없었다. 7만~8만 명 병력이 일본군의 포로가 되는 미국 역사상 가장 큰 항복이었다(비록 그들 중 대부분이 필리핀인이었지만). 하지만 이 포로들이 '바탄 죽음의 행진(The Bataan Death March)'이라고 이름 붙게 될 상황을 겪었다는 사실은 아직 알려지지 않았다. 일본군은 코레히도르 섬에 폭탄과 포탄 세례를 퍼부음으로써 결국 5월 6일 항복을 받아냈다. 추가로 1만 1,000명이 일본군의 포로가 되었으며, 나머지 필리핀 방어 병력도 역시 항복했다.[8]

코레히도르가 항복한 다음날, 역사상 최초로 항공모함 간의 교전이 벌어졌다. 산호해 해전(Battle of Coral Sea: 미국과 일본이 1942년 5월 4일부터 8일까지 남태평양 산호해에서 격돌한 해전이다. 이 해전은 세계 전사에 항공모함끼리 최초로 격돌한 해전이라는 기록을 남겼다-옮긴이)에서 프랭크 잭 플레처(Frank Jack Fletcher) 소장 휘하의 미국 해군 2개 항공모함 기동부대는 항공모함 렉싱턴(USS Lexington)을 잃어 전술적으로 더 큰 피해를 입었지만, 일본군은 포트모르즈비(Port Moresby)와 뉴기니 침공이 좌절되면서 첫 번째 전략적 실패를 맛보았다(따라서 맥아더가 아니라 플레처가 "오스트레일리아 구원자"라는 칭호를 들을 자격이 있다). 미국 해군은 6월 3일부터 7일 사이에 중부태평양의 미드웨이(Midway) 외해에서 고작 항공모함 1척과 구축함 1척을 잃으면서 일본 해군 항공모함 4척과 순양함 1척을 격침시킴으로써 엄청난 승리를 거두었다.[9]

미드웨이 해전(Battle of Midway)은 중부태평양에서 일본의 전진을 저지했을 뿐만 아니라 맥아더를 자극하여 미국이 해상의 승리에 따른 전과를 확대하기 위해서는 즉시 라바울(Rabaul)에 있는 일본군의 대규모 요새를 공격해야 한다고 제안하게 만들었다. 킹 제독도 전과를 확대하는 동시에 해군의 태평양 주도권을 지키기 위해 신속하게 반응했다. 그는 1942

1942년 6월 5일(미국 시간 6월 4일) 태평양의 전략 요충지인 미드웨이 섬을 공격하려던 일본 제국 항모전단이 벌떼처럼 달려든 미국 전투기의 공격을 받아 궤멸되어 참패를 당한 태평양 전쟁의 판도를 바꾼 해전으로 흔히 회자되는 전투이다.

미드웨이 해전은 산호해 해전에 이어서 처음부터 전함의 포격전 없이 항공모함 함재기로 치러진 두 번째 전투였다. 서로 직접 보는 일 없이 오직 항공기만으로 승부를 냈다. 이 전투에서 미국은 일본의 항공모함 4척을 격침시켜 태평양의 제해권을 장악하고 반격으로 나설 수 있는 발판을 마련했다.

1942년 6월 6일, 미드웨이 해전 당시 더글러스 SBD-3 던틀리스(Douglas SBD-3 Dauntless) 급강하폭격기들이 이미 공격을 받아 화염에 휩싸인 일본 순양함 미쿠마(三隈)를 다시 공격하기 위해 급강하하고 있다. 〈사진: Public Domain〉

거의 40년에 가까운 직업군인 생활을 하면서 맥아더는 태평양 전쟁 초기 6개월 동안 경험한 것과 같은 실패를 한 번도 겪어본 적이 없었다. 그의 자아는 너무 강해서 자신의 행동에서 심각하게 잘못된 점을 찾기란 불가능했다. 결국 그는 사악하게 책임을 다른 사람에게 전가하려고 했고, 자신의 상관에게 광적이고 편집증적인 전문을 연속해 보냈다. 그는 '독일 우선' 결정을 번복하고 자기에게 우선권을 주지 않는다면 재앙이 닥칠 것이라는 내용이 담긴 전문을 워싱턴에 전달했다.

년 7월에 3단계 전역을 수행하는 계획을 들고 나와 지휘부를 설득하는 데 성공했다. 궁극적인 목표는 여전히 라바울이었지만, 그 앞에는 과달카날에서 시작하여 솔로몬 제도를 거치는 2개의 준비 단계가 존재했다. 킹은 해군이 이 공세를 지휘해야 한다고 주장했다. 전구 경계선이 조정되어 과달카날은 니미츠의 지휘 아래 있는 남태평양지역에 포함되었다.[10]

거의 40년에 가까운 직업군인 생활을 하면서 맥아더는 태평양 전쟁 초기 6개월 동안 경험한 것과 같은 실패를 한 번도 겪어본 적이 없었다. 그의 자아는 너무 강해서 자신의 행동에서 심각하게 잘못된 점을 찾기란 불가능했다. 결국 그는 사악하게 책임을 다른 사람에게 전가하려고 했고, 자신의 상관에게 광적이고 편집증적인 전문을 연속해 보냈다. 그는 '독일 우선' 결정을 번복하고 자기에게 우선권을 주지 않는다면 재앙이 닥칠 것이라는 내용이 담긴 전문을 워싱턴에 전달했다. 과달카날 전역을 준비하면서 니미츠가 맥아더에게 할당된 해군과 항공 자산을 활용하겠다는 안을 내놓자, 맥아더는 더욱 경악했다. 게다가 킹은 맥아더의 해군 부대 지휘

1943년 혹은 1944년 당시의 맥아더 모습. 맥아더가 니미츠에게 보낸 자신의 사진. 맥아더는 사진 오른쪽 하단에 친필로 "니미츠 제독에게. 존경과 흠모의 마음을 담아. 더글러스 맥아더"라고 썼다. 〈사진: Public Domain〉

관과 통신을 하는 과정에서 맥아더를 거치지 않고 직접 전문을 주고받았다. 이런 행동들은 맥아더로 하여금 마셜에게 전문을 보내 "태평양의 모든 작전에 대한 전반적 통제권"을 장악하려는 해군의 야망이 이것으로 입증된 것이라고 비난하게 만드는 이유가 되었다. 나아가 맥아더는 그런 활동을 가리켜 해군이 국방의 모든 영역을 장악하고 육군을 훈련과 보급 편제로 격하시키려는 음모—참모총장으로 재직하는 동안 그가 '우연히' 발견했던—의 일부라고 비난의 수위를 더욱 높였다.[11]

이와 같이 광적인 비난과 분개에 대해 루스벨트와 스팀슨, 마셜이 즉각 맥아더를 꾸짖고 책망하지 않은 것이 큰 영향을 미쳐 맥아더는 이후에도 10여 년에 걸쳐 반항을 일삼다가 결국 해임이라는 종말을 맞게 된다. 1942년 말 스팀슨은 너무 늦게 행동에 나섰다. 그는 1차 세계대전 당시 미국 에이스였던 에디 리켄배커(Eddie Rickenbacker)를 소환했다. 리켄배커는 대중적 명성에 있어서 거의 맥아더에 필적했고, 영국 주둔 육군 항공부대의 상황에 대한 솔직한 보고서로 스팀슨에게 좋은 인상을 준 적이 있었다. 리켄배커는 스팀슨의 구두 지시로 위임받아 맥아더 외에는 누구에게도 발설하지 않겠다고 맹세한 다음 오스트레일리아로 가는 B-17에 올랐다. 비행 도중 그의 비행기가 해상에 불시착하면서 그는 구명보트 위에서 24일 동안 떠다니다 기적적으로 구조되었다. 11월 마침내 맥아더를 만난 리켄배커는 그에게 자신의 개인적 유명세를 위한 선전활동을 중단하고, 자신의 전구가 제한적인 자원만을 받고 있다는 불평을 그치며, 마셜 장군에 대한 개인적 비난을 멈추라는 스팀슨의 요구를 전달했다. 이와 같은 금지사항에 덧붙여, 스팀슨은 해군과 좋은 관계를 유지하면서 협조하라고 지시했다. 애석하게도 이런 꾸짖음이 일시적이어서 맥아더의 상관들은 그의 복종을 강요하는 데 실패하고 말았다. 그들의 직무 태만은 고집

센 부하를 다루는 데 중요한 교훈으로 여전히 유효하다.[12]

태평양 전쟁에서 가장 값비싼 승리

일반적으로 태평양 전쟁에 대해 우리가 오해하고 있는 부분은 미드웨이 해전 이후에 일본군이 방어태세로 돌아섰다고 하는 것이다. 그러나 실제로 일본 제국 육군은 이와 달리 공세를 유지했다. 일본 제국 해군이 제안한 오스트레일리아 침공을 실현 가능성이 낮다며 거부한 일본 제국 육군은 뉴기니와 뉴칼레도니아(New Caledonia), 피지(Fiji), 사모아의 섬들을 통해 남동쪽으로 전진하여 오스트레일리아와 뉴질랜드로 이어지는 통신선을 절단한다는 좀 더 현실적인 전략에 착수했다. 이 전략이 성공하면, 연합군이 반격을 위한 발판으로 오스트레일리아와 뉴질랜드를 활용하지 못하게 될 터였다.[13]

뉴기니는 마치 원시적인 새가 머리는 북서쪽으로, 꼬리는 남서쪽으로 향하고 있는 형태로 1,300마일에 걸쳐 뻗어 있다. 이 섬의 산악 정글은 북쪽 침입으로부터 오스트레일리아를 지켜주는 방벽 역할을 했다. 1942년에 태평양 전쟁은 남동쪽 꼬리인 파푸아에 집중되었다. 일본 제국 육군은 호리이 도미타로(堀井富太郎) 소장을 지휘관으로 하는 남해지대(南海支隊)를 선정해 파푸아의 북부 해안에 있는 부나(Buna)로부터 육로로 200마일을 행진해 포트모르즈비를 점령하게 했다. 이들은 5개 보병대대에 포병과 공병, 전투공병, 통신부대를 추가해 균형 잡힌 전력을 가진 1만 명의 병력으로 구성되어 있었다.

하지만 초기에 맥아더는 일본군의 위협을 맞아 몇 가지 불리한 점을 안고 있었다. 그의 항공부대가 동원할 수 있는 작전 가능 항공기는 80~100대에 불과했으며, 이것을 기력이 소진된 승무원들이 운영하고 있었다. 미군 32사단과 41사단은 전투태세가 되어 있지 않았다. 사용 가능한 오스트레일리아 부대들은 파푸아의 남쪽과 동쪽 끝인 포트모르즈비와 밀른 만(Milne Bay)을 방어하고 있었다. 중앙국은 일본 제국 육군의 암호를 해독하지 못해 해군 무선정보팀의 성과에 크게 의존했는데, 1942년 5월 이후 해군 무선정보팀은 주로 암호 해독이 아닌 무선교신 분석을 통해 정보를 수집하고 있었기 때문에 중앙국의 예측은 애매모호한 수준을 벗어날 길이 없었다. 자원의 부족과 정보 동향의 불확실성, 연합군 항공기들을 지상에 머물게 만든 악천후의 장막으로 인해, 맥아더는 7월 22일 일본군이 파푸아 북쪽 해안의 부나를 점령했을 때 그것을 미리 예측하지 못했다.

전쟁 기간 내내 맥아더의 정보참모인 찰스 윌러비 대령은 적절한 전략과 전술에 대한 자기 나름의 판단으로 정보를 걸러냈다. 윌러비는 일본군이 '온당하게' 움직인다면 부나는 오언스탠리 산맥(Owen Stanley Mountain range)을 넘어 포트모르즈비를 공격하는 지상 공격의 출발점이 아니라 항공기의 전진기지 역할을 수행하게 될 것이라고 믿었다. 5월에 호리이의 목표를 알리는 암호가 어렵게 해독되었으나 그는 그것을 무시했다. 그런 다음 그는 어처구니없게도 일본군의 전력을 몇 개 대대가 아닌 몇 개 중대로 과소평가했다. 결국 그의 잘못된 정보 판단으로 인해 맥아더는 코코다 트레일(Kokoda trail)을 따라 전진하는 일본군을 맞아 오스트레일리아군이 후퇴하는 것을 보고 그 이유를 수적 열세 때문이 아니라 오스트레일리아군의 전투 회피와 지도력 결여 탓으로 믿게 되었다. 멜빈 마스 하원의원이 군복 차림을 하고 방문하자, 맥아더는 그에게 오스트레일리아인들은 싸우려 하지 않는다고 말했다.[14]

1942년 8월, 맥아더와 그의 오스트레일리아인 지상군 사령관 블레이미는 뉴기니에서 승리하거나 아니면 해임당하는 진퇴양난의 상황임을 잘 알고 있었다. 9월에 맥아더는 수단을 부려 오스트레일리아 수상 존 커틴(John Curtin)이 블레이미에게 뉴기니 상황을 직접 지휘하라는 명령을 내리게 만들었다. 블레이미는 훨씬 더 광범위한 책임을 맡고 있었기 때문에 그것은 전혀 말도 안 되는 조치였지만, 명령을 따르지 않을 경우 자신이 해임되는 동시에 맥아더가 오스트레일리아군에게 책임을 전가할 것이 틀림없다는 것을 깨달았다. 맥아더나 블레이미 어느 누구도 전방을 방문해 코코다 트레일에서 병사들이 실제로 겪고 있는 끔찍한 상황을 직접 본 적이 없다는 사실은 도저히 용납될 수 없는 일이다. 코코다 트레일은 실제로 '구름을 향해 회오리치듯 솟구친' 산정으로 이어지는 비좁은 오솔길에 불과했다. 그 길은 바로 옆으로 4,000피트의 급격한 낭떠러지가 이어지는가 하면 거센 물보라를 일으키는 급류들이 흐르고(호리이 소장도 급류에 빠져 익사하게 된다), 울창한 정글이 뒤덮여 햇빛이 들지 않았다. 유일한 보급 수단은 등짐을 멘 인간과 공중투하뿐이었다. 얄궂게도 과달카날이 강조되는 바람에 블레이미가 뉴기니로 향하는 순간에 일본 제국 육군은 호리이의 전진을 중단시켰지만, 이렇게 이미 분위기가 전환되었는데도 블레이미는 맥아더의 근거 없는 비난과 압박에 굴복했다. 블레이미는 몇 명의 오스트레일리아군 지휘관을 교체함으로써 맥아더를 진정시키고 자신의 경력을 이어갔는데, 이는 이후 그의 명성을 손상시켰다. 7월과 8월에 파푸아의 동쪽 끝인 밀른 만 주변에서 경솔하게 실시한 일본군의 상륙을 분쇄할 때 확실하게 보여준 것처럼, 오스트레일리아군에게는 아무런 문제가 없었다.[15]

　일단 오스트레일리아 증원부대가 일본군의 돌격을 저지한 다음 코코

1943년 (왼쪽에서부터) 다니엘 바비 해군소장, 조지 케니 육군중장, 월터 크루거 육군중장과 함께한 맥아더.

다 트레일을 따라 서서히 일본군을 몰아내자, 맥아더는 자신의 공세를 시작했다. 훈련이 잘 된 미국 41사단을 투입하자는 조언이 있었지만, 맥아더는 에드윈 F. 하딩(Edwin) 소장의 32보병사단을 부나 공격에 투입했다. 한편 오스트레일리아군은 인근의 고나(Gona)를 노렸다. 미군과 오스트레일리아군은 적절한 설계에 따라 건설되어 1차 세계대전 당시의 참호진지만큼이나 견고하고 복잡한 일본군 방어진지에 부딪혔다. 바탄 반도에서 그랬던 것처럼, 맥아더는 전선에 나가 직접 상황을 눈으로 확인하지 않았다. 대신 그는 공격을 지원하기 위해 대포를 전진시키는 것이 불가능하다는 잘못된 인식을 갖고 있던 참모장 서덜랜드의 조언과 일본군의 전력을 크게 과소평가했던 윌러비의 정보에만 의지했다. 32보병사단이 얼마나 준비가 부족했는지 한 가지 사례를 들면, 위장을 위해 사용된 염색제로 인해

군복에 공기가 통할 구멍이 전부 막혀버려서 병사들이 참을 수 없는 엄청난 더위에 시달려야 했다. 지원화기는 물론 심지어 화염방사기나 폭약과 같은 기본적인 장비도 없는 데다가 질병에 시달리게 되면서 미군과 오스트레일리아군은 심각한 인명 피해를 입었다. 그런데도 맥아더는 지휘부와 병사들을 비난했다. 그는 미군 병사가 무기를 버리고 적으로부터 도주했다는 보고-당시 상당히 많은 무용담 속에 아주 드물게 이런 이야기들이 있기는 했다-에 치욕을 느꼈다. 11월에 맥아더는 하딩을 해임하고 로버트 아이켈버거(Robert Eichelberger) 중장을 전방으로 파견하면서 "부나를 점령하라. 그러지 못할 경우 살아서 돌아오지 마라"고 명령했다. 이것은 최고사령관으로서 그가 보여준 최악의 모습이었다.[16]

결국 1943년 1월 2일에 부나를 함락했다. 비록 아이켈버거가 자신의 능력과 엄청난 용기를 발휘한 면도 없지 않지만(그의 바로 옆에 서 있던 부관이 총에 맞기도 했다), 진짜로 바뀐 것은 대포와 전차가 더해진 보급물자의 투입으로 32보병사단의 전투력이 크게 강화되었다는 것이었다. 일본군은 영웅적 행위가 그들 사이에서 아예 표준이 될 만큼 놀라운 투지로 싸웠다. 한 예를 들면, 일본군 방어부대는 미처 매장하지 못한 전우들의 시체에서 악취가 나는 가운데 방독면을 쓴 채 싸우기도 했다. 다른 곳에서는 굶주린 일본군이 인육으로 연명하기도 했다. 아이켈버거가 점령한 일본군 진지를 여유롭게 시찰할 기회가 있었는데, '복잡하고 깊고 험난한' 일본군 진지를 보고 충격을 받았다. 그 일대에 있는 마지막 일본군 진지는 1944년 1월 22일에 함락되었다.[17]

맥아더는 코뮈니케를 발표해 "부나 전역에서 우리는 적은 손실만 입었다"고 주장했다. 나아가 이렇게 손실이 '적은' 두 가지 주요 이유는 첫째로 "시간 요소가 별로 중요하지 않았기 때문에 공격을 서두를 이유가 없었고, 둘째로 그런 이유로 충분한 준비 없이 적의 진지에 대규모 돌격을 시도하지 않았기 때문이다"라고 주장했다. 맥아더의 전시 코뮈니케들을 난잡하게 어지럽히는 엄청난 거짓 진술들 중에서도 이것은 단연코 최고 당선작이라고 할 수 있다. 맥아더는 윌리엄 F. 핼시 주니어(William F. Halsey Junior) 해군대장이 과달카날을 확보하기 전에 승리를 거둘 수 있도록 현장 지휘관들에게 전역을 빨리 끝내라고 들들 볶았다. 일본군은 1만 6,000~1만 7,000명의 병력을 투입하여 대략 1만 2,000명의 사상자가 발생했는데, 대부분이 사망자였다. 미군의 지상 병력 손실은 총 2,848명으로 그중 전사자는 930명이었다. 오스트레일리아는 훨씬 더 큰 부담을 감당했기 때문에 5,698명의 사상자가 발생했으며, 그중 전사자는 3,896명이었다. 따라서 연합군의 지상군 사상자는 총 8,546명이고, 그중 4,826명이 사망했다. 이와 대조적으로, 과달카날에서 미국 지상군 전사자는 육군과 해병을 합쳐 총 1,769명이었다. 과달카날에 약 6만 명의 병력이 투입된 것에 비해 파푸아에는 약 3만 3,000명의 연합군 병사들이 투입되었기 때문에 전반적인 전사자 비율은 맥아더 휘하 부대가 거의 6배나 높았다. 적어도 17명의 미군이 쯔쯔가무시병으로 사망한 사례를 제외하고도, 파푸아의 연합군 병사들 중 2만 4,434명이 전염병으로 한 차례 이상 의무대에 입실한 경험이 있었다. 이런 사실을 고려하여 미국 육군 공식 역사는 파푸아의 승리를 사상자 비율로 따졌을 때 "태평양 전쟁에서 가장 값비싼 승리"라고 묘사했다.[18]

1943년 1월, 맥아더는 자기 생애에서 최악의 13개월에 종지부를 찍었다. 그와 비슷한 연배의 사람들은 대부분 그와 같은 경험을 하게 되면 헤어나지 못했을 것이다. 하지만 그는 달랐다. 그가 이처럼 최악의 상태에서 얼마나 높이 도약할 수 있을지는 앞으로 더 두고봐야 알 수 있을 것이다.

제6장
매개변수

●
아무것도 없는 남서태평양전구의
열악한 환경과의 싸움

찰스 윌러비는 맥아더가 "거리와의 전쟁"을 수행했다고 분명히 말했다. 맥아더의 영역은 엄청난 범위로 인해 –태평양 전체 중 고작 일부분에 불과하지만– 눈이 부실 지경이었다. 남서태평양지역 경계선 내에 프랑스보다 큰 텍사스 주만한 국가가 족히 25개나 들어갈 수 있을 정도였다. 윌리엄 맨체스터가 언급했듯이, 맥아더가 브리즈번(Brisbane)에서 뉴기니 방어 계획을 세우는 것은 마치 뉴올리언스(New Orleans)에서 미국-캐나다 국경 방어 계획을 세우는 것과 같았다.[1]

이 광활한 영역의 대부분을 차지한 것은 바다였다. 바다에 무지한 육군에게는 바다의 깊이가 태평양의 특징을 규정하는 것이었다. 반면에 해군에게는 태평양을 지배하는 커다란 특징은 무지하거나 부주의한 자들이 지나갈 때 배의 밑창을 찢어놓는, 해도에 표시되거나 표시되지 않은 암초와 산호초가 무진장 널려 있다는 것이었다. 바다는 이동에 유리한 고속도로라는 상투적인 표현은 어느 정도 맞는 말이기는 하지만, 바다를 통제하지 못하는 사람들에게는 정반대로 요새 방벽이 되어 그들을 가둔다.

군사작전을 고려하는 사람들에게 남서태평양 전구의 가장 두드러진 특징은 거리도 바다도 아닌 '아무것도 없다'는 것이었다. 사실 지구상 다른 모든 장소들은 다음과 같은 기본적은 요소들이 있기 마련이다. 초가집 촌락부터 철근 콘크리트 빌딩의 도시에 이르는 인간의 집단 거주지, 인간이나 동물, 차량이 지나갈 수 있는 도로나 길, 초라한 어선이 정박할 수 있는 선창부터 함대나 수송선이 정박할 수 있는 넓은 항구, 전투부대가 언제든지 사용할 수 있는 현지의 음식물과 건강에 무해한 풍부한 식수원, 통제 혹은 억제 가능한 질병 등이 그것이다. 하지만 남서태평양지역의 경우, 이런 모든 것들이 거의 존재하지 않았다. 인간의 자취는 자연의 가장 원초적인 외형에 아주 미미한 변화만 줄 뿐이었다.

사실상 맥아더의 부대가 전역을 수행하면서 소비하는 거의 모든 물품은 현지로 직접 수송해야 했다. 워싱턴의 참모장교들이 1942년에 계산한 바에 따르면, 시간과 거리 요소를 적절하게 고려할 경우 2명의 인원을 남서태평양으로 이동시키는 데 드는 선적량이면, 5명의 인원이 유럽을 왕복할 수 있었다. 실제로 그 5명이 살아가는 데 그보다 더 적은 선적량으로도 충분했다('독일 우선' 전략은 전략적 관점에서도 합리적이었을 뿐만 아니라 군수적 관점에서도 추가적인 이득을 제공했다). 따라서 맥아더에게 아이젠하워나 패튼, 롬멜(Erwin Rommel), 소련군 원수 게오르기 주코프(Georgi Zhukov)와 같은 사람들은 결코 겪은 적이 없는 시련은 유럽의 전장하고는 차원이 다른 어마어마한 거리 때문이 아니라 아무것도 없는 남서태평양 전구의 특징 때문에 발생했다.

이런 아무것도 없는 상황으로 인해 맥아더는 보통 무시되던 두 병과에 유난히 의존했다. 맥아더가 이룩한 모든 것들의 뒤에는 뛰어난 휴 J. 케이시(Hugh J. Casey) 장군의 지휘 아래 그의 공병들이 달성한 업적이 있었다. 케이시의 평가에 따르면, 맥아더의 병사들 중 약 20퍼센트 정도는 공병이어야 했지만 그 수치에 도달한 적은 한 번도 없었다(13.4퍼센트가 최고였다). 맥아더는 다른 전구 사령관들처럼, 다음 선박 할당에서 그 차이를 상쇄시킬 수 있을 것으로 기대하며 습관적으로 근무지원 병력보다 전투 병력에 선박 우선순위를 할당했기 때문에 그 수치 차이는 더욱 심각해졌다.[2]

두 번째 맥아더를 위해 엄청나지만 표가 나지 않는 역할을 수행한 근 맥아더에게 아이젠하워나 패튼, 롬멜, 소련군 원수 게오르기 주코프와 같은 사람들은 결코 겪은 적이 없는 시련은 유럽의 전장하고는 차원이 다른 어마어마한 거리 때문이 아니라 아무것도 없는 남서태평양 전구의 특징 때문에 발생했다.

무지원 병과는 의무대였다. 남서태평양지역보다 질병률이 더 높은 전구는 아프리카와 중동뿐이었다. 연간 기준으로 보면, 평균적으로 남서태평양지역 장병 10명 중 8명이 매년 어느 정도의 시간을 병원에서 보냈는데, 이것은 유럽에 비해 75퍼센트나 높은 수치이다(이와 대조적으로 니미츠의 태평양지역 사령부는 유럽과 비슷하고 미국 본토보다 낮았다). 마찬가지 연간 기준으로, 맥아더 사령부에 배속된 장병 1,000명 중 1명이 질병으로 사망했는데, 이는 육군 전체에서 가장 높고 유럽 전구에 비해 거의 2배 가까운 비율이다.[3] 일반적으로 임기응변에 아주 능하고 열정적인 맥아더의 공병에 대한 소수의 비난 중 하나는 그들이 의료시설 건설을 그리 중요하게 생각하지 않았다는 것이다. 결국 모든 의무대 요원이 계급의 고하에 관계없이 자신들이 직접 의무시설을 건설했다. 실제로 의무대 요원들은 혼자 힘으로 해외에 주재하는 미국 육군 최대 병원인 3,500침상 규모의 54종합병원을 건설했다―외과 의사가 콘크리트 믹서를 조작하고 불도저를 몰았다.[4]

감지하기 힘들지만 중요한 요소인 사기 측면에서 맥아더가 당면한 난제들은 유럽에 있는 동료들이 직면한 난제보다 훨씬 더 심각했고, 오직 중국에 있는 지휘관들만이 그에 필적할 수 있는 정도였다. 맥아더 휘하에 있던 미국 장병들 중 자신이 있는 그곳이 고국의 방어와 직접 관련이 있다고 느낀 사람은 아무도 없었다. 남서태평양전구에 배치된 장병들은 아주 육군부는 남서태평양과 같은 고된 근무지의 병력을 매달 1퍼센트씩 순환근무시키는 정책을 추진해보려고 했다. 하지만 순환근무를 실행하는 데 필요한 선박을 배정받지 못해 맥아더는 그 정책을 포기할 수밖에 없었다. 사기에 타격을 줄 수 있는 이런 결정을 다루는 맥아더의 방식은 교훈으로 삼을 만하다. 남서태평양지역의 모든 지휘관들은 전구 사령부로부터 지정 날짜가 되기 전에는 절대 개봉하지 말라는 지침과 함께 봉인된 봉투를 받았다. 그 날짜가 되어 봉투를 열었을 때, 그들은 "남서태평양지역 병사들"에게 그 결정을 설명하는 편지를 발견했다. 중대 게시판에 게시된 수백 통의 편지에는 모두 맥아더가 직접 한 서명이 있었다.

원시적이고 낯선 환경에 던져졌다. 낯익은 거리나 주택, 상점, 극장, 술집, 식당 등을 쉽게 이용할 수 있는 인간 거주지는 존재하지 않았다. 간호사나 적십자 직원이 어쩌다가 잠깐 눈에 띄는 것 외에 백인 여성은 어디에도 없었다. 비와 전염병은 항상 그들 곁에 머무는 동반자였다. 육군부는 남서태평양과 같은 고된 근무지의 병력을 매달 1퍼센트씩 순환근무시키는 정책을 추진해보려고 했다. 하지만 맥아더는 그 정책을 포기할 수밖에 없었다. 순환근무를 실행하는 데 필요한 선박을 배정받지 못했기 때문이다. 사기에 타격을 줄 수 있는 이런 결정을 다루는 맥아더의 방식은 교훈으로 삼을 만하다. 남서태평양지역의 모든 지휘관들은 전구 사령부로부터 지정 날짜가 되기 전에는 절대 개봉하지 말라는 지침과 함께 봉인된 봉투를 받았다. 그 날짜가 되어 봉투를 열었을 때, 그들은 "남서태평양지역 병사들"에게 그 결정을 설명하는 편지를 발견했다. 중대 게시판에 게시된 수백 통의 편지에는 모두 맥아더가 직접 한 서명이 있었다.[5]

"내 진짜 적은 워싱턴에 있다"

당시 남서태평양지역 장병들의 사기는 지겹지만 결코 해결되지 않는 문제와 관련이 있었다. 미국 육군 공식 역사는 다음과 같이 인정했다.

동시대 의학적 신념이나 가정들 속에 깊이 자리 잡고 있는 여러 이유로 인해, 신경정신병학적 사상자—비전투사상자 구분에서 국가적으로 가장 중요한 원인—는 아마 2차 세계대전 최고의 미국 의료 문제라고 할 수 있을 것이다. 맥아더 사령부는 신경정신병의 처리에 있어서 모든 전구를 능가하는 최악의 기록을 남겼다. 1944년 동안 병사를 미국으로 후송한 이유 중 약 33퍼센트를 차지한 것이 신경정신병이었기 때문이다. 전구 내에서 이루어진 후송도 심각한 수준이었다. 그 이유는 우울할 정도로 익숙한 정글전, 열대 환경, 전쟁이 끝날 때까지 절대 고국을 보지 못할 것이라는 확신 때문이었다. 후송자 수가 늘어난 이유는 지휘관들이 의무 경로를 이용해 원치 않는 병사를 제거했기 때문이다. 게다가 신경정신병에 대한 교육이 부족한 의사들이 신경정신장애로 오진하고 지휘관들이 그랬던 것처럼 영문을 알 수 없거나 이해가 불가한 환자들을 후방으로 이송시켰다.[6]

맥아더는 1942년 단지 2개 미군 사단만을 갖고 남서태평양지역 최고사령관직을 시작했다. 1943년 동안 그의 미군 부대는 겨우 3개 사단과 1개 사단에 해당하는 3개의 독립 연대만 추가되었다. 1944년 맥아더의 전역이 확대되면서 더 많은 병력이 보장되었지만 그에게 도착한 추가 11개 사단 중 다수가 공세 작전이 종료되었을 때 남태평양지역 사령부에 도착하여 오스트레일리아군과 뉴질랜드군이 그들의 임무를 대신했다. 1945년에는 추가로 3개 사단이 더 그의 예하에 들어왔다. 따라서 맥아더는 최종적으로 계획된 일본 본토 침공 직전에 미군 15개 사단과 1개 사단에 해당하는 독립 연대들을 예하에 두고 있었다. 유럽에서 아이젠하워의 지상군은 그보다 5배 이상이나 많았다. [공개적으로 말하면, 1942년에 맥아더는 32사단과 41사단만을 배정받았다. 이후 1943년에 남서태평양지역에 파견된 3개 사단은 1기병사단, 24보병사단, 해병대 1사단(잠정)이었고, 추가로 1개 사단에 해당하는 3개 독립연대(158보병연대, 112기병연대, 503낙하산보병연대)가 배정되었다. 1944년에 맥아더가 배정받은 사단은 다음과 같다. 6보병사단(1월), 31보병사단(3월), 40보병사단(4월), 33보병사단(5월), 11공수사단(5~6월), 38보병사단(7월), 43보병사단(8월), 96보병사단(9월), 37보병사단(11월), 93보병사단(11월), 25보병사단(12월). 1945년에 맥아더의 사령부에 합류한 사단은 아메리칼 보병사단(Americal Infantry Division)(1월), 77보병사단과 98보병사단(7월)이었다.]

이런 수치들의 이면을 들여다보면 맥아더가 자신의 진짜 적은 워싱턴에 있다고 믿을 수밖에 없었던 구체적인 이유를 알 수 있다. 2차 세계대전 동안 미국 육군은 세 가지 자원을 통해 91개 사단을 동원했다. 진주만 공습 당시부터 존재했던 16개 정규군 사단(18퍼센트)과 현역으로 동원된 19개 주방위군 사단(20퍼센트), 56개 전시 '미국 육군', 즉 '징병 사단'(62퍼센트)이 그것이다. 육군 고위 장교들은 이런 자원들 중에서 16개 정규군 사단을 최고로 여겼고, 징병 사단이 그 다음이었으며, 비록 예외가 있기는 하지만(그리고 한동안 전투를 경험하게 되면서 인사정책과 전투 손실로 인해 세 가지 자원이 모두 구분할 수 없을 정도로 비슷해지기는 했지만) 주방위군을 가장 바람직하지 않은 자원으로 여겼다. 뿌리 깊은 편견이 작용하여 육군 지도자들은 네 번째 비공식적 유형의 사단인 3개 흑인 사단을 사실상 쓸 오랫동안 커다란 분노의 온상이 되었던 사실은 맥아더가 전시 코뮈니케에서 오스트레일리아군과 뉴질랜드군의 부대들을 보통 "연합군 병력"으로 지칭하여 그들이 그의 전역에 엄청난 기여를 한 사실을 감추었던 반면, 미군 부대의 공적을 언급할 때는 일반적으로 부대 명칭을 확실하게 밝혔다는 것이다.

모없는 존재로 평가했다. 이 3개 흑인 사단 중 1개 사단은 전투를 하기도 전에 해체되었으며, 1개 사단은 이탈리아에서 싸웠고, 나머지 1개 사단인 93보병사단은 맥아더에게 할당되었다. 93보병사단은 사단 단위로 전투에 투입된 적이 한 번도 없었다. 따라서 맥아더 예하 미군 사단들 중 전체적으로 60퍼센트가 육군에서 가장 바람직하지 않은 자원들로 구성되어 있었다(대조적으로 아이젠하워는 유럽 북서지역에서 미군 61개 사단을 지휘했는데, 이들 중 불과 8개 사단, 즉 13퍼센트만이 주방위군 자원으로 구성되었으며 흑인 사단은 하나도 없었다).[7] 1942년과 1943년에 그 격차를 잘 메운 것이 오스트레일리아 육군이었다. 결국 맥아더 예하에서 7개 오스트레일리아군 사단이 복무했다. 뉴질랜드는 솔로몬 제도에서 복무한 2개 여단 편제 1개 사단을 제공했다. 오랫동안 커다란 분노의 온상이 되었던 사실은 맥아더가 전시 코뮈니케에서 오스트레일리아군과 뉴질랜드군의 부대들을 보통 "연합군 병력"으로 지칭하여 그들이 그의 전역에 엄청난 기여를 한 사실을 감추었던 반면, 미군 부대의 공적을 언급할 때는 일반적으로 부대 명칭을 확실하게 밝혔다는 것이다.[8]

맥아더의 해상부대는 7함대로 편성되었다. 네덜란드와 자유프랑스 함정도 있었지만, 미국 해군이 대부분의 자산을 제공했으며, 오스트레일리

미국 해군은 1944년 중반까지 중순양함보다 더 강력한 어떤 함정도 맥아더에게 제공하지 않았다. 심지어 그 이후에도 맥아더는 오래된 구형 전함과 소형 호위항공모함만을 빌려 쓸 수 있었을 뿐이다. 해군 장교들은 철저하게 귀중한 신형 전함과 대형 고속 항공모함을 맥아더 사령부가 쓰지 못하게 했다.

아와 뉴질랜드 해군 소속의 충직한 함정들이 그들을 보완했다. '함대'라는 단어는 주력 함정과 항공모함이 포함된 강력한 부대라는 암시를 담고 있었다. 하지만 미국 해군은 1944년 중반까지 중순양함보다 더 강력한 어떤 함정도 맥아더에게 제공하지 않았다. 심지어 그 이후에도 맥아더는 오래된 구형 전함과 소형 호위항공모함만을 빌려 쓸 수 있었을 뿐이다. 해군 장교들은 철저하게 귀중한 신형 전함과 대형 고속 항공모함을 맥아더 사령부가 쓰지 못하게 했다.

해군은 상처에 모욕까지 더했다. 2차 세계대전의 상륙작전에서 상징적인 함정인 돌격수송함(attack transport)은 일반적으로 1개 보병대대를 수송하여 자체 상륙정으로 그들을 해안에 상륙시킬 수 있는 함정이었다. 이번에도 해군은 1944년까지 이 돌격수송함 중 어느 것도 맥아더에게 보내기를 거부했으며, 이후에도 대부분 빌려주는 형식을 취했다. 1944년 초까지만 해도 7함대의 명단에는 고작 2척의 중순양함과 3척의 경순양함, 오스트레일리아와 미국 구축함들이 ―이와 더불어 고속 어뢰정 사령부가― 있었다. 7상륙전부대는 상륙함과 상륙정, 소수의 수송함들로 구성된 소정전단에 불과했다. 따라서 1944년 중반까지 맥아더의 상륙작전은 부득이하게 병력을 곧바로 상륙함이나 상륙정에 싣고 그대로 목표 해안에

도달하는 일종의 변형된 '연안작전'이 대부분이었다.[9]

1942년 9월에 지휘부가 재조직된 5공군(1942년 9월 18일에 극동공군 내에 편재됨-옮긴이)에는 서류상 3개 전투비행전대와 4개 폭격비행전대가 있었다. 하지만 작전 가능한 전력은 그에 훨씬 못 미쳤다. 5공군의 주력부대는 1944년 최대 전력에 도달했을 때 6개 전투비행전대와 5개 중거리 및 단거리폭격비행전대, 4개 장거리폭격비행전대를 보유하고 있었다. 5공군은 2개 정찰비행전대와 5개 수송비행전대, 3개 야간전투비행대대를 더해 구색을 갖추었다.

1944년 초에 핼시의 남태평양지역 사령부가 공세작전을 종료하자, 13공군은 조지 C. 케니(George C. Kenny) 장군 소속으로 전환되었다. 케니는 1944년 8월에 공식적으로 극동공군 사령관이 되었다. 사실상 5공군과 13공군은 극동공군 내에서 각자 독자적으로 임무를 수행했다.[10] 케니 휘하의 13공군은 2개 전투비행전대와 1개 중거리폭격비행전대, 2개 장거리폭격비행전대, 2개 야간전투비행전대를 비롯해 독립된 1개 장거리폭격비행전대, 2개 정찰비행전대, 1개 수송비행전대가 늘어났다.[11] [맥아더의 5공군 예하 부대는 다음과 같다. 8·35·49·58·348·475전투비행전대, 22·43·90중거리 및 단거리폭격비행전대, 380장거리폭격비행전대(추가로 필리핀에 주둔하며 만신창이가 된 19폭격비행전대가 맥아더 예하에 머물다가 1942년 말 본토로 철수했다). 5공군의 편제는 2개 정찰비행전대(6·71정찰비행전대)와 5개 수송비행전대(2·314·374·375·433수송비행전대), 3개 야간전투비행대대로 완성되었다. 13공군은 2개 전투비행전대(18·347전투비행전대), 1개 중거리폭격비행전대(42중거리폭격비행전대), 2개 장거리폭격비행전대(5·307장거리폭격비행전대)를 비롯해 2개 야간전투비행전대, 1개 독립 장거리폭격비행전대, 2개 정찰비행전대, 1개 수송비행전대(403수송비행전대)로 구성되었다.]

맥아더가 유일하게 처음부터 끝까지 수적으로 그리고 질적으로(1942년 이후) 우세했던 부분은 바로 공군이었다. 하지만 그럼에도 불구하고 전력이 최고조에 달했을 때조차 그는 아이젠하워가 노르망디 상륙작전 당일에 거느렸던 전투비행대대의 13퍼센트, 장거리폭격비행대대의 10퍼센트에 해당하는 전력만을 거느렸다. 맥아더 예하의 조종사들이 뛰어난 기량과 용기를 보여주기는 했지만, 다음 세 가지 다른 요소가 적에 대한 우위를 강력하게 강화시켜주었다. 첫째, 초기 몇 달 동안 무선정보 전문가들이 일본군 항공기 통신망을 샅샅이 뒤져서 정확한 전투서열은 물론 작전활동과 같은 중요한 사항들을 밝혀냈다. 따라서 케니의 조종사들은 접근 중인 공습부대에 대해 레이더가 제공해줄 수 있는 것보다 더 많은 경보를 받았다. 둘째, 일본군은 뉴기니에 수백 대의 비행기를 파견하기보다 불도저 10여 대를 확보하는 편이 훨씬 더 나았을 것이다. 활주로를 건설하고 유지하는 능력에서 미국은 일본을 완벽하게 압도했다. 셋째, 이와 마찬가지로 기계 분야에서 미국이 우월한 기술을 보유하고 그런 기술이 국민들 사이에 광범위하게 보급되어 있었다는 점이 큰 자산이 되었다.

●

"적은 것을 가지고 많은 것을 달성하다"

맥아더의 전략적 지휘에서 가장 중요하면서도 거의 언급되지 않은 부분은 군수 관련 부분이다. 군수 관련 부분은 맥아더 사령부의 정치적 측면과 밀접하게 얽혀 있다. 단도직입적으로 말해, 맥아더가 전적으로 미국에서 오는 보급선에만 의존했다면 남서태평양에서는 어떠한 장기적인 공세 작전도 수행할 수 없었을 것이다. 오스트레일리아로부터 받은

맥아더(왼쪽)와 오스트레일리아 수상 존 커틴(오른쪽)의 관계는 긴밀했다. 군사 문제에 있어서 완전히 무지했던 커틴은 맥아더에게 경외심을 품었다. 커틴에 대한 맥아더의 개인적 평가는 그다지 높지 않았지만, 그럼에도 불구하고 두 사람은 친밀한 관계를 유지했다. 〈사진: Public Domain〉

'역무기대여(Reverse Lend Lease)'가 맥아더의 모든 전투 작전에 근본적인 바탕이 되었다. 오스트레일리아와 뉴질랜드는 농업이 압도적으로 우세한 가운데 약간의 천연자원을 개발하여 농업을 보완하는 경제 구조를 갖고 있었다. 두 나라 중 어느 나라도 자국민과 맥아더의 병력이 필요로 하는 것들을 생산하는 과업에 돌입할 수 있는 산업 분야가 존재하지 않았다. 따라서 상황의 요구에 따라 영연방 국가가 맥아더에게 거주지와 생명유지 물자, 의복, 여러 가지 잡다한 물품들을 제공했고, 다른 한편으로 맥아더에게 할당된 얼마 되지 않는 소수의 선박들이 비행기와 차량, 중장비와 같은 전쟁 물자를 실어 날랐다.

여기서 상당히 간과된 맥아더의 역할은 소요에 대한 결정을 내리고 군대와 민간 모두를 고려해 대여 물자 공급을 할당하는 것이었다. 맥아더는 오스트레일리아와 원활하게 협조하면서 다른 전구에서는 전혀 볼 수 없었던 높은 수준의 공동 자원 확보와 효율적인 선박 관리를 이루어냈다고 미국 육군 공식 역사는 밝혔다. 게다가 어떤 미국인 관리자가 지적한 것처럼, "오스트레일리아는 우리가 무기대여로 제공한 것을 더 많은 물자로 갚은 유일한 국가"였다.[12]

군수 분야에서 맥아더가 거둔 성과는 그와 오스트레일리아 수상 존 커틴 사이의 이례적인 관계와 직접적인 관련이 있다. 맥아더가 정치적으로 후버리즘(Hooverism)을 신봉하고 커틴이 공공연하게 사회주의를 표방한다는 사실은 전면적인 대립의 전조로 보였지만, 두 사람은 처음 만나는 순간부터 아마 서구의 정계와 군부 고위 지도자 관계 중에서 가장 모범적인 유대관계를 발전시켜나갔다. 두 사람의 긴밀한 관계는 아마도 부분적으로는 대동맹(Grand Alliance) 속에서 자신이 전략적 고아가 되었다는 생각을 공유한 데서 비롯되었을 수도 있다. 커틴은 군사 문제에 완전히 무지했기 때문에 맥아더에게 경외심을 품었다. 커틴에 대한 맥아더의 개인적 평가는 그다지 높지 않았지만, 그럼에도 불구하고 맥아더는 커틴과 친밀하게 지냈다. 사실 맥아더의 경력에서 주목할 만한 역설 중 하나는 그와 미군 고위 장교들, 특히 해군 장교들 간의 시끄러운 관계가 필리핀이나 오스트레일리아, 일본, 한국에서 외국의 정계 고위 인사들을 상대하며 늘 보

맥아더(왼쪽)과 니미츠(오른쪽). 1942년 이후 맥아더는 일본군보다 더 많은 병력을 배치하곤 했다. 사실 2차 세계대전에서 수적으로 열세이거나 대등한 전력만 갖고 위대한 승리를 거둔 미국의 최고사령관은 니미츠뿐이었다. 하지만 남서태평양에서 전쟁을 수행하기 위해서는 그곳 고유의 난관들을 극복해야 했다는 점과 맥아더에게 군수 부분에서 여유가 많지 않았다는 사실은 그가 다른 어떤 미군 전구 사령관보다도 적은 것을 가지고 많은 것을 달성했다고 주장하는 이유를 설명해준다. 〈사진: Public Domain〉

여준 그의 화목한 모습과는 선명하게 대조가 된다는 것이다.[13]

1942년 이후 맥아더가 일본군보다 더 많은 병력을 배치하곤 했다는 것은 사실이다(사실 2차 세계대전에서 수적으로 열세이거나 대등한 전력만 갖고 위대한 승리를 거둔 미국의 최고사령관은 니미츠뿐이었다). 하지만 남서태평양에서 전쟁을 수행하기 위해서는 그곳 고유의 난관들을 극복해야 했다는 점과 맥아더에게 군수 부분에서 여유가 많지 않았다는 사실은 그

남서태평양에서 전쟁을 수행하기 위해서는 그곳 고유의 난관들을 극복해야 했다는 점과 맥아더에게 군수 부분에서 여유가 많지 않았다는 사실은 그가 다른 어떤 미군 전구 사령관보다도 적은 것을 가지고 많은 것을 달성했다고 주장하는 이유를 설명해준다. 마셜과 처칠을 비롯해 앨런 브룩이나 몽고메리와 같은 영국군 장성들이 맥아더를 높이 평가한 이유는 바로 이런 요인들 때문이라고 할 수 있다.

가 다른 어떤 미군 전구 사령관보다도 적은 것을 가지고 많은 것을 달성했다고 주장하는 이유를 설명해준다. 마셜과 처칠을 비롯해 앨런 브룩(Alan Brooke)이나 몽고메리(Bernard Law Montgomery)와 같은 영국군 장성들이 맥아더를 높이 평가한 이유는 바로 이런 요인들 때문이라고 할 수 있다.[14]

●
맥아더의 부하들

어떤 지휘자를 평가하는 데 있어서 중요한 것은 그의 부하에게 정당하게 돌아가야 할 성취로부터 지휘자의 정당한 기여도를 분리하는 것이다. 이 부분에 있어서 맥아더의 부하들은 매우 다양한 양상을 보여준다.

맥아더 사령부 예하 해군 부대의 지휘관은 맥아더가 싫어하는 어니스트 킹 제독의 대리인으로서 큰 부담을 짊어져야 하는 슬픈 운명에 처해 있었다. 킹은 맥아더의 수상함 부대를 심각하게 제한했을 뿐만 아니라 개

1944년 1월 5일 작전을 계획하고 있는 다니엘 바비 제독(왼쪽)과 킨케이드 해군중장(오른쪽)의 모습. 맥아더가 찬탄한 2명의 해군 고위 장교 중 한 명인 다니엘 바비 해군소장은 맥아더에게 축복과도 같은 존재였다. 상륙작전에 관심이 있는 그는 교리와 장비의 개발에 있어서 뛰어난 재능을 드러냈다. 급격하게 변화하는 작전 요구에 적응하면서 동시에 여러 곳에 상륙전을 감행하는 그의 유연성은 오늘날의 기준으로 보더라도 매우 인상적이다.
〈사진: Public Domain〉

인적 비방으로 맥아더를 가차 없이 공격했다. 결국 해군참모총장 킹은 평소에 화내는 법이 없는 마셜을 자극하여 격분하게 만들었다. 육군참모총장 마셜은 책상을 내리치며 이렇게 선언했다.

"나는 (맥아더에 대한) 증오심에 지배당하는 합동참모본부 회의에 다시는 참석하지 않겠소!"

결국 리어리(Leary) 해군중장과 아서 A. 카펜더 해군중장(1942년 9월 이후)은 심각한 핸디캡을 안고 취임했다. 그들이 보유한 전투 함정이 보잘 것없는 수준이라는 사실이 이미 공인된 상태에서 그것마저도 소극적으로 운용하다 보니 그들의 입장은 전혀 나아지지 않았다.

1943년 10월, 토머스 C. 킨케이드(Thomas C. Kinkaid) 해군중장이 7 함대 사령관에 임명되었다. 킹은 킨케이드가 "매우 뛰어난 두뇌를 갖고 있다"고 생각하지 않았지만, 그는 맥아더와 좋은 관계를 유지했다. 킨케이드는 맥아더의 주요 지휘관들 중에서도 상당히 능력이 떨어졌다. 하지만 맥아더에게 다니엘 바비(Daniel Barbey) 해군소장은 축복과도 같은 존재였다. 상륙작전에 관심이 있는 소수의 해군장교 중 한 명인 "댄 아저씨 (Uncle Dan)"(다니엘 바비의 애칭-옮긴이)는 교리와 장비의 개발에 있어서 뛰어난 재능을 드러냈다. 급격하게 변화하는 작전 요구에 적응하면서 동시에 여러 곳에 상륙전을 감행하는 그의 유연성은 오늘날의 기준으로 보더라도 매우 인상적이다. 맥아더가 찬탄한 2명의 해군 고위 장교가 바로 바비(해군중장까지 진급한다)와 핼시였다.[15]

1942년 7월 30일, 맥아더는 9개월 동안 세 번째로 부임하는 항공부대 사령관인 조지 케니 장군을 접견했다. 맥아더는 항공부대 장병들이 무능하고 성실하지 않다며 케니에게 맹렬하게 언어의 채찍을 휘둘렀다. 이렇게 시작이 상서롭지 못했지만, 역동적이고 단호하며 자신만만한 항공력 혁신 자인 케니 장군이 맥아더 항공부대의 부활에 나선 결과, 그들은 아주 효과적인 조직이 되었다. 맥아더는 다른 어떤 부하들보다 케니를 따뜻하게 대했고, 그만큼 케니도 자신의 최고사령관을 숭배했다. 케니가 가장 크게 기여한 것은 일종의 개인교사 역할을 하며 맥아더에게 항공력에 대해 가르쳐준 것이었다. 그가 그 역할에 완벽하게 적합했던 이유는 육군항공대 내에서 중폭격기에 대한 강박관념이 지배적이었던 것과 달리, 그는 정찰기와 전투기, 중거리 폭격기, 수송기 등을 포함한 항공력 전반에 걸쳐 폭넓은 비전을 갖고 있었기 때문이었다. 그는 기술적 혁신에 대한 예리한 눈을 갖고 있었고, 세일즈맨으로서의 역할도 훌륭하게 수행했다. 맥아더가 항공부대를 가장 많이 보유하게 된 것은 케니의 로비와 직접적인 관계가 있다. 케니는 맥아더를 항공력 회의론자에서 열성적인 진실한 항공력 신봉자로 개종시켰다. 그 믿음이 2차 세계대전에서는 맥아더의 위대한 승리에 핵심 요인이 되었지만, 한국전쟁에서는 그를 저버리게 된다. 그보다 약간은 덜 두드러지지만, 바비는 상륙작전에 대한 맥아더의 멘토로서 케니와 유사한 역할을 했다. 따라서 이 두 사람은 다른 어떤 참모나 지휘관들보다도 맥아더에게 중요한 존재였다. 맥아더는 두 사람을 무한히 신뢰하며 그들이 하는 일에 간섭하지 않았다. 맥아더의 교사로서 케니의 공로는 당연히 인정해줘야 하겠지만, 케니는 자기 밑에 있는 뛰어난 부하들에게 돌아가야 할 공로를 자기 것으로 만든 경우도 많았다(그러나 그는 그것에 대해 전혀 부끄러워하지 않았다). 케니의 뛰어난 부하들 중에서 유난히 더 출중했던 사람이 5공군 부사령관이었다가 나중에 사령관이 되는 에니스 C. 화이트헤드(Ennis C. Whitehead)이다. 비스마르크 해(Bismarck Sea)와 웨와크(Wewak)에서 커다란 승리를 거둘 때 작전과 전술을 만들어낸 사람이 사실은 케니가 아니라 화이트헤드였다. 또한 5공군의 전투기 지휘관인 폴 워츠스미스(Paul Wurtsmith)도 중요 인물이었다.[16]

남서태평양지역 사령부의 초기 지휘체계 하에서 맥아더의 지상군 사령관은 오스트레일리아의 토머스 A. 블레이미였다. 그는 미군 동료들에게 항상 과소평가되었기 때문에 맥아더의 전역에 대한 미국인의 진술에서 정당한 평가를 받은 적이 거의 없었다. 크고 뚱뚱한 데다가 쾌활한 표정을 짓고 있는 블레이미의 겉모습은 그가 실제로는 강인하고 뛰어나며 교육을 잘 받은 직업 군인으로서 1차 세계대전 때부터 시작되는 뛰어난 참모 근무 기록을 갖고 있다는 사실을 잊게 만들었다(그는 34살에 장군이 되었기 때문에 맥아더의 기록조차 능가했다). 커틴 수상은 블레이미가 사적으로 몇 차례 무분별한 행동을 해서 당연히 이의가 제기되자, 블레이미는 "주일 학교 교사가 아니라 군대 지휘관"으로 채용되었다는 논평으로 적절하게 대처했다. 오스트레일리아 군대를 조직하는 과정에서 발생한 많은 문제들을 예리하게 파악하고 열정적 노력으로 극복했다는 점, 육군과 해군, 공군이 뒤얽힌 태평양 전쟁의 양상을 재빨리 파악했다는 점, 자신의 추진력을 유감없이 보여주었다는 점, 그리고 오스트레일리아의 이익을 치열하게 지켜냈다는 점에서 그의 뛰어난 자질을 엿볼 수 있다. 그는 오스트레일리아 육군소장 조지 랜킨(Geroge Rankin)으로부터 주의를 끄는 칭찬을 들었다. 랜킨은 이렇게 말했다.

"블레이미는 우리의 동맹 미국인들을 상대할 수 있을 만큼 무자비하다."

블레이미는 맥아더의 지상군 사령관과 오스트레일리아군 사령관이라는 두 보직을 겸임하고 있었다. 이 두 직책은 1942년과 1943년 오스트레일리아 군대가 맥아더의 거의 모든 지상전을 수행한 기간에는 서로 충돌을 일으켰다. 블레이미는 기민한 정치적 본능을 갖고 있어서 심지어 커틴 총리가 자기 자리를 위협할 수 있는 잠재적 경쟁자들을 교묘하게 방해하기 위한 기록을 만들었을 때조차도 블레이미는 존중해주었다. 아이러니하게도, 오스트레일리아의 2차 세계대전사에서 블레이미는 때때로 줏대 없이 맥아더에 굴복한 것으로 혹평을 당하곤 한다. 블레이미가 1942년 맥아더를 달래 자기 자리를 지키려고 몇 명의 지휘관을 경질함으로써 스스로 불명예를 자초하기는 했지만, 대체로 자신이 믿을 만한 전술가임을 —특히

오스트레일리아군 장군 토머스 A. 블레이미(왼쪽)와 함께한 맥아더(오른쪽). 오스트레일리아의 장군 토머스 A. 블레이미는 미군 동료들에게 항상 과소평가되었지만, 오스트레일리아 군대를 조직하는 과정에서 발생한 많은 문제들을 예리하게 파악하고 열정적 노력으로 극복했다는 점, 육군과 해군, 공군이 뒤얽힌 태평양 전쟁의 양상을 재빨리 파악했다는 점, 자신의 추진력을 유감없이 보여주었다는 점, 그리고 오스트레일리아의 이익을 치열하게 지켜냈다는 점에서 그의 뛰어난 자질을 엿볼 수 있다.

1943년 후반 야전본부에서 함께한 월터 크루거(왼쪽), 맥아더(가운데), 마셜(오른쪽). 크루거는 1944년에 블레이미에 이어 맥아더의 지상군 지휘관 자리에 올랐다. 사병에서부터 장성으로 진급한 크루거는 학구적이어서 육군대학은 물론 해군대학에도 다녔다. 그는 미국인 야전군 지휘관 중에서 최고령자였지만, 그와 같은 명예를 얻은 것은 전적으로 맥아더의 덕분이었다. 그는 능력도 있고 진심으로 부하들을 위할 줄도 알았다. 〈사진: Public Domain〉

1943년에 — 증명해 보였다. 그리고 아무렇지도 않게 맥아더의 참견을 묵살한 경우도 많았다.[17]

1944년, 미군이 마침내 오스트레일리아군보다 많아지자, 블레이미에 이어 월터 크루거(Walter Krueger)가 맥아더의 지상군 지휘관 자리에 올랐다. 윌러비처럼 독일 태생인 크루거는 사병에서부터 장성으로 진급했다. 맥아더처럼 그는 학구적인 군인이어서(그는 독일 군사 교본을 번역하기도 했

다) 육군대학은 물론, 반복적으로 상륙작전을 전개해야 하는 지휘관에게 요구되는 중요한 것을 배우기 위해 해군대학에도 다녔다. 그는 미국인 야전군 지휘관 중에서 최고령자였지만, 그와 같은 명예를 얻은 것은 전적으로 맥아더의 덕분이었다. 그에게 "신중"이라는 단어가 존재하지 않는다는 소수의 의견이 있지만, 그는 능력도 있고 진심으로 부하들을 위할 줄도 알았다. 필리핀 루손에서는 그도 맥아더의 집요한 괴롭힘에 맞설 수 있음을 증명했지만, 유감스럽게도 이와 관련된 그의 행적은 일정하지 않다.[18]

맥아더는 결국 로버트 아이켈버거를 8군 사령관에 임명했다. 아이켈버거는 부나의 쓰라린 교훈을 강한 훈련으로 구성된 교육과정으로 발전시켜 이후 전역에서 큰 도움을 주었다. 그는 비악(Biak)에서 다시 한 번 맥아더의 '소방관' 역할을 했으며, 필리핀에서는 상당한 추진력과 재간을 발휘했다. 맥아더는 각자가 더 분발하도록 자극하기 위해 이미 검증된 방법을 이용해 크루거와 아이켈버거를 경쟁시켰다. 결국 맥아더의 칭찬을 많이 받은 쪽은 아이켈버거였지만, 대장으로 진급한 사람은 크루거였다. 이 일로 아이켈버거는 억울한 감정을 품게 되었고, 그것은 이후 자신의 옛 사령관 맥아더에게 독기를 품은 공격을 퍼붓게 되는 원인이 되었다.[19]

맥아더의 뜻밖의 협력자 : 어니스트 킹 제독과 영국

2차 세계대전에서 미국이 2개의 전진축을 고수하며 태평양을 횡단했던 방식이나 이유에 대한 논의는 끊임없는 논쟁의 씨앗이 되었다. 1940년에 '독일 우선' 전략을 제안한 사람은 당시 해군참모총장이던 해럴드 스타크(Harold Stark) 제독이었지만, 가장 널리 알려진 옹호자는 조지 C. 마셜이었다. 표면적으로만 보면, 맥아더가 일본으로 행진하기 위해 남서태평양지역에 집중하는 것을 지지하면서 끊임없이 독일 우선 전략에 격렬하게 반대했기 때문에 마셜과 합동참모본부(Joint Chiefs of Staff, JCS)로부터 그에 상응하는 단호한 공격을 받은 것으로 보인다. 맥아더와 관련된 수많은 논란이 그렇듯이, 실제 이야기는 그렇게 단순하지 않다.

우선, 다른 때는 맥아더의 무자비한 적수였던 어니스트 킹이 초기에는 미국이 가진 풍부한 물자로 대서양과 태평양에서 동시에 공세를 취하는 것이 가능하다는 사실을 인정했다. 또한 그는 일본에 긴 휴지기를 줌으로써 방어태세를 강화할 수 있게 만드는 것은 어리석은 짓이라고 믿었다. 따라서 태평양에서 행동의 지연은 무모한 짓이며 진짜 문제는 자원의 할당이었다. 즉, 태평양 전쟁을 지속하기 위해 안전하게 전용할 수 있는 자원이 얼마나 되는가가 문제였다. 따라서 '독일 우선' 전략에 관한 한, 맥아더는 뜻밖의 협력자를 갖고 있었던 것이다.

킹이 원안 그대로의 '독일 우선' 전략을 뒤엎으려는 맥아더의 한 협력자였다면, 의도치 않게 영국이 또 다른 뜻밖의 협력자가 되어주었다. 역사가 마크 스톨러(Mark Stoler)가 언급했듯이, 소련이 계속 전쟁에 참여하게 하는 것이 "승리를 위한 열쇠"라는 확신이 잘 알려지지는 않았지만 미국 전략의 중심축으로 작용했다. 소련이 이탈하면, 유럽에서의 전쟁은 이길 수 없었다. 따라서 미국 전략가들은 북유럽을 즉시 공격하는 것이 소련이 전쟁을 계속하게 만드는 직접적이고 적절한 방법이라고 생각했다. 1942년 유럽 전쟁에 주력하느라 태평양은 급격한 병력 절감을 강요당했다. 하지만 영국이 아직 정해지지 않은 그와 같은 공격을 실시하는 데 적극적이지 않다는 사실이 분명하게 드러나자, 합동참모본부는 행동에 나섰다. 유럽에서 대규모 군사작전이 한두 해 지연됨으로써 동원 초기에 편성된 부대들을 다른 곳에 사용할 수 있는 시간적 여유가 생겼던 것이다.

　이 두 가지 요인이 작용하면서 합동참모본부는 유럽에서 공격이 연기되어 활용 가능해진 부대 중 다수를 태평양에 투입하게 되었다. 실제로 역사가들은 '독일 우선'이라는 공인된 전략에도 불구하고 1943년 말에 유럽과 거의 대등한 수준의 미국 지상 및 항공 자원이 태평양에 배치되었다는 겉보기에는 모순적인 사실에 한동안 놀랐다. 그 첫 번째 이유는 오스트레일리아와 뉴질랜드가 무너지는 사태를 허용하지 않겠다는 루스벨트와 처칠의 정치적 결정 때문이었다. 이 결정을 따르려면 그 국가들과 그들의 태평양 병참선에 대한 보호조치가 이어져야만 했다. 일본군은 심지어 미드웨이 해전 이후에도 남태평양으로 밀고 내려오면서 부지불식간에 서구 연합국의 좌골신경, 즉 해운을 짓밟았다. 1944년에는 선박의 부족이 연합군의 전략을 결정했다. 1942년 일본군이 남태평양으로 진출하여 위협함으로써 선박 자원에 감당할 수 없는 부담을 주면서 대응을 강요했다.

　잘 알려지지 않은 두 번째 이유는 태평양에 상당한 자원을 투입하면 일본을 계속 태평양에만 매달리게 만들 수 있었기 때문에 이것이 북서유럽을 공격하여 소련을 지원하는 전략에 대한 최선의 대안으로 보였던 것이다. 표면적으로는 루스벨트 대통령이 빠른 시기에 대독일 공세를 실시할 것을 지시했기 때문에 그에 따라 1942년 북아프리카 전역이 실시되었지만, 이와 동시에 마셜까지 포함해 합동참모본부가 주력 부대와 항공기들을 조용히 태평양으로 돌렸다. 따라서 맥아더가 바랐던 것보다 배급량이 적었던 것은 태평양에 대한 합동참모본부의 무관심 때문이라기보다 군수 문제, 기본적으로 세계 전역에 걸친 선박의 부족 때문이었다.[20]

　1942년 3월 태평양의 지휘체계가 분할된 바로 그 순간부터 두 방향 전진 가능성이 생겼기 때문에 미국이 1개 전진축으로 노력을 제한해야 하는지, 만약 그렇다면 어느 전진축을 취해야 하는지를 두고 논쟁이 시작되었고, 이후 한시도 잠잠할 날이 없었다. 맥아더의 전진축을 지지하는 논거의 요지는 남서태평양지역 축선이 남방 자원지대와 연결되는 일본의 통신선을 절단할 수 있어서 지리학적으로 가장 명확하고 유리한 노선으로 보인다는 것이었다. 일본 전시 경제는 바로 그 지역의 자원, 특히 원유에 의존하고 있었다. 중부태평양 전진축을 지지하는 논거의 요지는 중부태평양의 광활하게 개방된 공간 덕분에 미국이 해군력의 우위, 특히 항공모함을 가장 잘 활용할 수 있다는 것이었다. 이와 더불어 일본을 장거리 폭격기의 작전 범위 내에 넣기도 더 쉽다는 장점이 있었다.

하지만 2개 전진축에 유리한 또 다른 중요한 요소가 등장했다. 일본에 대한 연합군의 반격은 1942년 8월 과달카날에서 시작되었는데, 이후 전쟁은 정확하게 3년 뒤에 끝났다. 이 3년의 기간은 2개의 시기로 구분된다. 1943년 11월까지 맥아더와 핼시는 남서태평양과 남태평양에서 지리적으로 극히 제한된 전진만을 꾀했다. 1942년 8월 이래로 이들 전구에서 이루어진 전진 속도를 기반으로 1943년 11월 상황에서 연합군의 진격을 전망하면 전쟁이 20년 동안 지속된다는 예측이 나온다. 하지만 이 시기에 일본은 지독한 소모전에 빠져서 항공력의 전투효율이 급격하게 떨어졌고, 많지 않은 함정 세력도 심각하게 줄어들었다. 이런 출혈로 인해 일본 항공부대와 해상부대는 전력이 약화되어 연합군은 반격 두 번째 단계에서 일본 해안을 향해 유례없이 신속하게 전진할 수 있었다.

이런 소모전 단계의 중요성을 인식하게 되자, 2개 전선 전략이 더 유리하다는 것이 분명해졌다. 양 지역에서 동시에 일본 제국 해군 부대가 전투를 치르는 가운데 연합군은 솔로몬 제도에서는 일본 제국 해군의 항공부대를 상대하고 뉴기니에서는 일본 제국 육군의 항공부대를 상대하면서 적의 소모율을 크게 증가시켰다. 게다가 별개의 두 지역이 동시에 위협을 당하자, 일본의 부족한 선박 자원에 더욱 과부하가 걸렸다. 연합군이 제공권과 제해권을 장악하자, 결국 일본 지상군이 가진 잠재적 우월성마저 효력을 잃었다. 1943년 11월 이후에라도 단일 전선으로 전진을 시도했다면, 일본은 열악한 자원을 집중시켜 전진축선을 봉쇄하는 이점을 누릴 수 있었을 것이다.

또한 이 이중 전진축선은 일본의 균형을 붕괴시켜 끊임없이 전선을 재조정해야 하는 상황으로 몰아넣었다. 예를 들어, 과달카날에서 벌어진 전투로 인해 일본이 1942년 가을 그 지역에 우선순위를 두게 되자, 저절로 포트모르즈비에 대한 위협은 사라졌다. 게다가 과달카날 전투와 이후 실시된 솔로몬 제도 및 중부태평양 공세는 일본의 우월한 항공력과 해군 부대 대다수를 흡수했다. 그러나 맥아더는 일본 공군과 해군 대다수가 자신의 전진축에서 벗어나 있었다는 엄청난 행운을 결코 인정하지 않았던 것 같다.

이 모든 사후 평가는 제외하고 2개 전선 전진 전략을 편 근본적인 이유는 합동참모본부가 태평양 전체를 담당할 단 한 명의 지휘관을 정할 수 있는 합의 능력이 없었기 때문이다. 흥미로운 것은 어떻게 '잘못된' 이유로 채택된 정책이 더 '합리적인' 접근법보다 더 큰 이득을 안겨주는 예상치 못한 효과를 발휘할 수 있었느냐 하는 점이다.

제7장
견습 기간

비스마르크 해전 전과 과장을 둘러싼
맥아더와 해군의 공방

일본군은 과달카날과 파푸아를 잃은 뒤 지휘부를 교체하고 새로운 계획을 수립했다. 이마무라 히토시(今村均) 중장이 남태평양의 상급 제대인 8방면군 사령관이 되었다. 그중에서 뉴기니는 아다치 하타조(安達二十三) 장군의 18군이 담당하게 되었다. 이마무라는 뉴기니 동부에서 지연전을 수행하는 동안 뉴기니 서부를 고수하기 위한 전력을 축적한다는 계획을 입안했다. 이마무라와 아다치는 라에와 살라마우아(Salamaua)에 있는 일본군 진지를 51사단으로 강화하기로 결정했다.

1943년 2월 28일 수송선 8척과 그들을 호위하는 구축함 8척으로 이루어진 호송선단이 라바울을 출발했다. 호송선단은 약 6,400명의 육군 및 해군육전대와 많은 보급물자를 싣고 있었다. 울트라(Ultra: 연합군은 에니그마를 비롯한 독일군의 다른 암호 기계를 해독하는 작업을 작전명 울트라라는 이름으로 불렀다─옮긴이) 덕분에 케니가 ─화이트헤드의 새로운 전술로─대비하고 있었다. 대부분의 연합군 폭격기 조종사들은 효과가 없는 고고도 폭격 대신 마스트 높이로 진입하여 일본 선박 선체에 '저공 폭격'을 실시할 예정이었다. 케니는 3월 1일부터 3일 사이에 항공기 330대를 출격시켜 구축함 4척을 제외한 모든 배들을 침몰시켰다. 이 구축함 4척은 침몰한 선박에 탔던 승객과 승조원의 절반 정도를 구조하여 라바울로 퇴각했다. 맥아더는 코뮈니케를 통해 이 사건을 '비스마르크 해전(Battle of the Bismarck Sea)'으로 명명하면서 일본에게 '끔찍한 재앙'을 안겨주었다고 선언했다. 이것은 틀리지 않은 표현이었다. 일본은 다시는 위험을 무릅

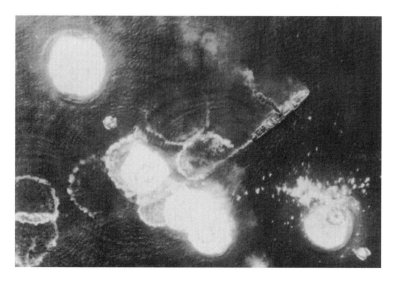

1943년 3월 3일 비스마르크 해에서 연합군의 공습을 받고 있는 일본 수송선의 모습. 〈사진: Public Domain〉

쓰고 이 지역에 대규모 호송선단을 파견하지 않았다. [이 해전이 가져다준한 가지 진귀한 선물은 한 구명보트에서 노획한 명단인데, 거기에는 1942년 10월 기준 모든 일본 제국 육군 장교들의 이름과 보직이 성명 순서대로 나열되어 있었다. 번역이 끝나자, 암호 해독으로 알아낸 이름을 이 명단에서 찾아 계급과 부대, 보직을 확인함으로써 이후 전쟁 수행에 아주 유용한 정보를 얻을 수있었다. 예를 들어, 1945년에 한 장교의 이름은 규슈(九州)에 배치된 일본군 기갑부대를 식별하는 데 중요한 단서가 되었다.]

맥아더의 '비스마르크 해전' 코뮈니케는 일본군의 손실을 크게 과장했다(수송선은 8척이 아니라 14척으로, 구축함은 4척이 아니라 8척으로 발표했다). 하지만 이번 경우는 맥아더의 창조적인 손길 탓이 아니었다. 그 코뮈니케는 복잡하고 혼란스러운 전투 열기 속에서 자신의 전과를 집계하는과정에서 너무나 전형적으로 발생하는 조종사들의 과장된 주장을 그대로 반영했을 뿐이다. 결국 무선정보를 통해 과장한 것이 분명하게 드러나자, 해군은 맥아더가 공개적으로 오류를 바로잡게 만들려고 시도했다. 맥아더와 케니는 거기에 발끈하여 유럽의 미국 항공부대 지휘관들도 더 크게는 아니더라도 비슷한 수준으로 과장된 발표를 한다는 타당한 지적을 했다. 이 일화가 갖는 진짜 의미는 맥아더와 해군 사이에 당연한 것으로 여겨지던 분쟁들이 이미 위험할 정도로 개인적인 성향을 띄게 되었음을 분명하게 보여준다는 것이다.

3월 말에 맥아더는 합동참모본부로부터 새로운 지시를 받았다. 상당한 논쟁을 거쳐 도출된 새로운 지시에는 1942년 7월 지시가 크게 수정되어 최종 목표가 '비스마르크 제도 점령'에서 '라바울 점령'으로 바뀌었다. 승인된 다른 목표들은 1943년 맥아더가 달성해야 할 과제가 되었다. 이런 변화가 진행되는 동안, 마셜은 니미츠를 태평양지역 최고사령관으로 만들고 그것이 실패할 경우 1942년 7월 지시에서 명시했던 마지막 두 단계는 맥아더가 지휘하기로 한다는 조항을 취소하려는 해군의 의도를 저지했다. 이 일화는 마셜 육군참모총장이 자신의 입지를 약화시키기 위해 쉴 새 없이 노력하고 있는 맥아더의 편집증에도 불구하고 그를 얼마나 많이 도와주었는지를 보여주는 또 하나의 사례이다.[1]

1942년 지시에 명시된 2호 임무(Task Two)와 3호 임무(Task Three)의 지휘권을 이제 맥아더가 갖게 된 이상, 핼시 제독은 그의 지휘를 받을 수밖에 없게 되었다. 결국 1943년 4월 핼시는 자신의 새로운 보스를 방문했다. 다른 모든 사람들에게 —그리고 본인들에게도— 무척이나 놀랍게도 핼시는 이렇게 기록했다.

"나는 그에게 신고한 지 5분 만에 우리가 마치 평생지기인 것처럼 느껴졌다. 나는 이보다 더 빠르고 강하게 호감을 주는 사람을 만난 적이 없다."

태평양 전쟁 당시 미 해군 3함대 사령관이었던 윌리엄 핼시 미 해군 제독(사진)은 맥아더가 찬탄한 2명의 해군 고위 장교 중 한 명이었다. 1943년 4월 핼시는 자신의 새로운 보스인 맥아더를 방문한 뒤 이렇게 기록했다.

"나는 그에게 신고한 지 5분 만에 우리가 마치 평생지기인 것처럼 느껴졌다. 나는 이보다 더 빠르고 강하게 호감을 주는 사람을 만난 적이 없다."

또 두 사람의 관계에 대해 핼시는 이렇게 밝혔다.

"그는 내 선임자이면서도 단 한 번도 자신의 결정을 나에게 강요하지 않았다."

맥아더는 따뜻한 관심으로 보답했고 강한 의지를 가진 두 장교는 매우 좋은 협력관계를 유지했다. 〈사진: Public Domain〉

또 두 사람의 관계에 대해 핼시는 이렇게 밝혔다.

"내 선임자이면서도 단 한 번도 그는 자신의 결정을 나에게 강요하지 않았다."

맥아더는 따뜻한 관심으로 보답했고 강한 의지를 가진 두 장교는 매우 좋은 협력관계를 유지했다.[2]

●
카트휠 작전 :
태평양 전쟁을 승리로 이끈 기념비적 사건

새로운 카트휠 작전(Operation Cartwheel: 1942년 태평양 뉴브리튼 섬의 일본군 기지가 있는 라바울을 고립화하는 작전-옮긴이)은 가용한 병력으로 합동참모본부의 새로운 지시를 수행하는 데 딱 들어맞았다. 전반적으로 이 계획은 8개월 동안 약 13회에 걸쳐 실시될 침공과 점령 일정이 유연하게 짜여 있었다. 핼시는 솔로몬 제도에서 위로 전진해 뉴조지아(New Georgia)를 경유하여 부건빌(Bougainville) 남부에 도달할 예정이었다. 1943년 근본적으로 맥아더는 후온 반도[Huon Peninsula: 라에와 살라마우아, 핀슈하펜(Finschhafen), 마당(Madang)의 촌락들이 반도의 경계를 형성했다]와 뉴기니 서부에 비행장을 확보하는 데 노력을 기울였다. 뉴아일랜드(New Ireland)의 캐비엥(Kavieng)은 점령할 예정이었지만, 라바울은 고립시킬 것인지 아니면 공격할 것인지 아직 결정되지 않은 상태였다. 자신의 작전을 위해, 맥아더는 월터 C. 크루거 장군을 불러들여 자기 휘하의 미국 야전군인 6군을 지휘하게 했다. 규칙대로라면 미국 지상군은 블레이미에게 보고해야 했지만 미국 정부나 오스트레일리아 정부하고도 의논하지 않았고, 이에 대해 블레이미가 이렇다 할 어떤 반발도 하지 않는 가운데 맥아더는 사실상 자신의 지상군을 국적에 따라 구분하여 지휘체계를 구성하고 임무를 부여했다. 블레이미의 오스트레일리아군은 1944년 초까지 뉴기니에서 전역을 수행하게 될 운명이었다. 한편 맥아더는 크루거의 부대를 알라모 부대(Alamo Force)로 명명했는데, 당시 예하에는 미군 3개 사단(1개 해병사단 포함)과 독립된 보병연대와 도보 기병연대, 낙하산보병연대가 있었다. 하지만 크루거가 배치할 수 있는 전력은 그에 미치지 못했다. 32보병사단과 해병대 1사단은 장기간에 걸친 회복기를 가져야 했기 때문이다.

카트휠 작전 개시 직전에 맥아더와 핼시가 상대하게 될 일본 지상군 병력은 총 12만 3,000명이었다. 그중 5만 5,000명이 맥아더가 공격할 계획인 뉴기니 북부해안을 방어했고, 약 1만 5,000명이 라에와 살라마우아 주위에, 그리고 2만 명이 마당 인근에 있었다. 핼시의 첫 번째 목표인 뉴조지아에는 일본군 약 1만 500명이 주둔하고 있었다. 일본군은 남동부 지역에 항공기 540대를 배치했는데, 그중 약 390대가 작전 가능한 상태였다. 지상과 해상, 공중에서 맥아더와 핼시의 합동부대는 일본군을 크게 압도했다.

카트휠 작전은 점진적으로 시작되었다. 남서태평양에서 실시된 최초의 진정한 상륙돌격에서 다니엘 바비 해군소장의 7상륙부대는 미군 병력을 수송하여 6월 30일에 뉴기니의 파푸아 꼬리 동쪽에 있는 우들라크(Woodlark) 섬과 키리위나(Kiriwina) 섬을 점령했다. 이들 섬에 있는 비행장들은 제한적인 용도로만 사용 가능한 것으로 드러났다. 하지만 작전 자체는 바비가 이후 수행할 모든 작전들의 본보기로서 매우 유용했던 것으로 판명되었다. 동시에 라에 진격 계획을 위한 핵심적인 상륙정 대기 기지를 확보하기 위한 연안이동 작전을 통해 뉴기니 북쪽 해안의 나소 만

(Nassau Bay)을 점령했다.[3]

별다른 피해 없이 이루어진 맥아더의 키리위나 섬과 우들라크 섬, 나소 만 점령과 때를 맞추어 핼시는 6월 30일 솔로몬 제도 중간 지점인 뉴조지아를 공격했다. 지상전은 10월 6일까지 계속되었다. 뉴조지아에서 대략 2,500명의 일본군이 사망했다. 미군의 손실은 육상에서만 1,121명이 전사하고 3,873명이 부상당했다. 일본 제국 해군이 미국 해군에 두 차례의 전술적 패배를 안긴 가운데 양측이 모두 많은 항공기를 잃었지만, 일본 측의 피해가 더 컸다. 결국 연합군이 섬들을 차지하기는 했지만, 지상과 해상 전역에서 진짜 명예는 일본군에게 돌아갔다.[4]

종전 후, 일본 수상 도조 히데키(東條英機)는 일본이 패전하게 된 세 가지 주요 요소가 개구리 뜀뛰기 전략과 미국 잠수함의 파괴활동, 장기간 해상에 머물 수 있는 미국 항공모함 부대의 능력이라고 진술했다. 뉴조지아에 이어 다음 차례는 콜롬방가라(Kolombangara)가 분명했다. 핼시는 그 섬을 건너뛰고 그 대신 방어가 강하지 않은 벨라라벨라(Vella Lavella) 섬을 점령했는데, 이것은 태평양에서 의도적으로 개구리 뜀뛰기 전략, 즉 우회 전략을 연합군이 사용한 첫 번째 사례이다. 왜냐하면 일본군이 필리핀을 점령하지 못한 상태에서 그곳을 우회해 네덜란드령 동인도 제도를 공격했기 때문이다.[5]

이 개념은 참신하지 않았다. 1940년 해군대학 연구에서 마셜 제도 (Marshall Islands)를 건너뛰고 캐롤라인 제도(the Carolines)의 트루크 (Truk)를 곧바로 공격하는 방안이 고려되었다. 1943년 초, 킹 제독과 니미츠 제독은 물론 루스벨트 대통령도 그것을 권고했다. 때때로 애투(Attu) 섬 공격을 예로 들면서 연합군 최초로 그 전략을 적용한 명예를 니미츠에게 돌리는 사람들이 있다. 그러나 니미츠가 키스카(Kiska) 섬을 건너뛰고 애투 섬을 공격한 것은 사실이지만, 그것은 의도적으로 개구리 뜀뛰기 전략을 적용한 것이 아니라 그에게 한곳에서만 작전을 수행할 수 있는 전력밖에 없었기 때문에 그렇게 한 것이었다. 핼시의 참모 중 한 명이 뉴조지아를 건너뛰어야 한다고 주장했지만, 그것은 무시되었다. 이 뉴조지아 경험을 통해 얻은 한 가지 명백한 이득은 핼시가 콜롬방가라(이곳에서 일본군은 뉴조지아 작전 때처럼 전투를 준비하고 있었다)를 건너뛰고 방어가 약한(그리고 듣기 좋은 이름을 가진) 벨라라벨라를 점령한다는 개념을 받아들이게 되었다는 것이다. 그렇게 해서 아직 뉴기니 전투가 진행 중이던 8월 15일, 핼시의 해군이 25보병사단 소속의 강화된 1개 연대를 벨라라벨라 남동쪽에 상륙시켰다. 일본군은 항공 세력으로 격렬하게 대응했지만, 자신들이 입은 심각한 피해에 상응하는 전과를 올리지 못했다. 후속한 뉴질랜드 3사단이 10월 3일까지 마지막 일본군을 벨라라벨라에서 몰아냈다. 뉴조지아 작전과 상당히 대조되게도, 연합군 전체 사상자는 미군 26명, 뉴질랜드군 32명이 사망하고 양군 합쳐 140명이 부상을 당하는 데 그쳤다.[6]

맥아더가 키리위나 섬과 우들라크 섬, 나소 만으로 이동했지만, 웨와크와 마당의 외부 방어선인 라에와 살라마우아를 고수하려는 일본군의 주의를 분산시키지는 못했다. 하지만 재앙과도 같은 비스마르크 해전 이후 일본군 군수체계가 붕괴하면서 대략 1만 명이나 되는 방어부대가 영양 부족과 질병에 시달리고 있었다. 효과적인 방어를 위해서 강력한 항공 전력이 필요하다는 사실을 인식한 일본군 대본영은 4항공군을 웨와크 지역에 파견했다.

1943년 8월 블레이미 장군은 포트모르즈비로 이동해 뉴기니의 새로운 공세를 총괄했다. 하지만 E. F. 헤링(Herring) 소장이 도보두라

(Dobodura) 오스트레일리아 1군단 본부에서 전술 지휘권을 행사했다. 그들이 당면한 목표는 뉴기니 북쪽 해안의 라에와 그 북서쪽 내륙에 있는 마컴 계곡(Markham Valley)과 라무 계곡(Ramu Valley)이었다. 두 계곡은 모래가 평평하게 뻗어 있어 비행장으로 적합했다. 라에의 촌락에는 항구가 있어서 그곳에서부터 육로를 통해 내륙의 비행장으로 지속적인 보급이 가능했다. 나소 만에 위장공격을 가해 일본군 주력을 살라마우아로 유인한 다음 실제 주공은 그들의 배후를 덮쳐 51사단을 단절시킨다는 전반적인 계획을 입안한 공로는 블레이미에게 있다.

라에 공격은 극복할 수 없는 작전적 난제에 직면했다. 지형적 특성으로 인해 육로로는 대규모 병력이 장거리 행군으로 접근하기가 곤란했던 것이다. 하지만 맥아더에게는 라에를 향해 상륙돌격을 감행하기에 충분한 선박도, 대규모 공수돌격을 실시할 만큼 많은 항공기도 없었다. 결국 지형적 제약과 한정된 자원으로 인해 상륙돌격과 공수돌격을 동시에 수행한 뒤 1개 사단을 공수하는 복합적인 계획이 실시되었다.

맥아더와 블레이미는 나소 만에서 살라마우아를 향해 전진하여 적을 기만하는 임무를 오스트레일리아 3사단(미군 162보병연대 배속)에 부여했다. 하지만 케니의 가장 노련한 부하인 에니스 화이트헤드는 속담에도 나오는 표현처럼 "뒷문(back door)"을 통해 라에를 점령한다는 창의적인 개념을 구상했다. 라에 북서쪽 마컴 계곡에는 전쟁 이전에 사용되었던 나잡(Nadzab) 비행장이 있었는데, 그곳에 공수돌격을 감행하여 마을로 전진하는 것이 개념의 골자였다. 한편 케니는 울트라를 통해 뉴기니에 일본군의 항공 전력이 증가하고 있으며, 그 핵심은 웨와크에 있는 비행장 복합단지-정확하게 연합군 호위전투기의 작전반경 밖에 있었기 때문에 선택된 장소-라는 사실을 알게 되었다. 케니는 웨와크를 공습하는 폭격기를 호위할 수 있도록 전투기들의 작전반경을 확장시키자는 아주 창의적인 발상을 내놓았다. 뉴기니의 극도로 열악한 생존 환경으로 인해 양측의 전투 병력이 통제 가능한 지역은 해안가 고립된 영역으로 한정되어 내륙의 광대한 영역을 무인지대로 남겨놓을 수밖에 없었다. 케니는 또 다른 부하인 폴 워츠스미스의 신중한 판단에 근거해 칠리칠리[Tsili Tsili: 미군은 "실리실리(silly, silly)"로 발음했다]에 와투트 강(Watut River)을 따라 '비밀' 풀밭 간이활주로를 건설했다. 이 간이활주로는 서쪽으로 웨와크까지 전투기의 작전반경이 미치도록 대기 기지 역할을 했다. 이 간이활주로를 만들기 위해서는 활주로 건설 과정에서 필요한 트럭을 반으로 절단하여 C-47 수송기에 실어 수송한 뒤 다시 용접해서 붙이는 것을 포함해 놀라운 창의력이 요구되었다.[7]

모든 준비가 끝나자, 8월 17일에 케니는 일본 4항공군이 주둔하고 있는 웨와크의 4개 비행장을 공습했다. 늘 그렇듯이 케니는 8월 말까지 지속된 일련의 공습을 통해 일본군 항공기 200대를 파괴했다고 주장했다. 실제 파괴 대수는 작전 가능한 항공기 120대 중 82대였다.[8]

케니의 공습은 중대한 변화를 초래했다. 18개월 동안 맥아더의 해군 부대 지휘관들은 어뢰정이나 상륙정보다 큰 어떤 선박도 뉴기니 북쪽 해안에 인접한 바다에 배치하기를 거부했다. 해군은 해도에도 나와 있지 않은 암초와 산호초의 존재만으로도 불안한데 거기에 일본 항공기의 위협까지 복합적으로 작용한다면서 자신들을 변론했다. 심지어 굳건한 해군의 친구인 역사학자 새뮤얼 엘리엇 모리슨(Samuel Eliot Morison)조차도 케니의 전투기로부터 확실한 지원을 받을 수 있는 믿을 만한 체계가 존재하지 않았다는 정당한 사유를 제외한 이런 논거에는 분노를 표했다. 하지만 일단 케니가 웨와크에서 일본군을 몰아내자, 해군은 처음으로 전투함정(널리 알려진 것처럼 고작 구축함 4척에 불과했지만)을 뉴기니 북쪽 해안 핀슈하펜까지 진출시켜 함포사격을 실시했다.[9]

마침내 9월 4일 기상 상태가 케니가 바라던 여건을 조성하자, 다방면으로 공격이 시작되었다(시기가 정말 적절했던 것이, 기상 상태가 변덕스러워 하루만 늦었어도 전체 작전이 큰 혼란에 빠졌을지도 모른다). 9월 4일 오스트레일리아 9사단[G. F. 우튼(Wootten) 소장] 예하 2개 여단 약 7,800명의 병력이 일본군 대포의 사거리를 벗어난 라에 동쪽에 상륙했다. 9월 5일과 6일 사이의 야간에 이루어진 두 번째 수송으로 사단의 세 번째 여단 소속 2,400명의 병력이 추가되었다. 오스트레일리아군 전쟁일지에는 그 해상 수송을 "위협적이면서 감격적인 광경을 연출한 선박들의 긴 대열"로 묘사했다. 모리슨은 그 잡다한 집단이 "경험 많은 바닷사람의 눈에는 낯설게" 보였다는 진실에 더 가까운 서술을 남겼다. 바비의 7상륙부대는 고속수송함(destroyer transport, APD)과 전차상륙함(Landing Ship Tank, LST), 보병상륙정(Landing Craft Infantry, LCI), 전차상륙정(Landing Craft Tank, LCT)을 포함하고 있던 반면, 2공병특수여단은 오로지 상륙정만을 사용했다. 비록 9사단이 지중해 전역에서 쌓은 훌륭한 명성을 자랑하고 있었지만, 일본군을 상대로 한 작전은 이번이 처음이었다. 게다가 1915년 갈리폴리(Gallipoli) 이래로 오스트레일리아군이 참가하는 첫 번째 상륙작전이기도 했다. 다행히도 라에 상륙은 비할 바 없이 잘 수행된 것으로 드러났다. 활발하게 임무를 수행한 일본군 공습부대는 자신들이 상륙부대에 입힌 사상자보다 더 많은 사상자가 발생했다.[10]

나잡 작전:
맥아더의 성공적인 용병술이 빛을 발하다

9월 5일 맥아더가 이제까지 본 것 중 가장 중요한 군사적 장관 중 하나가 펼쳐졌다. 전쟁이 여기까지 진행되는 동안 연합군의 공정작전은 실망을 안겨주었기 때문에 전체 개념이 의혹을 받았다. 맥아더는 케네스 H. 킨슬러(Kenneth H. Kinsler) 대령의 503낙하산보병연대(믿음직한 소규모 오스트레일리아군 포병 파견대를 동반한)에게 나잡 비행장에 낙하하라는 명령을 내렸다. 공병이 불완전한 상태의 비행장을 개선하면 C-47 수송기들이 끊임없이 날아와 오스트레일리아 7사단[사단장 조지 A. 배시(George A. Vasey) 소장] 병력 대부분을 이동시킬 예정이었다. 그런 다음 오스트레일리아 9사단이 동쪽에서 전진하고 오스트레일리아 7사단이 북서쪽에서 전진하는 양익 포위로 오스트레일리아군은 라에가 위치한 마컴 강 계곡을 공격할 예정이었다.

9월 5일 아침, C-47 수송기 96대가 8시 25분부터 이륙하기 시작했다. 병력 수송기들이 대형을 이루고 정확하게 정시에 케니의 전투기로 구성된 강력한 호위 및 지원부대에 합류했다. 서로 다른 여덟 군데 비행장에서 출격한 이 임무부대의 항공기는 모두 합쳐 302대나 되었다.

C-47들은 덜컹거리며 와투트 강 계곡에 도달한 뒤 곧바로 마컴 강을 향하며 400~500피트로 서서히 고도를 낮췄다. 수송기 안에서는 낙하산병들이 자리에서 일어나 낙하산 고리를 걸고 출구를 향해 일렬로 정렬했다. C-47이 나잡 비행장에 가까워지자, 8정의 기수장착 50구경 기관총과 60발의 세열폭탄으로 무장한 6개 비행대대의 B-25 지상공격기들이 완벽

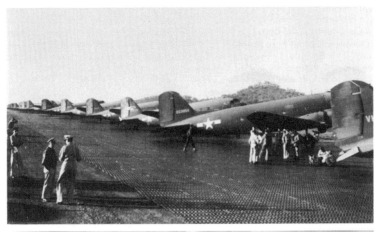

(위) 1943년 9월 5일, 나잡에 미 503낙하산보병연대의 3개 대대를 수송할 C-47 수송기들. 맨 앞에 있는 2명의 사람 중 왼쪽이 케니이고 오른쪽이 맥아더. 〈사진: Public Domain〉
(아래) 1945년 9월 5일, C-47 수송기에서 미 503낙하산보병연대의 3개 대대가 강하하여 나잡 비행장을 장악했다. 〈사진: Public Doamin〉

하게 공조를 이루며 비행장을 휩쓸어 방어병력을 제압했다. 마지막 폭탄이 폭발하는 순간 A-20 6대가 저고도로 돌입해 연막탄을 투하하여 강하지대를 은폐했다. 대략 10시 20분에 시작하여 불과 4분 30초 만에 C-47 81대가 503낙하산보병연대의 3개 대대를 전부 강하시켰다. 강하로 인해 3

명이 사망하고 33명이 부상을 입었지만, 일본군의 저항은 없었다.[11]

케니의 전투기비행대대들이 항공작전의 장관이 펼쳐지는 상공을 선회하며 원형 방어 대형을 형성하고 있었지만, 일본군의 대응은 없었다. 이 모든 서커스가 벌어지고 있는 장관을 위에서 내려다보며 B-17 3대가 순항하고 있었다. 거기에는 맥아더와 케니를 비롯해 고위 참모들이 탑승하고 있었다. 맥아더는 케니에게 평소에 자기 병사들을 부르던 표현대로 "아이들" 앞에서 비행기멀미를 해서 난처한 상황에 처하지 않을까 두려웠다고 고백했다. 오스트레일리아군과 미군 공병들이 신속하게 나잡 비행장을 고친 덕분에 다음날 오후부터 배시의 7사단 예하 1개 여단이 도착하기 시작했다.[12]

나잡 작전의 창의적인 구상과 계획, 실행에서 케니와 그 부하들의 우수성이 입증되었다. 게다가 나잡에서 맥아더가 503낙하산보병연대를 성공적으로 활용한 것은 더욱 광범위한 효과를 낳았다. 1943년 7월 시칠리아에서 연합군 공수부대가 커다란 희생을 치르며 상대적으로 비효과적인 전과를 올리는 바람에 육군 고위 장교들 사이에서는 공수돌격이라는 전체 개념에 대한 신뢰가 흔들리고 있었다. 아이젠하워는 공수사단에 어떤 장점이 있는지 모르겠다고 말했다. 나잡의 승리로 인해 막강한 영향력을 가진 육군 지상군 사령관 레슬리 J. 맥네어(Lesley J. McNair) 중장은 전체 프로그램을 중단하고 공수부대 작전은 대대급으로 제한하려는 계획을 보류했다. 맥네어는 공수부대 옹호론자들에게 한 번 더 기회를 주었고, 11공수사단의 훈련 성과에 확신을 갖고 육군 공수사단을 계속 유지하기로 결정했다. 노르망디 상륙작전에서 82공수사단과 101공수사단의 활용은 절대적으로 중요했음이 증명되었다. 따라서 태평양에서 맥아더가 보여준 성공적인 용병술은 디데이(D-Day) 공격에서 무엇과도 바꿀 수 없는 요소를 제공하는 기여를 했다.[13]

분노한 자연

"남서태평양에서 싸운 대부분의 오스트레일리아 병사들은 분노하는 자연을 마주하느니 차라리 흥분한 적과 맞서겠다는 데 동의할 것이다."

오스트레일리아 공식 역사는 그렇게 언급했다. 우튼의 오스트레일리아 9사단을 라에에 접근하지 못하게 막은 것은 띄엄띄엄 존재하는 거센 일본군 방어병력이 아니라 '분노한 자연'이었다. 일련의 물길들이 전진을 저지했다. 그중 최악인 부수 강(Busu River)은 빠르게 소용돌이치는 여러 개의 수로를 형성했다. 1개 대대에서만 강을 건너다가 13명이 익사하는 사태가 발생했다.[14]

한편 배시의 7사단 중 선두 여단은 나잡에서 마컴 계곡을 따라 라에로 전진하기 시작했다. 하지만 날씨로 인해 9월 10일부터 12일까지 공수가 중단되었다. 노획된 일본군 명령서를 보고 그들이 9월 8일에 라에에서 후퇴할 계획임을 안 오스트레일리아군 장군들은 부득이 라에를 향한 진격 속도를 높여서 후온 반도를 가로질러 북동쪽 시오(Sio)로 향하는 적의 퇴각로를 차단하려고 했다. 9월 15일 새벽 라에로부터 불과 1.25마일 떨어져 있는 오스트레일리아 9사단이 7마일 밖에서 적의 완강한 저항에 직면해 전진이 지체되고 있는 7사단보다 먼저 라에에 도달할 수 있을 것 같았다. 하지만 7사단 예하 25여단의 케네스 이더(Kenneth Eather) 준장은 2개 대대로 정면의 일본군을 고착시키고 세 번째 대대를 인솔하여-말 그대로 권총을 휘두르며 정찰대를 이끌고- 그날 오후 우튼의 9사단보다 먼저 라에에 진입했다.[15]

이 전역에서 7사단과 9사단은 합쳐서 188명의 전사자와 501명의 부상자가 발생했다. 그들은 일본군에게 적어도 2,200명의 인명손실을 입혔는데, 그들 중 대부분은 51사단 소속이었다. 난타당한 일본군은 잘 싸웠지만, 그들의 지휘관은 용병에 실패했다. 부수 강의 범람만이 9사단의 전진을 지연시켜 약 8,000명의 일본군이 전멸을 면할 수 있었으며, 그들은 10일 동안 평소보다 절반에 불과한 식량으로 버티며 라에로부터 내륙의 후퇴로를 따라 행군하여 산을 넘었다. 후퇴는 26일이 걸렸고 약 2,000명이 기아로 사망했다.[16]

●
핀슈하펜과 시오 점령

라에와 살라마우아의 함락과 함께 곧바로 중부 솔로몬 제도에서의 패배와 알류샨 열도(Aleutian Islands)에서의 퇴출이 이어지자, 대본영은 일본군의 방어선이 축소되어야 한다고 확신하게 되었다. 도쿄는 일본의 새로운 방어선을 "모든 수단을 동원해 반드시 고수해야 하는 절대 국방권"이라고 불렀다. 그것은 서부 뉴기니로부터 캐롤라인 제도(Caroline Islands)를 거쳐 마리아나 제도(Mariana Islands)까지 뻗어 있었다. 길버트 제도(Gilbert Islands)와 마셜 제도를 비롯해 남동지역은 '외성(外城)', 즉 전초선이 되어 지구전을 수행하라는 명령을 받았다. 일본 제국 육군 참모장교들은 맥아더가 휘하 전투기의 작전반경인 240~300마일 내에서 개구리 뜀뛰기를 수행하고 있다는 것을 파악했다. 각각의 전진은 대략 2개월이 걸렸다. 따라서 일본군은 맥아더가 뉴기니 서부에 도달하기까지 8~10개월이 걸릴 것으로 계산했는데, 그 정도면 그들이 그 지역을 요새화하기에 충분한 시간이었다.

이마무라 장군과 그의 해군 측 동반자인 구사카 진이치(草鹿任一) 제독은 솔로몬 제도의 부건빌과 뉴브리튼(New Britain), 뉴기니의 핀슈하펜을 고수하는 데 희망을 걸었다. 38사단이 라바울에 주둔하고, 65여단이 뉴브리튼을 경비하며, 뉴기니에서는 51사단이 라에-살라마우아 선에서 후퇴하는 가운데, 20사단은 마당과 라에 사이에서 도로를 건설하고 있었으며, 41사단은 웨와크를 고수하고 있었다. 9월 4일 라에 상륙과 함께 아다치는 20사단 보병단장인 나카이 마쓰타로(中井增太郎) 소장에게 1개 연대로 카이아핏(Kaiapit)에서 핀슈하펜 접근로에 대한 저지진지를 확보하는 임무를 부여했다. 하지만 20사단은 핀슈하펜에 도달하기 위해 200마일 거리를 행군해야 했는데, 그나마도 가까스로 9월 10일에 출발했다.

한편 맥아더는 블레이미와 그의 오스트레일리아군 부하들이 상신한 일련의 건의를 분석하고 행동 방침을 결정했다. 9월 15일, 그는 블레이미에게 마컴 계곡의 북쪽 끝과 보가짐(Bogadjim) 남쪽 약 30마일 떨어진 둠푸(Dumpu)에서 카이아핏을 점령하라고 명령했다. 이틀 뒤 그는 블레이미의 목표에 핀슈하펜을 추가했다.[17]

9월 19일, 오스트레일리아 독립 (코만도) 중대가 과감하게 기동하여 카이아핏을 점령했다. 케니는 비행기로 7사단의 2개 여단을 이동시켰으며 그중 하나가 10월 6일 둠푸를 확보했다. 이후 7사단은 나카이의 병력에 맞서 피니스터 산맥(Finisterre Mountains)을 따라 1944년 2월까지 영웅적인 전투를 수행했다. 이제 상당히 경험이 쌓인 7상륙부대는 라에에서 우튼의 9사단 1개 여단을 싣고 82마일을 이동한 뒤, 9월 22일에 더 북쪽에 있는 핀슈하펜에 그들을 상륙시켰다.

핀슈하펜을 점령한 뒤, 오트스레일리아군은 자신의 해안두보를 감제하는 사텔버그 고원(Sattelberg Heights)에서 약 4,000명의 일본군 방어병력을 물리치는 작전에 들어갔다. 우튼은 영리하게도 일본군이 자기에게 오도록 하는 것이 더 낫다는 결론을 내리고 실제로 그렇게 했다. 10월 16일부터 일본군은 육상과 해상을 통해 공격했다. 사텔버그 고원 일대에서 벌어진 격렬한 전투는 12월까지 이어졌다. 이후 우튼은 1월 15에 시오를 점령했다.

●

고립된 일본군의 눈물겨운 내륙 후퇴

맥아더의 오스트레일리아군이 핀슈하펜과 시오로 전진하는 동안, 핼시는 라바울에 접근했다. 트레저리 제도(Treasury Islands)와 슈아죌(Choiseul)에 위장공격을 가해 미군의 다음 행동에 대해 일본군이 확신을 갖도록 한 다음, 11월 1일 핼시는 해병대 3사단을 부건빌 서부 해안에서 거의 중간 지점에 해당하는 엠프레스 오거스타 만(Empress Augusta Bay)에 상륙시켰다. 이 작전은 완벽하게 일본군의 허를 찌르며 부건빌 남쪽 끝에 있는 강력한 일본군 부대를 우회했다. 곧바로 공병이 비행장을 준비했는데, 그곳에서 출격한 연합군 전투기들은 라바울 상공에 도달할 수 있었다. 1943년 10월부터 1944년 2월 사이에 핼시와 맥아더 휘하의 항공기들은 시기적절하게 이루어진 니미츠의 고속항공모함 공격의 지원을 받으며 격렬한 항공전을 펼쳐 라바울의 일본군 항공부대를 크게 소모시켰다. 일본군은 재충전한 항공모함 비행전대들을 투입했는데, 그들은 심각한 손실을 입었다. 결국 일본군 항공부대는 더 이상의 소모를 견딜 수 없어서 철수하고 말았다. 1944년 3월에 엠프레스 오거스타 만 방어선에 일본군이 대규모 반격을 감행했지만 분쇄되었다.[19]

1943년 12월 26일, 상륙함에서 내린 미 해병들이 3피트에 달하는 거친 파도를 헤치고 뉴브 리튼 섬 글로스터 곶에 상륙하는 모습. 〈사진: Public Domain〉

동시에 맥아더는 비티아즈 해협(Vitiaz Strait)과 댐피어 해협(Dampier Straits)의 동쪽 가장자리를 형성하는 뉴브리튼 해안을 따라 진지를 점령하는 작전을 구상했는데, 자신이 전진하는 동안 우익을 보호하기 위해 그런 조치가 반드시 필요하다고 보았다. 상당한 토의와 논쟁 끝에 육군의 1개 연대(보병으로 싸우는 112기병연대)가 아라웨(Arawe)를 (어뢰정 기지로 사용할 목적으로) 점령한 다음 1943년 12월 중순부터 1944년 3월 사이에 해병대 1사단이 글로스터 곶(Cape Gloucester)(비행장 입지)을 확보했다. 해병은 진창과 비라는 최악의 비참한 환경 속에서 격렬한 전투를 치러야 했다. 이 작전들은 2년에 걸쳐 일본을 상대로 3차원적인 가혹한 전투를 치르는 가운데 주입된 신중한 방법을 적용한 가장 마지막 사례였다. 처음에는 두 작전이 모두 신중해 보였지만, 돌이켜보면 그것들은 불필요했다.

1944년 1월 2일, 맥아더 부대의 엄청난 효율성을 보여주듯, 명령을 받고 단시간 내에 126연대 전투단(32사단 예하)이 사이도르(Saidor)에 상륙했다. 이를 통해 미군은 75마일 떨어진 시오의 강력한 일본군을 우회했을 뿐만 아니라 절반은 시오 인근에, 나머지는 웨와크와 마당에 몰려 있던 일본군 18군을 둘로 갈라놓았다. 이마무라는 중요한 결정을 내려야 했다. 사이도르를 공격할 것인가, 아니면 시오에 있는 병력을 마당으로 후퇴시킬 것인가? 그는 전자를 택했다. 그러나 그것은 치명적인 결정이었다. 고립된 일본군은 아주 적은 식량만 갖고 항공관측을 피하기 위해 야간에 행군하기 시작하여 기온 급강하로 뼛속까지 시린 추위를 무릅쓴 채 산맥을 넘는 고통스런 내륙 후퇴에 들어갔다. 기아와 질병, 피로가 종합적으로 작용하여 필사적인 심정이 된 일본 육군 병력 2,000명은 맥아더의 다음 목표라고 믿었던 마당에 도착했을 때 거의 절반으로 줄어들었다.[20]

제8장
돌파구

울트라를 통해 '전쟁의 안개'가 걷히다

1944년 1월까지 20개월 동안 남서태평양지역 최고사령관으로서 맥아더가 세운 기록은 의심 수준을 벗어나 존경할 만한 수준으로 진화했지만, 전설이 되기에는 여전히 부족했다. 뉴기니 북부 해안 전체 길이의 대략 5분의 1에 해당하는 300마일을 전진하면서 보여준 기록을 판단 기준으로 삼을 경우, 도쿄는 21년이 걸리는 저 너머 수평선 밖 보이지 않는 곳에 있었다. 한편 중부태평양에서 맥아더의 경쟁자인 니미츠는 1943년 11월 길버트 제도를 거쳐 1944년 1월 마셜 제도에 도달하여 2,000마일을 도약했다. 더욱이 1943년 12월, 합동참모본부는 민다나오를 확보한 뒤에 맥아더가 추진하려는 모든 작전을 승인하지 않음으로써 전략적 벽지에 해당하는 그의 영역에서는 적도가 한계임을 암시했다.

맥아더의 경력이 혜성처럼 밝게 빛나다가 희미해지는 순간이 올 때마다 늘 그랬던 것처럼 1941년 초에 다시 한 번 여러 사건들−아마 그는 거기에서 운명을 봤을지도 모른다−이 개입했다. 좀 더 구체적으로 말하면, 2차세계대전의 광대한 전구에서 이례적으로 사소한 장면이 지렛대 역할을 하며 엄청난 파장을 일으켰다. 후온 만에서 일본군 20사단이 고난의 퇴각을 하는 동안, 사단 무전통신소대는 암호서를 포함해 사단의 기암(機暗) 자재가 담긴 육중한 철제 상자를 더 이상은 도저히 인력으로 운반할 수 없다고 판단했다. 습기와 곳곳에 도사린 위험을 고려하면 그것들을 소각하는 것도 불가능했다. 흠뻑 젖고 탈진한 일본군은 강철 상자를 시오 인근 강바닥에 묻었다. 오스트레일리아 병사들이 시오에 도착했을 때, 부비트랩이 우려되어 젊은 오스트레일리아 공병이 지뢰탐지기로 일대를 탐색하다가 강철 상자를 발견했다. 이름이 알려지지 않은 한 정보장교는 그것의 무한한 가치를 알아봤다. 중앙국이 1943년 6월에 일본 제국 육군 전문을 처음으로 해독하는 데 성공했지만, 유용한 정보를 제공할 수 있을 만큼 제시간에 충분한 양의 암호문서를 해독해낼 수는 없었다. 강바닥에 묻혀 있던 이 귀중한 매장물 덕분에 맥아더 예하 암호해독가들이 읽을 수 있는 전문의 수는 월별 수백 건에서 2만 건으로 급증했다.[1]

중앙국이 일본 제국 육군을 상대로 울트라 정보체계를 구축할 수 있는 새로운 능력을 갖게 되자, 그것이 강력한 촉매 역할을 하여 맥아더는 새롭게 과감한 일정표를 작성했다. 그전까지만 해도 맥아더는 일본 육군의 배치 상황을 정말 모호하게만 파악하고 있었다. 그로 인해 신중해질 수밖에 없었던 맥아더는 기존 계획에서 한사 만(Hansa Bay)을 목표로 초보적인 수준의 100마일 개구리 뜀뛰기 작전을 수행하기로 했다. 일본군도 그 정도 수는 쉽게 예상할 수 있었기 때문에 그에 따라 병력을 배치했다. 일본 제국 육군의 전문을 읽을 수 있는 능력을 갖게 되자, '전쟁의 안개'가 걷히면서 갑자기 맥아더 앞에 군사적 상황을 보여주는 장기판 전체가 모습을 드러냈다. 울트라는 일본군 주요 대형의 정확한 배치 상황뿐만 아니라 일본군 지휘관들의 실제 생각까지 보여주었다. 아다치의 18군 예하 3개 사단이 웨와크와 한사 만 주위에서 맥아더의 오스트레일리아군과 미군을 상대로 또 한 차례 난타전을 치르기 위해 결사적인 준비에 몰두하는 동안, 울트라를 통해 이 부대들과 제2선의 주력인 사르미(Sarmi)의 36사단 사이에 375마일이나 되는 간격이 존재한다는 사실을 알게 되었다. 일본 제국 육군 주요 집결지의 거의 중앙에 있는 아이타페(Aitape)와 홀란디아(Hollandia)에는 주로 지원부대와 항공부대가 주둔하고 있었다. 윌러비는 (자신의 실수를 만회할 수 있는 한 기회에서) 한사 만을 건너뛰고 홀란디아를 목표로 하는 계획을 제안했다. G-3(작전참모부) 계획과장인 보너 펠러스(Bonner Fellers) 준장이 열렬히 찬성했지만, 그의 상관인 신중한 작전참모 스티븐 체임벌린(Steven Chamberlain) 소장은 이를 거부했다. 펠러스는 참모 수준에서 개구리 뜀뛰기 전법을 사용한 계획을 맥아더에게 보냈다. 1차 세계대전 당시 코트 드 샤티용의 사례와 너무나 유사하게, 맥아더는 다른 사람의 계획을 자기 것으로 만듦으로써 2차 세계대전에서 자신이 거둔 승리 중에서 가장 위대한 승리를 거두었다. 체임벌린은 불복종을 이유로 펠러스를 해임했지만, 맥아더는 그를 자신의 군사비서관에 임명하는 것으로 보상했다.

하지만 과감한 개구리 뜀뛰기 작전의 서곡에서는 전진축의 양쪽 측면을 확보하고 최종적으로 라바울을 정리해야만 했다. 여기에서도 울트라가 한몫을 했지만, 그 방식이 전과는 달랐다. 1944년 1월과 2월에 케니의 조종사들은 상공에서 거의 저항을 받지 않았다고 보고했을 뿐만 아니라 애드미럴티 제도(Admiralty Islands)의 로스 네그로스(Los Negros)에 일본군이 남아 있더라도 소수에 불과하다고 요란하게 떠들었다. 하지만 윌러비는 로스 네그로스에 상당한 규모의 일본군이 주둔하고 있다고 경고했고, 그것은 정확했다(무선정보에 따르면, 그곳에 3,250명이 주둔하고 있다고 했는데, 실제로는 3,646명이 주둔하고 있었다). 2월 24일 저녁, 케니는 맥아더를 설득해 곧장 로스 네그로스에 '위력정찰'부대를 파견하여 적진의 간격을 활용하기로 했다. 이 모험이 성공할 경우, 남서태평양지역 사령부의 일정이 한 달이나 단축되어 맥아더는 니미츠와 나란히 경쟁할 수 있었다. 맥아더는 공격일자를 2월 29일로 정했다.

공격부대는 1,000명 규모의 1기병사단 소속 파견대로 구성되었으며, 윌리엄 C. 체이스(William C. Chase) 준장이 지휘했다. 맥아더는 순양함 피닉

로스 네그로스에서 맥아더가 일본군 시신을 살피는 이 사진은 "방공호 더그"라는 중상모략과 관련된 모든 의혹을 일소했다.

스(Phoenix)를 타고 원정에 동행했다. 이동 중 그는 신중을 기하기 위해 크루거가 투입한 정찰대로부터 그 섬이 일본군으로 "득실댄다"는 보고가 들어왔음을 알게 되었다. 하지만 맥아더는 작전을 강행했고, 수병들과 자유롭게 대화를 나누거나 친절하게 자서전에 서명을 해주며 시간을 보냈다.

역사학자 에드워드 드레아(Edward Drea)가 익살스럽게 언급한 것처럼, 로스 네그로스의 일본군 지휘관 에사키 요시오(江崎義雄) 대좌는 "미국이 소규모로는 결코 어떤 일도 하지 않는다는 사실을 알고" 있어서 북쪽에 더 근사한 시애들러 항(Seeadler Harbor)에 대한 대규모 상륙작전

기병들이 예상치 못한 로스 네그로스 동쪽 해안에 기습적으로 상륙하여 2시간 뒤에 비행장을 점령했다. 그날 오후 맥아더는 직접 체이스와 함께 거점을 시찰했다. 맥아더는 무심하게 그 지역을 돌아다니며 "방공호 더그"라는 중상모략과 관련된 모든 의혹을 일소했다. 집결한 일본군 방어 병력의 소병기 사거리 안까지 접근해 잠깐 시간을 보낸 뒤, 맥아더는 바로 맞은편 일본군 수백 명이 몰려 있는 활주로로 당당하게 걸어갔다. 저격수가 사격하는 소리가 그의 주변에서 들렸지만, 그는 냉정을 잃지 않고 그것을 무시했다.

을 염두에 두고 병력을 배치했다. 그런데 기병들이 예상치 못한 동쪽 해안에 기습적으로 상륙하여 2시간 뒤에 비행장을 점령했다. 그날 오후 맥아더는 직접 체이스와 함께 거점을 시찰했다. 맥아더는 무심하게 그 지역을 돌아다니며 "방공호 더그"라는 중상모략과 관련된 모든 의혹을 일소했다. 집결한 일본군 방어 병력의 소병기 사거리 안까지 접근해 잠깐을 보낸 뒤, 맥아더는 바로 맞은편 일본군 수백 명이 몰려 있는 활주로로 당당하게 걸어갔다. 저격수가 사격하는 소리가 그의 주변에서 들렸지만, 그는 냉정을 잃지 않고 그것을 무시했다.[2] 그의 부관 로저 이저버그(Roger Egeberg)는 땅바닥에 납작 엎드리고 싶은 욕구를 거의 감당할 수 없었다고 시인하며 나중에 그 일에 대해 맥아더에게 질문했다. 맥아더는 1차 세계대전에서 쌓은 엄청난 경험을 바탕으로 자신이 전투 상황에 대해 직관적인 감각을 갖게 되었다고 설명했다. 로스 네그로스에서 맥아더는 일본군이 반격을 위해 집결하는 중이라 자신에게는 관심이 없다는 것을 직관적으로 알고 있었던 것이다.[3]

맥아더는 이제까지의 노고에 대해 체이스를 칭찬하고 임박한 일본군 반격에 대해 경고한 뒤 증원을 약속하고 피닉스 함으로 돌아왔다. 이후 7일에 걸쳐 점증하는 기병대 집단과 시비(Seebee: 해군 건설대대의 별명-옮긴이)는 격렬한 반격을 격퇴했다. 3월 말 마지막 방어 병력을 색출하고 새로 확보한 비행장에 미군 비행기들이 정착하면서 시애들러는 장차 작전을 위한 크고 아주 중요한 기지가 되었다.[4]

애드미럴티 제도의 성공은 워싱턴의 회의론자들에게도 갈채를 받았다. 합동참모본부는 맥아더의 계획에서 새롭게 발견된 장점을 인식하고 3월 12일에 홀란디아를 향한 개구리 뜀뛰기 작전을 승인했다. 맥아더는 애드미럴티 제도 작전으로 사실상 라바울에 대한 전역이 끝났다는 정확한 평가를 내린 뒤, 강력하게 방어된 캐비엥을 점령하려던 현명치 못한 고집을 버렸다. 애드미럴티 제도 작전은 장기적이든 단기적이든 구체적인 보상을 넘어 보이지 않는 엄청난 혜택을 제공했다. 이 일로 맥아더는 울트라의 정확성에 확신을 갖게 되었다. 케니의 조종사들이 찍은 사진이나 다른 정보 수단이 틀렸을 때도 그것은 정확했다. 더욱이 합동참모본부가 생각을 돌려서 과감한 돌진을 승인한 이유는 맥아더처럼 그들도 울트라를 통해 장기판을 훤히 들여다보고 그 작전이 일본군의 약점에 대한 결정타가 될 것이라는 점을 인식했기 때문이다.[5]

하지만 울트라의 기여는 거기서 멈추지 않았다. 도청된 전문을 통해 잠수함과 항공기가 일본군의 보급 및 병력 증원용 호송선단에 큰 피해를 입혔다. 게다가 일본 제국 육군이 홀란디아에 항공기를 집결시키는 동안 케니는 울트라 덕분에 그 전력과 배치 상황을 세밀하게 파악하고 있었다. 일본군은 홀란디아의 기지가 연합군 전투기의 작전반경 밖에 있기 때문에 전투기의 호위를 받지 못하는 폭격기가 공습할 경우 방어가 가능하다고 확신했다. 하지만 신형 P-38 전투기는 연료탑재량이 눈에 띄게 증가했는데, 케니는 조심스럽게 그들의 투입을 제한하여 작전반경이 더 크다는 사실을 일본군이 눈치채지 못하게 했다. 모든 준비가 끝나자, 케니는 3월 30일과 31일, 4월 3일에 공습을 감행했다. 그의 조종사들은 지상에 있는 작전 가능한 일본군 항공기 131대 중 대부분을 잿더미로 만들었다.

● 홀란디아 상륙작전 : 맥아더의 용병술이 최고로 발휘된 순간

이제까지 맥아더가 실행한 것 중 가장 규모가 큰 상륙작전[홀란디아 상륙작전. 암호명 '레클리스 작전(Operation Reckless)'-옮긴이]이 4월 22일에 개시되었다. 크루거는 대략 5만 명의 병력을 투입했다. 레클리스 임무부대(Reckless Task Force: 아이켈버거 중장이 지휘하는 1군단 예하 2개 사단)는 홀란디아로 갔다. 맥아더의 예하 지휘관들은 울트라의 비밀정보에 대해 전혀 들은 바가 없었기 때문에 적의 저항이 미미하자 병사들만큼이나 그들도 깜짝 놀랐다. 오히려 지형이 장애물이었다. 약 1만 5,000명 수준인 홀란디아 주둔 일본군은 거의 전부가 지원부대와 항공부대로 구성되어 있었는데, 그중 1,000명 정도만 무사히 서쪽으로 퇴각했다. 홀란디아는 14만 명을 수용하는 거대한 기지가 되었지만, 지형 때문에 공병들이 폭격기 기지 건설에 애를 먹어야 했다.

니미츠의 고속항공모함이 초기 상륙작전을 지원했다. 하지만 니미츠는 그들을 며칠 이상 그곳에 묶어두려고 하지 않았다. 따라서 맥아더는 홀란디아에서 남서쪽으로 125마일 떨어진 아이타페에 있는 비행장도 목표로

"홀란디아 상륙작전은 악취 나는 정글에서 2년간 싸운 무시무시한 소모전의 막을 내렸으며, 태평양에서 맥아더의 용병술이 최고로 발휘된 순간이었다. 위대한 군인에게는 상상력과 용기, 결단력, 그리고 그 밖의 군사적 덕목 외에도 행운이 필요하다. 울트라는 맥아더에게 행운을 제공했다……."

했다[아이타페 상륙작전. 암호명 '퍼시큐션 작전(Operation Persecution)'-옮긴이]. 젠스 도(Jens Doe) 준장의 퍼시큐션 임무부대(Persecution Task Force: 2개 연대전투단)가 그곳을 점령했다. 케니는 그 지역을 엄호하기 위해 전투기들을 그 비행장들로 전진 배치했다.[6]

1944년 초, 맥아더가 울트라를 활용한 방식은 교훈적이다. 그는 로스 네그로스에 그의 조종사들이 주장하는 것보다 더 많은 일본군 병력이 주둔하고 있다는 울트라의 경고를 무시했다. 작전은 성공적이었다. 하지만 홀란디아 작전은 훨씬 더 경이적이었는데, 울트라에 대한 전적인 신뢰가 반영된 덕분이었다. 하지만 일본군의 배치와 의도를 파악하는 능력이 있어도 자신의 항공력이 가진 효과적인 작전범위를 크게 벗어나는 도약을 승인할 수 있으려면, 성실하지만 상상력은 부족한 지휘관이 아니라 과감한 지휘관이 필요하다. 그와 같은 위험을 감수하는 모습을 크루거나 아이켈버거, 혹은 오마 브래들리(Omar Bradley)에게서 찾기란 불가능하다. 맥아더의 무선정보 활용에 대한 선도적 연구자인 에드워드 드레아는 다음과 같이 적절하게 요약해 묘사했다.

"홀란디아 상륙작전은 악취 나는 정글에서 2년간 싸운 무시무시한 소모전의 막을 내렸으며, 태평양에서 맥아더의 용병술이 최고로 발휘된 순

1944년 4월 22일, 뉴기니 홀란디아 타나베라 만(Tanahmerah Bay) 상공에서 상륙 병력을 엄호하고 있는 미 해군 더글러스 SBD-5 던틀리스. 상륙주정들이 레드 비치 2(Red Beach 2)로 향하고 있다. 〈사진: Public Domain〉

간이었다. 위대한 군인에게는 상상력과 용기, 결단력, 그리고 그 밖의 군사적 덕목 외에도 행운이 필요하다. 울트라는 맥아더에게 행운을 제공했다……"[7]

●
장기전이 된 비아크 섬 전투

홀란디아 상륙작전 이후, 울트라를 통해 뉴기니 서부에서 일련의 장소를 요새화하려는 일본군의 계획을 사전에 알게 된 맥아더는 자신의 부대를 가차 없이, 그리고 때로는 무분별하게 필리핀으로 몰아붙였다. 또한 그는 울트라를 통해 자신의 기대와 달리 아다치가 뉴기니 동부에서 자신의 군대를 그저 얌전히 죽음을 기다리게 할 생각이 없다는 것도 알게 되었다. 아다치는 휘하의 6만 명 병력에게 아이타페를 향해 서쪽으로 행군하라고 명령했다.

4월 22일 홀란디아에서 성공이 확실해진 지 몇 시간 만에 맥아더는 즉시 서쪽으로 급습하여 와크데(Wakde)-사르미 지역으로 진출하는 작전을 제안했다. 그는 멀리 후방에서 새로운 병력을 대기시키지 않고 그 대신 막 상륙을 마친 41보병사단을 홀란디아에서 실어 뉴기니 해안을 따라 140마일 떨어진 해안으로 돌격시키는 방안을 구상했다. 바비는 그 방안에 찬성했고, 크루거는 애매한 태도를 취했다. 하지만 아이켈버거는 홀란디아에 대한 일본군의 반격을 우려하여 그 방안에 격렬하게 반대했다. 아이켈버거가 이 논쟁에서 이겼지만, 그의 조심성이 드러난 이 일을 맥아더는 결코 잊지도 용서하지도 않았다. 이 일로 그는 앞으로 아이켈버거의 대장 진급을 절대 추천하지 않게 된다.[8]

우연의 일치로 일본군의 암호가 바뀌면서 울트라의 시야가 흐려지는 것과 동시에 실제 홀란디아 상륙이 이루어졌다. 무선정보에는 맥아더가 마주할 다음 일본군 주요 세력인 36사단의 위치가 사르미로 되어 있었다. 사르미 북서쪽의 비아크 섬(Biak Island)은 전략적으로 중요한 위치에 비행장이 있었는데, 방어는 미약한 것처럼 보였다. 감청되는 무선통신량을 볼 때 뉴기니 서부의 일본군 항공전력은 다시 증가하고 있었다. 암호 해독 덕분에 증원부대 호송선단에 대한 또 한 차례 잠수함 매복 공격이 가능해졌다. 일본 제국 육군 증원 병력이 큰 손실을 입어 일본군 계획이 엉망이 되었다는 사실에 고무된 맥아더는 5월 17일에 사르미 인근 와크데 섬에 상륙하여 전투기 전진기지를 확보하는 작전을 고집했다. 그리고 이어서 불과 10일 뒤에는 비아크 섬에 상륙작전을 펼쳐 폭격기 전진기지를 확보할 예정이었다.

이번에는 윌러비가 경고 신호를 보냈다. 그는 일본의 주요 해군 부대의 타격 가능 범위 내에 비아크 섬이 들어가기 때문에, 처음으로 일본 제국 해군이 맥아더의 해군 구성군에 아주 심각한 위협이 될 수 있다고 경고했다. 하지만 맥아더는 필리핀에 빨리 도달해야 한다는 욕구에 사로잡혀 있었다. 게다가 무선정보 덕분에 맥아더는 일본군의 항공 및 지상 부대가 평정을 되찾기 전에 타격을 가해야 눈부신 보상을 받을 수 있기 때문에 일본군 해상 세력의 위협은 감당할 수 있다고 판단했다.[9]

5월 17일, 163연대전투단은 초기 별다른 저항을 받지 않은 채 와크데에 상륙했다. 미군에게는 일본군 지휘관이 공격적인 반응을 보여 홀란디아를 공격하도록 주둔군의 절반을 동쪽으로 보내는 행운이 따라주기도 했다. 미국 침공부대가 와크데 방어 병력을 처리했지만, 뉴기니 해안선에 면한 고지대가 와크데 비행장과 인접한 (향후 주요 대기점 역할을 하게 될) 마핀 만(Maffin Bay)을 감제하고 있었기 때문에, 크루거는 독립 158연대전투단이 이 지역을 소탕하고 울트라가 경고한 일본군의 반격을 좌절시키는 추가 작전을 승인했다. 하지만 울트라가 경고한 것은 1개 종대였는데 실제로는 개별적인 3개 연대 규모의 일본군 종대가 집결하는 중이었다. 결국 알려지지 않은 일본군 부대가 모습을 드러내면서 전투는 위험한 국면에 빠졌다.[10]

와크데를 둘러싼 전투가 격렬해진 것처럼, 맥아더의 전진은 단호한 도전에 부딪혔다. 호러스 풀러(Horace Fuller) 소장의 41사단[허리케인 임무부대(Hurricane Task Force)]이 5월 27일 첨벙거리며 비아크 해변에 도달했을 때 그들 앞에는 충분한 화력을 갖추고 참호 속에 꽁꽁 숨어 있는 일본군 뿐만 아니라 오감을 자극하는 적도의 열기와 습기, 무성한 관목 이파리들, 거친 산호초가 기다리고 있었다. 코코다 전투 당시의 실수를 재연하며 윌러비는 비아크 방어 병력을 실제 병력의 절반 정도로 과소평가했다. 이후 수십 년이 흐른 뒤, 미국 역사가들은 해안 방어를 포기하고 약삭빠르게 1만 2,350명 병력을 침공부대의 핵심 전리품인 폭격기 비행장에 사용할 지역이 내려다보이는 거친 고원지대에 배치한 비아크의 일본군 지휘관 구즈메 나오유키(葛目直幸) 대좌를 칭찬한다. 나중에 밝혀진 바에 따르면, 미군의 상륙은 비아크를 방문 중이던 일본군 2방면군 참모장인 누마다 다카조(沼田多稼蔵) 중장을 불시에 습격한 셈이었는데, 그는 일본군이 통상적인 방어전을 펼치도록 명령한 후 곧바로 떠났다. 구즈메는 누마다의 계획이 실패해서 별다른 도리가 없게 되자, 비로소 종심방어에 의지했다. 맥아더는 미군의 전진이 느린 이유가 지휘력의 부족 탓이라고 여겼다. 게다가 그는 비아크에 항공력을 구축하여 6월 15일 니미츠의 마리아나 제도 상륙작전을 지원하겠다는 약속을 지켜야 한다는 압박감을 느끼고 있었다.

맥아더는 끊임없이 크루거를 재촉했다. 크루거는 자신의 참모장 조지 데커(George Decker)를 비아크로 파견했다. 데커는 매우 현실적인 풀러의 문제들을 정확하게 설명했고, 크루거는 만족감을 표시했다. 풀러가 새로 유입된 일본군 전력을 감당하기 위해 증원을 요청하자, 크루거는 그의 보고를 의심하는 잘못을 저질렀다. 1942년 일이 재현되는 가운데, 크루거는 아이켈버거를 파견해 작전을 책임지게 했다. 풀러는 해임을 요청했고 젠스도로 교체되었다. 비난받을 만한 습관은 쉽게 사라지지 않는다는 사실을 증명하듯, 6월 3일 맥아더는 비아크를 확보했다고 발표했다. 그러나 아이켈버거의 증원에도 불구하고 전투는 8월 20일까지 계속되었다. 비아크 작전에서 미군은 약 2,400명의 전투사상자와 추가로 7,400명의 비전투사상자가 발생했다. 일본군은 약 4,700명이 사망하고 220명이 포로가 되었다.[11]

　장기전이 된 비아크 전역은 미군의 두 갈래 진격이 갖는 혜택을 보여주는 분명한 사례를 제공했다. 윌러비가 경고했듯이, 이 시기 일본 제국 해군은 곤 작전(渾作戰)(전투함을 동원해 해군육전대 2,500명을 비아크 섬에 상륙시키려는 작전-옮긴이)을 통해 맥아더에게 치명타를 날리려는 계획을 갖고 있었다. 먼저 항공부대가 서부 뉴기니에 집결했지만 결국 쯔쯔가무시병에 시달리는 신세가 되었다. 일본 제국 해군은 증원을 위한 시도로 세 차례의 일정을 잡았다. 첫 번째 시도는 미군 탐색기에 발견당했을 뿐만 아니라 인근에 미군 항공모함이 출현했다는 오보로 인해 회항했다. 6월 8일에서 9일 사이의 야간에 순양함과 구축함으로 구성된 연합군 기동부대가 두 번째 시도를 저지했다. 이후 일본군은 세계에서 가장 큰 두 전함으로, 18.1인치 주포를 장착해서 맥아더의 해군 부대를 크게 압도하는 야마토(大和)와 무사시(武藏)를 특별히 투입하여 증원부대를 집결시켰다. 하지만 이 세 번째 압도적인 시도가 시작되는 순간, 니미츠가 마리아나 제도에 상륙했다. 일본군은 서둘러 곤 작전을 포기(따라서 비아크를 포기)하고 이 강력한 부대를 중부태평양으로 돌려 연합군의 중부태평양 공세에 맞서게 했다.[12]

●
윌러비의 왜곡된 정보 평가

비아크가 신속하게 중(重)폭격기(heavy bomber) 기지를 제공하지 못하자, 맥아더는 그 대안으로 비아크에서 서쪽으로 60마일 떨어진 노엠푸르 섬(Noemfoor Island)에 상륙작전을 명령했다. 뉴기니 해안을 따라 전진을 서두르는 동시에 일본군의 증원 병력이 도착하기 전에 행동해야 한다는 속도에 대한 압박으로 인해 크루거는 정찰대가 방어가 잘 되어 있다고 경고한 비행장 근처를 상륙돌격해안으로 지정했다. 방어 병력이 놀라서 흩어질 정도로 집중적인 폭격과 함포사격이 이루어진 뒤, 사이클론 임무부대(Cyclone Task Force: 전력을 보강하여 총 1만 3,500명으로 구성된 158보병연대)가 7월 2일에 상륙했다. 윌러비는 노엠푸르 섬에 약 1,750명 정도의 방어 병력만이 주둔하고 있는 것으로 추산했다. 한 포로가 실제 주둔 병력이 4,500명이라고 진술하자, 와크데-사르미 작전과 비아크 작전 당시 적 병력을 과소평가한 것을 잘 알고 있던 미군 장교들은 즉시 증원 병력을 소집했다. 수송기들이 약 1,500명으로 구성된 503공수연대를 바위가 많은 노엠푸르 섬에 강하시키면서 128명의 부상자가 생겼는데, 그중 일본군의 사격으로 인한 부상자는 1명도 없었다. 공병은 신속하게 활주로를 준비했다. 8월 마지막 방어 병력이 사라졌을 때, 최종 집계에는 미군 사망자가 약 70명, 일본군 사망자가 2,000명이었다.[13]

맥아더의 오랜 뉴기니 전역은 7월 30일 포헬코프 반도(Vogelkop Peninsular)에 있는 산사포르(Sansapor) 상륙으로 종점에 도달했다. 맥아더는 다시 한 번 울트라를 통해 일본군의 배치를 비교적 분명하게 파악했다. 울트라에 따르면, 산사포르에서 동쪽으로 120마일 떨어진 마녹와리(Manokwari)에 일본군이 약 1만 5,000명이 있고, 서쪽으로 60마일 떨어진 소롱(Sorong)에 1만 2,500명이 있는 것으로 드러났다. 또한 맥아더는 울트라를 통해 일본군이 소롱에 미군이 상륙할 것으로 예상하고 있다는 사실을 알게 되었다. 이런 정보로 무장한 맥아더는 6보병사단 소속 7,300

명의 병력으로 구성된 타이푼 임무부대(Typhoon Task Force)를 파견해 산사포르에 있는 수십 명의 일본군을 제압했다. 미군 주둔지 주변을 둘러싼 높은 산맥이 보호막이 되어주고 항공기와 어뢰정이 눈에 불을 켜고 일본군의 모든 대응을 감시하는 가운데, 공병이 필리핀으로 가는 경로에 있는 할마헤라 섬(Halmahera Island)까지 다음 도약을 지원하는 비행장을 건설했다.[14]

1944년 8월 마셜에게 보낸 전문에서 맥아더는 뉴기니에서 남겨두고 우회한 일본 주둔군이 "현재 혹은 미래의 작전에 어떤 위협도 제기하지 않을 것"이라고 선언했다. 우회당한 일본군이 전략적으로 아무런 역할을 하지 못하기는 했지만, 지휘관이 굴복하지 않는 한 그들의 전술적 위협은 사라지지 않았다. 18군 사령관이자 폭음하는 시인이며 무사인 아다치 장군은 불굴(不屈)의 화신이었다. 미군의 홀란디아와 아이타페 상륙 이후, 아다치는 예하 6만 병력에게 아이타페를 향해 행군하라고 명령했다. 아다치는 마당에서 아이타페까지 280마일을 느리게 이동하는 데 100일이 걸렸는데, 이것은 맥아더가 뉴기니 해안을 따라 홀란디아에서 산사포르에 도달하기까지 1,100마일 고속전진을 완료하는 데 걸린 기간과 거의 비슷했다.[15]

아다치의 주요 송신기들이 전진하는 과정을 매일 추적하는 오스트레일리아군의 무선감청 보고가 아니더라도, 연합군의 정보를 통해 아다치가 결연히 행진하고 있음을 암시하는 수많은 징후들이 있었다. 아다치의 계획이 상부로부터 격찬을 받았지만, 18군 장병들은 공습과 끔찍한 지형, 더 인색해진 식량배급, 질병이라는 복병으로 인한 무시무시한 고통을 견디고 있었다. 한편 5월에 일본 제국 육군의 암호를 해독하는 또 한 차례 큰 성과를 거두면서(아이러니하게도 아이타페에서 회수한 문서가 암호 해독의 단서가 되었다), 아다치의 의도와 역량에 대한 많은 구체적인 사항들이 드러났다. 하지만 윌러비는 적의 작전에 자신의 시각을 반영하는 특유의 경향으로 왜곡된 정보 평가를 내렸다. 그는 '정확한' 일본군의 목표를 아이타페가 아닌 홀란디아로 유추했다. 따라서 그는 아다치가 아이타페를 공격했을 경우에 대한 추정에는 애매모호한 입장을 취했다.

하지만 일본군의 전문에 대한 연합군의 해석은 완벽하지 않았다. 아이타페 동쪽 드리니우모르 강(Driniumor River)을 따라 설치된 미군 엄호진지에 대한 공격이 연기되었다는 전문을 놓치는 바람에 6월 29일에는 잘못된 경보가 발령되었다. 게다가 이런 상황에서 최고위층으로부터 제기된 또 다른 문제가 끼어들었다. 6월 12일 합동참모본부는 맥아더에게 타이완을 점령하기 위해 필리핀을 우회하는 방안의 가능성을 문의했다. 그 계획의 장점으로 언급된 사항은 그렇게 하면 전쟁을 끝내기 위한 시간표가 단축된다는 것이었다. 맥아더는 필리핀을 우회한다는 생각에 격렬하게 반응했지만, 전진 속도를 유지하여 필리핀 해방의 타당성을 보여주고 자신의 약속을 지키기 위해서는 가능한 한 많은 병력을 그것도 빠른 시간 내에 확보할 필요가 있음을 인식했다. 드리니우모르 강을 따라 아이타페를 방어하고 있던 32보병사단이 그에게 필요한 제대 중 하나였다. 따라서 맥아더는 크루거에게 가능한 한 빨리 아다치를 분쇄하라고 압력을 가했다.

7월 4일과 7월 9일~10일에 두 번 더 잘못된 경보가 있었다. 윌러비는 다시 한 번 그 공격이 7월 10일 중으로 연기되었을 수도 있다는 자신의 의견을 제시했다. 에드워드 드레아의 묘사에 따르면, "그날 저녁, 1만 명의 일본군이 괴성을 지르며 얕은 드리니우모르 강 건너편에서 갑자기 뛰쳐나왔다." 이어지는 한 달 동안 미군은 무자비한 정글 속에서 아다치의 전사들을 격전 끝에 무찔렀다. 전투가 끝났을 때 미군 사상자는 전사자 440명을 포함해 총 3,000명이었다. 대략 1만 명 정도의 일본군이 드리니우모르 강

이나 행군 중에 사망했다. 아다치의 18군은 모든 전력을 소진했다.[16]

●

맥아더 클럽 : 맥아더를 대통령으로

지휘관으로서 대단히 존경스러운 성취를 거두었던 시기에 맥아더는 앞으로도 영원히 미군 고위 장교들에게 경고가 될 어두운 일화를 남겼다. 전쟁 초기에 맥아더에게 쏟아진 지나친 찬사 대부분은 아주 의심스러운 그의 코뮈니케를 통한 자기 선전에 근거를 두고 있었다. 이와 같은 맥아더의 아주 의심스런 코뮈니케는 줄어들기는 했지만 결코 없어지지 않았다. 그것의 영구적인 유산은 1945년 말 여론 조사원이 이 전쟁에서 가장 위대한 미국 장성이 누구인지 물었을 때 나타났다. 맥아더는 응답자 중 43퍼센트의 선택을 받아서 다른 모든 사람을 한참 앞섰다. 아이젠하워(31퍼센트)와 패튼(17퍼센트)이 맥아더의 뒤를 이었다.[17]

맥아더는 높은 국민적 명망과 널리 알려진 정치적 성향 때문에 공화당 지도자들의 관심의 대상이 되었다. 그들은 1942년 하원선거에서 공화당이 선전한 사례를 통해 적절한 후보만 있다면 루스벨트를 이길 수도 있다는 강한 암시를 받았던 것이다. 공화당 내에서 유력한 2명의 인물은 1940년 대통령 후보인 웬들 윌키(Wendell Willkie)와 전도유망한 뉴욕 주지사 토머스 듀이(Thomas Dewey)였다. 하지만 둘 중 누구도 공화당 내 다수를 차지하는 사람들만큼 보수적이지 않았다. 맥아더가 순리를 따랐더라면, 자신의 유일한 목표는 전쟁을 끝내는 것이고 어떤 방식으로든 정치에 참여하지 않을 것이라는 분명한 성명을 발표했을 것이다. 하지만 그는 순리를 따르지 않았다.

맥아더는 높은 국민적 명망과 널리 알려진 정치적 성향 때문에 공화당 지도자들의 관심의 대상이 되었다. 그들은 1942년 하원 선거에서 공화당이 선전한 사례를 통해 적절한 후보만 있다면 루스벨트를 이길 수도 있다는 강한 암시를 받았던 것이다. 맥아더가 순리를 따랐더라면, 자신의 유일한 목표는 전쟁을 끝내는 것이고 어떤 방식으로든 정치에 참여하지 않을 것이라는 분명한 성명을 발표했을 것이다. 하지만 그는 순리를 따르지 않았다.

　　1944년 대선 출마를 위한 맥아더의 대부(代父)는 미시간(Michigan) 주 상원의원 아서 H. 반덴버그(Arthur H. Vandenberg)였다. 반덴버그는 본인 스스로 "내각"이라고 부르는 느슨한 연합체를 이끌고 있었다. 거기에는 맥아더의 육군사관학교 동기이자 시어스 & 로벅(Sears & Roebuck)의 회장이며 미국 우선 운동(American First movement)의 지도자인 로버트 우드(Robert Wood) 장군이 포함되어 있었고, 그가 자금을 제공했다. 그 밖에 몇몇 고위 공화당 인사가 포함되어 있었지만, 내로라하는 많은 언론계 거물들이 포진해 있었다. 거기에는 프랭크 개닛(Frank Gannett: 개닛 미디어 그룹의 설립자)과 로이 하워드[Roy Howard: 스크립스-하워드(Scripps-Howard) 언론사], 조지프 M. 패터슨[Joseph M. Patterson: 《뉴욕 데일리 뉴스(New York Daily News)》], 시시 패터슨[Cissy Patterson: 《워싱턴 타임스-헤럴드(Washington Times-Herald)》], 로버트 매코믹 대령 [Robert McCormick: 《시카고 트리뷴(Chicago Tribune)》], 윌리엄 랜돌프 허스트[William Randolph Hearst: 《샌프란시스코 이그재미너(San Francisco Examiner)》를 비롯한 몇몇 신문사] 등이 포함되어 있었다. 타임-포춘

(Time-Fortune) 제국의 헨리 루스가 참가하지 않은 것이 이채롭게 보일 정도였다.

월러비는 1943년 6월에 반덴버그를 만나 '오랜 대화'를 나누었는데, 거기에는 명백한 정치적 의미가 담겨 있었다. 그때부터 맥아더 본인은 노골적으로 반덴버그나 그의 측근과의 직접적인 정치적 의사소통을 엄격하게 회피했지만, 서덜랜드나 월러비, 개인 보좌관인 로이드 A. 레브라스(Lloyd A. Lehrbras), 필립 라폴레트(Philip La Follette) 중령과 같은 주요 참모들이 모두 맥아더를 위해 반덴버그가 벌이는 초기 단계 운동의 인맥에 참가했다.

맥아더를 대통령으로 승격시키기 위해 자발적으로 생겨난 거대한 '맥아더 클럽(MacArthur Clubs)'의 인맥은 반덴버그의 '내각'을 완전히 벗어나 여기저기로 뻗어나갔다. 반덴버그에게는 골치 아프게도 극우에 속하는 매우 급진적인 온갖 부류의 사람들이 자신들의 후보에 체념한 채 맥아더가 그들의 전반적 관점을 단 한 번도 고려해본 적이 없음에도 불구하고 맥아더 후보 쪽으로 서서히 이동하고 있었다. 반덴버그는 이 상황을 현실적으로 평가하고 맥아더가 공개적으로 대통령 후보지명을 위한 선거운동을 할 수 없으며, 윌키와 듀이가 후보지명전에서 상당히 앞서가고 있기 때문에 전당대회가 교착상태에 빠져야만 맥아더에게 유리한 다크호스 지명의 길이 열릴 수 있다는 것을 알았다.

맥아더의 도전 가능성은 행정부의 눈을 피해갈 수 없었다. 1943년 4월, 육군장관 스팀슨은 복무 중인 장교가 현역에 편입되기 전에 수행하던 것이 아니라면 어떤 공직에도 취임할 수 없다는 오랜 규정을 다시 한 번 강조했다. 그것은 정확하게 맥아더의 모든 가능성을 무력화시키려는 목적을 가진 것으로 해석되었다. 이어 1944년 1월, 진보적인《아메리칸 머큐리

〈American Mercury)》지가 전쟁 발발 이래 처음으로 맥아더의 리더십을 아주 세밀하게 비평하는 기사를 게재했다. 기사는 어떤 보안 조항도 어기지 않으면서 사후 평가를 통해 맥아더의 실적을 합리적으로 평가했다. 특히 당시 너무나 많이 떠돌고 있던 현실적이지 않은 이야기들을 바로잡았다는 점에서 합리적이었다. 하지만 육군부 관료들은 그 기사가 실린 잡지를 세계 전역에 있는 육군 도서관에 비치해야 할 추천도서 목록에 포함시켰다. 노골적인 정치적 의미가 담긴 이 지시를 듣고 당황한 마셜과 스팀슨은 서둘러 그 조치를 취소할 수밖에 없었다.

나중에 많은 맥아더 골수 지지자들은 맥아더가 자신의 회고록을 통해 밝혔듯이 그가 대통령 후보로 출마하는 데 전혀 관심이 없었으며 그와 같은 모험을 하기 위한 어떤 행동도 취하지 않았다고 주장했다. 그러나 그것은 확실히 사실이 아니다. 맥아더는 경솔하게 몇 차례 자신의 야망과 목표에 대해 이야기한 적이 있는데, 아이켈버거에게는 특히 더 그랬다. 게다가 그가 부추기지 않았는데 참모들 중 그렇게 많은 사람들이 자진해서 후보 추대 운동에 참가했다는 사실은 전혀 믿기지 않는다. 맥아더의 실제 의도를 증명해줄 엄청나게 많은 정황 증거들이 존재한다. 과장된 코뮈니케들은 그의 자아를 기쁘게 했을 뿐만 아니라 그의 이미지를 강화하는 역할도 했다. 그는 민간 기구의 요청에 기꺼이 인사말을 전함으로써 정치적 자산을 축적하는 부분에서 다른 지휘관들을 크게 앞섰다. 그리고 그는 루스벨트 여사가 1943년 남태평양을 방문하는 동안 그녀와의 공개적인 만남을 회피했는데, 이는 공화당 후보 지명에서 중요한 유권자들인 광적인 루스벨트 혐오자들에게 좋은 인상을 주었다.

이 일의 당혹스런 결말은 왜 맥아더가 실제로 대통령직에 관심이 있다는 사실을 애써 부인해야만 했지를 설명해준다. 1944년 4월 4일, 위스 맥아더는 여러 가지 분야에 정통할 만큼 아주 예리한 지성을 갖고 있었다. 그가 분명 정치적 야망을 품었음에도 불구하고 현실 정치에서는 추락했다는 사실로 볼 때, 정치 분야에서는 그답지 않게 아주 무능력했음이 드러난다. 이렇게 양분된 그의 모습은 그가 자신의 성과를 높이 평가하고 운명론적 사고에 사로잡혀 고마움을 느끼는 대중이 대통령직을 접시에 담아 그에게 바칠 것이라고 확신한 데서 비롯되었다고 설명할 수 있을 것이다. 그는 멀리 떨어진 곳에 있을 뿐만 아니라 엄청난 시간을 투입할 수도 없는 상태에서는 제대로 선거전을 치를 수 없다는 사실을 전혀 이해하지 못했던 것이다.

콘신(Wisconsin) 주 예비선거가 결정적이었다. 24명의 대의원을 확보하기 위한 무대의 경쟁자는 토머스 듀이와 해럴드 스태슨[Harold Stassen: 인근 미네소타(Minnesota) 주의 인기 있는 전임 주지사로 현역 근무 중이라는 점에서 맥아더와 비슷했다], 맥아더, 웬들 윌키였다. 앞에 이름이 언급된 순서대로 예비경선의 순위가 결정된 가운데, 듀이가 15명의 대의원을 확보했고(듀이 쪽으로 기울어진 부동표 2표를 포함), 스태슨이 4명, 맥아더가 3명을 확보했으며, 윌키는 1명도 확보하지 못했다. 여기서 윌키는 경선을 끝냈다. 반덴버그는 위스콘신 예비선거에서 듀이를 저지하기는 불가능하다는 사실이 증명되었기 때문에 맥아더에게는 더 이상 가능성이 없음을 깨달았다. 하지만 슬픈 이야기는 계속해서 이어졌다. 맥아더는 정치적 불확실성에 맞서 일리노이(Illinois) 주 예비선거를 휩쓸었다. 그러자 네브래스카(Nebraska) 주 하원의원이 맥아더에게서 받은 두 통의 편지를 공개했는데, 거기에는 대통령에 출마해달라는 그 의원의 간청을 맥아더가 거부하지 않았을 뿐만 아니라 행정부의 정책에 대한 그의 격렬한 비난에 맥아더도 동의했다는 사실이 담겨 있었다. 그로 인해 맥아더는 성명서를 발표하여 "나는 그 직책에 대한 후보도 아닐 뿐만 아니라 그것을 추구하지도 않는다"고 말해야 했다. 하지만 사람들은 이것을 적극적으로 공작을 펼치고 있는 어떤 장성이 이번 시도에서 실패한 것뿐이지 자신의 정치적 야망을 완전히 부정한 것은 아니라고 정확하게 해석했다. 결국 4월 30일에 맥아더는 지명을 수락하지 않겠다고 선언했다. 이렇게 해서 이 일화는 여기서 사실상 끝이 나지만, 불행하게도 맥아더의 정치적 야심까지 치료된 것은 아니었다.[18]

맥아더는 여러 가지 분야에 정통할 만큼 아주 예리한 지성을 갖고 있었다. 그가 분명 정치적 야망을 품었음에도 불구하고 현실 정치에서는 추락했다는 사실로 볼 때, 정치 분야에서는 그답지 않게 아주 무능력했음이 드러난다. 이렇게 양분된 그의 모습은 그가 자신의 성과를 높이 평가하고 운명론적 사고에 사로잡혀 고마움을 느끼는 대중이 대통령직을 접시에 담아 그에게 바칠 것이라고 확신한 데서 비롯되었다고 설명할 수 있을 것이다. 따라서 그는 매일 벌어지는 추악한 정치 방식이라며 자신이 경시했던 것들을 숙달하거나 실천할 필요가 없었던 것이다. 그가 해외에 장기간 체류했다는 점도 일반적인 미국인들의 태도를 놀라울 정도로 오해하는 원인이 되었음이 틀림없다. 결국 그는 멀리 떨어진 곳에 있을 뿐만 아니라 엄청난 시간을 투입할 수도 없는 상태에서는 −그의 군사적 책임에서 시간을 따로 할애하기란 절대 불가능했다− 제대로 선거전을 치를 수 없다는 사실을 전혀 이해하지 못했다.

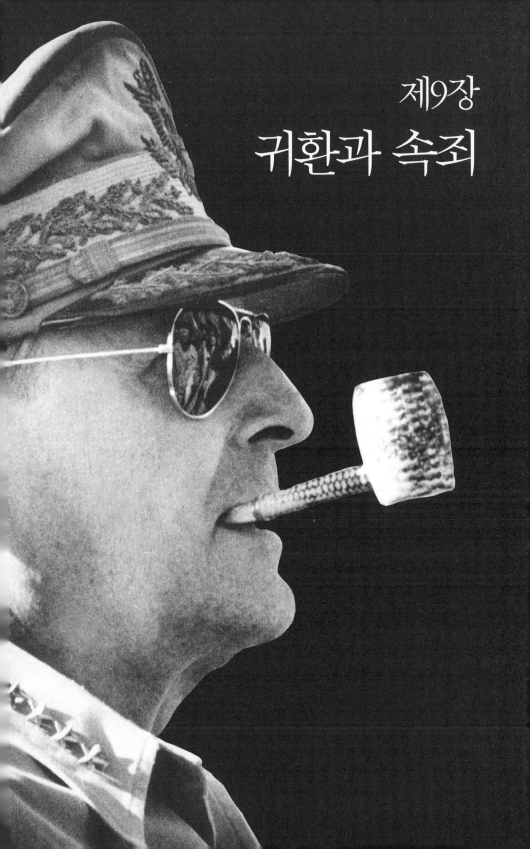

제9장
귀환과 속죄

1944년 7월 진주만 회담. 루스벨트 대통령(왼쪽)의 모습을 보고 맥아더는 충격을 받았다. 맥아더(가운데) 오른쪽에는 그의 경쟁자인 태평양지역 최고사령관 체스터 니미츠 제독이 앉아 있다.

●

"다음 목표는 레이테이다"

가슴 부분이 두터운 중순양함 볼티모어(USS Baltimore)는 자랑스럽게 대통령 개인기를 휘날리며 진주만 해군공창에 있는 한 부두로 부드럽게 진입했다. 장성 26명이 눈부시게 흰 빳빳한 제복을 입고 미군 최고사령관에게 경의를 표하기 위해 정렬했다. "우향우" 구령에 제식훈련을 받은 지 오래된 2명의 제독이 좌향좌를 하는 바람에 집합해 있던 수병과 해병들이 웃음을 터뜨렸다. 이어서 대통령에게 인사하기 위해 제독들과

1944년 9월, 하와이 회의에 참석한 (왼쪽부터) 남서태평양지역 최고사령관 맥아더 장군, 루스벨트 대통령, 리히 제독, 태평양지역 최고사령관 니미츠 제독. 유례가 없는 대통령직 4회 연임을 위해 민주당의 지명을 받은 뒤 곧바로 이루어진 프랭클린 루스벨트의 하와이 호놀룰루 방문은 정치적인 냄새가 노골적으로 풍겼다. 루스벨트 대통령은 태평양지역 지휘관들을 만나 전략에 대한 직접적인 견해를 듣는 것이 유일한 목적이라고 주장했다. 〈사진: Public Domain〉

장성들이 우르르 승함했다. 잠시 뒤 인상적인 자동차 1대가 멈추더니 나이에 비해 20년은 젊어 보이는 더글러스 맥아더 장군이 과도한 금몰로 장식해 트레이드마크가 된 모자를 쓰고 카키색 군복과 조종사용 재킷 차림으로 차에서 내려 모습을 드러냈다.

유례가 없는 대통령직 4회 연임을 위해 민주당의 지명을 받은 뒤 곧바로 이루어진 프랭클린 루스벨트의 하와이 호놀룰루(Honolulu) 방문은 정치적인 냄새가 노골적으로 풍겼다. 합동참모본부 요인 중에는 오로지 리히(William D. Leahy) 제독만 대통령과 동행했다. 대통령은 태평양지역 지휘관들을 만나 전략에 대한 직접적인 견해를 듣는 것이 유일한 목적이라고 주장했다. 몇 달 뒤, 루스벨트는 그날 있었던 중요한 이야기로 역사가 새뮤얼 모리슨을 즐겁게 해주었다.

"더글러스, 우리가 어디로 가야 할까?"

루스벨트가 물었다. 그러자 맥아더는 이렇게 대답했다.

"각하, 레이테(Leyte)입니다. 그 다음은 루손입니다."

저명한 역사가들을 포함해 많은 역사가들의 기술을 보면, 이 모임에서 미국이 태평양에서의 진로를 필리핀 해방으로 설정한 것으로 되어 있다.[1]

이것은 전설적인 인물들이 몇 마디 짧은 농담을 주고받으며 국가의 운명을 결정했다는 자극적이고 가공적인 역사를 만들어냈다. 그러나 안타깝게도 모리슨이 알아낸 것처럼, 그것은 사실이 아니다.

1944년 초, 합동참모본부가 마리아나 제도 점령을 승인한 뒤 그들은 이후 태평양 전략을 두고 격렬하게 싸웠다. 킹 제독은 미군이 필리핀을 우회하여 타이완을 점령하는 방안을 지지했다. 물론 맥아더는 필리핀 해방을 옹호했다. 이 싸움이 호놀룰루에서 판가름 났다는 이야기는 그 이후에도 합동참모본부가 두 달이나 더 논쟁을 벌이면서 작성한 문서들 속에 대통령의 명령에 대한 어떠한 암시도 담겨 있지 않기 때문에 허위인 것으로 드러났다. 이러한 팽팽한 대치 상태가 처음으로 해결될 기미가 보인 것은 불만에 찬 니미츠 제독이 9월 초에 이전에 인가된 작전들이 곧 시작될 예정이기 때문에 합동참모본부가 새로운 지침을 내려줘야 한다는 점을 지적하면서부터이다.

　이 시점부터 사태는 애벌레가 꿈틀거리는 속도에서 눈부신 빛의 속도로 가속화되었다. 교착상태에 빠져 있던 합동참모본부는 9월 9일자로 맥아더에게 11월 15일에 민다나오 상륙을, 12월 15일에 레이테 상륙을 실시하도록 인가했다. 그 이후에 미군은 1945년 2월 20일까지 마닐라를 점령하거나, 1945년 3월 1일까지 타이완과 중국 해안의 샤먼(厦門)을 점령하기로 했다. 이 지시는 100시간 조금 넘게 지속되었다. 윌리엄 H. 핼시 제독이 그의 남태평양 사령부 임무를 완수하자, 니미츠는 핼시 제독에게 태평양함대의 핵심 타격부대 지휘를 교대로 수행하는 방안을 제시했다. 이 태평양함대의 핵심 타격부대는 함대 구성원은 바뀌지 않은 채 레이먼드 스프루언스(Raymond Spruance) 제독이 지휘할 때는 5함대가 되었다가 핼시 제독이 지휘할 때는 3함대가 되었다. 핼시의 3함대 운용은 8월 말에 처음으로 시행되었다. 9월 12일까지 그의 항공모함 함재기들은 필리핀 접근로를 따라 일본군 비행장을 유린하면서 비사야 제도(Visayan Islands)에 이르렀지만, 어떤 의미 있는 저항도 받지 않았다. 9월 13일에 핼시는 사전 작전을 중단하고 거기에 할당된 병력으로 곧바로 레이테를 공격한다는 과감한 방안을 제시했다. 니미츠는 이에 동의했다.

핼시의 전보는 무선침묵 상태로 항해 중인 맥아더에게 전달되지 않았다. 그는 원래 산사포르 다음 목표를 할마헤라 섬(Halmahera Island)으로 결정했는데, 일본군도 뉴기니와 필리핀 최남단 섬인 민다나오 사이에 징검다리돌이 될 비행장으로서 할마헤라 섬이 적합하다고 생각했다. 무선정보를 통해 할마헤라 섬에 대규모 전력증강이 이루어지고 있다는 경보를 받은 맥아더는 현명하게 방어가 미약한 모로타이(Morotai)로 공격 방향을 전환했다. 맥아더가 모로타이로 이동하면서 외부와 연락이 끊긴 상태였기 때문에 핼시의 권고안은 그에게 전달되지 않았다. 자기 지휘관의 생각을 잘 알고 있던 서덜랜드는 맥아더를 대신해 핼시의 레이테 계획에 즉시 동의했다. 합동참모본부는 9월 15일 전문을 수신한 지 90분 만에 승인 답신을 전송했다. 같은 날 맥아더는 모로타이에 상륙했으며 섬은 금방 함락되었다. 10월 초까지 공병이 비행장을 준비했다.[2]

하지만 핼시의 계획은 근본적인 단점이 하나 있었다. 그것은 바로 그가 저항의 부재를 방어 병력의 부재와 동일시했다는 것이다. 하지만 일본군은 스스로 쇼고(捷号) 작전(마리아나 제도를 미군에게 잃은 일본군이 미군의 새로운 공격에 대비해 세운 영역별 방위계획으로, 쇼1호는 필리핀 방면을 방위하는 작전이고, 쇼2호는 일본 본토 규슈 남부와 남서부, 타이완 방면을 방위하는 작전이고, 쇼3호는 일본 본토 혼슈와 시코쿠, 오가사와라 제도를 방위하는 작전이고, 쇼4호는 일본 본토 홋카이도 방면을 방위하는 작전이다-옮긴이)이라고 부른 대규모 결전을 위해 전력을 보전하는 쪽을 선택했을 뿐이었다. 쇼고 작전은 네 가지 상황으로 구성되어 있었지만, 쇼1호가 필리핀 방면을 방위하는 작전이었다는 점을 고려하면 도쿄가 미국의 의도를 명쾌하게 파악하고 있었음을 알 수 있다. 필리핀의 상실은 남방자원지대로 가는 통로의 상실, 특히 원유의 상실을 의미했다. 원유가 없으면 함대는 무용지물이었다. 따라서 일본 제국 해군은 자신의 모든 주요 부대를 전투에 투입할 준비를 했다. 한편 일본 제국 육군은 필리핀에 서둘러 공중 및 지상 증원 병력을 파견했다.[3]

레이테 상륙이 있기 몇 달 전에 울트라가 빗발치듯 쏟아낸 해독문에는 필리핀을 방어하려는 일본군의 광적인 준비를 알려주는 내용이 담겨 있었다. 거기에는 지휘체계 개편도 포함되어 있었는데, '말레이의 호랑이(Tiger of Malaya)'이자 일본군의 걸출한 장군 중 하나인 야마시타 도모유키(山下奉文) 대장이 필리핀 제도 전반의 방어를 담당하기 위해 새로 편성된 14방면군 사령관에 임명되었다는 내용도 담겨 있었다. 울트라는 일본 제국 육군의 지상부대와 항공부대 대부분에 대한 정보를 알려주었다. 예를 들어, 레이테에는 무방비 상태하고 전혀 거리가 멀 정도로 약 2만 1,000명이나 되는 일본군이(1개 보병사단을 포함) 주둔하고 있었다. 일본군 항공부대 목록은 특히 인상적이어서 울트라는 일본군 병사들을 지원하기 위해 집결한 항공기의 숫자를 실제와 겨우 20대만 차이 나는 700대로 평가했다. 만약 미군 잠수함들이 울트라가 지시한 대로 일본군 증원부대 호송선단과의 치명적인 만남에서 대량살상을 하지 않았다면, 일본 방어군은 훨씬 더 수가 많았을 것이고 장비도 잘 갖추었을 것이다. 일본군 사단들은 중요한 부대들을 완전히 잃거나, 장비나 보급품이 없는 생존자만을 최대한 긁어모았다. 하지만 아이러니하게도 울트라는 태평양 전쟁 전반에 걸쳐 일본 제국 육군보다는 해군 부대의 위치와 의도를 더 정확하게 평가했는데, 유일하게 이번만큼은 예외였다.[4]

●
"나는 돌아왔다":
맥아더의 극적인 필리핀 귀환

10월 20일 크루거의 6군은 레이테 만 동부 해안에 10군단과 24군단을 나란히 상륙시켰다. 그날 오후, 더글러스 맥아더는 극적으로 필리핀에 귀환했다. 자신이 탄 상륙정이 해안 근처에서 좌초하자, 맥아더는 피할 수 없는 '숙명'을 절감하는 표정으로 무릎까지 차는 바닷물을 헤치며 단호하게 해안으로 향했다. 당시 한 사진작가가 곧 유명해질 맥아더의 모습을 한 장의 사진에 담았다. 따라서 맥아더가 상륙 장면 사진 촬영을 연출했다는 이후의 주장은 전혀 근거 소리이다. 상륙한 맥아더는 24보병사단의 거점을 순시했는데, 그곳에서는 일본군이 가장 완강하게 저항해서 그가 도착했을 때에도 소병기와 박격포가 공격부대를 상대하고 있었다. 그런 다음 그는 통신부대 마이크 쪽으로 걸어가서 자신의 귀환을 알리고 필리핀인들에게 봉기하여 그들을 해방시키는 일을 지원해달라고 요청하는 연설을 방송했다. 이 몇 시간은 맥아더의 삶에서도 찬란한 순간이었다.[5]

미국은 맥아더의 루손 점령을 지원하기 위한 비행장의 기반으로서 레이테를 확보하려고 했다. 모로타이에 있는 중폭격기를 제외하고 맥아더의 지상기지 항공기들은 레이테까지 도달할 수 없었다. 결국 공병이 필수적인 비행장 기반시설을 건설할 때까지 초기에는 해군 항공모함이 항공 지원을 제공했다. 하지만 예비 계획에서 공병은 토양과 기후로 인해 비행장 개발 계획이 ―따라서 전체 작전의 목적 자체가― 당연히 실패할 것이라고 경고했었다. 공교롭게도 끊임없이 퍼붓는 비와 질척한 토양 때문에 레

"나는 돌아왔다!"

1944년 10월 20일 오후, 더글러스 맥아더는 극적으로 필리핀에 귀환했다. 자신이 탄 상륙
정이 해안 근처에서 좌초하자, 맥아더는 피할 수 없는 '숙명'을 절감하는 표정으로 무릎까
지 차는 바닷물을 헤치며 단호하게 해안으로 향했다. 당시 한 사진작가가 곧 유명해질 맥
아더의 모습을 한 장의 사진에 담았다. 따라서 맥아더가 상륙 장면 사진 촬영을 연출했다
는 이후의 주장은 전혀 근거 없는 소리이다.

이테에 계획된 항공력을 배치하기는 불가능했다.

하지만 일본군은 훨씬 더 터무니없는 실수를 저질러 낭패의 위기에서 맥아더를 구했다. 야마시타는 영리하게도 병력의 밀도가 높고 지형이 유리하며 최대 항공지원이 가능하여 맥아더의 전진을 멈추게 할 가능성이 가장 높은 루손에 주 방위선을 설치하려는 의도를 갖고 있었다. 하지만 남방군 사령관인 육군원수 데라우치 히사이치(寺內壽一) 백작이 야마시타의 의도를 기각하고 레이테에서 결전할 것을 요구했다.[6]

데라우치의 생각은 일본 제국 해군의 계획과 일치했다. 일본 제국 해군에 남아 있는 거의 모든 주력 함정들이 레이테 만 해전(Battle of Leyte Gulf: 1944년 10월 23일~25일)에서 전투를 벌였다. 핼시의 3함대와 킨케이드의 7함대가 그들을 분쇄했다. 하지만 일본 일황의 해군은 미국 해군이 곤경에 처하고 맥아더가 오도 가도 못하게 되었을 정도로 위대한 승리를 거두었다고 결과를 발표했다. 과감해진 일본군은 일련의 증원부대 호송선단을 레이테를 향해 출항시켜 적어도 3만 8,000명을 수송했다. 울트라는 수백 대의 일본군 항공기가 사실상 일본 제국의 거의 모든 점령지와 본토에서 필리핀으로 몰려들고 있다고 열거했다.[7]

게다가 일본군은 항공력의 질적인 열세를 극복할 방법으로 가미카제(神風)를 생각해냈다. 레이테 만 해전 개시 직전부터 필리핀 전역이 거의 끝날 때까지 일본 제국 육군과 해군 조종사들은 비행기로 미군 함정에 충돌하여 소수 함정을 침몰시키고 다수 함정에 손상을 입혔다. 그중에는 핼시의 3

함대 항공모함 중 약 3분의 1이 포함되어 있었다. 맹렬한 자살공격으로 인해 맥아더에 대한 항공지원이 붕괴되어 미군 해안두보는 반복적인 공격에 노출되었다. 이 경험을 통해 얻은 중요한 결과 중 하나는 맥아더가 육상기지 항공기의 작전반경 밖에서 다시는 상륙작전을 실시하지 않겠다고 결심했다는 것이다. 이것은 일본군도 인정한 작전 원칙이었다.[8]

윌러비는 '정확한' 일본군 전략이 레이테에서 철수하여 루손에서 저항하는 것이라고 믿었다. 며칠에 걸쳐 일본군은 레이테의 서쪽 측면으로 몰려들었고, 윌러비는 일본군의 의도에 대한 자신의 잘못된 판단을 고집했다. 울트라는 일본군 정예부대인 1사단의 도착을 전혀 포착하지 못했는데, 나중에 크루거가 인정했듯이 다른 어떤 부대보다 그들로 인해 전역 기간이 늘어났다. 달력이 11월로 넘어가자, 더 이상 부인할 수 없을 정도로 증거가 분명해졌다. 미군의 잘못된 상황 판단으로 인해 강화된 일본군은 레이테를 필리핀의 결전장으로 만들 작정이었다. 크루거는 훗날 너무 신중했다고 많은 비난을 당했지만, 그로서는 항공엄호도 없고 날씨도 끔찍한 상황에서 자신 앞에 제시된 정보를 보고 당연히 신중해질 수밖에 없었다.[9]

맥아더는 제공권 상실을 직접 경험했다. 그는 본부를 레이테의 주도인 타클로반(Tacloban)에 있는 개인주택으로 옮겼는데, 그것은 어떤 보강도 이루어지지 않은 평범한 건물이었다. 일본군은 거의 시계처럼 정확하게 타클로반을 공습했는데, 공습은 주로 황혼 무렵에 이루어졌다. 폭탄이 맥아더의 본부 주변 사방에서 폭발했고(하나는 바로 옆 필리핀인 주택을 파괴했다), 총알이 벽에 구멍을 냈다. 상공에서 일본군 항공기가 윙윙거리며 급강하하는 소리, 폭탄이 날카로운 비명처럼 공기를 가르는 소리, 인근에서 들리는 폭발음이 맥아더가 참모들과 저녁을 먹는 자리에서 간간이 들렸다. 맥아더가 이런 상황에서 유일하게 굴복하는 경우는 소음이 정점에 달해 어쩔 수 없이 잠깐 대화를 중단해야 하는 경우였다. 그런 다음 일단 소음이 잦아들면 다시 대화를 이어갔다. 하루는 저녁에 그의 침실에서 폭발하지 않은 미군 대공포 포탄을 발견하기도 했다. 다음날 아침 그는 신관을 제거한 다음 그것을 대공부대 지휘관인 윌리엄 마콰트에게 넘기면서 이렇게 말했다.

"빌(Bill)(윌리엄의 애칭-옮긴이), 자네 사수들에게 아주 조금만 더 높이 조준해달라고 부탁 좀 해주게."[10]

레이테의 질척한 산악에서 완강한 일본군 전사들을 상대하는 극도로 힘든 전투가 좀처럼 끝날 줄 모르고 계속되었다. 11월과 12월에 걸쳐 울트라는 정기적으로 일본군 증원부대 호송선단에 대한 사전 정보를 제공했고, 미국 항공기들이 폭격으로 약 13만 톤의 화물과 1,000여 명의 병사들을 실은 화물선 24척을 그들의 호위함 13척과 함께 침몰시켰다. 결국 뒤늦게 전투를 끝낼 수 있게 해준 것은 12월 7일에 77보병사단이 오르목(Ormoc)에 멋지게 상륙하여 레이테의 뒷문을 막아버린 작전이었다. 하지만 이번에도 맥아더는 성급하게 레이테에서 사실상 전투가 끝났다고 선언했다. 12월 26일 아이켈버거의 8군이 레이테에 대한 책임을 인수했지만, 일본군을 상대로 1945년 5월까지 활발한 작전이 계속 이어졌다. 결국 미군 9개 사단이 레이테에서 싸웠다. 해안에서 발생한 사상자는 1만 5,584명에 달했는데, 그중 3,593명이 사망자였다. 일본군 방어부대는 4만 8,790명이 사망했는데, 이는 5개 사단 이상이 사라진 것이나 다름없었다. 이 방어부대는 필리핀에서 기형적으로 강력한 세력을 구성하고 있었다. 레이테는 맥아더가 예상했던 것보다 점령하는 데 시간이 많이 걸렸고 사상자도 많이 발생했을 뿐만 아니라 점령했어도 그가 의도한 것만큼 미군이 제공권의 혜택을 누리지 못했다. 하지만 이런 결함들은 일본군이 최소한 루손에서 맥아더를 아주 오랫동안 저지할 수 있었던 최고의 기회를 망치는 바람에 크게 상쇄되었다. 게다가 그들은 함대마저 잃었다.[11]

●
루손 섬 전투

니미츠가 뒤늦게 타이완은 비현실적이라고 킹을 설득한 이후 10월 3일에 합동참모본부는 마침내 레이테 다음 단계로 루손을 공격하기로 결정했다. 레이테에서 전투가 예상보다 오래 지속되자, 결국 루손 작전은 1월 9일로 연기해야만 했다. 게다가 레이테에 비행장을 건설할 장소가 없다는 점 때문에 중간 단계 작전이 필요했다. 12월 15일 맥아더는 2개 연대전투단을 레이테와 루손 중간 지점인 민도로 섬(Mindoro Island: 육군 역사가들은 "그다지 쾌적하지 않은 장소"라고 논평했다)에 상륙시켰다. 이들 병력이 신속하게 1,000여 명의 일본 주둔 병력을 몰아내자, 공병이 재빨리 그곳을 루손 공격을 지원하기 위한 비행장으로 바꿔놓았다(민도로 작전은 태평양에서 해상과 공중에서 발생한 미군 사상자 수가 해안에서 발생한 사상자 수를 크게 상회한 몇 안 되는 작전들 중 하나였다. 전체 사상자는 전사자 475명, 부상자 385명이었는데, 그중 해안에서 발생한 사상자는 전사자 20명과 부상자 71명에 불과했다). 일본군은 그것을 다음 차례가 루손이라는 신호로 정확하게 해석했다.[12]

　6군 정보참모 호턴 V. 화이트(Horton V. White) 대령과 윌러비는 거의 같은 자료를 사용했지만, 루손의 일본군 전력에 대해 아주 차이가 나는 결론에 도달했다. 윌러비는 방어 병력이 17만 2,000명에 불과한 것으로 추정한 반면, 화이트는 23만 4,000명으로 집계한 수치를 공식적으로 밝혔다. 실제 일본군 방어 병력 수는 28만 7,000명이었다. 크루거의 참모장 클라이드 에들먼(Clyde Eddleman) 준장이 맥아더에게 화이트의 수치를 보고하자, 맥아더는 그것을 "터무니없다"며 받아들이지 않았다. 맥아더는 겁을 주는 정보 자료 때문에 마닐라를 해방시키려는 그의 목표를 버리고 방향을 바꾸는 사태를 허용하지 않을 작정이었다. 하지만 그 일이 있은 직후 맥아더는 에들먼을 전용실로 데려가서 역사상 3명의 위대한 정보장교가 있는데, "내 정보장교는 그중에 포함되어 있지 않네"라고 말했다. 이 짧은 일화는 맥아더의 지휘 방식이 어떻게 일상적으로 부하들을 서로 경쟁하도록 부추기고 각자에게 그로부터 특별한 신뢰를 받고 있다는 인상을 심어주었는지를 잘 보여준다.[13]

루손은 맥아더의 수족이라 할 만한 핵심 부하들조차 그가 소중히 여기는 문제를 두고 그와 맞설 수 있음을 보여주었다. 레이테 전투가 장기화되면서 먼저 서덜랜드가 지상군의 부족에 대해, 그리고 이어서 케니가 항공전력의 부족에 대해 강력한 사전 주의를 촉구했다. 그 다음 킨케이드가 병력을 가득 실은 수송함이 필리핀 중심부를 통과하는 동안 가미카제의 위협을 받을 수 있다며 상륙을 연기할 것을 강력하게 주장했다. 부하들로부터 거의 만장일치에 가까운 설득력 있는 저항에 부딪히자, 맥아더는 상륙일자를 두 주 연기했다.[14]

1944년 12월 16일, 미 의회가 장성 7명에 대한 원수 진급을 승인하고 대통령이 거기에 서명했다. 법률은 다음과 같이 해군과 육군 사이에 교대로 서열을 부여했다[헨리 H. 아놀드(Henry H. Arnold)는 예외]. 윌리엄 리히(William Leahy: 대통령 참모장), 조지 C. 마셜, 어니스트 J. 킹, 더글러스 맥아더, 체스터 W. 니미츠, 드와이트 D. 아이젠하워, 헨리 H. 아놀드(육군항공대 사령관). 육군 장교들의 공식 직함은 육군원수(General of the

Army)였다. 나중에 윌리엄 F. 핼시(1945년)와 오마 N. 브래들리(1951년)가 원수로 진급하여 전부 9명의 장교들이 2차 세계대전 군 복무에 대한 예우로 미국 군대의 최고 계급에 올랐다.[15]

한편 야마시타는 이길 가망 없는 전투를 그런대로 능숙하게 수행했다. 루손 평원(Luzon Plain)에서 미국의 압도적인 기동력과 화력을 상대하는 것은 어리석은 짓임을 인식하고 있던 그는 대신 미군 병력을 산악지대 지구전에 끌어들여 가능한 한 오랫동안 고착시키려고 했다. 그는 마닐라를 동양의 스탈린그라드(Stalingrad)로 만들어야 하는지를 두고 주저했지만, 그의 부하 중 한 명인 이와부치 산지(岩淵三次) 해군소장은 그렇지 않았다. 이와부치는 자신의 수병들과 함께 마닐라를 끝까지 사수할 각오였다. 무선정보는 이와부치의 결심을 포착하지 못하고 야마시타가 본부를 마닐라에서 철수시켰다는 사실만을 밝혀냄으로써 맥아더로 하여금 일본군이 마닐라에서는 싸우지 않을 것이라고 확신하게 만들었다.

1945년 1월 9일, 크루거의 6군은 링가옌 만(Lingayen Gulf)에 상륙했다. 14군단 예하 2개 사단이 6군의 우익을 형성하고 1군단의 2개 사단이 좌익을 형성했다. 야마시타는 루손 평원 양

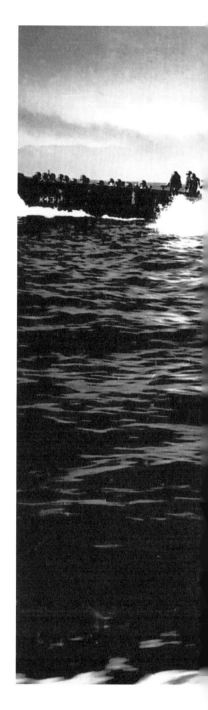

1945년 1월 9일, 일본군 해안진지에 맹렬한 함포 사격을 가한 후 루손 해안에 침투할 제1파 병력을 실은 상륙 바지선들이 링가옌 만의 파도를 헤치고 나아가고 있다. 〈사진: Public Domain〉

쪽으로 펼쳐진 울퉁불퉁한 지형에 자신의 병력을 배치했다. 그는 쇼부 집단(尚武集団)의 약 15만 병력과 함께 크루거의 좌익, 즉 동쪽에 머물렀다. 겐부 집단(建武集団)의 3만 명은 클라크 비행장과 바탄 반도 주변에서 크루거의 우익을 기다렸으며, 한편 신부 집단(振武集団)을 구성하는 8만 병력은 마닐라의 동쪽과 남쪽에 포진했다.[16]

●

눈물겨운 마닐라 해방

루손에 상륙한 그 순간부터 맥아더와 그의 야전지휘관들 사이에는 열띤 논쟁이 시작되었다. 맥아더는 마닐라를 가능한 한 신속하게, 가급적이면 자신의 생일인 1월 26일까지 해방시키려고 안달했다. 맥아더는 정치적 상징성과 명망의 문제를 떠나서 케니가 자신의 항공력을 전진시켜 루손 작전뿐만 아니라 다가오는 2월 19일의 이오지마(硫黄島) 침공까지 지원할 수 있도록 클라크 비행장 단지(이 무렵 실제로 15개 공군기지 위치)를 점령한다는 건전한 전략적 목표를 추구했다. 크루거는 병력 손실을 줄이면서 야마시타를 패배시키는 것을 목표로 했다. 무선정보는 이 차이를 해소해주기는커녕 더욱 극명하게 만들었다. 맥아더는 일본군의 전반적인 전력을 과소평가한 윌러비를 믿었기 때문에 일본군이 마닐라에서 싸우지 않을 것이라고 생각했다. 따라서 그것에 반대되는 정보에는 관심을 기울이려고 하지 않았다. 크루거는 자신의 정보참모 화이트의 말을 믿었기 때문에 윌러비가 보고한 것보다 일본군의 병력이 더 많으며 마닐라에서도 싸울 것이라는 사실을 알았다. 그는 야마시타의 주력이 자신의 좌익에 존재하는 상황에서 1월 말까지 추가로 2개 사

맥아더는 마닐라를 가능한 한 신속하게, 가급적이면 자신의 생일인 1월 26일까지 해방시키려고 안달했다. 맥아더는 일본군의 전반적인 전력을 과소평가한 윌러비를 믿었기 때문에 일본군이 마닐라에서 싸우지 않을 것이라고 생각했다. 따라서 그것에 반대되는 정보에는 관심을 기울이려고 하지 않았다.

단과 1개 연대가 더 합류하기 전에 마닐라로 진격하는 것은 어리석은 짓이라고 판단했다.

상륙 후 사흘째 되는 날 맥아더는 크루거에게 마닐라를 향해 전광석화같이 돌진하라고 재촉했다. 격렬한 대화가 오고갔지만 크루거는 꼼짝도 하지 않았다. 그 뒤 일본 외무대신이 보낸 외교 전문을 해독한 결과, 일본군이 미군의 늘어난 측면을 향해 반격을 가하려는 의도를 갖고 있다는 크루거의 우려가 맞는 것처럼 보였다. 그러나 맥아더는 꿈쩍도 안 했다. 그는 노골적으로 당근과 채찍 전략을 썼다. 그는 대장 진급 가능성으로 크루거에게 유혹의 손길을 보냈다. 그러나 크루거는 입장을 바꾸려 하지 않았다. 맥아더는 참모를 파견해 직설적으로 크루거가 해임당할 수도 있음을 암시했다. 크루거는 입장 변경을 거부했다.[17]

증원 병력을 받자, 크루거는 좀 더 공격적으로 마닐라를 향해 전진했다. 특히 화이트가 이제는 일본군이 그의 측면을 강타할 의도가 없다고 안심시켰다. 이어 맥아더는 11공수사단을 추가했는데, 그들은 1월 28일 마닐라 서쪽에 상륙했다. 그리고 경쟁자인 아이켈버거의 8군에 지휘를 받았다. 하지만 울트라가 묘사하는 일본군의 병력과 배치는 여전히 안개에 싸여 있었다. 윌러비가 적을 완전히 과소평가했다는 사실이 이미 모두에게 분명해졌지만, 6군은 연속적으로 잘못 식별된 일본군 부대들과 거기에 이어서 아예 식별에서 누락된 부대들이 등장하면서 당혹스런 상황에 직면했다. 2월 1일 일본 제국 육군은 새로운 암호서를 채택했기 때문에 울트라는 잠시 장님이 되었다. 다음날 크루거는 37보병사단과 1기병사단('기병'이라는 명칭은 일종의 경칭일 뿐이고 이들은 보병으로서 싸웠다) 간의 마닐라를 향한 경주를 시작했다.

크루거의 신중함에 완전히 분노한 맥아더는 크루거에게 모욕을 주려고 했다. 그는 자신의 본부를 크루거의 6군 본부보다 마닐라에 25마일이나 더 가까운 곳으로 옮긴 뒤 매일 지프를 타고 전진 부대 중에서도 가장 앞에 있는 부대를 방문하기 시작했다. 한 번은 그가 일본군과 미군 부대 사이에 있는 사선(射線)에 뛰어들기도 했다. 이틀 만에 1기병사단의 별동대가 마닐라에 도달하여 민간인 억류자와 포로들을 해방시켰다. 곧이어 맥아더가 도착하여 1942년 3월에 자신이 남겨두고 떠났던 사람들 중 기아로 앙상하게 뼈만 남은 한 무리의 사람들과 주체할 수 없을 정도로 눈물겨운 해후를 했다.[18]

이와부치 제독은 결국 2만 6,000명을 모아서 마닐라의 구시가지와 현대적 건물들을 요새화하는 작업에 착수했다. 전투가 시작되자, 운이 다한 일본군은 체계적으로 필리핀 남성들을 말살하고 대규모로 여성들을 학대·강간하기 시작했다. 다시 한 번 맥아더는 자신의 전쟁 수행의 한계를 보여주는 돈키호테적 성향을 드러냈다. 그는 마닐라를 한 구역씩 소탕하고 있는 보병을 지원하는 데 항공기 사용을 금지했던 것이다. 그의 현지 지휘관들은 이런 부족을 무턱대고 포병 화력을 충분히 투입하는 방법으로 보충했다. 10만 명으로 추정되는 필리핀인들이 마닐라 전투에서 사망했으며, 이와부치가 자살하는 2월 25일까지 전투가 계속되었다. 한 조사 결과에

1945년 9월 2일 필리핀 마닐라에서 그의 트레이드마크인 콘코브 파이프를 물고 있는 맥아더의 모습. 〈사진: Public Domain〉

따르면, 사망자의 40퍼센트가 미군 사격으로 발생했다. 그런데도 필리핀인들은 자신들의 분노를 그런 일을 저지른 미군이 아니라(더 큰 살육을 저지했기 때문에) 마닐라를 바르샤바(Warsaw)에 이어 전쟁 중 가장 심하게 파괴된 연합군 수도로 만들어버린 일본인들에게 발산했다.[19]

●

부역 혐의자 처리 과정에서
안 좋은 선례를 남기다

마닐라 함락과 때를 맞추어 혹독한 문제가 수면 위로 떠올랐다. 부역자(국가에 반역이 되는 일에 동조하거나 가담한 사람-옮긴이) 문제가 바로 그것이었다. 전쟁 전 엘리트들 다수가 부역자라는 사실에는 논란의 여지가 없었다. 행위 자체만을 기준으로 삼을 경우, 거의 모든 엘리트들이 적법한 공직 추방 대상이 되었다. 하지만 필리핀에서 교육받은 지도층을 구성하는 인력은 거의 전적으로 그들이었다. 그들을 전부 제거할 경우, 필리핀인들의 복지에 영향을 줄 정도로 엄청난 문제들이 실제로 발생할 우려가 있었다. 그들의 행위를 넘어 동기까지 조사하는 사람들은 훨씬 더 복잡한 문제에 부딪혔다. 부역 혐의자들이 자신이 실제로는 필리핀 국민들의 이익을 위해 활동했다고 주장할 수도 있었다. 일단 개별적인 사례들에 대한 조사가 시작되자, 유죄인지 아닌지의 여부를 가려내기 어려운 경우가 많았다.

전쟁 중 맥아더는 포고령을 발표하여 모든 부역 혐의자들을 구금한 뒤 전후에 처리할 것을 요구했다. 이로 인해 어려운 문제가 세르히오 오스메냐(Sergio Osmeña) 대통령(케손은 맥아더가 필리핀에 돌아오기 전에 사망했다)의 손으로 넘어갔다. 오스메냐는 심지어 자신의 아들들조차 부역자가 될 수도 있다는 생각에 마음이 흔들려 망명 중에 이렇다 할 정책 하나 내놓지 못했다. 그러더니 고통스러운 윤리적이고 실제적인 부역자 문제들이 한 특별한 사례인 마누엘 로하스[Manuel Roxas: 필리핀의 정치가, 독립국가 필리핀 공화국의 초대 대통령(재임 1946년~1948년)]로 쏠렸다. 재능 있는 필리핀 정치가로 적어도 1920년대부터 맥아더와 알고 지내던 로하스는 전쟁이 시작되었을 때 중령 계급장을 달고 맥아더의 참모로 복무하기도 했다. 그는 케손을 설득해 망명을 떠나게 하고 자신은 뒤에 남았다. 게다가 그는 케손이 맥아더에게 돈을 지불했다는 사실도 알고 있었다. 일본군에게 포로가 되었다가 간신히 처형을 면한 뒤 부역자 정권에서 근무했다. 케손과 맥아더는 둘 다 오스메냐보다는 로하스에 호의적이었다. 로하스가 미국의 노선을 따르자, 맥아더는 즉시 로하스를 행위가 아니라 동기로 판단함으로써 부역 혐의자들을 행위가 아니라 동기로 판단하는 선례를 남기는 행동을 했다. 일단 그런 선례가 생기자, 그것을 거스르는 것은 전혀 불가능한 것은 아니었지만 대단히 어려운 일이 되어버렸다. 결국 로하스는 필리핀 대통령이 되었다. 이런 맥아더의 행동에 의문을 품는 데는 정당한 이유가 있다. 그것은 분명히 그의 감독 권한을 벗어난 민간 문제에 개입한 행위였다. 그리고 필리핀에 관련된 다른 많은 문제들의 경우처럼, 그는 필리핀의 이익보다 미국의 이익을 증진시키기 위해서가 아니라 자신이 개인적으로 선호하는 필리핀 엘리트에게 힘을 실어주기 위해서 그런 행동을 했던 것이다.[20]

마닐라 점령은 결코 루손 전역의 종말을 의미하지 않았다. 14군단(2개 사단과 1개 연대)은 루손 남부를 소탕했다. 맥아더는 마닐라에 물을 공급할 핵심적인 상수도 시설을 탈환하기 위해 3만 명 규모의 겐부 집단을 상대로 고작 또 다른 2개 사단의 일부 병력만을 파견했다. 그런데 무능한 맥아더 본부가 처음에 그들을 엉뚱한 댐으로 파견했다. 격렬한 전투를 벌이던 중 1기병사단장이 부상당하고 6보병사단장인 에드윈 D. 패트릭(Edwin D. Patrick) 소장이 전사했다. 그러자 홀(Hall)의 11군단이 작전을 인수했지만, 처음 공격했던 사단들이 각각 교체된 뒤에야 비로소 승리할 수 있었다. 6월 말에 마닐라의 식수원이 확보되면서 누더기 차림의 겐부 집단 생존자들은 이후 식량을 구하는 데만 몰두하는 신세가 되었다.[21]

루손 전역 기간 중 발생한 아주 멋진 일화 하나는 특별히 언급할 만한 가치가 있다. 맥아더와 그의 오랜 '바탄 갱' 중 다수에게 코레히도르 섬은 정서적 가치가 상당히 높은 곳이었다. 육군 역사학자의 논평처럼, 그들은 '열렬하게' 그곳을 탈환하고 싶어 했고, "극적인 방법−예를 들어, 낙하산 강하 같은 수단−으로 탈환할 수 있다면, 더더욱 좋았다." 2월 16일, 503낙하산보병연대가 코레히도르 섬의 협소한 정상 지역에 강하하는 데 성공했다. 수송기들이 강하지대 상공에 머문 시간은 6초에 불과했다. 이어 2개 보병대가 상륙돌격을 감행했다. 윌러비는 '더 락(The Rock: 코레히도르 섬의 별명−옮긴이)'에 배치된 일본군을 고작 850명으로 추산했다. 공격 다음날, 암호 해독을 통해 코레히도르 섬에 주둔한 일본군이 적어도 3,000명임이 드러났다. 미군 공격부대 병력 수와 거의 정확하게 일치했다. 낙하산보병들은 낮은 곳에서 높은 곳을 공격하기보다는 고지대에서 아래를 보며 싸우는 엄청난 전술적 이점을 활용했다. 전투는 격렬했고 마지막까지 남은 일본군이 폭발물로 집단자살을 하면서 절정에 도달했다. 실제 방어 병력은 4,500명으로 집계되었으며(약 1,000명의 노무자를 포함해), 그중 20명만 살아서 포로가 되었다. 미군 사상자는 1,005명이었고, 그중 210명이 전사했다. 3월 2일, 맥아더는 그곳을 떠난 지 3년에서 9일이 모자란 시간이 흐른 뒤, 떠날 때와 똑같이 어뢰정을 타고 코레히도르 섬에 돌아와 감격적인 국기 게양식을 거행했다.

제10장
일본의 항복

필리핀 전역에 대한 맥아더의 논리

지휘관으로서 맥아더가 높은 위상을 차지할 수 있었던 것은 그가 과감한 우회 전략 수행과 결부된 현대 항공전과 상륙전에 능통했다는 점이 크게 작용했다. 이것들은 그가 독창적으로 고안해낸 것은 아니었다. 그는 조지 케니나 다니엘 바비, 윌리엄 F. 헬시 주니어와 같은 개인교사 아래서 고된 견습 기간을 거치고 혹독한 경험을 한 뒤 그것들을 채택했다. 그 덕분에 그는 1944년 2월부터 대략 1945년 3월까지 비교적 적은 대가를 치르고 놀라운 거리를 전진했다. 따라서 1945년 봄과 여름에 맥아더가 우회 전략을 대부분 포기한 것은 그의 경력에서 가장 이해할 수 없는 것 중 하나이다.

그 징조가 처음 나타난 것은 루손에서였다. 일단 크루거가 클라크 비행장 단지와 마닐라, 일본 침공을 위해 필요한 지역들을 확보하자, 더 이상의 공세작전은 전략적 이득이 거의 없었다. 하지만 다시 한 번 일본군의 전력을 과소평가하는 바람에 크루거는 야마시타의 쇼부 집단을 상대로 정글 속 산악을 가로질러 고통스러울 정도로 힘든 전진만이 가능했다(부나에서 시작하여 32보병사단은 그곳에서 마지막 전역을 치렀다. 아이러니하게도 맥아더는 아이켈버거에게 32보병사단은 "조금도 쓸모가 없었다"고 말했지만, 전후 심문에서 야마시타는 그가 상대한 미군 부대들 중 어느 부대를 최고로 꼽겠냐는 질문에 32보병사단이라고 답했다). 야마시타를 상대하는 전투에는 결국 미군 4개 사단과 러셀 W. 볼크먼(Russell W. Volckmann) 대령이 지휘하는 1만 8,000명 게릴라 부대(맥아더는 그들이 정규군 1개 사단에 해당한다고 밝혔다)가 투입되었다. 8월 중순에 일본이 항복할 때, 쇼부 집단에는 원래 지휘관으로서 맥아더가 높은 위상을 차지할 수 있었던 것은 그가 과감한 우회 전략 수행과 결부된 현대 항공전과 상륙전에 능통했다는 점이 크게 작용했다. 이것들은 그가 독창적으로 고안해낸 것은 아니었다. 그는 조지 케니나 다니엘 바비, 윌리엄 F. 핼시 주니어와 같은 개인교사 아래서 고된 견습 기간을 거치고 혹독한 경험을 한 뒤 그것들을 채택했다. 그 덕분에 그는 1944년 2월부터 대략 1945년 3월까지 비교적 적은 대가를 치르고 놀라운 거리를 전진했다.

15만 병력 중에서 아직도 약 6만 5,000명이 남아 있었다. 이 정도 병력만으로도 야마시타는 미군 3개 보병사단과 1개 독립연대, 다수의 전차대대를 옭아매고 있었다.[1]

하지만 그보다 더욱 두드러진 사례는 루손 이후 작전들이었다. 합동참모본부는 오직 레이테와 민도로, 루손 작전만을 승인했지만, 1944년 초에 이미 맥아더는 필리핀 전역의 해방을 구상하고 있었다. 심지어 자신의 부대가 마닐라에 도달하기도 전에 맥아더는 중부와 남부 필리핀의 나머지 지역들을 점령하라는 명령을 내렸다. 그와 같은 행동에 대한 분명한 승인을 워싱턴으로부터 받지도 않았는데 말이다. 합동참모본부가 공식적으로 승인도 하기 전에 이 작전들 중 8개가 이미 목록에 올라 있었지만, 합동참모본부는 맥아더에게 명시적인 어떤 질책도 가하지 않았다. 이 일화는 복종을 강요하는 것이 의무인 맥아더의 상관들이 책임을 포기하는 일련의 사건들로 이루어진 책장에서 북엔드의 나머지 한 짝-1942년 맥아더를 복종시키는 데 실패한 사례와 함께-이 되었다.[2]

필리핀 전역에 대한 맥아더의 논리는 다면적이어서 적어도 약간은 전략적 중요성을 내포하고 있었다. 첫째이자 가장 설득력이 있는 논리에 따르면, 필리핀 전역을 점령해야 하는 가장 큰 목적은 남방자원지대와 일본 사이의 교통을 단절하는 것이었다. 일본의 해상 교통로를 완전히 차단하려면 클라크 비행장과 민도로 주위에 있는 비행장보다 더 서쪽에 있는 비행장이 필요했다. 또한 서쪽에 위치한 비행장은 지상기지 항공기들이 동인도 제도에서 예정된 다른 작전을 지원할 수 있게 해준다. 따라서 팔라완(Palawan)과 삼보앙가(Zamboanga)에 대한 작전은 타당한 전략적 목적을 갖고 있었다. 일본 침공을 위해 최대 30개 사단이 대기해야 하는 기지가 필요하다는 사실은, 이를 테면 세부 시(Cebu City: 세부 섬에서 두 번째로 큰 도시로 좋은 항구를 갖고 있다)와 그 주변 지역을 점령하는 해야 하는 이유로서 가치가 있었다.

하지만 일단 이런 이유에서 벗어나 보면, 맥아더의 논리에는 논란의 여지가 있었다. 그가 그와 같은 작전들을 지지한 데는 밀접하게 얽힌 중대한 인도주의적·개인적인 이유들이 존재한다. 여러 섬에 억류되어 있는 것으로 보이는 미군 포로들이 일본인에게 학살될 가능성이 있었다(팔라완에서 그런 끔찍한 일이 벌어졌는데, 당시 일본군은 150명 이상의 포로들을 방공호 속에 몰아넣고 불을 지르는 바람에 9명을 제외한 전원이 사망했다). 맥아더는 그들의 운명에 대한 지휘계통상의 책임뿐만이 아니라 개인적인 책임도 느꼈다. 더욱이 여러 사례로 입증되었듯이 일부 일본군이 필리핀인들에게 끔찍한 보복을 가하고 있다는 점도 가능한 모든 방법을 동원해 필리핀인들을 해방시켜야 하는 이유 중 하나였다. 마닐라에서 벌어진 학살은 이런 이유를 절감하게 만들었다. 이런 이유들 외에도 필리핀에 살고 있는 유권자들은 분명히 맥아더가 지지하는 필리핀 정치가들을 지지할 가능성이 그가 그와 같은 작전들을 지지한 데는 밀접하게 얽힌 중대한 인도주의적·개인적인 이유들이 존재한다. 여러 섬에 억류되어 있는 것으로 보이는 미군 포로들이 일본인에게 학살될 가능성이 있었다. 맥아더는 그들의 운명에 대한 지휘계통상의 책임뿐만이 아니라 개인적인 책임도 느꼈다. 더욱이 여러 사례로 입증되었듯이 일부 일본군이 필리핀인들에게 끔찍한 보복을 가하고 있다는 점도 가능한 모든 방법을 동원해 필리핀인들을 해방시켜야 하는 이유 중 하나였다. 마닐라에서 벌어진 학살은 이런 이유를 절감하게 만들었다.

높았다. 레이테와 민도로, 루손의 해방이 1941년~1942년의 대실패로 실추된 미국의 위신을 상당 부분 회복시켜주는 데 일조하기는 했지만, 나머지 섬을 일본군이 보유하게 허용한다면 그것은 미국의 (그리고 맥아더의) 명예에 오점을 남기는 일이 될 터였다.[3]

이미 2월 6일에 맥아더는 팔라완과 그곳의 매우 유용한 비행장을 점령하라고 지시했다. 1주일 뒤에는 삼보앙가 반도와 술루 제도(Sulu Archipelago)를 추가했다. 그리고 6월 말에 맥아더는 일본 침공 준비에 집중하도록 6군과 1군단에게 전투 작전 임무를 해제했다. 이와 동시에 8군이 필리핀 전역에서 일본군을 제거하는 임무를 인수했다. 8군은 5개 보병사단과 독립된 503낙하산보병연대를 거느렸다. 7함대와 상륙정을 보유한 2개 육군 공병특수여단이 해상 이동 수단을 제공했고, 13공군이 항공 지원을 수행했다. 아주 강력한 게릴라 부대들[특히 파나이(Panay)와 민다나오에 있는 게릴라 부대들]이 아이켈버거의 부담을 덜어주었다. 하지만 그에 따른 대가도 컸다. 맥아더가 3개 사단의 배속을 6군에서 8군으로 전환했기 때문에 크루거는 최소한의 시간 내에 최소한의 희생으로 자신의 모든 임무를 필사적으로 완수해야만 했다.

8군은 작게는 1개 중대부터 많게는 2개 사단이 배속된 군단 규모의 부대가 참가하는 52회에 걸친 일련의 상륙작전을 통해 남부 필리핀을 소탕했다. 이 작전들의 주요 목표는 팔라완(2월 28일)과 삼보앙가(3월 10일), 술루 제도(3월 16일), 파나이(3월 18일), 세부(3월 27일), 네그로스(4월 2일), 보홀(4월 11일), 동부 민다나오(4월 22일), 서부 민다나오(4월 30일) 등이었다. 전체적으로 아이켈버거의 작전은 미군 상륙전의 완벽함과 정교한 전술을 강조했다. 하지만 몇몇 경우에는 여건이 되지 않는데도 지나치게 열정적으로 일본군을 쫓는 바람에 불필요한 사상자가 발생하기도 했다.[4]

2차 필리핀 전역에서는 약 45만 명의 일본군이 해안에서 싸웠다. 그들의 전투 부대는 9개 사단과 6개 사단에 해당하는 추가 전력으로 구성되었다. 8월 15일에 일본이 항복했을 때, 여전히 11만 5,000명의 일본인(민간인 포함)이 살아남았다. 그로 인해 (필리핀 남부와 루손에 배치된 16개 사단 중) 거의 5개 사단에 이르는 미군과 약 11만 8,000명의 필리핀 게릴라들이 그들을 처리해야 했다. 레이테에서의 손실을 제외하고 맥아더 사령부의 전투 사상자는 거의 4만 7,000명에 달했으며, 그중 약 1만 380명이 전사자였다. 비전투사상자는 9만 3,400명이 넘는 것으로 집계되었으며, 그중 사망자는 260명이었다. 루손에서만 적어도 1,100명의 필리핀 게릴라가 사망했다.[5]

보르네오 전역과 불필요한 작전들

1944년 가을 무렵 오스트레일리아군은 뉴기니와 뉴브리튼, 북부 솔로 몬 제도에서 일본군을 견제하고 있던 미군 6개 사단이 다른 작전에 동원될 수 있도록 그들과 교대했다. 하지만 1945년 3월부터 오스트레일리아군은 일본군이 "열매를 맺지 못하고 말라죽는" 동안 그저 견제만 하던 전략에서 고립된 일본군을 적극적으로 궤멸시키는 전략으로 전환했다. 이 작전을 정당화하기 위해 블레이미가 제시한 이유에는 이 고립된 일본군이 여전히 위협이 된다는 잘못된 생각과 수동적 자세는 오스트레일리아 부대의 사기에 악영향을 미친다는 타당한 논거가 포함되어 있었다. 하지만 이와 동시에 블레이미는 맥아더가 정치적인 이유로 필리핀 제도 전체를 해방시키려는 전략을 선호해 우회 전략을 스스로 포기했다는 것을 알아차렸다. 블레이미는 오스트레일리아 전 영토에서 일본군을 소탕한다면 비슷한 방식으로 자국의 이해관계에 도움이 될 것이라고 믿었다.

이제 최고의 기량을 갖게 된 오스트레일리아 '디거(digger: 오스트레일리아 표현으로 남자-옮긴이)'들은 부건빌에서 17군을, 뉴기니에서 18군을 파고들어 포위한 뒤 사실상 이 2개 군을 궤멸시켰다. 신중을 기하느라 규모를 줄인 공세를 통해 그들은 일본군을 뉴브리튼 제도 서부에서 몰아냈지만, 라바울에 있는 9만 명의 일본군에게는 도전하지 않았다. 이들 작전에서 991명의 오스트레일리아군이 전투 중 사망했다. 일본군은 약 1만 8,500명이 전투 중 사망했고, 추가로 2만 3,000명이 기아와 질병으로 죽음을 맞았다.[6]

1945년 2월, 맥아더는 오스트레일리아 1군단(6사단, 7사단, 9사단의 경험 많은 병사들)을 활용해 보르네오(Borneo) 북부를 점령하려는 계획을 세우기 시작했다. 맥아더는 이를 통해 연합군 상륙이 이루어지고 90일 이내에 작전에 필요한 석유를 공급받게 될 것으로 판단했다. 워싱턴에 있는 육·해군 석유위원회(Army-Navy Petroleum Board)는 이 제안이 터무니없다고 분명히 말했다. 육·해군 석유위원회는 석유 공급이 시작될 때까지 1년이 걸릴 것으로 추산했다. 3월에 맥아더는 커틴 수상에게 훨씬 더 야심적인 자바(Java) 탈환 작전을 공개했다. 맥아더는 그것에 대해 이렇게 썼다.

"이 작전을 기획하는 본관의 의도는 오스트레일리아와 미국의 영토 내에서 그렇게 해온 것처럼 네덜란드령 동인도 제도에 대한 권한을 그들 정부 당국에 되돌려주려는 것입니다……"

합동참모본부는 분명한 결점에도 불구하고 맥아더의 네덜란드령 동인도 제도 계획에 동의했다. 5월 1일, 오스트레일리아 1군단(6사단 제외)은 시기적절하게 9사단 예하 1개 여단을 보르네오 북부 타라칸(Tarakan)에 상륙시켰다. 6월 10일 9사단의 2개 여단은 보르네오 북서부 브루나이 만(Brunei Bay)을 공격했다. 일본군이 다음 목표인 발릭파판(Balikpapan)에서 철저하게 방어 준비를 했기 때문에 맥아더는 16일간의 파멸적인 사전 폭격을 명령했다. 7월 1일에 7사단이 상륙했지만, 사상자는 적었다. 이 불필요한 보르네오 작전들을 수행하면서 오스트레일리아군은 적어도 569명의 전사자가 발생했다. 일본군 사망자는 약 4,800명으로 집계되었다.[7]

방어가 아주 잘 되어 있는 엄청나게 큰 섬인 자바에 오스트레일리아 1군단을 상륙시키려는 맥아더의 놀라운 의도는 전쟁이 끝날 때까지 지속되었다. 이 작전이 실시되었다면 아마 태평양 전쟁에서 가장 큰 학살극이 되었을 것이다. 노련한 오스트리아 역사가 데이비드 호너(David Horner)

는 1945년 오스트레일리아 정부의 사고방식에 근본적인 변화가 있었고 거기에 합동참모본부의 완강한 반대가 더해져 맥아더의 자바 침공은 실현되지 못했을 것이라고 설득력 있는 결론을 내렸다.[8]

하지만 이 모든 것을 맥아더의 탓으로 돌려서는 안 된다. 되돌아보면, 미국 정부와 오스트레일리아 정부, 합동참모본부, 오스트레일리아군 고위 지도부 모두가 일본을 패배시키는 데 어떠한 핵심적인 기여도 하지 못하는 이런 일련의 작전들을 묵인했다는 사실 그 자체가 그저 놀라울 뿐이다. 더욱이 네덜란드령 동인도 제도를 모두 점령하여 네덜란드 식민당국에 돌려준다는 제안은 그것이 가진 엄청난 외교적 의미를 고려할 때 당연히 이루어졌어야 할 결정적인 철저한 검토와 같은 어떠한 조치도 이끌어내지 못했다.

●
일본 침공의 첫 번째 단계인 올림픽 작전을 둘러싼 의견 충돌

1945년 4월, 합동참모본부는 태평양전구의 새로운 지휘체계를 명령했다. 다시 한 번 1942년과 같은 이유로 육군과 해군은 단일 최고사령관에 합의하지 못했다. 각각 독립된 전구별로 통합사령관을 임명하는 대신, 새로운 체계는 군종별로 통합사령관을 임명했다. 따라서 맥아더는 모든 지상군과 근무지원부대, 항공부대(B-29 전략폭격기를 보유한 20항공군 제외)의 최고사령관이 되었다. 모든 해군 부대의 최고사령관은 니미츠였다.[9]

각 군은 일본과 전쟁을 끝내는 방식에 대한 나름대로의 관점으로 인해 분열되어 있었다. 근본적으로는 군사적 문제가 아니라 정치적 문제로 인해 분열이 조장되었다. 어떤 요인이 무조건 항복이라는 국가적 목표를 달성하려는 미국인들의 전쟁 의지를 약화시킬 것인가? 마셜이 주도하는 육군은 시간이 관건이라고 믿었다. 따라서 육군은 미국인들이 인내할 수 있는 기간 내에 전쟁을 끝낼 수 있는 유일한 방법은 일본 본토 침공뿐이라고 주장했다. 맥아더는 역사상 가장 위대한 상륙작전을 지휘하게 되었으니 그 관점에 철석같이 동조했다. 킹이 주도하는 해군은 중요한 요인이 사상자라고 주장했다. 수십 년에 걸친 연구를 통해 해군은 일본 본토를 침공할 경우 수긍할 수 없을 정도로 엄청난 사상자가 발생할 것이 분명하다고 확신했다. 따라서 해군은 폭격과 봉쇄라는 대체 전략을 옹호했다. 이 전략은 궁극적으로 폭격을 통해 수만 내지 수십만 명을, 그리고 굶겨서 수백만 명을 죽이거나 죽음의 위협에 놓이게 함으로써 일본에 항복을 강요하는 것이 목표였다(종전 후 해군과 공군의 일부 장교들은 원자폭탄이 없었어도 자신들이 전쟁을 끝냈을 것이라고 주장했다. 어쩌면 그들이 맞았을 수도 있지만, 그들이 옹호한 폭격과 봉쇄전략은 원자폭탄이 살상한 것보다도 훨씬 더 많은 일본인 비전투원을 살상했다).

이런 의견 충돌은 결국 불안정한 타협을 초래했다. 1945년 5월, 합동참모본부는 2단계 일본 침공의 첫 번째 단계인 올림픽 작전(Operation Olympic)을 명령했다[일본 본토 침공 작전인 다운폴 작전(Operation Downfall)은 첫 번째 단계인 올림픽 작전과 두 번째 단계인 코로네트 작전으로 나뉘었다-옮긴이]. 목표 일자[X-데이(X-Day)로 표기]는 1945년 11월 1일이었다. 이 작전을 통해 미군은 일본 본토의 남쪽 끝인 규슈(九州)의 항공 및 해군 기지를 점령하여 도쿄 지역에 대한 상륙작전인 코로네트 작전(Operation Coronet)을 지원하려고 했다. 하지만 킹 제독은 합동참모본부 요인들에게 각서를 보내 올림픽 작전 실행에 반대한다는 사실을 분명하게 밝혔다. 그는 단지 11월 침공 작전 준비 명령을 내리는 데만 찬성한 것이었다. 그는 합동참모본부가 8월이나 9월에 그 작전의 타당성 여부를 다시 고려하게 될 것으로 예상했다.[10]

올림픽 작전에서 맥아더는 지상군을, 니미츠는 해군 부대를 지휘했다. 맥아더는 크루거의 6군 사령부를 지정해 해안으로 향하는 실제 기동을 지휘하게 했다. 크루거가 거느린 69만 3,295명의 병력은 4개 군단으로 나뉘었으며, 그 속에는 14개 사단과 2개 독립연대전투단, 대규모 전투지원부대가 포함되어 있었다. 1개 사단과 1개 연대전투단이 X-1일에 접근 경로 상에 있는 근해의 섬들을 점령하기로 되어 있었다. 이어 X-데이에는 육군 1개 군단이 규슈 남동부 미야자키(宮崎)에, 두 번째 군단이 시부시만(志布志湾)에 상륙할 예정이었다. 해병대 3개 사단은 세 번째 군단을 형성하여 구시키노(串木野)에 상륙하기로 되어 있었다. 육군인 네 번째 군단은 11공수사단과 함께 예비를 형성했다.[11]

미국은 이 모든 계획을 X-데이에 일본군이 규슈에 6개 야전사단만을 배치할 것이고 이중 3개 사단만이 목표인 섬의 남부지역에 있을 것이라는 추정에 입각해 수립했다. 정보 평가에 따르면, 일본은 결국 8~10개 사단, 총 35만 병력을 규슈에 파견할 수 있었지만, 이들이 조금씩 도착할 것으로 내다봤다. 또한 정보 평가는 본토에 있는 일본군 항공기가 총 2,500~3,000대일 것이라고 낙관적으로 추산했다.[12]

올림픽 작전은 1개 전진축이 갖는 문제를 보여주는 대표적인 사례이다. 일본은 미국이 언제, 어디를, 어느 정도의 전력으로 공격할지 정확하게 추정하는 데 아무런 어려움이 없었다. 1945년 1월 상황 판단이 빠른 일본군 고위 장교들은 미국이 단순히 봉쇄나 폭격에 만족하지 않고 침공을 감행할 것이라는 것을 알아냈다. 나아가 일본 제국 육군과 해군 지도부는 자신의 적이 규슈를 전투기의 작전반경 안에 두기 위해─맥아더가 수행한 전역의 전형적인 특징─ 오키나와(沖繩)를 점령할 것이라는 사실을 쉽게 추론했다. 지도를 잠깐만 들여다봐도 일본인들은 실제 상륙작전이 규슈의 어느 지점에 실시될지 알 수 있었다. 일본은 규슈에 대한 (더불어 도쿄 정면도) 대대적인 전력 증강에 착수했다. 그리고 미군의 최초 침공을 물리치거나 아니면 심각한 피해를 입혀 무조건 항복보다 일본이 더 쉽게 수용할 수 있는 조건으로 미국이 정전협정을 시도하게 만들 것이라고 자신하며 미군을 기다렸다.[13]

가장 중요하면서도 거의 알려지지 않은 무선정보의 업적 중 하나는 7월 중순부터 전쟁이 끝날 때까지 일본이 본토에 놀라운 전력을 집결시켰으며, 상륙지점으로 제안된 규슈에는 대규모 병력이 밀집되어 있다는 더욱 충격적인 증거들을 무선정보가 밝혀냈다는 것이다. 전쟁이 끝날 때까지 정보부는 규슈에 있는 14개 야전사단(그중 9개가 남반부에 있었다) 중 13개를, 11개 여단 중 5개를 식별해냈다. 8월 20일에 수정된 최종 평가는 일본군이 규슈에 14개 야전사단, 총 62만 5,000명을 보유하고 있다고 추산했다─실제로는 총 90만 명에 가까웠다.[14]

다양한 정보기관들이 쏟아내는 일본군 항공력에 대한 평가들은 암울할 정도로 서로 달랐다. 일본이 항복할 무렵 일본 공군에 맞서 새롭게 창설된 육·해군 합동위원회는 일본 본토에 있는 일본군 항공기를 5,911대로 평가했다.[15] 니미츠의 정보본부는 8월 13일까지 일본군이 본토 방어를 위해 항공기 1만 290대를 동원할 수 있을 것으로 계산했다.[16] 그러나 실제 총 대수는 1만 700대를 웃돌았다.[17]

칭찬받아 마땅하게도, 윌러비는 규슈의 일본군 전력이 어떠한 제지도 맥아더는 "나는 근본적으로 그 정보를 믿지 않는다!"고 대답했다. 그는 올림픽 작전을 실시해야 한다고 주장했다. 그때 킹 제독이 개입하여 자신이 가진 비장의 카드를 내밀었다. 5월부터 킹은 니미츠가 처음에는 올림픽 작전을 지지했다가 지금은 마음이 바뀌었다는 사실을 알고 그것을 비밀로 해왔다. 8월 9일이 되자, 킹은 워싱턴과 맥아더를 향해 자신의 견해를 밝히라고 니미츠에게 명령했다. 하지만 가까운 장래에 일본이 항복할 수도 있다는 증거가 처음으로 등장한 시점에 육군과 맥아더를 상대로 큰 대립을 초래할 것이 분명한 상황 앞에서 니미츠는 주저했다.

받지 않은 채 앞으로 더 증가한다면 "우리가 1 대 1의 병력비로 공격을 하게 되는 지경에 도달"할 위험이 있으며, "그것은 승리를 위한 처방이 아니다"라고 직설적으로 경고했다.[18] 합동참모본부는 실무진이 급격하게 변화된 상황을 파악하고 힘겨운 올림픽 작전 재검토에 들어갔다. 계획입안자들은 대안, 특히 혼슈(本州) 북부로 눈을 돌렸다.

합동참모본부의 참모들은 전구 사령관들의 견해를 직접 물어보기를 주저한 반면, 마셜과 킹은 그렇지 않았다. 8월 7일, 마셜은 맥아더에게 상황에 대한 그의 개인적인 평가를 물었다. 맥아더는 "나는 근본적으로 그 정보를 믿지 않는다!"고 대답했다. 그는 올림픽 작전을 실시해야 한다고 주장했다. 그때 킹 제독이 개입하여 자신이 가진 비장의 카드를 내밀었다. 5월부터 킹은 니미츠가 처음에는 올림픽 작전을 지지했다가 지금은 마음이 바뀌었다는 사실을 알고 그것을 비밀로 해왔다. 8월 9일이 되자, 킹은 워싱턴과 맥아더를 향해 자신의 견해를 밝히라고 니미츠에게 명령했다.

1945년에 자신이 실제로 품었던 생각을 전후 완전히 감추려는 맥아더의 행태는 일본이 실제로 항복하기 전에 항복이 임박했다고 확신했다거나 원자폭탄의 사용에 대한 문제로까지 이어졌다. 맥아더가 히로시마와 나가사키에 원자폭탄 투하 후 8월 9일까지도 마셜에게 올림픽 작전의 타당성을 맹렬하게 고집했다는 사실은, 그가 당시 일본의 항복이 임박했다고 믿었다거나 그 전부터 그렇게 믿었다고 말한 것과 모순된다. 또 일본이 항복하기 전 단 한 번도 그는 자신의 상관에게 원자폭탄에 대한 꺼림칙한 마음을 표현한 적이 없었다.

하지만 가까운 장래에 일본이 항복할 수도 있다는 증거가 처음으로 등장한 시점에 육군과 맥아더를 상대로 큰 대립을 초래할 것이 분명한 상황 앞에서 니미츠는 주저했다.[19]

제안으로 그친 일본 침공에 대해 이전의 통설을 뒤집는 이 놀라운 이야기는, 무선정보를 둘러싼 비밀 엄수로 인해 맥아더가 살아 있는 동안에는 알려지지 않았다. 게다가 소련이 전쟁이 끝나는 순간 일본 본토의 북쪽 끝에 있는 섬인 홋카이도(北海道)를 침공하려 했다는 사실이 1990년대에 드러나면서 상황은 더욱 복잡해졌다. 이 사건들의 결말에 대한 가장 그럴 듯한 설명은 트루먼이 새로운 정보와 해군의 단호한 반대에 당면해 올림픽 작전에 대한 지지를 철회했을지도 모른다는 것이다. 한편 소련이 홋카이도에 상륙했을 경우, 혼슈 북부에 대한 상륙작전이 올림픽 작전에 대한 대안으로 육군과 해군, 맥아더에게 지지를 받았을 가능성이 꽤 높다.[20]

맥아더는 훗날 두 가지 속임수에 몰두하다가 자신의 명성을 해치게 된

2차 세계대전 종반에 소련 흑해 연안의 얄타에서 미국, 영국, 소련의 수뇌들이 모여 독일 패전과 그 관리에 대해 의견을 나누었다. 사진은 얄타 회담에 참석한 미국 루스벨트 대통령(가운데), 영국 처칠 수상(왼쪽), 소련 스탈린 최고인민위원(오른쪽)의 모습. 얄타 회담의 일부 조항은 태평양과 만주에서 일본을 패배시키는 데 소련의 지원이 절실히 필요하다는 가정에서 체결된 것이었다. 그러나 소련의 참전은 지연되었다. 소련은 미국의 원자폭탄이 투하된 후 참전했고, 소련이 참전한 지 불과 5일 만에 일본은 항복했다. 〈사진: Public Domain〉

다. 흥미롭게도 하나는 우익이 믿었고, 나머지 하나는 좌익이 믿었다. 1950년대에 맥아더는 얄타 회담(Yalta Conference)에서 소련이 태평양 전쟁에 참전하도록 하기 위해 스탈린에게 한 양보는 불필요했으며, 소련의 참전 자체가 불필요했다고 주장했다. 그러나 실제로 맥아더는 1945년 2월 육군부 대표단 1명이 아니라 2명에게, 그리고 1945년 3월 해군장관에게 독일 패배 후 가능하면 가장 빠른 시일 내에 소련이 참전하도록 만들어야 한다는 데 찬성한다고 말했었다. 그는 1945년 6월 자신의 전략적 견해를 개략적으로 서술한 전문에서 이런 믿음을 다시 언급했다.[21]

1945년에 자신이 실제로 품었던 생각을 전후 완전히 감추려는 맥아더의 행태는 일본이 실제로 항복하기 전에 항복이 임박했다고 확신했다거나 원자폭탄의 사용에 대한 문제로까지 이어졌다. 1945년 6월 맥아더는 육군 항공대 사령관인 아놀드와 이야기를 나누었다. 아놀드는 이렇게 기록했다. "맥아더는 폭격이 전쟁을 끝내는 데 상당한 역할을 할 수 있겠지만, 결국에는 보병이 도쿄로 진군하게 될 것이라고 믿었다."

게다가 맥아더가 [히로시마(広島)와 나가사키(長崎)에 원자폭탄 투하 후] 8월 9일까지도 마셜에게 올림픽 작전의 타당성을 맹렬하게 고집했다는 사실은, 그가 당시 일본의 항복이 임박했다고 믿었다거나 그전부터 그렇게 믿었다고 말한 것과 모순된다. 또 일본이 항복하기 전 단 한 번도 그는 자신의 상관에게 원자폭탄에 대한 꺼림칙한 마음을 표현한 적이 없었다. 일본이 이미 항복하기 직전이었기 때문에 원자폭탄을 사용할 필요가 없었다는 후버식 보수주의적 비평(이후 좌파들이 채택)과 비슷한 이야기를 맥아더가 (그리고 그의 신봉자들이) 꾸며낸 것은 전쟁이 끝난 뒤였다.[22]

극적인 장엄함, 심오한 상징, 관대함이 결합된 일본 항복 조인식

1945년 8월 15일, 히로히토 일황이 유례없는 라디오 방송을 통해 종전을 선언했다. 그는 일본이 항복했다는 말을 하지 않았다. 같은 날, 트루먼은 맥아더에게 그가 점령군 최고사령관에 임명되었음을 공식적으로 통보했다. 일본 관료들이 도착해 항복과 점령의 세부사항을 결정했다. 그들은 일부 부대들 가운데 반란이 일어날 수 있다고 경고했는데, 최초 점령군이 도착할 예정인 도쿄 인근 아쓰기(厚木) 비행장에 있는 부대도 그중 하나였다. 맥아더는 그들의 의견을 수용하여 도착을 3일 연기했다. 맥아더는 8월 30일에 아쓰기 비행장에 도착했는데, 당시 근처에는 일본군 수십만 명이 있었고, 반면 미군은 고작 수천여 명에 불과한 상황이었다. 윈스턴 처칠은 이렇게 말했다.

"나는 이번 세계대전에서 놀라울 정도로 용감한 모든 행동들 중에서 맥아더가 직접 아쓰기 비행장에 내린 것이 최고로 용감한 행동이라고 생각한다."

맥아더는 8월 15일 일황의 발표가 항복에 대한 복종을 보장한다고 확신했지만, 8월 10일부터 적어도 17일까지 많은 일본군 지휘관, 특히 해외 주둔 지휘관들이 거의 반란을 일으킬 단계까지 갈 만큼 동요했다.[23]

항복 조인식은 맥아더의 경력에서 아주 중요한 순간 중 하나였다. 그는 극적인 장엄함과 심오한 상징, 그리고 무엇보다 중요한 관대함을 결합시켜 일본 항복 조인식이 은밀하게 어두운 자정 무렵에 이뤄진 수치스러운 독일 항복 조인식과는 선명한 대조를 이루도록 했다.

항복 조인식은 맥아더의 경력에서 아주 중요한 순간 중 하나였다. 그는 극적인 장엄함과 심오한 상징, 그리고 무엇보다 중요한 관대함을 결합시켜 일본 항복 조인식이 은밀하게 어두운 자정 무렵에 이뤄진 수치스러운 독일 항복 조인식과는 선명한 대조를 이루도록 했다.

트루먼 대통령에 대한 경의를 표하기 위해 그가 태어난 주의 이름을 따서 함명을 지은 전함 미주리 호(USS Missouri: 헬시의 기함)가 항복 조인식의 무대가 되었다. 미군과 연합군의 장성들이 옆으로 늘어서서 탁자를 앞에 두고 'L'자를 형성했으며, 'L'자의 아랫변과 마주보게 놓인 탁자 위에는 항복문서가 놓여 있었다. 하지만 이 자리에는 유럽에서처럼(1945년 5월 7일 프랑스 상파뉴 지방의 랭스에서 거행된 독일 항복 조인식에서처럼-옮긴이) 고위 장교들만 참석한 것이 아니었다. 미주리 호가 보이는 모든 갑판과 층계, 포탑마다 수병들이 승리를 가능하게 했던 그들의 동료들을 대표해 하얀 무리를 이룬 채 그 순간을 지켜봤다.

9월 2일 오전 9시에 일본 대표단이 구축함을 타고 도착했을 때, 미주리 호에는 1941년 12월 7일 국회의사당에 게양되었던 성조기가 펄럭이고 있었다. 일본 대표단이 자기 자리에 도착하자, 맥아더가 모습을 드러냈다. 그의 바로 뒤 좌우 양쪽에는 코레히도르에서 항복했던 조너선 웨인라이트 중장과 싱가포르에서 항복했던 아서 E. 퍼시벌(Arthur E. Percival) 중장이 섰다. 눈에 띄게 야윈 그들의 모습은 일본이 일으킨 전쟁의 최악의 모습을 말없이 증언했다. 이어서 맥아더는 자기 경력에서 가장 기억에 남을 연설을 했다.

1945년 9월 2일 도쿄 만 미주리 호에서 항복 조인식 기념 연설을 하는 연합군 최고사령
관 맥아더. 이날 맥아더는 그의 생애에서 가장 기억에 남을 연설을 했다. 일본 외무성 관료
인 가세 도시카즈는 맥아더가 일본인 참석자들이나 국가에 어떤 모욕도 삼갔다는 사실에
크게 놀라며 안도했다. 그는 맥아더가 연설을 통해 미주리 호의 갑판을 '평화의 제단'으로
바꾸었다고 말했다. 〈사진: Public Domain〉

맥아더의 삶에서 가장 위대했던 순간들 중 한 장면. 1945년 9월 2일 미주리 호 함상에서 거행된 항복문서 조인식. 맥아더 바로 뒤에 서 있는 장교는 일본군에게 포로로 잡혔던 조너선 웨인라이트 중장(앞)과 아서 퍼시벌(영국) 중장이다. 눈에 띄게 야윈 이들의 모습은 일본이 일으킨 전쟁의 최악의 모습을 말없이 증언했다. 맥아더는 이 두 사람을 일본 항복 조인식에 참석시킴으로써 상징적 표현의 대가다운 면모를 보여주었다. 〈사진: Public Domain〉

"우리 주요 교전국 대표들은 엄숙한 협정을 체결하여 평화를 회복하기 위해 이 자리에 모였습니다. 서로 다른 많은 이상과 이념이 개입된 문제들은 세계 전역에 걸친 전장에서 이미 결정되었기에 우리가 논의하거나 논쟁할 사항은 아닙니다. 또한 우리는 지구상의 대다수 사람들을 대표해 여기에 모인 것이니 불신과 적의, 증오하는 마음을 가져서는 안 됩니다. 그보다는 승자든 패자든 간에 우리 모두는 이제 곧 이루고자 하는 신성한 목적에만 이익이 되는 더 높은 품위를 지켜 우리의 모든 국민들이 이 자리를 빌려 공식적으로 계승하고자 하는 합의를 충실히 준수해야 합니다.

이 엄숙한 의식을 통해 과거의 유혈과 대학살로부터 벗어나 더 나은 세상-인간의 존엄성과 인류가 가장 소중하게 간직해온 자유와 관용, 정의에 대한 소망을 성취하는 데 전념하는 세상-이 등장하기를 바라는 것이 나의 진정한 소망이자 모든 인류의 진실한 소망입니다.[24]"

일본 대표단 일원이자 영어를 할 줄 아는 외무성 관료인 가세 도시카즈(加瀨俊一)는 맥아더가 일본인 참석자들이나 국가에 어떤 모욕도 삼갔다는 사실에 크게 놀라며 안도했다. 그는 맥아더가 연설을 통해 미주리 호의 갑판을 '평화의 제단'으로 바꾸었다고 말했다. 일본 대표단이 서명을 마친 뒤, 탁한 회색빛 하늘이 마치 신의 계시라도 되는 양 갈라졌다. 산뜻한 햇볕이 내리쬐는 가운데 400대의 B-29와 1,500대의 함재기들이 대규모 공중분열에 들어가 행사장 위에서 귀청이 떨어질 정도로 요란하게 마지막 송가를 불렀다.[25]

맥아더와 니미츠가 지휘한
지상 전역에서 발생한 태평양 전투사상자

2차 세계대전의 지휘관으로서 맥아더의 평판에 영향을 미친 중요한 믿음 중 하나는 맥아더의 노련한 지휘 덕분에 남서태평양 부대들은 엄청난 인명피해를 입지 않은 반면, 이와 동시에 전쟁을 수행한 니미츠 지휘하의 중부태평양 부대들은 큰 사상자가 발생했다는 것이었다. 마셜 장군을 비롯해 많은 육군 장교들은 그렇게 믿었다. 그 믿음은 당시에 그리고 이후에 맥아더의 열렬한 추종자들이 그에 대해 쏟아낸 홍보 세례 속에서도 빠짐없이 등장했다. 심지어 비평가들조차 이 주장에 이의를 제기하지 못했지만, 실제는 상당히 다르다.[26]

이 논란에서 기억해야 할 중요한 사항은 그 논거가 육상에서 이루어진 전역에서 발생한 사상자에 초점을 맞추고 있다는 점이다. 미국 해군이 입은 인명피해는 총 5만 7,149명이며, 그중 태평양에서 발생한 사망자는 2만 9,270명이었고, 그 대다수는 일본 제국 해군과 일본의 상선들을 붕괴시키는 과정에서 발생했다는 데는 그 어떤 논란의 여지도 없다.[27] 해병대에 배속된 미국 해군 의무대 인원이나 극히 작은 부분에 속하는 해안의 사상자를 제외하면, 해군에서 발생한 사상자는 미국이 태평양에서 단일축선 전진과 이중축선 전진 중 어느 쪽을 선택하든 발생할 수밖에 없는 것이었다.

또 하나의 난해한 문제는 전쟁포로 가운데 발생한 사상자이다. 일본군의 끔찍한 잔학행위로 인해 포로로 잡혔던 미군 중 엄청난 인원이 사망했다고 해서 그 책임을 맥아더 개인에게 돌리는 것은 공정치 못하다. 따라서 전쟁포로 가운데 발생한 사상자는 다른 인명피해와 별개로 간주해야 한다. 끝으로 니미츠의 부대와 달리 지상전에 참가한 맥아더의 부대에는 연합군, 특히 필리핀군과 오스트레일리아군이 상당 부분을 차지하고 있었다. 전쟁 요건으로 인해 필리핀군 사상자는 추정치 이상의 정확한 수치를 제시하기는 불가능하다.

이런 사항들을 염두에 두고 다음 오른쪽 표(271쪽)에서 먼저 지상 전역에서 발생한 미군 사상자를 보여준 다음 연합군 사상자를 제시하겠다.

이 수치들을 문맥에 대입해보면, 미국 육군은 태평양지역의 전역에서 종합적으로 합계 16만 276명의 전투사상자가 발생했으며, 그중 전사자는 5만 5,145명인 것으로 추산했다. 이 사상자들 중 최소한 1만 1,163명은 2만 7,181명이었던 포로들 사이에서 발생했다. 즉, 전체 사망자 5명 중 1명의 비율이다. 이에 비해, 유럽/지중해 지역 미군 인명피해는 전투사상자가 총 74만 9,832명이었으며, 그중 전사자는 17만 4,090명이었다. 이 사상자들 속에는 9만 597명이었던 미군 포로 중에 발생한 1,074명의 사망자가 포함되어 있다.[31] 태평양에서 해군과 해병은 12만 7,294명의 사상자가 발생했으며, 전사자는 4만 8,426명이었다.[32] 따라서 태평양에서 모든 미군 병종들 사이에 발생한 전투사상자의 총합 (상선 선원 제외)은 28만 7,570명이며, 그중 전사자는 10만 3,571명이었다. 이 총계 중 거의 정확하게 3분의 1은 필리핀 제도 전역에서 발생했다.

이 수치들을 검토해보면, 전쟁포로 수치를 포함하든 안 하든 간에 맥아더는 자신의 지상 전역에서 니미츠 지휘 하에 있는 부대들보다 더 많은 전투 인명피해를 입었다. 전쟁포로 수치를 포함하면 차이는 더욱 선명해지며, 그것을 제외해도 맥아더 쪽이 여전히 더 많다.

이런 결과는 몇 가지 요인으로 설명할 수 있다. 첫째, 1942년 하반기부터 1943년 초까지 뉴기니의 코코다-부나-고나(파푸아) 전역에서 맥아더

〈표 1〉 맥아더와 니미츠가 지휘한 지상 전역에서 발생한 미군 사상자[28]

병종	맥아더		니미츠	
	전체 사상자	사상자 중 전사자	전체 사상자	사상자 중 전사자
육군(육군항공대 포함)	112,331	37,227	36,131	10,265
해병대	5,276	1,880	70,007	17,802
해군 의무대	107	30	2,743	628
포로 사상자	-	11,159	-	143
합계(포로 포함)	117,714	50,296	108,881	28,838
전사자 합계(포로 제외)	-	39,137	-	28,695

〈표 2〉 맥아더와 니미츠가 지휘한 지상 전역에서 발생한 연합군 사상자[29]

병종	맥아더		니미츠	
	전체 사상자	사상자 중 전사자	전체 사상자	사상자 중 전사자
캐나다	-	-	25	21
오스트레일리아	18,547	6,631	-	-
뉴질랜드	400	222	-	-
필리핀 공화국 (추정치, 포로 포함)	60,000	10,000	-	-
필리핀 공화국 (추정치, 포로 제외)	-	2,500	-	-
연합군 사상자 합계 (필리핀군 포로 포함)	78,947	16,853	25	21
연합군 전사자 합계 (필리핀군 포로 제외)	-	9,353	-	-

〈표 3〉 맥아더와 니미츠가 지휘한 지상 전역에서 발생한 태평양 전투사상자 전체 합계[30]

병종	맥아더		니미츠	
	전체 사상자	사상자 중 전사자	전체 사상자	사상자 중 전사자
합계(포로 포함)	196,661	67,149	108,906	28,859
합계(포로 제외)	-	48,490	-	28,716

측에 발생한 사상자는 과달카날에서 같은 시기에 전개된 전역에서 육군과 해병대가 당한 손실보다 수적으로나 비율적으로 더 높은 것으로 기록되었다.[33] 둘째, 필리핀 탈환 과정에서 발생한 사상자는 이오지마와 오키나와에서 발생한 손실과 거의 균형을 이룬다. 셋째이자 가장 중요한 요인은 맥아더의 지지자들이 대체로 연합군 부대들, 특히 뉴기니에서 막중한 책임을 짊어졌던 오스트레일리아군과 맥아더 휘하에서 사망한 필리핀군 사이에서 발생한 손실을 교묘하게 간과하거나 제외하는 방식을 사용했다는 것이다.

이와 같은 검토는 맥아더의 수적 손실이 니미츠의 손실에 비해 적었다는 주장이 근거 없음을 증명해주고 있지만, 전역이 수행된 범위와 이 두 미군 지휘관이 상대했던 일본 전사들의 흉포함을 고려했을 때, 두 지휘관 휘하 부대들의 실제 손실이 비율적으로는 고통스러운 현실에 비해 놀라울 정도로 낮았다. 이런 사실을 알 수 있는 한 가지 척도는 일본군의 손실과 비교하는 것이다. 집계된 어떤 수치에 따르면, 일본 제국 육군에서만 미군을 상대하다 48만 5,717명이 사망했으며, 일본 제국 해군에서는 41만 4,879명이 사망해서 미군 전사자 수를 훨씬 능가했다. 따라서 일본군 총 전사자는 90만 596명에 달한다.[34] 결국 일본군과 싸우다가 미군 1명이 전사할 때마다 일본군은 대략 9명이 사망했다.

제11장
카키색 군복
차림의 쇼군

일본 점령 당시
맥아더의 가장 고귀하고 중요한 업적

맥아더가 일본을 통치했던 시기의 분위기를 보여주는 사례로 이런 이야기가 있다. 다이이치(第一) 빌딩에 맥아더의 사무실을 설치하는 임무를 맡은 미군 장교가 아무 거리낌 없이 황궁의 남쪽 해자(垓子)를 가로지르더니 카펫을 건물 관리인에게 전달했다. 카펫은 너무 커서 실내에 맞지 않았다. 건물 관리인은 당연히 실내 공간에 맞춰 카펫을 자르라는 지시가 있을 것으로 예상했다. 하지만 장교는 카펫이 맥아더의 개인 소유물이기 때문에 벽을 옮겨서 방을 카펫에 맞춰야 한다고 말했다. 이 이야기가 전하는 메시지는 분명했다. 통상적인 기준은 맥아더에게는 적용되지 않았던 것이다.[1]

통치 기간 내내 맥아더는 미국 대사관 단지 내에 거주했다. 사무실까지 차로 5분 거리였다. 1946년 마닐라 방문과 1948년 서울 방문을 제외하면 그의 일상은 사실상 변화가 없었다. 하루 두 차례, 1주일에 7일, 휴일에도 예외 없이 거주지와 사무실을 왕복했다. 놀랍게도 그는 자신이 지배하는 국가를 직접 보기 위해 도쿄 인근조차도 나가본 적이 없었다. 그는 고위 관리나 손님이 찾아왔을 때 점심을 대접하는 경우는 있었지만, 저녁을 함께 하는 경우는 거의 없었다. 그러나 예외적으로 방첩부대장인 엘리엇 소프(Elliot Thorpe) 준장과는 가끔 저녁을 함께 했다. 소프는 밀고자와 우편물 검열자, 전화 도청자 조직망을 감독했기 때문에, "예의라는 허울 뒤에서 실제로 진행되는 일들에 대한 흥미로운 토막 소식"으로 맥아더를 매료시켰다. 하지만 대체로 맥아더는 중간 및 하위 참모들과는 완전히 분리되어 있었으며, 참모장과 보좌관들을 제외한 다른 사람의 접근을 분명하게 제한했다. 그러나 여기에는 한 가지 특별한 예외가 존재했다. 그는 자신에게 온 모든 우편물은 직접 개봉했다. 나아가 형식적인 답변만으로 충분하지 않을 경우, 자신이 직접 답장을 썼다. 따라서 사실상 누구든지 편지를 쓰기만 하면 맥아더에게 의사를 전달할 수─그리고 답장을 받을 수─ 있었다.[2]

맥아더는 도쿄에서 2개의 주요 보직을 수행했다. 하나는 서태평양의 모든 부대에 대한 미군 전구 사령관 직책의 연장선상에 있는 극동군 사령관이었고, 다른 하나는 명목상 연합군 사령부를 대표하는 연합군 최고사령관(Supreme Commander of Allied Powers, SCAP)이었다. 연합군 최고사령관인 맥아더는 극동위원회(Far Eastern Commission)의 지휘를 받았다. 극동위원회는 표면적으로 점령을 감독하는 11개 국가로 구성된 연합국 기관이다. 맥아더는 전쟁 당시 사용하던 참모 조직을 그대로 복제하여 두 사령부(극동군 사령부와 연합군 사령부)를 통합하여 총사령부(General Headquarters, GHQ)를 설치하고 자신의 참모 조직의 고위 장교들을 그대로 유임시켜 조직을 완성했다.

이 기구에 맥아더는 최종적으로 13개 특별참모부서를 추가하게 된다. 이 13개 특별참모부서는 대체로 일본 정부의 조직과 서로 대응관계를 이루며 워싱턴의 지시에 대한 그의 세심한 분석 결과를 반영했다. 이 제멋대로 뻗어나가는 조직에 근무하는 인력이 많을 때는 5,000명에 달했지만, 맥아더는 충성심이 입증된 소수의 장교들을 깔때기 삼아 모든 정보를 걸러내는 방법으로 효과적인 통제력을 유지했다. 특별참모부서 중에서도 군정국(Government Section)이 단연 두각을 나타냈다. 능력 있는 코트니 휘트니(Courtney Whitney) 소장이 이 작지만 유능한 부서를 이끌었다. 전쟁 전에는 마닐라의 부유한 변호사였던 휘트니는 1943년 맥아더의 참모진에 합류해 게릴라 활동을 한 다음 필리핀에서 민사(民事)를 담당했다. 또한 그는 자연스럽게 맥아더의 가까운 지인이 되었다.

다른 부서 중 언급해야 할 필요가 있는 것은 단 두 곳뿐이다. 윌러비는 전과 같이 대외정보 책임자를 맡고 있었지만, 관료적인 방식으로 국내 정보까지 획득해서 자신의 영향력을 강화했다. 그는 일본과 총사령부 내부에서 암약하는 공산주의자와 급진주의자에 대한 강박관념을 갖고 있었다. 맥아더는 재치 있고 근면하며 믿음직스러운 윌리엄 마콰트를 경제과학국 국장에 임명했다. 마콰트는 미식축구 코치 같은 모습을 보여주었다. 그는 대공방어에 대한 지식이 풍부했지만, 자신이 맡은 새로운 영역에 대해서는 별로 아는 것이 없었다. 그럼에도 불구하고 놀랍게도 엄격한 평가로 유명한 한 일본 학자조차 마콰트가 "대단히 효과적이었다"고 평가했다. 왜냐하면 그가 부하들이 제공하는 정책 조언들 중에서 타당한 것들을 예리하게 골라냈기 때문이다.[3]

미국은 일본을 6년 반 동안 점령하면서 일본인의 삶 거의 모든 부분에 손을 댔다. 이 시기에 작성된 문서들은 미국과 일본 기록보관소 여기저기에 흩어진 일종의 군도(群島)를 형성하여 어떤 역사가도 혼자만의 노력으로는 그것들을 감당해낼 수 없었다. 대부분의 진술은 정치·경제·문화적 측면을 주요 관심 대상으로 하고 있다. 그것들은 중요한 주제이고 많은 교훈이 담긴 매력적인 주제라는 점에서는 논란의 여지가 없지만, 맥아더의 성취에 대해 판단을 내리기 위한 출발점으로서는 적합하지 않다. 일본 점령에 대해서 우리가 가장 먼저 알아야 할 사항은 다른 모든 측면들을 하찮아 보이게 만들 수도 있었던 인구학적 재앙을 맥아더가 미연에 막는 역할을 했다는 것이다.

1945년 10월 합동참모본부는 명시적으로 맥아더에게 미군 물자를 "쓸데없이" 구호 용도로 사용하지 말라고 지시했다. 일본 경제에 관한 한, 워싱턴은 맥아더에게 전시 경제체제를 제거하는 임무만 부여했다. 1945년 가을, 일본 도시 지역의 약 40퍼센트는 검게 타 잔해만 남았고, 7,200만 거주민 중 1,500만 명이 집을 잃은 상태였다. 해외에서 군인과 민간인들이 귀환하면서 실직자 수는 약 1,000만 명에 달했다. 걷잡을 수 없는 인플레이션과 암시장 거래가 허약한 경제를 광란에 빠뜨렸다. 도쿄 상공회의소는 1930년 소매물가지수를 100으로 했을 때 1945년 중반의 소매물가지수가 304에 도달했으며, 1948년 7월에는 1만 3,009까지 치솟았다고 평가했다.

무엇보다 위협적인 사실은 약 1,000만 명의 일본인이 기아라는 벼랑 끝에 있었다는 것이다. 국내 쌀 생산과 어획고가 감소하고, 이제까지 일본 식량 공급의 20퍼센트를 담당하던 수입이 중단되었으며, 식품이 암시장으로 흘러들면서 기아라는 망령이 현실적인 문제로 부각되었다. 필사적이 된 일본인들이 시골 지역에서 피난처를 찾으면서 도시 인구는 급격하게 감소했다(도쿄 인구는 약 절반으로 줄었다). 1946년 봄까지 공식 식량배급은 하루 1,042칼로리로 급감하게 되었다. 그러나 그마저도 항상 식량배급을 받을 수 있는 것이 아니었기 때문에 실제 하루 평균 배급량은 800칼로리에 불과했다.

맥아더는 즉시 자기가 받은 명령서의 내용을 어기고 점령군의 급식에 해가 되지 않는 한도 내에서 일본인에게 식량을 제공하도록 관할 부대에 지시했다. 그는 일본 침공을 위해 비축한 식량 중 약 3,500만 톤을 분배했다. 1945년 11월 1일부터 1946년 10월 31일 사이 '미곡년도(Rice Year: 미곡의 통계 처리의 편의를 위해 설정한 기간으로, 햅쌀이 나올 때인 11월 1일부터 이듬해 10월 31일까지를 말한다-옮긴이)' 말기가 다가오면서 가장 절망 맥아더는 즉시 자기가 받은 명령서의 내용을 어기고 점령군의 급식에 해가 되지 않는 한도 내에서 일본인에게 식량을 제공하도록 관할 부대에 지시했다. 그는 항구적인 정치 개혁과 평화를 확보하기 위해 기근을 방지하는 것이 중요하다는 점을 강조했다. 나중에 해설가들은 그의 전문 속에 마지막 어구인 잠재적인 사회 불안에 대한 경고, 즉 "나에게 빵을 달라. 그렇지 않으면 총알을 달라"를 인용하면서 그가 일본인들에게 식량을 공급하려 했던 주요 이유는 평화로운 점령 상태를 유지하기 위해서였다고 말했지만, 전문 전체를 제대로 통독해보면 그 주요 이유가 도덕적 의무와 장기적인 정치 변화 때문이었다는 것을 알 수 있다.

적인 순간이 도래했다. 재앙적인 식량 부족 사태가 급박해질 기미를 보이자, 맥아더는 일본인의 복지에 대한 미국의 도덕적 의무를 강조하는 강력한 청원 전문을 워싱턴으로 전송했다. 그는 이 전문에서 일본인의 복지 상태를 일본군에게 포로가 되었던 미군의 상황에 비유하는 신랄한 표현을 사용했다. 그는 항구적인 정치 개혁과 평화를 확보하기 위해 기근을 방지하는 것이 중요하다는 점을 강조했다. 나중에 해설가들은 그의 전문 속에 마지막 어구―잠재적인 사회 불안에 대한 경고("나에게 빵을 달라. 그렇지 않으면 총알을 달라.")―를 인용하면서 그가 일본인들에게 식량을 공급하려 했던 주요 이유는 평화로운 점령 상태를 유지하기 위해서였다고 말했지만, 전문 전체를 제대로 통독해보면 그 주요 이유가 도덕적 의무와 장기적인 정치 변화 때문이었다는 것을 알 수 있다. 미국의 식량 공급은 1946년 9월까지 기아를 간신히 피하는 데 결정적인 역할을 했다. 그것이 없었다면 수백만 명이 사망하고 일본 어린이 세대의 성장에 악영향을 미쳤을 지도 모른다. 그러나 일본 학자들은 영양부족으로 인해 많은 일본인들이 심신이 쇠약해지면서 결국 수천 명이 사망했을 것으로 추산했다.

식량 수요에 비해 공급이 절망적일 정도로 부족한 상태는 점령 초기 3년 동안 계속되었다. 전국적으로 공급된 식량의 전반적인 영양가는 1949년까지 건강한 삶의 기준에 미치지 못했다. 그 시기에 살았던 일본인들은 모두 식량 문제로 인해 일상적으로 겪었던 괴로움을 잊지 못했다. 이 시기에 10대를 보낸 한 일본인은 미국의 식량 공급이 끊어지지 않게 했던 맥아더의 성공적인 노력은 "점령 기간 중 장군의 가장 고귀하고 어쩌면 가장 중요한 업적이었을 것"이라고 밝혔다. 대부분의 일본인이 맥아더와 연합군의 일본 점령이 비록 결점이 있기는 했지만, 선의를 가지고 있었고 성공적이었다고 생각한 이유로 잘 알려진 바와 같이 민주화와 비군사화를 자주 인용하지만, 훨씬 더 중요한 심정적인 이유는 만약 맥아더의 노력이 없었다면 아마 수백만 명이 굶어죽었을 것이라는 사실을 일본인들이 인정했다는 데 있다.[4]

하지만 기아는 점령이 시작될 당시 일본을 활보하던 묵시록의 기사들[어린 양(그리스도)이 푸는 7개의 봉인 중 처음 4개의 봉인이 풀렸을 때 나타난다고 하는 기사-옮긴이] 중 하나에 불과했다. 전쟁 막바지에 일본의 의료와 위생체계는 거의 전부 붕괴되었다. 인구의 대다수는 영양부족으로 저항력이 떨어졌다. 해외에서 질병에 걸린 송환자들이 유입되면서 점령 초기 몇 달이 흐르는 동안 일본은 파괴적인 전염병에 대비해야 했다. 맥아더가 아끼는 크로퍼드 샘스(Crawford Sams) 대령은 점령지 의료 활동을 진두지휘하여 비정치적인 영역에서 미국인과 일본인으로부터 최대한의 협력을 이끌어냈다. 역동적이고 권위주의적인 샘스는 전대미문의 대규모 방역 활동을 조직했다. 첫 번째 위기는 발진티푸스로 일본 거주 한국인들이 고국 송환을 위해 항구에 모여 있는 동안 그들 사이에서 급속하게 번졌다. 샘스는 800개 의료센터의 미국 및 일본 의료인력 8만 명을 동원해 사람을 대상으로(나흘 만에 50만 명을 대상으로) 소독을 실시하고 식수를 처리했다.

콜레라는 1946년에 유입되었다. 다시 한 번 샘스는 신속하게 행동을 취해 일본인 3,500만 명에게 예방주사를 맞혀 콜레라가 확산되는 것을 막았다. 1946년~1949년에 샘스는 천연두와 발진티푸스, 파라티푸스, 디프테리아, 이질의 발생을 막기 위한 활동을 진두지휘하여 발병률을 79퍼센트에서 90퍼센트까지 떨어뜨렸다. 결핵에 의한 사망률도 40퍼센트 감소했다. 샘스는 일본 의료체계의 기반시설도 잊지 않았다. 일본의사회(Japanese Medical Association)와 적십자와 같은 주요 구성 요소들을 재조직하고, 대규모 교육체계를 만들었으며, 지역 의료 네트워크를 구축하고, 아동의 영양 상태를 개선하기 위해 학교급식을 시작했다. 전반적으로 일본의 연간 사망률은 1933년~1940년 기간 동안 인구 1,000명당 18.7명에서 1950년~1951년 기간 동안 8.1명으로 감소했다. 샘스는 합리적인 공중보건 노력과 개혁이 없었다면 1945년~1952년에 약 300만 명의 일본인이 불필요하게 사망했을 것으로 추산했는데, 이것은 전쟁 중에 발생한 사망자보다 더 많은 수치였다.

만약 기아와 질병이 일본을 피폐하게 만들어 수백만 명이 사망했다면, 개혁을 실행하려는 미국의 도덕적 권위나 실무 능력은 훼손되었을 것이다. 이들 영역에서 맥아더가 거둔 성과는 일본 점령 성공에 부차적인 것이 아니라 절대적으로 중요한 요소였다.

●
극동국제군사재판:
A급 일본 전쟁범죄 혐의자 재판

일본의 정복 행진 때문에 적어도 1,700만 명이 사망했으며, 그중 대다수
가 아시아인 비전투원이었다. 승자와 희생자는 유럽의 경우처럼 전쟁범
죄에 대한 재판을 요구했다. 약 5,700명에 달하는 일본 전쟁범죄 혐의자
들은 세 등급으로 분류되었다. A급 피고 28명에게는 근본적으로 침략을
계획·지휘했다는 혐의가 적용되었다. 이들은 도쿄에서 열린 극동국제
군사재판소(International Military Tribunal for Far East, IMTFE)에서
심리를 받았다(이를 극동국제군사재판 혹은 도쿄 재판이라고 함-옮긴이). 나
머지 전범들은 B급(일반적 전쟁범죄)와 C급(인류에 대한 범죄)로 분류되었
다. B급 및 C급 피고들은 일본은 물론 아시아 전역에 걸친 소송 원인 발
생지에서 재판을 받았다. B급과 C급 전범으로서 소련을 제외한 연합국

전후 약 5,700명에 달하는 일본 전쟁범죄 혐의자들은 세 등급으로 분류되었다. 침략을 기획·조정했다는 혐의가 적용된 A급 피고 28명은 도쿄에서 열린 극동국제군사재판소 (IMTFE)에서 심리를 받았다. 왼쪽 사진은 1946년 도쿄 극동국제군사재판소이고, 가운데 사진은 당시 기소된 A급 전쟁범죄 혐의자 20명이고, 오른쪽 사진은 당시 재판관들의 모습 이다. 〈사진: Public Domain〉

법정에서 재판을 받은 일본인 중 약 4,405명이 유죄 판결을 받았고, 904 명이 처형을 당했으며, 475명이 종신형을 구형받았다. 일본인과 접촉이 제한적이었음에도 불구하고 소련은 약 1만 명을 재판해 3,000명을 처형 했다.

맥아더는 개인적으로 자신이 필리핀에서 상대한 두 장군에 대한 재판 에 관심을 보였다. 야마시타 장군은 1944년~1945년 기간 동안 필리핀 민 간인에 대한 대규모 학살을 명령하거나 승인했다는 죄목으로는 기소되지 않았고 기소될 수도 없었다. 그 대신 그는 보잘것없는 지휘 책임에 대한 혐 의로 기소되어 1945년 10월부터 재판을 받았다. 앞서 그는 일본인들이 저 지른 잔혹행위의 진원지인 마닐라에서 법률적 배경이 없는 5명의 미군 장교에게 심리를 받았다. 당연하게도 12월 7일 재판부는 교수형이라는 모욕적인 방법으로 그를 사형에 처할 것을 언도했다. 필리핀과 미국 대법원에 항소하고 트루먼 대통령에게 탄원서를 보냈지만 모두 거부되었다. 야마시타는 12월 12일에 교수형을 당했다.

혼마 장군의 재판은 1946년 1월에 시작되었다. 이번에도 전혀 법률적 배경을 갖고 있지 않는 미군 장교들이 재판을 진행했다. 혐의 내용은 바탄반도 죽음의 행진에 대한 혼마의 책임에 집중되었다. 재판 절차에 어떤 결점이 있든, 이번에는 야마시타의 경우와 달리 책임이 혼마에게 있다는 그럴듯한 증거가 존재했다. 그의 본부가 행진 노선 근처에 있었고 그가 직접 그 길을 지나간 적도 있었던 것이다. 그가 사태를 알고 있었다는 점에는 의문의 여지가 없었으며, 그 사태를 알고도 어떠한 조치도 취하지 않았다는 사실 역시 분명했다. 혼마는 유죄판결을 받았지만, 야마시타보다는 명예롭게 1946년 4월 총살형을 당했다. 비록 그 책임이 맥아더를 넘어서 미국 대법원을 포함해 다른 공직자들에게까지 확대되기는 하지만, 이들 사건에서 맥아더의 역할은 그의 다른 경력들에 비해 대단히 낮은 평가를 받는다.

극동국제군사재판소의 수석판사인 윌리엄 웨브 경(Sir William Webb)은 맥아더와 친분이 있음에도 불구하고 그의 간섭을 허용하지 않을 것임을 분명히 했다. 2년 반에 걸친 재판 기간 중 2명의 피고가 사망하고 1명은 정신이상 판정을 받았다. 1948년 11월 재판부는 7명의 피고에게 교수형과 16명에게 무기징역, 2명에게 더 낮은 형량을 구형했다. 일부 일본인들은 맥아더가 일부 선고를 감형해줄 것으로 기대했지만, 그는 그렇게 하지 않았다. 극동국제군사재판소는 정의가 구현되었다고 일본 국민들을 설득하는 주요 목적을 달성하지 못했다. 대신 그것은 "승자의 정의"라는 강한 냄새를 풍겼다. 일본의 운명을 그 지경으로 만든 고위 장교들을 향한 분노로 출발했던 여론은 동정으로 바뀌었다.[6]

전쟁범죄와 관련된 법적인 쟁점들 중 최대 단일 사안은 일황의 처리 문제였다. 미국 대중과 의회는 일황에 대한 재판을 요구했다. 처음에 맥아더는 워싱턴의 동의 없이 일황에게 어떤 조치도 취하지 말라는 명령을 받았다. 맥아더의 참모진 내에서는 히로히토 일황을 재판해야 하는지, 아니면 점령 개혁의 목표를 추진하는 데 활용하는 것이 더 나은지를 두고 의견이 나뉘었다.

1945년 11월 30일, 합동참모본부는 맥아더에게 일황이 재판을 면할 수 없다는 지침을 하달하고 워싱턴 당국자들이 재판에 대해 결정을 내릴 수 있도록 필요한 증거를 모으라고 명령했다. 맥아더는 1946년 1월 25일에 장문의 회신을 보냈다. 그는 증거들을 검토한 결과 전쟁이 끝날 때까지 일황의 역할은 종교적이었으며 자기 고문관들의 조언을 따랐을 뿐이라는 사실을 확인했다고 주장했다. 맥아더는 그가 재판을 받게 된다는 소식이 발표되면 일본에 "혼란"을 동반한 "엄청난 동요"가 발생해 100만 명의 점령군이 필요하게 될 것이라고 예측했다. 그러나 그는 그것이 불가능하다는 사실을 잘 알고 있었다. 그는 덧붙여 이렇게 말했다. "(히로히토를) 죽이면 국가가 해체될 것입니다." 그 전문 속에 포함된 엄청난 과장은 속이 들여다보일 정도였지만, 고위 장교들과 민간 공직자들은 겁을 먹고 침묵했다.

그 결과는 해로우면서 동시에 이롭기도 했다. 히로히토에게 책임을 묻는 데 실패함으로써 그의 이름으로 모든 행동을 수행했던 하급자들이 재판을 받았고 1,000여 명이 사형을 당하자 그 재판이 심어주려 했던 교훈의 의미가 손상되었다. 이러한 실패는 일본 극우파가 수십 년 동안 일본이 저지른 여러 끔찍한 행위들에 대한 책임을 애매모호하게 만들거나 부인하게

> 1945년 8월에 도청된 일본 해군 전문은 일본이 항복하는 과정에서 일황의 개입이 결정적인 역할을 했다는 명백한 증거를 제공해주었다. 이런 증거와 일본인의 협력이 절대적으로 필요한 상황에서 개혁을 추진하는 데 일황이 쓸모 있을 것이라는 가능성 때문에 전쟁범죄자로서 일황을 재판정에 세우지 않겠다는 최초 결정을 하게 된 것이었다.

만드는 빌미를 제공했다. 반면, 일황은 일본을 봉건적이고 침략적인 군국주의 국가에서 결점은 있지만 평화롭고 민주적인 국가로 변화시키는 근본적인 점령 개혁을 실행하기에 순응적이고 유용한 도구임을 보여주었다.[7]

지금 우리는 비밀로 분류되어 맥아더의 지지자나 비평가들에게 수십 년 동안 알려지지 않았던 사실을 알고 있다. 1945년 8월에 도청된 일본 해군 전문은 일본이 항복하는 과정에서 일황의 개입이 결정적인 역할을 했다는 명백한 증거를 제공해주었다. 이런 증거와 일본인의 협력이 절대적으로 필요한 상황에서 개혁을 추진하는 데 일황이 쓸모 있을 것이라는 가능성 때문에 전쟁범죄자로서 일황을 재판정에 세우지 않겠다는 최초 결정을 하게 된 것이었다. 대략 1948년까지 히로히토가 일황 지위를 유지하게 한 뒤 황태자에게 양위하고 공개적으로 전쟁에 대한 책임을 지도록 요구했다면 좀 더 공정한 결과를 얻을 수 있었을 텐데 그러지 못했다는 식의 제안은 사정을 다 알고 나서 하는 때늦은 후회에 불과하다.[8]

●

일본 점령의 두 가지 우선 과제 :
비군사화와 송환

일본인의 구명 이외에 점령의 두 가지 우선 과제는 비군사화와 송환이었다. 대체로 이것은 효율적으로 진행되었다. 일본 군인 640만여 명이 민간인으로 돌아갔다. 미군은 몇 년에 걸쳐 골수 국수주의자들이 몰래 빼돌려 숨겨둔 무기를 찾아냈지만, 일본 제국 육군의 마지막 무기를 처리하기까지는 그리 오래 걸리지 않았다. 일본 제국 해군의 잔류 함정들은 송환 임무를 수행한 다음 자침하거나, 배상금으로 타국에 이전되거나, 소형 함정인 경우 일본인들에게 제공되어 어업이나 기타 민간 용도로 사용되었다. 한 가지 실수는 일본의 사이클로트론(cyclotron: 고주파의 전극과 자기장을 사용하여 입자를 나선 모양으로 가속시키는 입자가속기의 일종-옮긴이) 5대를 파괴하라고 워싱턴이 명령한 것이었다.[9]

이보다 골치 아픈 문제가 본국 송환이었는데, 이 때문에 약 800만 명의 사람들이 생활 터전을 버려야 했다. 이 800만 명 중 660만 명이 일본인이었고, 대략 그 절반은 군인이었다. 약 100만 명이 넘는 한국인과 중국인 강제 노동자들이 고국으로 송환되었다. 하지만 모든 사람이 즉시-혹은 아예- 귀환하지 못했다. 소련이 만주와 사할린(Sakhalin), 쿠릴 열도(Kuril Islands)에 억류한 일본인은 '대략 170만 명'에서 270만 명 정도였다. 그중 약 70만 명이 노동수용소로 이송되었고, 적어도 60만 명이 사망한 것으로 기록되어 있다. 전부 합쳐 30만~50만 명에 달하는 일본인들이 소련 수중에서 사망하거나 '실종'되었다. 어느 한 추정치에 따르면, 1945년과 1946년 첫 번째 겨울에 만주에서 6만 6,000명의 군인과 17만 7,000명

2차 세계대전 종전 직전인 1945년 7월 26일 미국, 영국, 중국, 소련 수뇌가 독일의 포츠담에서 모여 일본의 항복을 권고함과 동시에 일본에 대한 전후 처리 문제를 논의하고 합의 내용을 선언한 것이다.

미국 대통령 트루먼, 영국 수상 처칠, 중화민국의 총통인 장제스가 회담에 참여하여 선언에 서명했고, 소련 공산당 서기장 스탈린도 참전과 동시에 이 선언에 서명했다. 선언의 요지는 "일본이 항복하지 않는다면, 즉각적이고 완전한 파멸"에 직면하게 될 것을 경고한 것이며, 그 내용은 모두 13개 항목으로 되어 있다.

제1~5항: 서문. 일본의 무모한 군국주의자들이 세계 인민과 일본 인민에 지은 죄를 뉘우치고 이 선언을 즉각 수락할 것을 요구.

제6항: 군국주의 배제.

제7항: 일본 영토의 보장 점령.

제8항: 카이로 선언의 실행과 일본 영토의 한정.

제9항: 일본 군대의 무장해제와 귀환 허용.

제10항: 전쟁범죄자의 처벌, 민주주의의 부활 강화, 언론·종교·사상의 자유 및 기본적 인권 존중의 확립.

제11항: 군수산업의 금지와 평화산업 유지의 허가.

제12항: 민주주의 정부 수립과 동시에 점령군의 철수.

제13항: 일본 군대의 무조건 항복.

결국 일본이 이 선언을 묵살하자, 이에 미국이 8월 6일 히로시마에, 8월 9일 나가사키에 원자폭탄을 투하했고, 소련도 8월 8일 일본에 대한 선전포고와 동시에 참전하여 일본군에 대한 공격을 개시했다(8월 폭풍 작전).

상황이 불리해지자 일본 군부는 항복을 결의하여 10일 포츠담 선언의 수락을 결정했으나, 지도부의 분열로 항복 결정을 번복했다가 다시 이를 번복하고 항복했다. 결국 1945년 8월 14일, 미국은 1945년 8월 10일 발표된 일본의 무조건 항복에 대하여 일본에 항복 의사에 대한 수락을 통보하고 일본이 '무조건 항복'함에 따라 2차 세계대전은 종전을 맞게 되었다.

의 민간인이 사망한 것으로 되어 있다. 비록 소련의 비인도적인 행위가 두드러지기는 했지만, 포츠담 선언(Potsdam Declaration)이 약속한 대로 일본인들을 즉시 송환하지 않은 사례로 영국은 약 11만 3,500명을, 중국은 약 10만 명을, 미국은 약 7만 명을 억류한 채 노역을 시켰다. 게다가 소련은 역사적으로나 법적으로나 일본 땅인 쿠릴 열도 남부를 점령했다. 학대를 당하거나 실종된 일본인 수가 엄청나고 거기에 소련의 쿠릴 열도 점령이 가세하면서 일본 공산당은 엄청난 부담을 안게 되었고 이로써 그들에 대한 관심은 감소되었다.[10]

●
맥아더의 일본 개혁

맥아더 신화는 일본 점령 기간에 시행된 광범위한 개혁 프로그램들이 맥아더의 머리에서 나왔다고 주장했다. 그러나 사실은 워싱턴이 일본 점령의 기본 노선을 제시한 세 가지 지침을 제공했다. 그중 두 가지 지침, 즉 포츠담 선언과 "항복 이후 미국의 초기 일본 정책(United States Initial Post-Surrender Policy for Japan)"이라는 제목의 8월 29일자 문서에는 개략적인 목표가 제시되어 있었고, 한편 "항복 이후 일본 본토 군정에 대한 기본 지시(Basic Directive for Post-Surrender Military Government in Japan Proper)"라는 제목의 11월 3일자 펜타곤 전문에는 세부적인 목표들이 설정되어 있었다. 이 세 문건은 표면적으로는 연합국이 일본을 점령하는 것으로 되어 있지만, 실제로 통제하고 지배하는 것은 미국이므로 연합군 최고사령관인 맥아더가 통제하고 지배하게 된다는 점을 분명히 했다. 워싱턴의 웅대한 계획은 일본의 정치적·경제

적 민주화를 목표로 했다.[11]

워싱턴이 정한 두 가지 또 다른 정책은 점령 형태를 결정했다. 첫째, 워싱턴이 일본이 무조건적으로 항복했다고 선언했으므로 맥아더는 기본적 개혁에 대해 협상할 필요가 없었다. 하지만 독일과 달리, 추가 명령이 하달되어 맥아더는 일본의 현존 정부 체계를 통해 정책을 추진하는 방식으로 간접적인 지배력을 행사해야 했다. 워싱턴만큼이나 맥아더도 미국 국민들이 총칼로 미국식 개혁을 일본에 강요하기에 충분한 거대한 점령군을 유지할 준비가 되어 있지 않다는 점을 잘 알고 있었다. 미군은 1946년 말까지 830만 명에서 130만 명으로 감소했다. 따라서 맥아더와 미국이 원대한 야망을 실현하기 위해서는 근본적으로 일본인의 협력에 의지할 수밖에 없었다.[12]

지위고하를 막론하고 미국인들은 일본인들의 협력을 얻기 위해 독자적으로 노력했으며, 보통 일본인들은 점령을 판단할 때 맥아더의 노력보다는 주로 미군 병사들이 보여준 사례를 기준으로 판단했다. 물론 점령 기간 동안 미군 병사들의 행동은 완전무결한 것과 거리가 멀었지만, 소련이나 일본 제국의 사례와 비교해볼 때 그것은 예의바름의 모범이라 할 만했다. 미국인들이 은인인 체하는 거만한 태도를 보이기는 했지만, 어느 오스트레일리아인이 언급한 것처럼 평균적으로 미군 병사들은 사탕이나 껌, 담배, 그리고 "일본인들에게 그들을 좀 더 편안하고 친근한 존재로 다가서게 만드는 다정다감함"을 아낌없이 베풀어서 오스트레일리아군 병사들보다 좋은 평가를 받았다.[13]

한편 맥아더는 일황에게 보고하라고 명령해야 한다는 제안을 현명하게 거절했다. 대신 그는 일황의 요청을 받고 9월 27일에 만남을 가졌다. 이 만남에서 맥아더는 상대를 밀고 당기는 방식을 보여줌으로써 자신의 두 가지 면모를 드러냈다. 나중에 맥아더는 일황이 전쟁의 모든 책임은 자신에게 있음을 밝혔다고 잘못된 사실을 전했다. 그날 대화는 그때까지 무혈점령이 대단히 성공적으로 진행되었다는 점을 두고 서로 축하인사를 나누는 내용이 주를 이루었을 가능성이 높다. 대화에 들어가기 전에 맥아더는 사진을 찍을 것이니 일황에게 자기 옆에 서 달라고 요청했다. 그 사진 속에는 지치고 불안해 보이는 표정으로 모든 장식을 제거한 채 몸에 꽉 끼는 예복 코트와 넥타이를 착용해 거의 질식할 지경인 왜소한 일황과 평상시와 다름없이 넥타이를 매지 않은 채 카키색 군복 차림을 하고 느긋한 표정으로 우뚝 서 있는 미국인 총독 맥아더가 나란히 서 있었다. 일본 관리들은 즉시 일본인과 일황의 지위에 대해 그 사진이 전달하는 충격적인 의미를 깨닫고 그 사진을 숨기려고 했다. 하지만 미군 장교들은 그 사진의 공개를 주장했다. 항복 조인식에서 보여주었던 무대 연출과 별로 다르지 않게, 맥아더는 일본인을 향해 수백만 단어보다 더 강력하게 자신의 의사—내가 최고 권력자이지만 복수를 원하지는 않는다—를 전달할 멋진 수단을 생각해냈던 것이다.[14]

일본 점령에서 중요한 정치적 단계는 청천벽력 같은 뜻밖의 사건으로 시작되었다. 10월 4일 연합군 최고사령관 맥아더는 일본판 권리장전(Bill of Rights) 혹은 대헌장(Magna Carta)으로 알려지게 될 명령을 내려 사상과 표현, 집회, 언론의 자유에 대한 모든 제약과 더불어 신앙과 인종, 국적, 정치관에 따른 차별을 초래하는 모든 법적 제약을 폐지했다. 이 법적 제약들이 적용된 기존의 위반사항으로 이전에 구금된 사람들은 모두 풀려났고, 이 법적 제약들을 강요하기 위해 설치된 경찰 기구들은 모두 해체되었다. 히가시쿠니 나루히코(東久邇稔彦) 수상과 내각은 다음날 무언의 항의 표시로 전원 사임했다. 히가시쿠니에 이어 시데하라 기주로(幣原喜重

맥아더가 일본에 주둔하던 시절에 찍은 가장 유명한 사진으로, 히로히토 일황과 처음으로 만났을 때 찍은 사진이다. 일본 당국자들은 맥아더의 압도적인 우월성을 전달하는 특정 이미지의 공개를 억제하려고 시도했다. 〈사진: Public Domain〉

맥아더는 시데하라를 소환해 5대 개혁의 목록을 읽어주고 일본 정부가 신속하게 법제화할 것을 요구했다. 그 5대 개혁의 목록에는 여성 해방과 노조 설립의 촉진, 미성년 노동의 금지, 교육 개혁, 경제 단체의 민주화, 국민의 주택·식량·의복 문제에 대한 즉각적이고 '강력한' 조치가 포함되어 있었다. 흥미로우면서도 시사적인 부분은 목록의 세부항목들을 제공한 것은 워싱턴이지만, 여성 해방을 제일 위에 놓은 것은 바로 맥아더였다는 사실이다. 이런 행동은 아마도 틀림없이 맥아더가 자신의 어머니나 두 번째 아내인 진과 같은 강한 여성을 아주 높이 평가한 데서 비롯된 것으로 해석할 수 있을 것이다.

郎) 남작이 수상이 되었다.

10월 11일, 맥아더는 시데하라를 소환해 5대 개혁의 목록을 읽어주고 일본 정부가 신속하게 법제화할 것을 요구했다. 그 5대 개혁의 목록에는 여성 해방과 노조 설립의 촉진, 미성년 노동의 금지, 교육 개혁, 경제 단체의 민주화, 국민의 주택·식량·의복 문제에 대한 즉각적이고 '강력한' 조치가 포함되어 있었다. 흥미로우면서도 시사적인 부분은 목록의 세부항목들을 제공한 것은 워싱턴이지만, 여성 해방을 제일 위에 놓은 것은 바로 맥아더였다는 사실이다. 이러한 행동은 최근의 갑작스러운 변화에서 나온 것이 아니었다. 맥아더는 1919년 독일에서 점령군 임무를 수행할 당시 언론인인 윌리엄 앨런 화이트에게 여성 해방에 찬성하는 발언을 한 적이 있었다. 이제 26년이 흐른 시점에 그는 그것을 지휘했다. 이런 행동은 아마도 틀림없이 맥아더가 자신의 어머니나 두 번째 아내인 진과 같은 강한 여성을 아주 높이 평가한 데서 비롯된 것으로 해석할 수 있을 것이다.

12월 15일, 신도[神道: 일본 고유의 민족 종교. 일본에서 예부터 내려오던 민간 신앙이 외래 종교인 유교·불교의 영향을 받아 성립했으며, 신사(神社) 및 왕실(王室)을 중심으로 널리 퍼졌다-옮긴이]가 국교(國教)로서의 지위를 상실했다. 이런 조치에 동반하여 사실상 일황으로부터 신격을 제거하는 선언이 이어졌다. 1946년 1월 1일, 히로히토 일황은 조서(황제의 선언)를 통해 자신의 신격을 부인했다. 또한 이 조서의 취지는 자신을 본받아 맥아더에게 반대하지 말고 협력해야 한다고 일본인들에게 분명한 암시를 보내는 것이었다. 사실 조서의 영리한 표현들을 보면 신적 존재에 대한 서구적 개념은 부인했지만, 히로히토는 태양신에서 나왔다는 황가(皇家)의 기원에 대한 신화는 조서 어디에서도 부인하지 않았다. 또한 그는 교묘하게 메이지(明治) 일황이 국민들에게 민주주의를 '수여했다'는 개념을 재천명함으로써 주권자의 지위를 유지했다.[15]

이미 국수주의자 및 군국주의적 조직과 교육이 금지된 상태에서 1946년 1월 4일, 맥아더는 국수주의자와 군국주의자의 대규모 공직 추방을 선언했다. 필리핀 부역자들의 사례와는 아주 대조적으로, 이번 공직 추방은 개별적 사례가 아니라 범주별로 이루어졌다. 그에 따라 90퍼센트의 국회(일본의 입법기관) 의원들이 자격을 상실했고, 1937년부터 1945년까지 공직에 있었던 거의 모든 공무원들이 재직을 금지당했다. 1946년과 1947년에 공직 추방의 파도가 두 번 더 이어지면서 관계와 상계, 산업계, 언론계에서 수천 명을 끌어냈다. 이로써 총 21만 787명이 공직 금지 대상자가 되었다(독일의 경우, 미군 관할 지역에서 그와 같은 정책으로 41만 8,307명이 공직 금지 대상자가 되었다. 이는 비율로 따지면 일본인의 0.3퍼센트, 미군 관할 지역 독일인의 2.5퍼센트에 해당했다). 회고록에서 맥아더는 이 프로그램에 의구심을 갖고 있었다고 주장했지만, 1948년 국가안전보장회의(National

Security Council)가 공직 추방의 완화를 제안하자, 그는 반대했다.[16]

의심할 여지 없이 정치적 개혁의 핵심은 새로운 헌법이었다. 워싱턴의 지침에 따라 맥아더는 일본인에게 국가 헌법의 개정을 요구했지만, 보수주의자들과 진보주의자들이 교착상태에 빠졌다. 하지만 더 큰 문제는 진보주의자들조차 국민이 아니라 일황에게 주권을 부여할 준비가 되어 있는 듯 보였다는 데 있었다. 맥아더는 개입하지 말라는 워싱턴의 명시적 지시를 무시하기로 결정했다. 1946년 2월 3일, 그는 휘트니에게 "헌법 초안을 준비하라"고 지시했다. 맥아더는 직접 세 가지 핵심 요소를 나열했다. (1) 일황은 국가수반이 되겠지만 국민 주권과 일황의 권한은 헌법에 기반을 둔다. (2) 일본은 "심지어 자국의 안전을 보존하려는 목적"으로도 전쟁을 수행할 주권을 포기해야 한다. (3) 일본의 봉건제도를 폐지한다. 휘트니의 군정국 소속 미국인 24명은 놀랍게도 1주일에 불과한 광적인 작업 끝에 일본 정치사에 대한 심도 깊은 지식에 전혀 구애받지 않고 새로운 헌법을 썼다. 이 새로운 헌법은 맥아더의 세 가지 주안점을 구현했을 뿐만 아니라 귀족제도를 폐지했으며, 사법부의 독립과 내각제 모델에 기반을 둔 정부 체계를 제공하고 심지어 미국 모델보다도 더 광범위한 자유를 부여했다. 이 외제 헌법은 일본 정치계 인사들에게 충격을 주었다. 그들은 그것이 칭찬할 만하지는 않지만 점령을 조기에 끝내줄지도 모르며 제국의 관습이 보장되고 만약 다른 나라들이 개입해서 훨씬 더 받아들이기 어려운 헌법 초안이 나오는 사태를 막아준다고 생각했다.

두 가지 점은 아직도 논란거리로 남아 있다. 첫째, 그것은 일황의 실질적인 권위를 제거하기는 했지만, 일황을 국가수반으로 만들었다. 비록 상징적인 존재에 불과하더라도 지속적인 일황의 존재는 이후 수십 년에 걸쳐 전통적인 중도주의와 보수주의가 머물 수 있는 확실한 정박지 역할을 했다. 둘째, 전쟁과 군대를 포기한다는 유명한 9조의 개념은 맥아더 본인 작품이었다. 나중에 그 개념이 일본인 관료에게서 나왔다고 주장하려고 시도했지만 말이다. 맥아더의 원래 개념은 심지어 일본의 자위권조차 부정하려고 했지만, 최종 버전과 그것에 대한 일본인의 해석 버전은 '자위권'을 제공했고, 자위권이 적용되는 범위에 대한 끝없는 논쟁을 불러일으켰다.[17]

점령 기간 동안 모든 정치적 목표가 달성된 것도, 또 모든 성공에 맥아더가 중요한 역할을 한 것도 아니었다. 미국인 개혁자들은 일본 권력의 중앙 집중을 역행해 그것을 지방 정부에 넘기려고 했다. 그러나 이런 노력은 헛된 것임이 증명되었다. 이보다 훨씬 더 성공적인 것은 일본 사법체계 개혁이었다. 하지만 일본 사법체계 개혁의 성공에는 맥아더나 그의 고위 참모들이 아주 조금 기여했을 뿐, 그것은 거의 전적으로 독일계 망명자이자 판사인 미국인 앨프레드 C. 오플러(Alfred C. Oppler)의 지혜 덕분이었다. 그는 일본에 기원을 둔 방법들 중에서 신중하게 선택한 것들을 조합해 일본인들을 설득했다.[18]

제12장
승리와 도전

맥아더의 일본 경제개혁 :
토지개혁과 노동운동, 거대 재벌 해체

일본 점령에 들어가기 전에 미국은 계획 단계에서 일본이 제국주의적 침략에 나서게 된 근본 원인으로 국가 경제의 저개발 상태와 소득 분포의 불균형을 들었는데, 이는 일본이 수출 주도 정책을 펼치면서 일본에 불공정한 이득을 제공했다. 사실상 농노였던 대부분의 일본 농부들이 도시 지역으로 내몰리면서 싸고 순종적인 노동력을 끊임없이 공급했고, 그와 같은 노동력은 거대한 산업 콤바인이 인위적으로 수출 가격을 낮출 수 있게 해주었다. 경제 민주화의 기치 아래, 연합군 최고사령관인 맥아더는 이 세 분야를 개별적으로 공략했다.[1]

경제개혁 중에서 가장 광범위한 것이 토지개혁이었다. 맥아더가 일본에 도착했을 때, 일본인 농부 10명 중 7명은 맥아더가 아무런 과장 없이 사실상 노예제도나 다름없다고 비난한 체제에 속한 소작농이었다. 맥아더의 명령에 따라 일본 정부는 전체 소작농 중 3분의 1만을 대상으로 하는 토지개혁안을 제시했다. 이후 미국과 일본 농업 전문가들이 강구한 수정안이 1946년 10월에 법률로 통과되었다-일본 주재 오스트레일리아 대사 맥마흔 볼(MacMahon Ball)에 의해 적용 대상이 극적으로 확대되었다. 부재지주제도(부재지주란 토지의 소유자가 스스로 토지를 사용·수익하지 않고 타인에게 임대해주는 대가로 소작료를 받으며 토지의 소재지에 거주하지 않는 지주를 말함-옮긴이)는 폐지되었다. 비영농인 소유의 땅을 정부가 매입해 유리한 장기 상환 조건으로 농부에게 재매각했다. 중앙 정부의 권한을 지방에 분산시킴으로써 실제로 민주주의를 경험할 수 있는 보너스도 챙

1949년 12월이 되자, 일본에서 경작자가 농지의 89퍼센트를 소유하여 1945년 비율을 완전히 역전시켰다. 맥아더의 개인적 관심과 지원이 토지개혁에 중요한 역할을 했다는 데는 의문의 여지가 없다. 점령기 일본의 위대한 학자인 다케마에 에이지는 토지개혁을 "전근대적 사회관계를 완전히 무시하고 일본 농촌지역을 변화시킨 평화로운 토지혁명"이라고 격찬했다.

겼다. 1949년 12월이 되자, 일본에서 경작자가 농지의 89퍼센트를 소유하여 1945년 비율을 완전히 역전시켰다. 맥아더의 개인적 관심과 지원이 토지개혁에 중요한 역할을 했다는 데는 의문의 여지가 없다. 점령기 일본의 위대한 학자인 다케마에 에이지(竹前栄治)는 토지개혁을 "전근대적 사회관계를 완전히 무시하고 일본 농촌지역을 변화시킨 평화로운 토지혁명"이라고 격찬했다.[2]

경제 민주화의 두 번째 전선은 노동운동이었다. 연합군 최고사령부 당국자는 맥아더의 명시적인 지지를 받아 강요하다시피 노동운동을 다시 활성화시켰다. 조합가입자는 1945년 10월 얼마 되지 않는 707명에서 천문학적으로 증가하여 1949년 6월에는 660만 명에 이르렀다. 하지만 맥아더는 1946년 임박한 총파업에는 선을 긋고 한계를 두었다. 그의 관점에서 중요한 문제는 철도와 통신, 기타 공공 분야에서 노조에 가입한 노동자의 수가 엄청나게 많다는 것이었다. 철도가 식량배급에 중요한 역할을 맡고 있기 때문에 철도체계의 붕괴는 수백만 일본인들에게 말 그대로 생명의 위협이었다. 맥아더의 지시에 따라 일본 정부는 공공 서비스 분야 노동자들의 단체교섭권과 파업을 제한하는 법률을 제정했다.[3]

토지개혁과 노동운동에서 거둔 승리와 대조적으로 경제 민주화의 세 번째 갈래인 거대 재벌의 해체는 별다른 성과를 거두지 못했다. 1850년 대부터 15개 정도의 가문이 재벌(財閥: 문자 그대로 '재정적 족벌 혹은 연합 체')로 연합하여 지주회사와 겸직임원제도, 금융협정 속에서 겉으로 드러나지 않은 채 그물처럼 복잡하게 얽힌 촉수로 일본 경제를 옭죄고 있었다. 그들은 사실상 일본 내 금융과 산업, 상업 활동의 최대 75퍼센트를 통제하고 있는 것으로 추산되었다. 많은 서구인들이 일본 군국주의의 파트너가 되어 침략을 조장했다며 그들을 비난했다.

재벌을 해체하려는 시도는 복잡하고 우울한 이야기들로 전개된다. 재벌들은 자신들을 해체하려는 노력에 집단적으로 교묘하게 저항한 반면, 그들의 상대는 무능하고 분열되어 있었다. 일본 경제가 쇠약해진 상태에서 재벌의 해체가 생산성을 떨어뜨릴 수도 있다는 우려 때문에 규제에 대한 안전장치를 요구하는 강력한 목소리들이 존재했다. 연합군 최고사령부 내에서는 심지어 개혁자들 사이에서도 파벌이 존재해서 재벌을 공격할 방법과 그 수준을 어느 정도로 해야 하는지를 두고 충돌했다. 게다가 중요한 시기에 내각을 구성한 일본의 사회주의 정부는 국유화를 고려하고 있었기 때문에 그처럼 대규모 경제력 집중이 잠재적으로는 정부의 통제를 실행하는 데 유용하다고 생각했다.

이 일들이 진행된 과정들을 들여다보면 점령에서 맥아더가 얼마나 중요한 역할을 했는지 알 수 있다. 다케마에의 말처럼 맥아더는 "거대 금융을 불신했다." 하지만 초기에는 재벌을 상대하는 데 별로 열의를 보이지 않았다. 비난을 당해 기분이 상한 맥아더는 어쩌면 정치적인 것까지 고려하여 1947년에 대규모 재벌 근절과 2,200명의 기업주 '추방'을 약속하는 법안을 지지했다. 결국 개혁이 가속화되어 4대 재벌 중 미쓰이(三井)와 미쓰비시(三菱), 두 거대 재벌이 해체되었으며, 거기에서 각각 2,000개 기업이 탄생했다. 하지만 그것은 일본에서 자본주의가 파괴될지도 모른다는 두려움을 느낀 미국 기업 집단의 격렬한 반발을 불러일으켰다. 재벌의 빈틈없는 지연전술은 워싱턴이 방침의 변경을 지시하면서 성공을 거두었다.[4]

미국은 국수주의와 전쟁 미화를 일본이 침략 전쟁을 일으킨 주요 원인이라고 보았다. 교육과 종교, 보도가 이런 생각을 전파했기 때문에 연합군 최고사령부는 일본의 문화를 근본적으로 바꾼다는 거대한 목표를 갖고 이 모든 분야에서 전면적인 공세를 감행했다. 미국은 1,800만 명의 학생과 40만 명의 교사로 구성된 일본 교육체계의 구조와 내용을 모두 바꾸려고 했다. 전쟁 이전 교육체계는 학생을 성별에 따라 나누고 정규교육은 6년만 요구했다. 교육개혁자들은 새로운 남녀공학 '6-3-3' 정규교육방식(초등학교 6년, 중학교 3년, 고등학교 3년에 초등학교와 중학교는 의무교육)을 설계했다. 일본 점령 당시의 다른 많은 일화들과는 반대로, 일본인 개혁자들은 미국인 동료들에게 미국의 제안으로 그것을 발표하게 하는 방법을 취함으로써 국내의 반대를 피했다. 다른 한편, 일본 교육체계를 분권화하려는 시도는 실패했다. 엘리트주의, 특히 도쿄제국대학의 독점적 지위와 '동문(old boy)' 위주의 대학 임용체계에 대한 공격은 완전한 성공도 실패도 아닌 겨우 절반의 성공만을 거두었을 뿐이었다.

진보적인 일본 교육자들이 교육 내용을 개정하려는 노력을 너무나 열성적으로 지지하는 바람에 연합군 최고사령부는 공식 법령을 아예 일본인에게 맡겨버렸다. 이후에도 계속된 교육개혁으로 개정된 교과서는 국수주의와 군국주의 내용을 배격하고 민주주의 원칙들을 강화했다. 교실에서는 기계적 암기가 강조되는 전통적 학습 방식 속에 더 많은 문제해결 요소들을 도입했다. 복잡한 한자에서 파생된 문자를 옹호하는 측과 그것을 폐기하고 라틴 문자를 도입하자는 측이 충돌하여 문자를 단순화하는 타협안이 도출되었다. 이 개혁들이 진행되는 동안, 24퍼센트의 일본인 교사들이 사직하거나 공직 추방을 당했다.[5]

이상하게도 맥아더는 자신이 일본을 통치할 당시 정치·경제개혁의 성공으로 대대적인 찬사를 받았음에도 불구하고 사석에서 일단 점령기가 지난 뒤에는 점령한 국가나 점령당한 국가의 역사가 거의 일관되게 그 시기를 암흑기로 판단한다고 우겼다. 그는 그런 역사 기록이 틀렸음을 입증하려면 점령 기간을 짧게 해야 한다고 주장했다. 이미 1947년에 그는 평화조약을 체결하여 점령을 끝낼 것을 요구했다. 그의 동기가 순수했을 가능성도 있다. 하지만 대통령이 될 수 있는 마지막 기회가 손짓하고 있었기 때문에 정치적인 것이 작용했을 가능성이 더 높다. 1948년 무렵 트루먼 대통령에 대한 대중의 한심한 평가와 공화당 정치가들의 부추김에 설득당한 맥아더는 대통령선거에 출마하기로 했다. 장밋빛으로 물든 여론조사 분석 결과와 1944년 경선 때부터 동맹이었던 인사들의 재촉에 자극을 받은 맥아더는 1948년 3월에 공개적으로 대통령 후보 지명전에 나서겠다고 발표했다—1944년에는 하지 않았던 행동이다.

수포로 돌아간 이 시도에서 흥미로운 역설 중 하나는 일부 보수주의자들 사이에서 맥아더가 일본에서 수행한 경제개혁들이 사회주의적이라고 평가되었다는 사실이다. 그의 선거운동은 자금과 조직, 공개적인 지지가 부족했다. 결국 그것은 1948년 4월 위스콘신 예비선거에서 수치스럽게 종말을 맞았다. 해럴드 스태슨이 19명의 대의원을 확보한 데 비해 맥아더는 8명을 확보하는 데 그쳤다. 공화당 전당대회에서 맥아더가 형식적인 지명을 받자 조너선 웨인라이트가 감동적인 지지연설을 했는데, 1942년 맥아더가 끔찍하게 대우했음에도 불구하고 웨인라이트가 포로생활에서 풀려

나자 두 사람은 금방 친구가 되었던 것이다.[6]

●
일본 내 좌익 반체제 혹은
'반민주주의' 조직에 대한 공직 추방

유럽을 가장 우선하고 그 다음을 지중해로 여기는 워싱턴의 계산 방식은 전후에도 변함없이 계속되었다. 1945년 9월 이후 미국 지도자들이 당면한 기라성 같은 문제들 속에서 3류급에 속했던 일본의 지위는 정복개혁의 세부사항이나 시기를 두고 맥아더가 상당한 재량권을 가질 수 있었던 중요한 이유 중 하나였다. 하지만 1947년 소련과의 충돌이 이후 냉전으로 알려진 대치 상태로 고착되었다. 지는 쪽은 중국 국민당이라는 사실이 너무나 분명해지자, 일본은 장기간 평화(Long Peace)를 위한 태평양의 확실한 외곽 성벽으로 부상했다.

이런 새로운 전망에 자극을 받아서 미국은 일본을 강화하여 외적·내적 위협으로부터 그것을 지키기 위해 일본에 대한 정책을 재검토하게 되었다. 정책 전환은 1948년 6월 미국 의회가 일본에 대한 5억 3,000만 달러 규모의 경제 원조를 승인하면서 발효되었다. '봉쇄정책(Containment Policy: 미국이 과거 냉전시대에 소련의 세력 팽창에 대항하기 위해서 수립한 '반소반공' 세계외교정책이다-옮긴이)'의 시조인 조지 케넌(George Kennan)은 훗날 마셜 플랜(Marshall Plan: 2차 세계대전 이후 유럽의 황폐화된 동맹국을 위해 미국이 계획한 재건·원조 계획이다. 미국의 국무장관 조지 마셜이 제창했기 때문에 마셜 플랜 또는 마셜 계획이라고도 불리며, 공산주의의 확산을 막는 것이 목적이었다-옮긴이)에 이어 자신이 공직에서 달성한 두 번째 위

조지 케넌(1904~2005)은 미국의 외교관으로 1946년 소련 부대사 재직 시 8만 자의 전문을 미 국무부에 제출했는데, 여기서 그는 사회주의 체제의 불합리성을 지적하며 미국 주도의 자본주의와 소련의 공산주의가 공존이 불가능하기 때문에 소련에 대한 봉쇄정책을 건의했다. 그는 1947년 《포린 어페어스 (Foreign Affairs)》 7월호에 X라는 익명으로 "소련 외교정책의

원천"이라는 논문을 발표했다. 이 논문의 요지는 소련의 팽창주의 외교정책에 대한 봉쇄정책이었다. 2차 세계대전의 승리로 고무된 소련은 팽창정책으로 영향력을 확대할 것이며 이념적 토대가 다른 미국 주도의 노선에 따르지 않을 것으로 전망했다. 따라서 서유럽과 일본의 경제를 부흥시켜 공산세력의 침투를 막을 정치적 봉쇄가 필요함을 역설했다. 그의 주장은 마셜 플랜과 소련에 대한 봉쇄정책의 토대가 되었다.

성취는 일본을 위한 유사 프로그램이었다고 평가했다. 그의 견해는 1948년 10월 NSC 13/2 "국가안전보장회의 보고서 미국의 대일정책에 대한 권고(Report by the National Security Council on Recommendations with Respect to United States Policy Towards Japan)"에 언급되었다. 그것은 1945년 9월, "항복 이후 미국의 초기 정책(United States Initial Post Surrender Policy)"과 함께 점령에 지침이 되는 2대 중요 지시서 중 하나이다.[7]

새로운 정책의 핵심은 다음과 같다. 이미 시행된 개혁이 정착될 수 있도록 새로운 개혁을 축소하고 경제를 회생시켜 일본을 강화하며("미국 안보 이익에 버금가는" 목표), 공직 추방 대상과 전범자 추적을 점차 줄이며, 미국인과 일본인 사이에 이해를 확립하고, 연합군 최고사령부 인력을 줄이며(1948년에서 1950년 사이에 3,500명에서 2,000명으로 감소했다), 체제 전복을 막기 위해 국내 경찰 병력을 보강한다.

이와 동시에 관료주의적 관점에서 맥아더는 운신의 폭이 줄어들었다. 그는 이전까지 워싱턴의 혼란과 미군 지휘관인 동시에 다국적군 지휘관이라는 지위 덕분에 관할권이 서로 겹치는 부분이 있어서 자신이 반대하는 수단을 피할 수 있는 운신의 여지가 있었다. 미국 국가안보체제의 재편으로 공동 전선이 등장하면서 국제적 책무를 워싱턴이 주도하게 됨으로써 맥아더는 전반적으로나 특수 사안에 대해서나 새로운 정책 지침에 도전할 수 있는 여지마저 사라졌다.[8]

어떤 역사가는 이어지는 사건들을 '반전(反轉)'으로 낙인찍고, 정도의 차이는 있지만 그것들이 점령의 이상적인 초기 목표를 포기하게 되는 전조였다고 주장했다. 일본 역사가 다카마에는 좀 더 정확하게 이 항로가 "180도 변침이 아닌 주안점의 변화, 침로 수정 아니면 기어 변속"임을 포착했다. 종합적으로 볼 때 1947년까지 점령은 초기 목표들 중 대다수를 달성한 상태였다. 한 가지 눈에 띄는 미달성 부분은 재벌 해체였다. 워싱턴에서 하달된 새로운 명령은 법률과 정치개혁, 토지분배, 여권신장, 보건복지 등과 같은 핵심 영역에서는 거의 또는 전혀 노선 변경이 없을 것임을 보장했다. 워싱턴의 새로운 지시는 개혁의 영향을 주로 경제와 공산주의자들의 활동 무대가 될 수 있는 정치 영역으로 제한했다.[9]

22만 명(그중 약 80퍼센트가 이전 제국군대 장교)이 블랙리스트에 오른 공직 추방은 1948년 가을에 해제되었다. 결국 거의 모든 대상자가 권리를 회복했다. 공산주의자들이 조장한 폭력사태가 점점 가열되다가 1950년 노동절 이후 절정에 달해 전례 없이 미군을 공격하는 사태까지 벌어졌다. 맥아더는 공산당 중앙위원회 위원들과 공산주의 언론인들을 공직에서 추방하는 것으로 보복했다.

일본의 황폐화된 경제 상황을 고려해서, 처음부터 맥아더는 배상금 징수에 저항했다. 배상금을 물어야 할 위험이 있을 경우 배상금으로 몰수될 가능성이 있는 자본재에 대한 투자를 꺼리는 분위기가 조성될 것이기 때문에 그것은 일본 경제 회복에 심각한 장애물로 작용할 것이 분명했다. 1949년 5월, 미국은 일방적으로 배상금 청구를 포기함으로써 다른 국가들은 양국 합의에 따라 처리하게 했다. NSC 13/2의 의도와 부합되게도 요시다 시게루(吉田茂) 수상의 자유당이 국회에서 절대다수 의석을 확보하자, 일본 정부도 연합군 최고사령부와 함께 이상주의적 모험을 계속 추구하기보다는 실용주의 노선을 강조하는 데 동참했다.[10]

경제 노선 변경을 전면에서 주도한 것은 미국인 은행가 조지프 다지(Joseph Dodge)였다. 한 점령 관리에 따르면, "점령기 일본에 미친 그의 영향력은 맥아더에 버금갔다." 독일에서 화폐 개혁 임무를 막 끝낸 다지는 1949년 2월에 일본에 도착했으며, 맥아더의 반대를 무릅쓰고 1948년 12월 워싱턴이 지시한 경제 안정화 계획을 실행했다. 그 계획은 전반적으로 점령의 비용을 감축하고 일본 경제를 부활시키며 국제적으로 경쟁할 수 있을 만큼 일본 기업들을 소생시키는 데 목표를 두었다. 다지 플랜(Dodge Plan)으로 알려진 이 계획은 인플레이션을 근절하고, 통화를 안정화시키며, 예산 균형을 이루고, 일본의 산업에 대한 정부 보조금 지급을 중단하며, 국내 시장에서 해외 시장으로 향하도록 기업을 적응시키는 일련의 가혹한 정책들을 특징으로 했다. 이런 체계에서 승자는 대체로 재벌 계열에 속한 대기업이었다. 그리고 대다수가 파산에 이른 중소기업들과 전투적인 노동자들, 초기에는 일본 인구 과반수가 패자에 속했다. 이 조치들의 영향 아래 1950년 6월 산업 생산은 1931년 수준의 3분의 1로 떨어졌고, 투자는 1949년 수준의 절반으로 줄었다. 이런 현상은 "안정화된 불황"이라는 이름이 붙었다.

쇠약해지던 일본 경제에 활력을 불어넣어 초경제대국의 지위에 진입할 수 있도록 기반을 마련해준 것이 바로 한국전쟁 기간 동안 대규모로 유입된 미군 조달용 달러였다. 이것은 1950년 하반기에만 총 1억 8,400만 달러였으며, 1952년에는 8억 2,400만 달러에 달했다. 한국전쟁이 시작되었을 때 일본의 제조업 지수는 1934년~1936년 평균의 약 3분의 1 수준에 머물러 있었다. 1950년 말에 그것은 94퍼센트 상승했으며, 1953년 중반에는 171퍼센트에 달했다.[11]

점령 초기 맥아더는 대체로 공산주의자들에게 관대했으며, 1948년 ~1949년 말까지만 해도 그들의 중요성을 대단치 않게 생각했다. 하지만 점령 정책의 방향 전환으로 진보주의와 보수주의를 통합하는 일련의 법적 조치가 이루어졌고, 이런 조치들은 급진적 노조지도부, 특정하여 공산주의자들을 공격하기 위한 무대를 제공하기 위해 민주화를 신장시키고 자신의 행위에 책임을 지는 사회를 만들려는 노력으로 홍보되었다. 나아가 다지 플랜 하에서 보통 급진주의 노동인력을 제거하고 공산주의의 아성을 무너뜨리기 위해 산업 부문과 공공 부문 모두 대규모 해고를 실시했다.[12]

요시다 시게루 수상은 1949년 1월 큰 승리를 거두고 강력한 정부를 구성했다. 급진 좌파는 정부에 대한 도전을 준비했다. 요시다는 일련의 조치를 취해 공산주의자들의 이빨을 뽑아버렸다. 그가 좌익계 참의원 한 명을 공직에서 추방하자, 대규모 시위가 일어났다. 4월에 새로운 법이 제정되어 그는 '체제 전복을 꾀하는 조직'을 불법화할 수 있는 권한을 갖게 되었다. 이어서 요시다는 주요 좌익 반체제 혹은 '반민주주의' 조직에 대한 공직 추방을 실시했다. 많은 역사가들은 이 공직 추방을 심하게 비판했다. 그들은 이런 행동의 근거가 연합군 최고사령관의 1946년 공직 추방 지시였다고 추정했는데, 그 전까지 그것은 좌익이 아니라 우익을 겨냥했었다. 하지만 그런 비판은 근원적인 원칙과 관련된 쟁점에서 약점을 갖고 있다. 만약 그 기본 전술이 '우파'를 상대로 적용되었을 때는 용납이 가능했다면, '좌파'를 상대로 적용되었을 때는 원칙적으로 그것을 반대할 어떠한 근거조차 존재하지 않았다. 이 일에는 윌러비가 적극적으로 나섰는데, 이미 그는 점령 기간 내내 '반체제 인사'를 뒤쫓았을 뿐만 아니라 이제는 미국과 일본 관리들이 자신의 관점에 폭넓게 공감하고 있다는 것을 알게 되었다.[13]

일본 재무장이라는 극도로 민감한 문제는 냉전을 수행할 자격을 갖춘 동맹으로서 일본을 고무하는 부분에서 워싱턴이 거둔 성공이 한계가 있었음을 보여주었다. 1948년부터 워싱턴의 정책 문서들은 일본의 군대 재건에 관심을 보였다. 여기에는 몇 가지 장애물이 있었다. 첫째는 일본 헌법 9조의 "평화" 조항이었다. 그로부터 멀지 않은 곳에 맥아더의 반대가 있었다. 한국전쟁이 발발하기 불과 며칠 전, 일본의 재무장을 허용하면 반대급부로 조기 평화조약을 체결할 수 있어서 점령 기간이 그만큼 짧아질 수 있다는 가능성을 깨닫고 맥아더는 뒤늦게 자신의 입장을 바꿨다. 또 다른 문제는 심지어 보수주의자인 요시다 수상조차도 일본 군대의 부활을 일종의 저주로 여겼다는 것이었다.[14]

1950년 북한이 남한을 공격하지 않았다면, 일본이 언제 어느 수준까지 자체 무력을 갖게 되었을지 자신 있게 말할 수 없다. 하지만 8군의 모든 전술 부대들이 한국으로 이동했을 때, 일본의 육상은 사실상 무방비 상태에 놓였다. 7월 8일 맥아더가 유엔군 사령관이 된 바로 그날, 그는 요시다 수상에게 현존 12만 5,000명 규모의 국립 경찰을 보강하기 위해 7만 5,000명의 국립 경찰예비대를 창설하라고 지시했다. 하지만 이 '경찰예비대'는 경보병의 중대급 부대로 조직되고 훈련을 받았다. 그들은 소수의 중화기와 몇 대의 전차("특수차량"이라고 불렀다)를 보유했다. 한편 윌러비는 이전 장교들의 명단을 관리하고 있는 다수의 재능 있는 전직 일본 제국 육군 장교들을 은밀하게 지원했는데, 이들은 나중에 새로운 총참모본부 요원이 되어 육군을 부활시킬 때 중핵을 담당했다. 하지만 맥아더는 윌러비의 노력을 거부하고 그의 프로젝트를 새로 창설된 지상군으로 통합시켰다.

●
일본 점령 개혁의 모순과 오점

비록 점령 개혁이 광범위하게 이루어졌고 많은 성공을 거두었지만, 철학적으로 매우 중요한 쟁점들과 미완의 사업 영역들이 남아 있었다. 가장 큰 모순은 민주주의적 목표를 강요하는 맥아더의 권위주의적 방식이었을 것이다. 하지만 다카마에의 결론처럼, "점령군이 없었다면 연합군 최고사령부와 혁신적인 일본인들이 뿌리 깊은 사고방식과 확고한 정치적 이해, 국가 제도에 대한 강철 같은 장악력을 가진 막강하고 완강한 구질서를 잠시라도 무너뜨릴 수 없었을 것이기 때문에 이것은 피할 수도 없었고 꼭 필요한 것이기도 했다. 연합군이라는 자극이 없었다면, 일본의 전후 변혁은 시작조차 할 수 없었을 것이다."[16] 따라서 일본 점령은 "총검이나 (혹자가 덧붙여 말하듯) 칙령으로 민주주의를 강요할 수 없다"는 단순한 슬로건에 대한 분명한 반증이다.

또한 민주화라는 공개적인 목표와 모순되게도 점령은 검열에 의존했다. 연합군 최고사령부는 일본 언론이 맥아더에 대한 비판을 게재하지 못하게 열심히 막았다(강력하게 금지된 또 다른 주제는 원자폭탄이었다). 미국인을 포함한 외국 특파원들도 이런 장벽을 뚫으려고 했다가 홀로 고립되거나 추방되는 사례가 17차례나 발생했다. 이와 동시에 연합군 최고사령부는 일본 주요 일간지들의 질적인 향상을 꾀하고 점령이 시작되기 전에 존재했던 아주 선정주의적인 경향을 억제하는 데도 어느 정도 성공했다.

이런 이론적인 모순 외에도 몇 가지 실질적으로 부족한 부분이 있었다. 미국이 군사기지를 확보하기 위해 이오지마와 오키나와를 점유하면서 이두 섬은 일본의 지배에서 벗어났으며 정치 개혁에서도 대부분 제외되었다. 또한 점령당국은 오랜 기간 강력하게 소수집단들, 특히 원주민과 한국인을 고립시켜왔던 강력한 차별 장벽도 무너뜨리지 못했다. 보건·복지 분야에서 전반적으로 별처럼 빛나는 성공을 거두었음에도 불구하고 이 분야에서 미군의 기록에는 두 가지 끔찍한 오점이 있다. 일본 제국 육군은 이시이 시로(石井四郎) 중장을 지휘관으로 731부대를 창설하여 화학전과 생물학전을 연구했다. 일본인들은 적어도 3,000명의 목숨을 앗아간 무자비한 생체실험을 강행하는 방법으로 자원 부족을 상쇄했다. 미국 당국자들은 이 무시무시한 생체실험으로 발견된 사실들이 막 싹트기 시작한 냉전에서 무한한 가치를 지닌 귀중한 자료라고 생각했다. 이시이는 영리하게 전범재판에서 무죄를 받는 조건으로 자신의 소름끼치는 결과물을 거래했다. 샘스는 물론 맥아더도 거기에 개입했지만, 그것을 추진한 세력은 워싱턴이었다.

일본 제국 육군은 이시이 시로 중장을 지휘관으로 731부대를 창설하여 화학전과 생물학전을 연구했다. 일본인들은 적어도 3,000명의 목숨을 앗아간 무자비한 생체실험을 강행하는 방법으로 자원 부족을 상쇄했다. 미국 당국자들은 이 무시무시한 생체실험으로 발견된 사실들이 막 싹트기 시작한 냉전에서 무한한 가치를 지닌 귀중한 자료라고 생각했다. 이시이는 영리하게 전범재판에서 무죄를 받는 조건으로 자신의 소름끼치는 결과물을 거래했다. 샘스는 물론 맥아더도 거기에 개입했지만, 그것을 추진한 세력은 워싱턴이었다.

워싱턴은 이후 원폭사상자위원회(Atomic Bomb Casualty Commission)가 된 조직에 원자폭탄이 인간에게 미치는 영향을 조사할 것을 명령했다. 표면적으로는 미국과 일본이 합동으로 조사했지만, 미국 관리들이 위원회를 지배했다. 그들은 그런 지배력을 활용해 조사 결과를 비밀에 붙여서 많은 정보를 일본인에게 공개하지 않았는데, 특히 원폭피해자들을 치료하는 데 도움이 될지도 모르는 유용한 결론을 감추었다. 조사관의 권위주의적 태도와 피해자들의 치료를 금지한 공식 '직령(ukase)'으로 인해 당연히 반감이 조성되었다.

하지만 심각한 개혁에 대한 공격조차도 피해간 일본 관료주의가 가장 중요한 제도였는지 모른다. 일본근대사 연구자인 저명한 미국 역사학자 존 다우어(John Dower)는 "일본 모델"이라는 꼬리표가 붙게 되는 개발의 핵심은 1945년 이전에 시작되었으며, 일본 점령은 일본 관료주의와 군국주의 사이의 연결고리를 제거하는 한편, 권력의 중앙집권화를 통해 관료주

의를 키웠다는 설득력 있는 주장을 내세웠다.[17]

자신의 명령권 밖에서 맥아더가 수행한 모험 중 하나는 아주 돈키호테적이다. 맥아더는 많은 일본인들이 패전 이후 영적인 공허 상태에서 나약해졌다고 인식했다. 따라서 그는 기독교 신앙으로 그 공허함을 메우려는 성전(聖戰)에 착수했다. 맥아더 본인은 정기적으로 교회에 나가지 않았지만, 성경에 정통했다. 하지만 그의 이런 노력은 대체로 자기 위주로 생각하는 미국인의 관점과 민주주의와 기독교는 상호 의존적이라는 그의 철학적 신념에서 비롯되었다. 그는 선교와 성경을 비롯해 기독교 전파를 촉진하기 위한 수많은 대중 활동과 공적 활동에 공식·비공식적으로 엄청난 노력을 기울였다. 하지만 1948년에 맥아더는 일본의 기독교신자 수가 1941년하고 거의 비슷한 수준에 머물러 있다는 것까지는 알지 못했더라도 자신의 노력이 실패했다는 사실은 알았다.[18]

끝으로 다시 일황에 대한 이야기로 돌아가보자. 1945년 9월 두 사람이 처음 만난 뒤, 황궁으로 답방을 해달라는 초대를 맥아더가 거절했기 때문에 이후 항상 일황이 맥아더를 방문했다. 이런 증거를 보면 두 사람이 진실로 서로를 존중했다는 것이 분명해 보인다. 일황의 입장에서는 맥아더가 전범재판이나 퇴위를 거부했기 때문에 그에게 크게 고마움을 느꼈을 것이다. 일황이 일본 점령을 홍보하는 데 중요한 인물이라는 데는 의문의 여지가 없었다. 맥아더는 이례적인 일련의 여행으로 일본 전역을 방문하면서 상당한 인기를 끌었다.[19]

지휘자 맥아더의 강점 : 표현 방식과 상징화

사실상 맥아더의 삶과 경력에서 다른 모든 측면들과 마찬가지로, 일본 점령 기간 동안 맥아더가 거둔 성취 역시 논쟁을 불러일으켰다. 실제로 어느 역사가는 맥아더가 정말 중요하기나 했는지 의문을 제기하기도 했다.[20]

그와는 반대로 맥아더의 업적은 진짜 존재했고 중요했다. 하지만 그가 성취한 것이 무엇이고 어떤 식으로 이루어졌는지는 정확하게 살펴볼 필요가 있다. 맥아더의 강력한 옹호자들이 내세우는 주장과는 달리, 맥아더가 아니라 워싱턴이 사실상 점령의 모든 목표를 구상했다. 하지만 맥아더는 단지 고무인이나 찍어주는 공무원을 훨씬 능가하는 역할을 했다. 그는 - 지휘하기보다는 영감을 불어넣어야만 했던- 아주 독특한 교향악단의 지휘자에 훨씬 더 가까웠다. 위대한 작곡가가 그에게 멋진 악보를 건넸다. 하지만 악보 그 자체는 박자와 강약을 알려주는 몇 개의 기호가 무감정한 잉크로 표시된 담황색 종이에 불과했다. 따라서 궁극적 성공을 위해서는 지휘자가 세심하게 대단히 많은 부분들을 입력해주어야만 했다. 게다가 최종 연주에는 지휘자가 작곡한 핵심적인 부분들이 포함되어 있었다(예를 들어, 헌법 개정과 기근 퇴치). 분명 작곡자가 그것들을 제공했음에도 불구하고 배상금 문제처럼 다른 부분들 역시 결국 연주에서 사라져버렸다.

지휘자 비유는 맥아더의 두 가지 강점인 표현 방식과 상징의 중요성을 강조하는 데 훨씬 더 도움이 된다. 항복 조인식의 수사적 연설문이나 자기 존재를 신비롭게 만들기 위한 의도적 거리두기, 1945년 일황과 함께 사진을 찍으며 강력한 메시지를 발산했던 포즈 등 어떤 방식을 취하든 맥아

항복 조인식의 수사적 연설문이나 자기 존재를 신비롭게 만들기 위한 의도적 거리두기, 1945년 일황과 함께 사진을 찍으며 강력한 메시지를 발산했던 포즈 등 어떤 방식을 취하든 맥아더는 우월성과 고차원적 이상, 관대함을 전달했다. 그는 지속적으로 일본 국민의 도움을 받기 위해 자신의 후광을 제한적으로 현명하게 활용했다.

더는 우월성과 고차원적 이상, 관대함을 전달했다. 그는 지속적으로 일본 국민의 도움을 받기 위해 자신의 후광을 제한적으로 현명하게 활용했다. 일본 점령 당시 그의 기록은 자신의 습관적인 불복종으로 인해 발생한 난처한 상황들이 보여준다. 주장컨대, 그가 남긴 두 가지 위대한 업적, 식량 위기 극복과 헌법 개정은 모두 워싱턴의 지시에 대한 노골적인 불복종을 통해 이루어졌다는 것은 거의 틀림없다. 따라서 그의 기록을 명령을 준수하면 '좋은' 맥아더로, 명령을 어기면 '나쁜' 맥아더로 구분할 수는 없다.

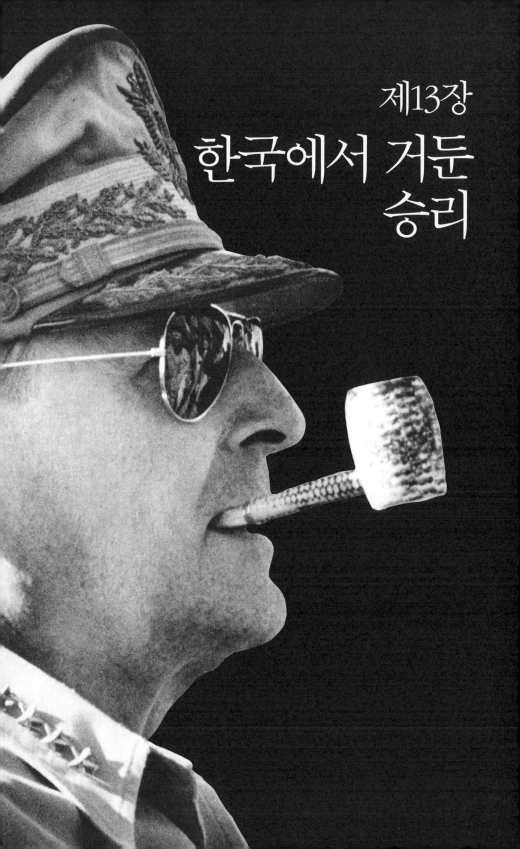

제13장
한국에서 거둔
승리

불복종 낙인에도 불구하고
유엔군 사령관에 임명되다

1945년 8월부터 1950년 6월까지 한국의 운명은 미국의 정책 조언에 따라 힘없이 흔들리고 있었다. 35년에 걸친 일본의 가혹한 식민 통치가 곧 끝날 기미를 보였을 때, 성급한 편의주의로 인해 미국은 성급하게 두 가지 중요한 결정을 내렸다. 첫째, 곧 있을 미국과 소련의 점령지역을 구분하기 위한 인위적인 선으로 38도선을 선택했다. 둘째, 적합성보다는 선적 공간과 부대의 사용 가능성만을 따져 존 하지(John Hodge: 미군 24사단장으로 1945년부터 1948년까지 주한미군 사령관 겸 미군정청 사령관으로 활동했다-옮긴이) 중장의 24군단이 미국 점령군으로 선정되었다. 효과적인 전투지휘관이었던 하지는 점령군 사령관으로서 모든 정파의 한국인들이 소원해지게 되는 노선을 취했다.

소련 점령 지역에서는 김일성이 게릴라 지도자로서 보잘것없지만 어쨌든 사실인 경력으로 공산주의 정권의 지도자에 올랐다. 남쪽에서는 유엔이 주관한 선거를 통해 권위주의적 성향을 가진 연로한 민족주의 지도자 이승만이 대한민국 대통령이 되었다. 이 두 지도자 모두 서로를 불법적 정권으로 비난했다. 그리고 필요하다면 무력을 사용해서라도 국가를 통일할 의사가 있음을 선언했다. 궁극적인 차이는 미국이 이승만에게 공격에 필요한 수단을 제공하지 않은 반면, 소련은 김일성에게 가공할 무기들을 제공했고 중국은 자국 인민해방군 소속으로 훈련된 한국인 5만~7만 명을 북조선 인민군에 넘겨주어 그가 남쪽을 공격할 수 있게 했다는 것이다.

처음에 김일성은 공산주의자들이 주도하는 내란을 원조했는데, 그들은 한국전쟁을 시작하기에 가장 좋은 날짜로 선택한 1948년 4월에 게릴라전을 시작했다. 내란에 더해 양측은 국경에서도 빈번히 소규모 국지전을 일으켰다. 이승만 정부는 경제적으로나 정치적으로 힘겨운 행보를 거듭하고 있었지만, 그럼에도 불구하고 서서히 내란에서 우위를 점해갔다. 1949년 말에서 1950년 1월 사이에 김일성은 스탈린으로부터 통상적 공격에 대한 승인을 얻었는데, 그는 이번 공격으로 미국이 개입하기 전에 남한을 장악할 수 있다고 장담했다. 중국 지도자 마오쩌둥(毛澤東)은 미국이 행동에 나설 가능성에 대해 유보적인 입장을 갖고 있었지만, 공격에 동의했다.[1]

1950년 1월, 미국 국무장관 딘 애치슨(Dean Acheson)은 한국을 제외하는 것처럼 보이는 미국 방위선을 밝혔다. 실제로 애치슨이 한 말은 남한이 공격당할 경우 일방적으로 개입하지는 않을 것이라는 의미였지만, 많은 사람들이 그 뉘앙스를 포착하지 못했다. 맥아더는 한국을 방어하려는 의도를 눈에 띌 정도로 공공연하게 밝혔다. 이는 공식 승인을 받지 않은 채 미국의 정책을 자기 마음대로 선언하는 그의 경향이 드러나는 또 하나의 사례이다. 하지만 내부에서 논쟁이 벌어지는 동안 맥아더는 현재 미국의 역량으로는 한국 방어가 불가능하다고 믿는 사람들의 편으로 넘어갔다. 트루먼의 봉쇄정책은 개념상의 중요성에도 불구하고 여전히 수단이 부족했다. 1950회계연도 국방예산은 총 135억 달러에 불과했다. 이 돈으로 육군은 겨우 완전하지 못한 상태의 10개 사단(2개 사단은 독일에, 4개 사단은 일본에 있었다) 규모의 병력만을 유지할 수 있었다. 맥아더의 8군은 8만 7,000명(2만 7,000명이 전투병력이었다)으로, 완전편제에 훨씬 못 미쳤다. 공군은 총 48개 비행전대를 보유하고 있었지만, 핵심인 전략공군사령부는 매우 제한적인 핵전력만을 사용할 수 있었다. 맥아더의 극동공군은 3만 4,000명의 인력과 1,172대의 항공기로 구성되어 있었으며, 대략 절반 정도가 전투기와 폭격기였다. 세계 전역을 감당해야 하는 해군은 238척의 전투함정 중 서태평양을 위해 고작 18척만을 할당할 수 있었다.[2]

인민군은 1950년 6월 25일 새벽 7개 보병사단과 약 225대의 전차로 다수의 축선에서 기습적으로 공격을 감행했으며, 180대의 항공기가 그들을 지원했다. 국군은 공격 지점에서 수적으로 열세였을 뿐만 아니라, 미국인 후원자들의 의도적인 비협조로 인해 전차와 대전차무기, 항공기가 절대 부족한 상태에서 상징적인 수준 이상의 포병만 보유하고 있었다. 윌러비는 북한의 공격을 경고한 적이 있기는 했지만, 빠져나갈 구멍을 만들어 놓았을 뿐만 아니라 심지어 서로 모순되는 예측을 내놓고는 해서 선견지명을 발휘했다고 주장할 입장이 아니었다. 하지만 CIA(Central Intelligence Agency: 중앙정보국)와 국무부를 포함한 다른 정보기관들도 그보다 나은 것은 아니었다.[3]

인민군은 국군을 압도했으며, 국군의 전투 병력은 4일 만에 9만 8,000명에서 2만 4,000명으로 감소했다. 맥아더에게 최초로 전달된 보고서에는 국군의 탄약이 곧 고갈될 것이라는 사실이 강조되어 있었다. 특성상 워싱턴의 승인을 기다리지 않고 맥아더는 탄약을 적재한 수송선 1척을 한국으로 보내고 해군과 공군에게 그 수송선을 호위하라는 명령을 내렸다. 또한 예하 공군 사령관에게 38선 이북을 공격하라고 명령했다. 이 두 명령에 대해 신속하게 공식 승인이 뒤따랐지만, 이 두 사례는 지휘봉을 잡은 맥아더에게서 무엇을 기대할 수 있는지를 직접 보여주었다. 그것만큼이나 골치 아픈 문제는, 워싱턴에 있는 육군참모총장 J. 로턴 콜린스(J.

Lawton Collins) 장군과 텔레타이프로 실시간 대화를 나누는 동안 맥아더가 콜린스의 타협적인 질문에도 대꾸조차 하지 않는 뻔뻔스러움을 보였다는 것이다.[4]

맥아더는 6월 29일 한국으로 날아갔다. 그는 산산조각 난 국군의 상태를 직접 눈으로 확인하고 훗날 그 자리에서 자신이 앞으로 취해야 할 전반적인 계획을 구상했다고 주장했다. 미국 지상군은 북한군의 전진을 지연시키다가 결국 저지한 다음 우회 상륙작전으로 그들을 분쇄할 계획이었다. 맥아더는 워싱턴에 전보를 보내 미국 지상군 투입을 강력하게 요청했다. 트루먼이 이미 공군과 해군의 투입을 승인했을 뿐만 아니라 신속하고 효과적인 대응으로 유엔(United Nations, UN: 국제연합)으로부터 북한에 대한 무력 사용을 승인받은 상태였다.

유엔이 북한에 대한 무력 사용을 승인하자, 트루먼은 합동참모본부에 유엔군 사령관을 추천해달라고 요청했다. 맥아더가 당시도 엄청난 지휘 부담을 안고 있었고, 《뉴욕타임스(New York Times)》 특파원 제임스 레스턴(James Reston)의 말처럼 "다른 사람의 의견과 민감한 부분에 큰 관심"을 가진 인물이 필요할 뿐 아니라 맥아더의 공인된 불복종 기록—지난 며칠 동안 생생하게 보여준 것처럼—에도 불구하고 합동참모본부는 트루먼에게 맥아더를 추천했다[합동참모본부가 맥아더 대신 맥스웰 테일러(Maxwell Taylor)나 매슈 리지웨이(Matthew Ridgeway)처럼 전장에서 능력이 입증된 장군을 제안했다면 결과가 어땠을까를 떠올려보는 것은 상상 속에서나 가능하지만 매우 흥미로운 일이다]. 트루먼은 적절한 절차에 따라 7월 8일에 맥아더를 유엔군 사령관에 임명했다.[6]

7월부터 8월까지 파죽시세로 전진하는 인민군은 맥아더가 일본에서 조금씩 투입할 수밖에 없었던 미군 부대들을 패배시켰다. 처음에 미군은

1950년 1월, 미국 국무장관 딘 애치슨(사진)은 한국을 제외하는 것처럼 보이는 미국 방위선을 밝혔다. 실제로 애치슨이 한 말은 남한이 공격당할 경우 일방적으로 개입하지는 않을 것이라는 의미였지만, 많은 사람들이 그 뉘앙스를 포착하지 못했다. 맥아더는 한국을 방어하려는 의도를 눈에 띌 정도로 공공연하게 밝혔다. 하지만 내부에서 논쟁이 벌어지는 동안 맥아더는 현재 미국의 역량으로는 한국 방어가 불가능하다고 믿는 사람들의 편으로 넘어갔다. 〈사진: Public Domain〉

인민군 전차를 파괴할 무기가 부족했고, 일부 부대들은 훈련과 사기, 군기가 심각하게 저하된 상태였다. 물론 맥아더가 이에 대해 일부 책임이 있기는 했지만, 대부분의 책임은 국방비 지출을 절박한 수준까지 제한한 트루먼의 정책에 있었다. 미군과 잔류 국군은 한반도 남동부 부산 주위의 방어선으로 후퇴했다. 거기에서 그들은 9월 내내 인민군의 반복적인 공격을 저지했다.

맥아더는 8군 예하 1개 사단에서 병력을 차출해 한국에 파병된 나머지 3개 사단(1기병사단과 24보병사단, 25보병사단)과 독립 29보병연대의 병력을 충원했다. 합동참모본부는 8군 예하 부대들(7보병사단 포함)을 보강하여 완전편제에 이르게 하는 동시에 추가로 육군 2개 사단과 해병대 1개 사단, 5보병연대, 187공수보병연대를 파견하여 그의 증원 요청에 부응했다. 8군은 여전히 2차 세계대전 기준으로 포병 전력이 참담할 정도로 부족했으며, 전투지원부대는 요구되는 수준에서 고작 3분의 1만의 전력을 보유하고 있었다. 이들과 더불어 주로 영국과 영연방 국가들 병력으로 구성된 16개 유엔 회원국이 전투 병력을 보냈다.[7]

이 시기의 두 가지 일화는 맥아더가 국가 정책을 고치기를 좋아했다는 것이 근거 없는 이야기인지 사실인지를 분명하게 보여준다. 첫째, 합동참모본부는 북한에 대한 광범위한 전략폭격을 명령했는데, 거기에는 소련 국경으로부터 불과 17마일밖에 떨어지지 않은 라진항도 포함되어 있었다. 편집증적 사고방식은 맥아더에게만 해당되지 않는다는 사실을 증명하듯, 외교관인 조지 케넌은 자신의 회고록에서 맥아더가 전쟁의 확대를 노리고 그 공습을 명령했다고 잘못된 비난을 했다. 실제로 라진항을 표적에 포함시킨 것은 합동참모본부였을 뿐만 아니라 맥아더가 실제로 주장한 방침은 B-29를 전략적이 아닌 전술적 표적을 폭격하는 데 사용해야 한다는 것이었다.

둘째, 8월에 맥아더는 미국 참전용사 모임에서 논평을 해달라는 초청을 수락했다. 그는 안전한 화제를 피하고 장제스(蔣介石)에 대한 미국의 지원을 호소하기 위해 뻔뻔스럽게 외교 영역을 침범했다. 트루먼은 당연히 그것을 도전으로 간주했고 훗날 잠시 맥아더를 해임할까 고민하기도 했다고 주장했다. 대신 그는 맥아더에게 공개적으로 그 진술을 철회하라고 명령했으며, 맥아더는 결국 명령에 따랐다. 맥아더가 이미 그 이전부터 그런 생각을 퍼뜨리고 다녔기 때문에 트루먼은 관점 그 자체가 아니라 맥아더가 그것을 공개적으로 표현했다는 데 더 분노했다. 맥아더는 자신이 10년 동안 워싱턴을 자극해왔던 터라 트루먼이 '공개적'으로 복종을 강요했다는 사실에 전혀 신경 쓰지 않았다.

●

5,000 대 1의 도박, 인천상륙작전

7월 2일에 이미 맥아더는 서울 바로 서쪽 인천에서 상륙 포위로 인민군을 파괴하기 위한 구체적인 계획을 수립하기 시작했다. 7월 13일에 그는 그 개념을 합동참모본부에 제출했다. 2차 세계대전에서 바로 그와 같은 기동으로 수많은 성공을 거두었기 때문에 맥아더에게는 그 계획이 아주 자연스럽게 다가왔다. 합동참모본부는 오마 브래들리나 콜린스 같은 유럽 중심적 장교들이 장악하고 있었다. 그들의 종심 깊은 상륙포위작전에 대한 평가 기준은 1944년 뉴기니에서 눈부신 성공을 거둔 맥아더의 홀란디아 상륙작전이 아니라 1944년 이탈리아의 안치오(Anzio)에서 낭패를 경험한 안치오 상륙작전이었다. 로마를 신속하게 점령하여 그곳을 방어하는 독일군을 파괴하려고 실시했던 안치오 작전은 교착상태에 빠지더니 거의 파멸적인 패배 직전까지 갈 뻔했다. 심지어 크로마이트 작전(Operation Chromite: 인천상륙작전의 작전 암호명)으로 불리게 될 계획을 맡은 지휘관들조차 맥아더에게 인천에서 남쪽으로 약 20마일 떨어진 포송면을 목표로 해야 한다고 주장했다. 어느 해군 참모는 빈 정거리며 이렇게 말했다.

"우리는 생각할 수 있는 모든 불리한 자연적 조건 목록을 작성했는데, 인천은 그것들을 '전부' 가지고 있었다."

해병대 1사단과 육군 7보병사단으로 구성된 10군단은 에드워드 아몬드(Edward Almond) 소장이 지휘했다. 맥아더는 뻔뻔스럽게 10군단을 월턴 워커(Walton Walker) 장군 예하의 8군이 아니라 자기 직속으로 만듦으로써 아몬드에 대한 편애를 드러냈다.

8월 23일, 맥아더는 콜린스 육군참모총장과 포레스트 P. 셔먼(Forrest P. Sherman) 해군참모총장을 비롯한 고위 장교 대표단 앞에서 생애 최고의 연설을 했다. 9명의 발표자가 크로마이트 작전의 세부사항에서 결정적인 큰 문제점들을 발표한 뒤, 맥아더가 자리에서 일어나 45분 동안 발언했다. 맥아더는 인천이 안고 있는 믿기 어려운 수로상의 문제와 전술적 문제―구불구불한 좁은 수로는 기뢰로 쉽게 봉쇄될 수 있을 뿐만 아니라 해안포대가 감제하고 있는 데다가, 설사 그 협수로를 통해 접근에 성공한다 해도 31피트나 되는 조수간만의 차로 인해 최초 상륙부대는 고립된 채 밤을 보내야 한다는 문제―를 오히려 자신에게 유리한 논거로 제시하며 바로 그러한 사실들 때문에 적의 장군들 중 그 누구도 제정신인 유엔군 사령관이 인천을 공격하리라고 생각하지 않을 테니 기습이 확실히 보장된다는 점을 지적했다. 그는 다음과 같은 가시 돋친 말도 잊지 않고 덧붙였다.

"해군보다 제가 더 해군을 더 믿는 것 같습니다."

당시 참석자 중 몇 명은 맥아더가 다음과 같은 논평으로 발언을 끝냈다고 기록했다.

8월 23일, 맥아더는 콜린스 육군참모총장과 포레스트 P. 셔먼 해군참모총장을 비롯한 고위 장교 대표단 앞에서 생애 최고의 연설을 했다. 맥아더는 인천이 안고 있는 믿기 어려운 수로상의 문제와 전술적 문제를 오히려 자신에게 유리한 논거로 제시하며 바로 그러한 사실들 때문에 적의 장군들 중 그 누구도 제정신인 유엔군 사령관이 인천을 공격하리라고 생각하지 않을 테니 기습이 확실히 보장된다는 점을 지적했다.

"나는 인천이 5,000 대 1의 도박이라는 점을 인식하고 있지만, 그 정도의 확률을 감당하는 데 이미 익숙합니다. 우리는 인천에 상륙할 것이고 나는 적을 분쇄할 것입니다."

"나는 인천이 5,000 대 1의 도박이라는 점을 인식하고 있지만, 그 정도의 확률을 감당하는 데 이미 익숙합니다. 우리는 인천에 상륙할 것이고 나는 적을 분쇄할 것입니다."

9월 15일, 맥아더가 직접 지켜보는 가운데 해병대 1사단이 인천에 상륙했다. 맥아더가 예측한 대로 작전은 눈부신 성공을 거두었다–맥아더의 모든 경력을 통틀어 가장 찬란한 성공이었다. 8군과 10군단은 9월 27일에 연계에 성공했으며 다음날 격렬한 전투 끝에 서울을 탈환했다. 인민군은 엄청난 손실을 입었으며 이후 다시는 군단 규모 이상의 전력을 전투에 투입하지 못했다.

"5,000 대 1의 도박이라는 점을 인식하고 있지만,
우리는 인천에 상륙할 것이고 나는 적을 분쇄할 것입니다."

1950년 9월 15일 지휘함 마운트 매킨리 호(USS Mount McKinley)에서 인천상륙작전을 직접
지휘하며 10군단장 에드워드 아몬드 소장(오른쪽)의 설명을 듣고 있는 유엔군 사령관 맥아
더(가운데)의 모습. 〈사진: Public Domain〉

"용감한 죽음은 인간을 위대하게 만든다."

1950년 9월 15일 인천상륙작전 당시 소대원들을 이끌고 가장 앞장서서 레드 비치 북쪽 측면 방벽을 오르는 해병대 1사단 5연대 1대대 A중대 소대장 발도메로 로페즈(Baldomero Lopez) 중위. 로페즈 중위는 이 사진에 찍히고 몇 분 후 소대원의 피해를 막기 위해 자신의 몸으로 수류탄을 감싸 전사했다. 그의 사망 소식을 듣고 스크립스 하워드(Scripps Howard) 종군기자 제리 소프(Jerry Thorp)는 그의 죽음을 다룬 기사에서 "용감한 죽음은 인간을 위대하게 만든다"는 말을 남겼다. 로페즈 중위는 사후에 무공을 인정받아 명예훈장을 추서받았다. 〈사진: Public Domain〉

인천상륙작전 이후 맥아더의 오판

전진하는 유엔군은 인민군의 학살로 적어도 8,300명의 한국인과 485명의 미군이 희생되었다는 사실을 알게 되었다. 복수심에 불타는 남한 사람들은 자신의 북쪽 동포들에게 똑같은 방식으로 보복했다. 이것은 맥아더가 38선을 넘어야 하느냐, 만약 그렇다면 그 목적은 무엇인가라는 민감한 문제를 더욱 자극했다. 맥아더와 이승만은 분명한 목적 - 이승만 통치 하에 남북한을 통일하는 것 - 을 공유함으로써 엄청난 이점을 누렸다. 더 나아가 그들은 유엔군의 진격 뒤에 남은 권력의 공백을 활용하는 실질적인 이점까지 누렸다. 이와 대조적으로 그들의 관점에 이의를 제기하는 미국과 외국인들은 의도적으로 분열된 채 밖에서 관망하는 태도를 취했다. 1947년 유엔 결의안은 이론적으로 한국의 통일을 승인한 상태였지만, 이승만 정권 아래 실제 통일이 이루어질 가능성이 커지자 다른 생각들, 특히 중국의 개입에 대한 두려움이 촉발되었다. 맥아더도 알고 있던 것처럼 트루먼이 38선을 넘는 작전에 대해 유엔의 승인을 요구해야 할지를 두고 모호한 태도를 취한 것은 다른 진짜 근심을 가리려는 얄팍한 수단에 불과했다. 그는 영국과 같은 유럽의 주요 동맹국이나 인도와 같은 유엔 주요 회원국들이 어떤 예민한 반응을 보일지 걱정했던 것이다. 유엔은 한국인들의 화해와 국가의 중립화를 목표로 하는 타협적인 결의안을 만들었다. 하지만 유엔은 그 문제가 고려할 가치가 없어지기 전에 자신들의 결의안을 집행할 어떤 정치적 실체를 동원하는 데 실패했다.

9월 26일에 합동참모본부는 소련 혹은 중국 군대가 '대규모'로 북한에

1947년 유엔 결의안은 이론적으로 한국의 통일을 승인한 상태였지만, 이승만 정권 아래 실제 통일이 이루어질 가능성이 있자 다른 생각들, 특히 중국의 개입에 대한 두려움이 촉발되었다. 맥아더도 알고 있던 것처럼 트루먼이 38선을 넘는 작전에 대해 유엔의 승인을 요구해야 할지를 두고 모호한 태도를 취한 것은 다른 진짜 근심을 가리려는 얄팍한 수단에 불과했다. 그는 영국과 같은 유럽의 주요 동맹국이나 인도와 같은 유엔 주요 회원국들이 어떤 예민한 반응을 보일지 걱정했던 것이다.

진입하지 않을 경우라는 단서를 달아 북한 전역을 대상으로 맥아더가 작전을 실시해도 좋다고 승인했다. 합동참모본부는 그 작전들은 점령을 위한 것이 아니며 소련과 중국 국경 지역에는 오직 국군만 투입해야 한다고 주의를 주었다. 하지만 9월 28일, 신임 국방장관 조지 마셜은 이례적으로 경솔하기 짝이 없는 개인적 메시지를 맥아더에게 보냈다.

"우리는 38선 이북으로 진격하는 데 있어서 귀관이 전략적으로나 전술적으로 구속을 받는다고 느끼지 않기를 바란다."

그리고 그는 이승만의 권한은 남한으로 제한되어야 한다고 덧붙였다.

인천상륙작전 성공으로 지나치게 자신만만해진 맥아더는 이후 눈에 띄게 전투 지휘에 서툰 모습을 보여주었다. 그는 아몬드의 10군단에게 인천에서 철수해 한국 동해안에 상륙(원산상륙작전-옮긴이)하라고 명령했는데, 그것은 시간낭비였을 뿐만 아니라 군수 부분에도 악몽을 초래해 워커의 8군이 진격하는 데 지장을 주었고 제안된 상륙 지점을 한국군이 먼저 점령하는 바람에 무용지물이 되었다. 맥아더는 아몬드를 편애했기 때문에 10군단이 산악으로 이루어진 한반도의 등뼈 동쪽으로 전진하고 8군이 서쪽으로 전진하는 동안 10군단이 8군의 지휘를 받지 않고 직접 유엔군 사령부의 지휘를 받도록 하는 이상한 전술 형태를 취했다. 그는 한반도가 가장 협소해지는 천연적 '허리'에서 미군을 정지시키지 않고 그들이 국경 근처까지 저돌적으로 돌진하는 것을 허용했다. 합동참모본부는 나중에 그들 중 한 명이 규정한 것처럼, 이 행위가 국군을 제외한 어떤 군대도 국경 근처에 접근해서는 안 된다는 합동참모본부의 분명한 명령을 어긴 최초의 명백한 명령위반이라는 입장을 고수했다.

트루먼 대통령은 맥아더에게 회담에 참석하라는 명령을 내리고 맥아더가 회담 일자와 장소로 10월 15일 웨이크 섬을 제안하자 그것을 수용했다. 곧 종결될 것으로 보이는 한반도의 적대행위와 관련하여 군사적으로나 정치적으로 중요한 문제들이 많았기 때문에 그 회담을 열어야 할 근거는 충분했지만, 당시 정황으로 볼 때 정치적 냄새가 강하게 풍겼다. 그날 일은 심지어 근거 없는 이야기들로 많이 잘못 알려져 있다. 1970년대에 책이나 연극, 텔레비전 프로그램에 등장하는 진술에 따르면, 트루먼의 비행기와 맥아더의 비행기가 동시에 웨이크 섬 상공에 도착했다. 의전에 따르면 맥아더가 먼저 착륙하여 대통령을 영접해야 마땅했지만, 트루먼이 맥아더에게 먼저 착륙해서 자신을 맞으라고 지시해야만 했다고 한다. 하지만 실제로는 맥아더의 비행기가 전날 밤에 도착했고 다음날 아침 그가 직접 그리고 따뜻하게 대통령을 영접했다. 청중들이 그 근거 없는 이야기를 열렬히 받아들였다는 사실은 맥아더를 비방하는 사람들이 그를 지지하는 사람들보다 역사를 보는 시각에서 결코 더 엄밀하지는 않았다는 것을 보여준다.

회담의 요지와 관련해서 두 거물 모두 한국전쟁이 신속하고 안전한 착

1950년 10월 15일, 웨이크 섬 회담에 참석한 트루먼 대통령을 맞이하고 있는 맥아더의 모습. 웨이크 섬 회담에서 맥아더는 트루먼 대통령에게 중공군이 개입하기에는 이미 때가 늦어 침공 가능성이 적다는 의사를 밝혔다. 그리고 만약 중국이 "평양에 도달하려고 한다면," 미국 공군이 제공권을 장악하고 있기 때문에 "엄청난 학살이 벌어지게 될 것"이라고 트루먼에게 장담했다. 〈사진: Public Domain〉

륙으로 이어질 진로로 접어들었다는 데 놀라울 정도로 큰 자신감을 갖고 있었다. 따라서 회담 기록에 대부분 전후 복구와 관련된 광범위한 문제들을 가볍게 다룬 대화만이 기록되어 있는 것은 그다지 놀라운 일이 아니다. 맥아더는 소련이나 중국의 개입 가능성에 대해 질문을 받자, 만약 그들이 초기 2개월 내에 참전했다면 그것으로 전쟁이 결정되었을 텐데 그러지 않았다고 대답하면서, 이제 그들이 개입할 가능성은 "매우 낮다"고 평가했다. 만약 중국이 "평양에 도달하려고 한다면," 미국 공군이 제공권을 장악하고 있기 때문에 "엄청난 학살이 벌어지게 될 것"이라고 트루먼에게 장담했다. 웨이크 섬 회담에 대한 평가 중 D. 클레이턴 제임스(D. Clayton James)의 다음과 같은 평가를 능가할 만한 것은 찾아보기 힘들 것이다.

"웨이크 섬 회담에 대해 가장 많이 인용되는 이 부분에서 가장 놀라운 사실은, 현재 (유엔군) 공세가 베이징(北京)과 모스크바(Moskva)의 의사결정자들에게 엄청난 의미를 갖고 있음에도 불구하고 회담자들이 그것에 대한 나눈 대화가 트루먼이 한 번 질문하고 맥아더가 한 번 대답한 것이 전부였다는 것이다. 후속 질문이나 반박 혹은 추가 언급은 전혀 없었다!"[10]

제14장
한국에서 당한
패배

워싱턴과 맥아더의 오판

신뢰할 만한 정보가 너무나 부족한 상황에서 40년 넘게 역사학자들은 미군이 38선을 넘었기 때문에 중국의 한국전쟁 참전을 촉발시켰다고 추정했다. 1994년 이후로 새로운 사실들이 드러나면서 중국이 한국전쟁에 개입하려는 의도와 계획을 갖게 만든 최초의 자극은 1950년 7월 미국 육군을 한국에 파병한다는 트루먼의 결정이었음이 입증되었다. 그 움직임을 보고 마오쩌둥은 미군 부대가 단지 북한군의 공격을 저지하는 정도가 아니라 전세를 역전시켜 중국 국경까지 밀고 올라올지도 모른다고 예견했다. 그는 인민해방군에게 한반도에서 전투를 수행할 수 있도록 병력을 배치하고 군수지원을 준비하라고 명령했다. 그리고 인천상륙작전이 있기 훨씬 전인 1950년 8월까지 군사적 준비를 완료하려고 했다. 따라서 중공군 참전 최종 결정은 38선 이북으로의 북진과 동시에 이루어졌지만, 그보다 훨씬 더 뿌리가 깊은 과정 중 한 단계였을 뿐이다.

10월 2일, 마오쩌둥은 자신의 목표와 수단, 우려를 담아 스탈린에게 보내는 장문의 전문을 작성했지만 전송하지는 않았다. 마오쩌둥은 분쟁이 핵전쟁으로 확산되지 않을 것이며 기껏해야 지역분쟁 수준에 머물 것이라고 분명하게 예측했다. 그는 상위의 전략적 목표는 중국 국경을 방어하는 것이 아니라 극동 전역에서 혁명적 대의가 승리를 거두는 것임을 강조했다. 그는 자신만만하게 수적으로 우세한 자신의 군대가 맥아더 휘하의 군대를 전멸시키고 한반도 전역을 장악할 것으로 예측했다. 그리고 중국에 확실히 부족한 항공지원과 중장비, 포병을 지원해달라고 스탈린에게 요청했다. 그는 미국 공군과 해군이 중국 본토를 공격할 경우 중국이 감당할 수 있을 것으로 예상했다. 그는 맥아더 휘하 부대를 전멸시키는 데 실패할 경우 한반도에 교착상태가 초래되어 중국 국내 상황에 심각한 손실을 입힐 수 있음을 인정했지만, 그것은 어디까지나 최악의 시나리오일 뿐이라고 생각했다. 하지만 그는 다른 전문을 보내기로 했다. 그는 공산주의를 더욱 광범위하게 확산시킬 수도 있다는 부수적인 가능성도 고려하면서 중국 국경을 방어하기 위해 참전하기로 결심을 굳혔지만, 다른 중국 지도자들은 결과를 자신하지 못했다. 그가 다시 쓴 전문에는 중국이 전쟁에 개입할지 여부를 아직 결정하지 못했으며, 그들의 선택이 스탈린의 지원, 특히 항공지원에 달려 있다는 말이 담겨 있었다. 스탈린은 한반도에 대한 공중 엄호를 약속했다가 나중에 가서는 지키지 않았다. 중국 지도부는 주저했지만 곧 앞을 향해 내달렸다.[1]

10월 3일 중국 외교관들은 인도 정부를 통해 미국의 북한 진입에는 대항하겠지만 남한 군대의 전진에는 반대하지 않는다는 의사를 전달했다. 정보에는 만주에 30만~45만 명의 중공군이 집결해 있는 것으로 되어 있었다. 워싱턴과 맥아더 모두 중국의 경고는 엄포이며 병력 이동은 방어가 목적이라고 무시했다. 10월 19일부터 22일 사이에 중국 '의용군' 제1진이 북한에 진입했을 때, 윌러비와 워싱턴 모두 그들을 감지하는 데 실패했다.[2]

10월 26일 처음으로 중공군 포로가 잡힌 이래 맥아더가 그달 중순경부터 중공군 부대가 이 한반도에 개입했다는 것에 동의하기까지 5일이 걸렸다. 11월 4일, 맥아더는 중국의 전면적인 개입에 의문을 표시했지만, 불과 이틀 뒤에 중공군의 대규모 유입을 저지하기 위해 압록강 다리를 폭격할 수 있는 권한을 요청했다. 11월 7일, 맥아더는 중공군 전체 전력이 얼마나 되는지 확인할 수 없지만 서부전선에서 주도권을 잡기에는 충분하다고 보고했다. 당시 합동참모본부는 한반도에 5개 내지 6개 군의 중공군이 들어와 있다고 생각했지만, 야전지휘관을 존중하는 전통에 따라 그저 맥아더에게 전진을 중단해야 하는 것은 아닌지 물었을 뿐, 멈추라고 명령하지는 않았다.

11월 9일, 맥아더는 11월 24일 8군을 전방으로 파견하여 중공군의 전력을 탐색할 예정임을 합동참모본부에 통보했다. 11월 24일, 맥아더는 크리스마스까지는 병사들이 귀환하게 될 것이라고 공개적으로 언급한 뒤 북한을 점령하기 위한 최종 공세 작전을 개시했다. 다음날 저녁 약 18만 명의 중공군이 워커의 8군을 급습했다. 이틀 뒤에는 약 12만 명의 중공군이 아몬드의 10군단을 공격했다. 8군은 여러 차례 혼란에 빠지며 밀려났고 큰 손실을 입은 채 서울까지 상실했다. 10군단은 해병대 1사단이 장진호에서부터 눈부신 후위전투를 수행하며 중공군에 끔찍한 피해를 입힌 끝에 흥남을 통해 철수했다. 1950년 12월, 워커가 자동차 사고로 사망하자, 매슈 리지웨이(Matthew Ridgway)가 그의 자리를 이어받았다. 이후 수주일에 걸쳐 리지웨이는 어쩌면 20세기를 통틀어 미군 야전지휘관이 거둔 가장 위대한 성취일지 모를 업적을 달성했다. 그는 능력과 카리스마를 발휘해 밑바닥까지 곤두박질친 8군의 사기를 회복했으며, 냉정한 판단으로 중공군이 과도하게 신장되었고 보급물자가 심각하게 부족하며 제한적인 반격에 취약하다는 사실을 간파했다. 반면, 같은 기간 동안 맥아더는 자신의 지위를 제물로 삼아 자신의 경력과 명성을 파괴하고 있었다.

11월 28일, 맥아더는 워싱턴에 "우리는 완전히 새로운 전쟁에 직면했다"고 통보했다. 그의 최초 계획에는 자신이 받은 충격이 반영되어 있었다. 즉, 8군은 부산 교두보로 후퇴하고, 10군단은 흥남으로 후퇴한다는 것이었다. 그는 자신의 초기 입장을 뒤집고 중국 국민당 군대의 참전을 요청했다. 워싱턴은 첫 번째 사항에는 동의했지만, 두 번째 사항은 거부했다. 12월 6일,

육군참모총장 콜린스가 도착하자 동요하던 맥아더는 자신에게 증원 병력을 주지 않거나 행동에 대한 모든 제한을 철폐하지 않을 경우 한국에서 철수할 수밖에 없다고 주장했다. 콜린스는 상황이 그 정도로 비참하다고 생각하지 않았다.[3]

워싱턴에서는 트루먼과 그의 보좌관들이 미국의 목표를 재조정했다. 그들은 상황이 소련을 상대해야 하는 세계 전쟁으로 한 발 더 가까이 다가갔기 때문에 한국에 더 이상 병력을 파병하지 말아야 한다는 데 합의했다. 1950년 4월, 국가안전보장회의는 자체적으로 작성한 문서(NSC-68)를 통해 중국 공산화와 1949년 8월 소련의 원자폭탄 실험이라는 새로운 현실에 대처하기 위해 대규모 미군 재무장 프로그램을 요구한 적이 있었다. 중국의 개입은 다른 어떤 것도 할 수 없는 일을 가능하게 했다. 그것은 트루먼이 앞으로 40년 동안 냉전에서 미국이 취할 자세에 영향을 미칠 프로그램을 승인받을 수 있게 해주었던 것이다. 국방비 지출은 1950회계연도 130억 달러에서 다음 회계연도에 520억 달러까지 4배로 껑충 뛰었다. 영국 수상 클레멘트 R. 애틀리(Clement R. Attlee)와의 대화에서(트루먼 대통령이 아무 거리낌 없이 여러 사람들 앞에서 맥아더가 적당하다고 판단할 경우 사용하도록 그에게 원자폭탄을 제공할 수 있음을 암시하는 발언을 하는 바람에 애틀리 영국 수상이 워싱턴으로 날아가 1950년 12월 4일 백악관에서 트루먼과 대화를 나누었다), 트루먼은 북한을 해방시키는 목표를 포기하고 봉쇄정책을 추구하는 데 동의했다. 하지만 굳이 이 사실을 맥아더에게 알려주려고 애쓴 사람은 아무도 없었다.[4]

중국의 개입으로 자신의 계획이 실패했음이 분명해지자, 연로한 맥아더는 그 충격으로 인해 이성적으로나 심리적으로나 크게 흔들렸다. 살아오면서 그때까지 맥아더는 어떤 상황에서든 잠을 잘 잘 수 있는 축복받은

트루먼 대통령이 아무 거리낌 없이 여러 사람들 앞에서 맥아더가 적당하다고 판단할 경우 사용하도록 그에게 원자폭탄을 제공할 수 있음을 암시하는 발언을 하는 바람에 애틀리 영국 수상은 '원자폭탄 사용 반대'의 뜻을 전달하기 위해 워싱턴으로 날아가 1950년 12월 4일 백악관에서 트루먼과 대화를 나누었다. 12월 4일부터 열린 애틀리-트루먼의 역사적인 회담은 "핵무기가 사용될 작전 사항이라면 언제든 영국 총리에게 미리 알린다"는 구두합의로 마무리되었고, 트루먼은 북한을 해방시키는 목표를 포기하고 봉쇄정책을 추구하는 데 동의했다. 하지만 굳이 이 사실을 맥아더에게 알려주려고 애쓴 사람은 아무도 없었다. 사진은 당시 워싱턴 국립공항에 도착한 애틀리 영국 수상(중앙 오른쪽)을 맞이하고 있는 트루먼 대통령(중앙 왼쪽)의 모습. 〈사진: Public Domain〉

능력을 발휘해왔었다. 그러나 이제 그는 잠을 이루지 못하게 되었다. 그는 중국의 개입이 시작된 첫날부터 비공개적으로는 재앙을 예측하며 부산을 통해 부대를 철수시켜야 한다고 주장하는 동시에, 공개적으로는 이 모든 책임을 다른 사람들, 특히 워싱턴에 있는 자신의 상관들에게 전가하려는 의도로 변명과 해명의 강도를 점차 올려가며 자신의 행동을 정당화했다. 12월 5일, 속을 끓이던 트루먼이 행정부의 모든 관리들에게 (그는 여전히 맥아더를 꼭 집어 지목하지 않았다) 외교정책에 대해 발언할 때는 반드

시 국무부의 확인을 받으라고 지시했다.[5]

합동참모본부는 노골적으로 맥아더에게 더 이상 증원은 없으며 그에게 부여된 행동의 제약, 특히 중국을 직접 타격하는 것과 관련된 제약은 여전히 유효하다는 사실을 통보했다. 맥아더는 한국에서 철수하거나 전쟁을 확대시키는 두 가지 선택만이 가능하다는 주장으로 대응했다. 그리고 후자를 선택할 경우 중국 국민당 병력을 전쟁에 투입하고 해군이 중국 본토 해안을 봉쇄하는 가운데 해군과 공군이 중국 본토를 폭격하는 전략을 취해야 한다고 주장했다.

맥아더의 제안은 흔히 정상이 아닌 것으로 묘사된다. 하지만 같은 시기에 오고간 무선통신 전문들을 보면, 리지웨이-위기 상황에서도 항상 바위처럼 흔들림이 없는 인물로 묘사됨-도 자신의 독자적인 판단에 따라 국민당 군대의 참전이라는 제안을 지지했었다. 나아가 리지웨이는 1951년 1월 6일 자신의 임무가 유엔군 철수인지, 한국 고수인지를 알려달라고 요구했다. 사실 합동참모본부는 국민당 군대를 참전시키고 중국을 직접 상대한다는 맥아더의 제안에 동의했지만, 상황이 더 악화될 경우라는 단서를 달았다. 다행히 1월 중순, 리지웨이가 다시 활력을 불어넣은 8군이 제한적인 반격을 실시하자, 합동참모본부와 트루먼은 현 상황에서 한국을 고수하는 것이 가능하다고 확신하게 되었다. 맥아더의 부대가 처음 입은 패배에 이어 그의 군사적 판단에 대한 이러한 반증은 마침내 그의 상관들이 인천상륙작전 마법에서 벗어날 수 있게 해주었다.[6]

리지웨이가 기적과도 같이 8군의 사기를 회복시킴으로써 전세는 역전되었고 그로부터 더욱 유리한 쪽으로 흐르게 되었다. 맥아더는 전혀 기여한 바가 없고 오로지 리지웨이의 공적으로 이루어진 성과였다. 1월 말부터 리지웨이는 영토 확장이 아니라 중공군에 더 이상 지탱할 수 없는 손실을 입히기 위해 계획한 일련의 국지적인 공세를 실시했다. 미군(일부 동맹군의 지원을 받아)과 국군 부대들이 처음에는 조심스럽게 탐색전을 전개하다가 적이 반격하면 그것을 막거나 물러서면서 항상 중공군에게 끔찍한 손실을 입혔다. 하지만 3월이 되자 '무궁무진'할 것 같던 중공군도 더 이상 8군의 전진을 저지할 수 없었다. 3월 15일, 리지웨이는 서울을 영구적으로 탈환했고, 38선을 향해 전진했다. 거기서 맥아더는 리지웨이에게 국경선을 따라 전술적으로 유리한 지형을 확보할 수 있는 권한을 부여했지만, 그것을 공개적으로 선언하지는 않았다. 그런 공개적인 명령이 전혀 없었음에도 불구하고 맥아더가 리지웨이에게 공세를 명령했다고 주장함으로써 두 사람의 관계에는 지금까지 볼 수 없었던 먹구름이 드리우게 되었다.[7]

●
유엔군 사령관 해임을 향한 카운트다운

맥아더 유엔군 사령관 해임을 향한 최종 카운트다운은 2월에 시작되었다. 트루먼은 국무부의 허락 없이 군대 지휘관이 정치 문제를 거론하지 못하게 했음에도 불구하고 맥아더는 2월과 3월에 공개적 성명을 통해 38선의 교착상태를 수용하려는 생각을 혹평하고 자기 부대에게 부과된 제약이 중공군에게 '피난처'를 제공했다고 비난했다. 3월 20일, 합동참모본부가 맥아더에게 트루먼이 정치적·군사적 타협을 위한 움직임을 시작하려 한다고 알리면서 사건은 절정으로 치달았다. 3월 24일 맥아더는 과거 자신의 상관에게 직접적으로 도전했던 모든 기록을 훨씬 능가하는 코뮈니케를 발표했다. 이 코뮈니케에서 그는 중국 공산당이 산업 수단이 부족하여 공군과 해군을 지원할 수 없으며 지상군에게도 일급

3월 24일 발표한 코뮈니케에서 맥아더는 중국 공산당이 산업 수단이 부족하여 공군과 해군을 지원할 수 없으며 지상군에게도 일급 화력을 제공하지 못한다고 비웃었다. 그는 중국 지도자들에게 한국에서 패배했음을 공개적으로 인정하고 자기에게 와서 협상을 애걸하라고 요구했다. 그는 분명히 이 코뮈니케로 트루먼의 외교적 노력을 고의적으로 방해하려 했다. 게다가 그는 필요하다면 자신을 희생시켜서라도 미국의 외교 정책을 바꾸게 만들어 장제스를 포용하고 유럽이 아닌 아시아에 우선순위를 부여하게 하려는 더 큰 목표를 노리고 있었다. 훗날 트루먼은 바로 그날 맥아더를 해임하기로 마음을 굳혔다고 주장했다.

화력을 제공하지 못한다고 비웃었다. 그는 중국 지도자들에게 한국에서 패배했음을 공개적으로 인정하고 자기에게 와서 협상을 애걸하라고 요구했다. 그는 분명히 이 코뮈니케로 트루먼의 외교적 노력을 고의적으로 방해하려 했다. 게다가 그는 필요하다면 자신을 희생시켜서라도 미국의 외교 정책을 바꾸게 만들어 장제스를 포용하고 유럽이 아닌 아시아에 우선순위를 부여하게 하려는 더 큰 목표를 노리고 있었다.

훗날 트루먼은 바로 그날 맥아더를 해임하기로 마음을 굳혔다고 주장했다. 그는 다만 적당한 시기를 노리며 시간을 끌었을 뿐이었다. 하지만 놀랍게도 그가 보인 즉각적인 반응은 외교정책과 관련된 공직자의 논평에 대한 이전 지시를 맥아더에게 '상기'시키는 뜨뜻미지근한 전문을 보낸 것이 고작이었다. 그것은 그가 상당히 주저했음을 암시한다. 하지만 얼마 안 가서 터진 두 번째 뻔뻔한 불복종 사건은 트루먼에게 또 다른 해임 정당성을 제공했다. 하원 공화당 대표 조지프 마틴(Joseph Martin)이 3월 8일에 맥아더에게 편지를 보냈다. 마틴은 미국이 유럽보다 아시아에 전략적 우선권을 부여해야 한다고 제안했던 자신의 2월 연설문 사본을 동봉했다. 나아가 그는 장제스와 공식적인 동맹을 맺고 미국이 국민당의 본토 침공을 지원해야 한다는 제안도 했다.

4월 5일, 마틴은 맥아더의 답장을 하원에서 공개적으로 낭독했다. 맥아더의 편지에는 정확하게 그가 자신의 견해를 워싱턴에 제대로 알렸다고 되어 있었으며, 마틴에게 그의 견해를 비밀로 해줄 것을 요구하지도 않았다. 맥아더는 이제 중요한 경쟁의 장(場)이 유럽이 아니라 아시아이며, 자신은 무력에는 '최대의 대응력'으로 대처하는 미국의 역사적 정책만을 옹호한다고 주장했다. 그는 그런 전통에 부합하는 것으로서 국민당 군대의 중국 본토 공격을 지지했다. 그는 외교적이 아닌 군사적 해결만이 한국의 분쟁을 끝낼 수 있는 방법이며, "어떤 것도 승리를 대신할 수 없다"고 선언했다. 이 말은 그의 가장 유명한 말로 지금까지 전해지고 있다.

국무장관 애치슨은 맥아더의 해임을 지지했지만, 현명하게 합동참모본부의 동의를 얻은 다음 행동을 취하라고 트루먼에게 조언했다. 합동참모본부는 거의 사흘 동안 망설였는데, 주된 이유는 맥아더가 합동참모본부의 특정 지시사항을 어긴 적이 있다는 데 동의할 수 없었기 때문이었다. 합동참모본부도 맥아더가 정부 정책에 전혀 동조하지 않는다는 데는 의문을 품지 않았지만, 그들이 찾아낸 명백한 불복종의 증거는 트루먼의 1950년 12월 지시에 관련된 것뿐이었다.

4월 9일 합동참모본부와 그의 고위 보좌관들이 맥아더를 해임해야 한다는 데 만장일치로 합의한 후, 트루먼은 3월 24일에 이미 마음을 굳혔다고 발표했다. 맥아더 후임으로 리지웨이가 유엔군 총사령관에 임명될 예정이었다. 트루먼은 당시 극동 아시아에 머물던 육군장관 프랭크 페이스

1951년 4월 3일, 38선 북쪽 양양 지휘소에서 함께 지프를 탄 유엔군 사령관 맥아더 원수와 미 8군 사령관 리지웨이 중장(맥아더 바로 뒷좌석에 탄 인물). 4월 11일 유엔군 사령관 맥아더 원수가 전격 해임되고 후임으로 리지웨이 중장이 임명되었다. 〈사진: Public Domain〉

(Frank Pace)에게 4월 12일 정오 도쿄에서 직접 맥아더에게 해임 명령을 전달하라고 지시했다. 그러나 실제 해임 통보는 엉망이 되고 말았다. 트루먼은《시카고 트리뷴(Chicago Tribune)》이 그것을 기사화할 예정이라는 사실을 알고 백악관에서 새벽 1시에 기자회견을 열어 맥아더의 해임을 발표했다. 맥아더는 자신의 해임 소식을 라디오 방송을 통해 들었다. 그는 회고록에서 이렇게 논평했다.

"어떤 사환도, 어떤 파출부도, 어떤 하인도 이처럼 무례한 방식으로 해고당하지는 않을 것이다."

그런 상황은 트루먼에게 득이 될 것이 하나도 없었다. 반면에 맥아더는 침착하게 귀족적인 위엄과 품위를 잃지 않고 자신의 해임에 따른 달갑지 않은 세부 일정들을 마치고 떠났다.[8]

트루먼은 당시 극동 아시아에 머물던 육군장관 프랭크 페이스에게 4월 12일 정오 도쿄에서 직접 맥아더에게 해임 명령을 전달하라고 지시했다. 그러나 《시카고 트리뷴》이 그것을 기사화할 예정이라는 사실을 알게 된 트루먼은 백악관에서 새벽 1시에 기자회견을 열어 맥아더의 해임을 발표했다. 맥아더는 자신의 해임 소식을 라디오 방송을 통해 들었다. 그는 회고록에서 이렇게 논평했다.

"어떤 사환도, 어떤 파출부도, 어떤 하인도 이처럼 무례한 방식으로 해고당하지는 않을 것이다."

맥아더는 침착하게 귀족적인 위엄과 품위를 잃지 않고 자신의 해임에 따른 달갑지 않은 세부 일정들을 마치고 떠났다.

한국의 의미를 정확하게 인식하기까지는 수십 년의 세월과 새로운 증거, 새로운 관점이 필요했다. 한국에서의 패배로 맥아더의 군 경력은 수치스럽게 끝났다. 중공군의 개입에 완전히 허를 찔린 데 따른 모든 책임을 그에게 떠넘긴다면 아마 그것은 공정한 처사가 아닐 것이다. 분명 워싱턴도 큰 책임이 있었지만, 그들은 엉뚱하게 주된 책임을 맥아더에게 떠넘기려고 했고 그렇게 하는 데 성공했다. 10월 말부터 워싱턴과 맥아더 모두 한국에 중공군이 있다는 것을 알고 있었다. 11월 초에 합동참모본부도 대규모 중공군이 있는 것은 아닌지 우려했지만, 맥아더에게 방어태세를 취하도록 명령하기를 거부했다. 맥아더는 최종적으로 아시아에서 공산주의를 물리치고 승리하는 자신의 환상에 상충되는 정보를 거부했다. 그와 같은 실수로 인해 11월에 중공군이 한국전쟁에 개입했을 때 유엔군이 취약한 상태에 놓이게 된 큰 책임은 맥아더에게 있었다. 해병대 1사단의 능수능란한 대처

한국에서의 패배로 맥아더의 군 경력은 수치스럽게 끝났다. 중공군의 개입에 완전히 허를 찔린 데 따른 모든 책임을 그에게 떠넘긴다면 아마 그것은 공정한 처사가 아닐 것이다. 분명 워싱턴도 큰 책임이 있었지만, 그들은 엉뚱하게 주된 책임을 맥아더에게 떠넘기려고 했고 그렇게 하는 데 성공했다.

는 세심한 전술과 결의만 있으면 중공군에게 결정적인 타격을 가할 수 있다는 사실을 보여주었다. 중국의 개입이라는 위기를 맞아 맥아더가 보여준 용병술은 1942년 파푸아 전역 다음으로 가장 낮은 점수를 기록했다.[9]

하지만 한국은 맥아더의 명성 외에도 많은 것에 영향을 미쳤다. 중국의 개입으로 조장된 냉전시대의 과도한 군사화는 끊임없는 군비 증가를 초래했고, 이는 결국 소련의 붕괴로 이어졌다. 단기적으로 중국은 유엔군을 38선으로 몰아내어 강대국의 지위를 회복했다. 하지만 그것은 타이완을 되찾을 기회를 잃고 전장에서 수십만 명이 죽으면서 마오쩌둥이 미국을 멸시하며 비유한 것처럼 미국이 결코 '종이호랑이'가 아니라는 교훈을 얻는 대가로 이루어진 것이었다. 더욱이 마오쩌둥은 '반동분자'를 진압한다며 중국에 공포를 확산하는 구실로 전쟁을 활용했으며, 결국 200만 명 이상을 수감하고 70만 명을 처형했다. 이어서 그는 새로 닦은 권력으로 중국을 대약진운동(마오쩌둥의 주도로 1958년부터 1960년 초 사이에 일어난 노동력 집중화 산업의 추진을 통한 경제성장운동-옮긴이)과 문화대혁명(1966년부터 1976년까지 10년간 마오쩌둥에 의해 주도된 극좌 사회주의운동-옮긴이)이라는 연속적인 대규모 재앙으로 이끌었다. 따라서 이제 우리는 맥아더가 한국에서 겪은 실패가 스탈린과 마오쩌둥의 실패에 비하면 아무것도 아니라는 사실을 알 수 있다. 결국 1950년부터 7월부터 9월까지 맥아더의 리더십은 적나라한 공격으로 남한을 점령하려던 시도를 좌절시켰다. 아마 이것이 냉전의 가장 핵심적인 사건이었을 것이다. 북베트남의 1975년 4월 공세를 제외하고, 공산주의 국가들은 3차 세계대전을 촉발시킬 수도 있는 그와 같은 노골적인 행동을 다시는 시도하지 않았다. 이어지는 사건들로 오랜 세월 잊혀졌지만, 인천상륙작전 덕분에 한국 전역은 그의 경력에서 가장 중요한 사건들 중 하나였을지도 모른다.

●
맥아더의 해임과 거대한 후폭풍

맥아더의 해임은 거대한 후폭풍을 몰고 왔다. 초기 여론은 갤럽 여론조사에 따르면 66퍼센트 대 25퍼센트로 맥아더 쪽을 강력하게 지지하는 것으로 나타났다. 일본과 대한민국의 국회는 그를 칭송하는 결의안을 통과시켰다. 히로히토는 맥아더를 방문했는데, 공직에 있지 않은 외국인을 일황이 방문한 것은 그것이 처음이었다.

1951년 4월 19일에 맥아더는 상하양원 합동회의에서 고별연설을 했다. 깊고 힘차며 낭랑한 목소리로 전달된 그의 37분 연설은 텔레비전과 라디오를 통해 방송되었고 이를 보고 듣던 수백만 청중 대부분을 사로잡았다. 심지어 그가 전달하려는 메시지의 논리적 오류나 위험성을 인식한 사람들까지도 그의 연설에 매료되었다. 그는 청중을 거센 감정의 파도 속으로 몰아넣으면서 자신이 중요한 원칙들을 위해 자신의 경력을 희생했다고 주장했다. 그가 전달하는 내용의 핵심은 일관되었다. 유럽에 대한 태평양의 우위까지는 아니더라도 동등함을 주장했고, 전략적 선택을 승리를 위한

1951년 4월 19일에 맥아더는 상하양원 합동회의에서 고별연설을 했다. 깊고 힘차며 낭랑한 목소리로 전달된 그의 37분 연설은 텔레비전과 라디오를 통해 방송되었고 이를 보고 듣던 수백만 청중 대부분을 사로잡았다. 심지어 그가 전달하려는 메시지의 논리적 오류나 위험성을 인식한 사람들까지도 그의 연설에 매료되었다. 그는 자신이 군문에 들어설 당시인 52년 전에 병영에서 유행했던 군가의 한 구절을 인용하며 연설을 끝마쳤다.

"노병은 죽지 않습니다. 다만 사라질 뿐입니다."

그의 방식과 타협을 위한 트루먼의 방식 사이에서의 선택으로 잘못 묘사했으며, 중국에 대한 추가적인 군사행동을 요구했지만 중국 땅에서 지상전을 수행하게 되는 어떤 목표에도 반대하는 신중함을 보였다. 그는 자신이 군문에 들어설 당시인 52년 전에 병영에서 유행했던 군가의 한 구절을 인용하며 연설을 끝마쳤다.

"노병은 죽지 않습니다. 다만 사라질 뿐입니다."[10]

뒤이어 상원 청문회가 열렸다. 사흘 동안 맥아더는 존재감이라는 측면에서 눈부신 연기를 보여주었다. 그의 주장에서 한 가지 주목할 만한 사항은 소련이 조종하는 공산주의자들의 통합된 음모는 없다는 것이었다. 소련과 중국은 각자 자신의 목적을 추구했다. 무책임한 두서없는 질문에 대중의 관심은 줄어들었지만, 그보다 더 중요한 사실은 행정부가 맥아더의 신뢰성을 떨어뜨리는 데 성공했다는 것이다. 합동참모본부는 봉쇄와 폭격, 중국 국민당 군대를 활용하는 방법으로 승리하겠다는 맥아더의 논거가 유린되는 장면을 목격했다. 콜린스만이 노골적인 불복종(미군 병력을 압록강으로 보낸 것)을 공격하는 것처럼 보였던 반면, 다른 합동참모본부 요인들은 그가 정부의 정책에 조금도 공감하지 않았다는 이유로 맥아더의 해임을 정당화했다.

맥아더는 정력적으로 트루먼 행정부에 반대하는 활동을 펼쳤고, 대통령에 당선된 아이젠하워에게는 더 가혹한 수단으로 중국을 상대해야 한국전쟁을 끝낼 수 있다고 주장했다. 트루먼이 재출마를 포기하고 아이젠하워가 집권하면서 확전 위험을 안고 있던 한국전쟁이 종식되자, 맥아더는 2개 전선에 대한 정당성을 입증할 수 있는 수단을 획득했다. 1952년 맥아더는 레밍턴 랜드[Remington Rand: 1956년 이후 스페리 랜드(Speery Rand)] 회사의 이사회 회장이 되었다. 이후 그는 멈추지 않고 자신의 예리

버지니아 주 노퍽의 맥아더 기념관에 있는 맥아더와 그의 아내 진의 묘. 맥아더는 1964년 4월 11일에 사망했으며, 누구에게나 존경받던 그의 아내 진은 101세의 나이로 2000년 1월에 사망했다. 〈사진: Public Domain〉

한 지성을 발휘해 그 전자 분야 거대기업의 경영에 참여했다.

그의 공적 생활은 두 가지 흥미로운 일화로 끝을 맺었다. 1961년, 피그스 만(Bay of Pigs)의 재앙(피그스 만 침공: 1961년 4월 피델 카스트로의 쿠바 정부를 전복하기 위해 미국이 훈련한 1,400명의 쿠바 망명자들이 미군의 도움을 받아 쿠바 남부를 공격하다 실패한 사건-옮긴이)을 겪은 후 좌절한 존 F. 케네디(John F. Kennedy) 대통령이 원래는 형식적인 행사로 계획된 일정에 따라 맥아더를 예방했다. 맥아더는 젊은 케네디 대통령에게 깊은 인상을 주었기 때문에 백악관에 초대를 받아 대통령을 한 번 더 만날 수 있게 되었다. 맥아더는 미국이 아시아 대륙에서 전쟁을 피해야 하며, 국내 문제에 더 많은 시간을 할애하는 편이 더 현명하다고 케네디에게 강력하게 조언했다. 이어 1962년, 맥아더는 웨스트포인트 육군사관학교 최고 명예인 실베이너스 세이어 상(Sylvanus Thayer Award)을 받았다. 그의 연설은 빅토리아 시대 사람의 연설처럼 고전적이어서 그의 친구들에게는 믿을 수 없을 정도로 감동적이었고, 대열 속의 비평가들에게는 참을 수 없을 정도로 진부했다.

맥아더는 1964년 4월 11일에 사망했으며, 트루먼이 그를 해임한 날로부터 13년이 지난 4월 13일에 버지니아 주 노퍽에 있는 맥아더 기념관(MacArthur Memorial)에 묻혔다. 그는 어리석게도 회고록을 써놓고 자신의 죽음과 동시에 출판하기로 했다. 그러나 그것은 그의 평판을 높이기는커녕 오히려 깎아내렸다. 누구에게나 존경받던 그의 아내 진은 101세의 나이로 2000년 1월에 사망했다.

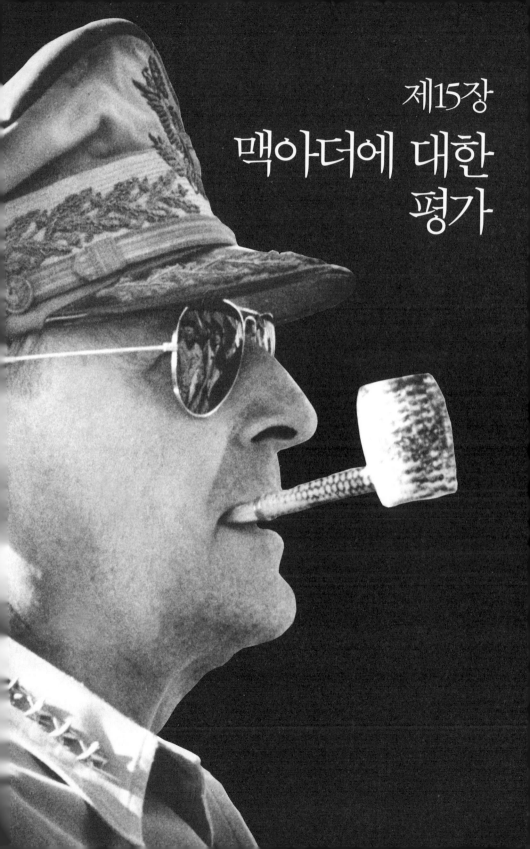

제15장
맥아더에 대한
평가

진짜 맥아더의 모습

앞에서는 맥아더의 삶에서 중요한 사항들을 가능한 한 공정하게 제시하기 위해 그의 결점을 축소한다거나 그의 업적을 빠뜨리지 않고 언급했다. 하지만 이 이야기 속에서 몇 가지 전달 가능한 통찰을 끌어내기란 아주 힘든 일이 아닐 수 없다. 전기 작가 D. 클레이턴 제임스가 발견한 사실들 중 흥미로운 것은, 맥아더의 동료 180명을 인터뷰한 결과 그에 대한 평가에는 상당한 불협화음이 존재했지만 세 가지 점에서는 일치된 견해를 보였다는 것이다. 그중 첫 번째는 그들이 만난 사람들 중에서 맥아더가 가장 복잡한 인물이었다는 것이다. 아마 이것이 두 번째 일치된 견해, 즉 대중적 이미지와 '실제 맥아더' 사이에 큰 차이가 있다는 이유일지 모른다. 끝으로 그에 대한 호감도는 당연한 결과겠지만 그를 알고 지낸 시간과 직접적인 상관관계가 있는 것으로 드러났다.[1]

프랭클린 루스벨트와 마찬가지로 더글러스 맥아더는 연기를 했다면 동시대 최고의 연기자 중 한 명이 되었을지도 모르는 많은 재능을 갖고 있었다. 아이젠하워가 발견했던 것처럼, 맥아더는 마치 보이지 않는 관객들 앞에 서 있기라도 하듯이 행동했다. 그의 카멜레온 같은 '역할 연기(role playing)' 기술 덕분에 그는 자기 자신과 청중에게 전달할 메시지를 정확하게 계산한 대로 위장해 청중이 몇 명이든 그들의 마음을 사로잡을 수 있었다. 그의 진짜 본성을 정확하게 파악한 사람이 있다면 그것은 아마도 그의 부모, 특히 어머니와 그의 두 번째 아내 진이 전부였을 것이다. 맥아더의 어머니와 두 번째 아내 진은 다른 누구하고도 맥아더에 대한 이야기를 나누려 하지 않았기 때문에 아무리 최고의 전기 작가라 해도 그가 할 수 있는 것은 '진짜 맥아더'를 묘사하는 데 실패했음을 시인하는 것이다.

만약 우리가 여전히 맥아더의 진짜 본모습에 대해 알 수 없다면, 우리가 파악할 수 있는 것들을 체계적으로 검토하는 방법에 기댈 수밖에 없다. 그의 가장 근본적인 특성부터 살펴보면, 첫 번째로 그의 뛰어난 지적 능력을 들 수 있다. 그는 자신의 뛰어난 지적 능력을 당면한 문제나 쟁점을 분석하는 도구로 사용했다. 무제한의 재량권이 주어질 경우, 그의 두뇌는 전체적인 그림에 대한 시각을 잃지 않으면서 가장 지루한 세부 항목부터 좀 더 포괄적인 사항으로 올라가며 난제를 식별하고 평가하는 능력을 발휘했다. 그의 지적 능력에는 폭넓은 호기심도 포함되는데, 그는 늘 호기심에 자극을 받아 군 생활과 관계없는 분야도 공부를 게을리 하지 않았다─인정하건대, 예술과 문학은 예외였다. 이런 심도 깊은 지식은 그가 점점 더 복잡해지는 비군사적 업무를 처리할 때 상당히 도움이 되었다. 그의 지적 능력은 엄청난 난제를 성공적으로 처리하는 데 필수적인 요건인 자신감을 키우는 데도 큰 기여를 했다. 풍부한 지식은 언어 구사에도 상당히 도움이 되었지만, 대중들 앞에서 쓰는 그의 말투는 지금 기준으로 보면 진부하게 들리고 빅토리아 시대의 잔재가 너무 강했다. 살아 있는 내내 그러지는 않았다고 해도 대부분의 기간 동안, 그는 자신이 지구에서 가장 능력 있는 인간이기 때문에 특히 대통령을 포함해 어떤 현직 고위급 지도자들보다 못한 점이 하나도 없다고 믿었다.

하지만 그의 번득이는 지적 능력은 동시에 중대한 몇 가지 문제를 초래했다. 직업적인 부분에서 맥아더의 삶이 고위급 지도자들에게 주는 교훈 중 하나는, 해당 일에 대한 근본적인 사항들을 전부 숙달하지 못했을 경우 총명하다는 것만으로는 충분하지 않다는 것이다. 맥아더는 대대급이나 연대급 이상의 보직을 수행하는 데 필요한 교육을 결코 받은 적이 없다. 이제야 우리가 하는 말이지만, 그는 고차원적인 여러 전쟁 기술을 독서를 통해 독학했다. 이로 인해 그에게는 절대적으로 중요한 한 가지 분야인 군수 분야에서 결손이 생기곤 했다. 이것을 보여주는 첫 번째 증거는 무지개 사단 참모장으로서 보급(군사 용어로는 G-4)이 주특기인 장교들을 모두 배제한 채 참모진을 구성한 것이었다. 교훈적인 사실은 첫 번째 필리핀 전역에서 그가 내린 전략적 지시에서 군수 부분은 도저히 돌이킬 길 없는-당연히 그의 비평가들은 강조하지만, 맥아더 자신은 자존심 때문에 인정할 수 없는- 실수였음이 증명되었다는 것이다. 필리핀에서의 패배에 자극을 받아 그 뒤로는 부족한 군수지원을 능수능란하게 관리하게 되었다는 사실을 인정할 정도로 그가 솔직하지는 않다는 점은 고위 지휘관으로서 그가 거둔 위대한 성취에 대한 근본적인 오해를 낳았다. 전략가 혹은 전술가로서 그에 대한 합당한 평가가 무엇이든-게다가 아직도 그 부분에 대해서 평가가 다를 수 있지만- 그는 전사(戰史)에 군수 분야의 뛰어난 달인 중 한 명으로 전사(戰史)에 기록될 자격이 있다.

두 번째 특성은 태생적으로 놀라운 체질을 타고났다는 것이다. 모순적일 수도 있지만, 살면서 그가 가장 아쉬워한 한 가지 부족한 점은 일류급 운동 실력이었다. 하지만 그는 범상치 않은 유전자를 물려받아서 사실상 역사의 중심에 있었던 그 어떤 동년배보다도 정신적·신체적으로 젊음을 더 오랫동안 유지했다. 그는 식사와 음주를 적정한 수준으로 자제하고 규칙적인 수면 패턴을 지킴으로써 활력을 유지해나갔다. 하지만 인상적인 것은 그가 활력을 유지할 수 있었던 또 다른 핵심 요소가 너무나 간단하다는 점이다. 그는 혼자 생각을 하거나 다른 사람과 대화를 나누는 동안 일정한 속도로 왔다 갔다 함으로써 사무실을 체력단련실로 바꾸었다. 그는 매일 평균 4~6마일을 걸었다. 심지어 그는 자신의 전용기에서도 통로를 걸어 다녔는데, 그의 조종사는 비행기를 타고 맥아더가 한국까지 걸어갔다고 농담을 한 적도 있었다. 2차 세계대전이 발발하자 마셜이나 아이젠하워 같은 사람들이 그를 현역으로 복귀시켜도 된다고 확신한 이유는 그가 지적 능력과 젊음을 겸비했기 때문이다.

● 맥아더의 교훈

이어서 우리는 몇 가지 교훈을 살펴볼 것이다. 그 첫 번째는 부모님이 그에게 심어준 것으로, 미국의 미래는 유럽이 아니라 아시아에 있다는 교훈이다. 미국 중서부 출신으로 먼지투성이인 서부의 외떨어진 전초진지에 주둔했던 그의 아버지 아서 맥아더가 어떻게 극동에 집착하게 되었는지는 풀리지 않는 수수께끼로 남아 있다. 하지만 그의 아버지는 그것을 아들 더글러스 맥아더에게 심어주었고, 더글러스 맥아더는 자신의 경력에서 두 차례의 위대한 절정기를 극동에서 근무하는 동안 맞이했다. 사실상 군에 복무하는 동년배와 정계의 상관들이 모두 유럽중심주의자였기 때문에, 맥아더는 군 경력 내내 국가의 전략적 우선순위에 대해 근본적으로 비주류적인 입장을 견지했다. 맥아더의 성격을 논외로 하면, 거대 조직에서 그와 같은 비주류적인 사고는 일반적 통념을 시험하고 단련하는 역할을 한다.

21세기 기준으로 보면, 인종 관계에 대한 맥아더의 입장은 부자연스러워 보인다. 하지만 그가 활약했던 시대의 기준으로 보면, 그의 관점은 상당히 진보적이었다. 기본적으로 그는 백인이 아닌 사람이라고 해서 평등하지 않을 만큼 지적 혹은 도덕적 결함을 갖고 태어나는 것은 아니라고 믿었다.

1930년에 마닐라에서 행한 감동적인 연설에서 그는 인종 관계에서 관용과 조화의 중요성을 강조했다. 그는 필리핀과 일본, 한국의 지도자들을 지적으로나 도덕적으로 대등한 존재로 대우했다. 게다가 필리핀에 있을 때나 일본에 있을 때나 항상 현지인의 시각으로 문제를 보았을 뿐만 아니라 현지인의 열렬한 옹호자로서 미국 관리들을 상대했다. 그는 필리핀 현지 엘리트들을 자신과 완전히 동일시해서 '올바른' 부류의 필리핀인들이 이기는 것을 보기 위해 미군 병사들의 목숨을 이용할 준비가 되어 있었다. 맥아더의 삶에서 보이는 모순 중 하나는, 그의 정적들이 그를 끔찍한 반동주의자로 매도했다는 것이다. 그들은 미국이 극동에 우선순위를 둬야 한다는 맥아더의 주장이 유럽과 백인 우월주의에 바탕을 둔 동시대의 전폭적인 합의를 완전히 뒤집는 요구라는 사실을 전혀 이해하지 못했다.

후기 빅토리아 시대의 감수성을 타고난 맥아더는 20세기가 진행되는 동안 꾸준하게 지지를 얻던 총력전 사상에 미숙하게나마 반대했다. 그는 바탄 반도를 지키는 데 필수적인 식량을 필리핀인들로부터 무자비하게 징발하여 그들을 위험에 빠뜨리는 일을 거부했다. 1945년 9월 항복 조인식에서는 일본 대표단을 모욕하지 않았다. 전쟁에 대한 맥아더의 태도를 가장 극명하게 보여주는 일화들은 아마도 항공력과 관련된 일화들일 것이다. 그는 전술 항공력의 열렬한 추종자이기는 했지만, 공중 화력의 무제한적인 사용을 거부했으며 특히 도시에 대한 폭격을 혐오했다. 1941년 12월, 그는 일본군 공습에 의한 공포로부터 벗어나도록 마닐라를 '비무장 도시(open city)'로 선언했다. 이어서 1945년, 그의 부하들이 마닐라에서 일본군을 몰아내는 벅찬 과업에 직면했을 때, 그는 어떤 항공력도 사용하기를 거부했다. 육군항공대 장교들이 태평양에서 B-29 폭격기를 어떻게든 맥아더나 니미츠의 통제 밖에 두려고 했던 이유가 여러 가지 있겠지만, 적어도 한 가지 이유는 그들이 일본 도시들을 대상으로 1945년 3월에 실시한 소이탄 폭격을 맥아더가 절대로 승인할 리 없다고 생각했기 때문이다. 한국에서도 재차 맥아더는 도시를 초토화시키려는 공군의 계획을 초기에는 거부했었다.

하지만 몇 차례 중요한 순간에는 맥아더도 전쟁에 대한 자신의 생각에서 한 걸음 물러섰다. 1945년 6월, 그는 일본 본토에서 전투를 할 경우 완강하게 저항하는 일본군 방어병력에 대한 독가스 사용을 고려할 각오가 되어 있었다. 그가 야마시타와 혼마의 사법 살인에 개입했다는 사실도 자신의 신념을 어긴 또 다른 사례에 해당된다. 끝으로 중공군이 개입해서 초래된 재앙에 자극을 받은 그는 그전까지 한국의 도시에 대규모 항공 화력을 사용하게 된다는 이유로 거부했던 계획을 승인했다.

●

맥아더의 리더십

맥아더 숭배자들의 가장 큰 오판은 그를 혁신가로 찬양하는 것이다. 물론 맥아더가 육군 교육 개혁에 기여하고 일본 헌법을 개정해 유명한 평화 조항(제9조 "① 일본 국민은 정의와 질서를 기조로 하는 국제평화를 성실히 희구하고, 국권의 발동인 전쟁과 무력에 의한 위협 또는 무력행사는, 국제분쟁을 해결하는 수단으로서는 영구히 포기한다. ② 전항의 목적을 달성하기 위해 육·해·공군 그 외의 전력은 보유하지 않는다. 국가의 교전권은 인정하지 않는다." 이 조항 때문에 개정된 일본 헌법은 일명 '평화헌법'으로 불린다-옮긴이)을 만든 이 두 가지 일은 당연히 찬사를 받을 만하다. 육군사관학교 교장으로서 그리고 육군참모총장으로서 그가 실시한 육군 교육 체계 개혁은 미래지향적이었으며, 학생들이 배울 지식의 범위를 넓히고, 민간 교육기관과 교류를 통해 육군 교육과정을 개선하며, 생도와 병사들을 자신이 지키는 민간 사회와 연결시키는 동시에 그들에게 자주적이고 전문적인 사고방식을 주입한다는 다양한 목표를 기반으로 했다. 그는 전통적인 관점에 맞서 싸웠으며, 그에 따른 대가(육군사관학교 교장 임기 가 갑자기 줄었다)도 치러야 했다.

맥아더가 공개적으로는 일본 헌법에서 전쟁을 부정하는 충격적인 조항 개념이 일본 지도자들에게서 나왔다고 주장했지만, 사실 그것을 입안한 사람은 바로 그였다. 그것은 지금까지도 실현되지 못한 이상(理想)으로 남 아 있다. 심지어 일본 내에서도 그 조항이 실제로 자위권까지 배제하는지 여부를 두고 논쟁이 그치지 않고 있다.

하지만 이 두 일화도 군대 지휘관이자 최고 관리자로서 맥아더가 보여 준 훨씬 더 심오하고 놀라운 한 가지 행동 패턴에는 비교가 되지 않는데, 그것은 바로 그의 적응성이다. 1차 세계대전 중 군 경력에 큰 위기가 닥쳤 을 때, 그는 자신의 미래를 코트 드 샤티용에 걸고 부하들 중 한 명이 제 안한 작전 계획을 채택하여 자신의 것으로 만들었다. 레너드 우드에게는 필리핀 방어체계를 구축하기 위한 계획을 빌렸다. 2차 세계대전 중에는 그의 개인교사 역할을 한 핵심적인 부하 조지 케니와 다니엘 바비를 통해 항공전과 상륙전 분야에서 달인의 경지에 도달했다. 그는 뒤늦게 윌리엄 F. 핼시 주니어가 제시한 길을 따라 '우회 전략'을 채택했다. 그의 전역에서 최고의 순간인 홀란디아 상륙작전은 맥아더가 아니라 그의 부하에게서 나온 것이었다. 일본 점령을 위해 그가 따랐던 정책상의 뛰어난 청사진들 은 워싱턴에서 기안된 것이었다. 그의 이런 특성이 매우 흥미롭고 매력적 인 이유는, 흔히 엄청난 지적 재능을 가진 사람들은 다른 사람의 생각을 객관적으로 평가하기보다는 그것을 폄하하는 데 자신의 재능을 활용하기 마련인데 그는 그러지 않고 그것을 받아들이고 활용했다는 것이다. 게다가 특히 위기의 순간에 남의 생각을 자유롭게 받아들이기 위해서는 엄청난 자신감과 너그러운 마음이 필요하다는 것이다.

맥아더의 또 다른 리더십 원칙으로 자주 언급되는 필수 자질은 대담성이다. 뉴기니 전역의 후반부와 레이테 작전, 특히 인천상륙작전에서 맥아더가 자신의 대담함을 보여주었다는 데는 논란의 여지가 없다. 고위 지휘관의 지위에 올랐던 미국인들 중 오로지 패튼과 핼시, 니미츠만이 홀란디아나 레이테 전역에 버금가는 성과를 달성할 수 있었을 것이다. 하지만 그들조차도 인천상륙작전을 성공시킬 수는 없었을 것이다(다만 소수의 지휘관은 좀 더 종심이 얕은 '우회 작전'으로 거의 비슷한 수준의 전략적 결과를 얻을 수 있었겠지만 그 대가로 더 많은 사상자를 냈을 것이다). 1991년 쿠웨이트(Kuwait)에서 수행된 전역(1991년에는 이라크 사담 후세인 정권의 쿠웨이트 침공으로 국제 연합군이 참가한 걸프 전쟁-옮긴이)이나 2003년 바그다드(Baghdad)를 향한 질주(2003년 이라크 무장해제를 목적으로 미군과 영국군이 합동으로 이라크를 침공함으로써 발발한 이라크 전쟁-옮긴이)는 맥아더의 대담성이 갖고 있는 참뜻을 실제로 보여주었다.

하지만 최고사령관으로서 맥아더는 필리핀과 파푸아에서 약 18개월에 걸쳐 힘들게 교훈을 얻을 때까지 진정한 대담성을 보여주지 못했다. 사실 파푸아 전역에서 그는 전투 지휘에 있어서 최하점을 기록하며 교과서적인 오류들을 저질렀다. 맥아더는 자신의 부대가 작전수행 능력 면에서 성숙한 경지에 도달하고, 암호해독가들이 적의 배치도를 제공하고, 적의 사령부를 엿들을 수 있게 되면서부터 대담성을 보여주었다. 그의 대담성은 인천상륙작전 이후 무모함으로 바뀌었다. 리지웨이와 해병대 지휘관들은 유엔군이 전진을 저지당해 전세가 역전되면서 38선 이남으로 후퇴하게 된 사태가 중공군 개입에 따른 필연적인 결과가 아니라는 사실을 입증했다.

남서태평양사령부나 이후 연합군 최고사령부와 같은 거대한 조직을 단순히 인솔한 것이 아니라 지배할 수 있었던 비밀스런 맥아더의 능력에 대해서는 평가가 엇갈린다. 맥아더는 부하들을 판단하는 첫 번째 자질로 충성심을 꼽았다. 1941년부터 시작해 이후 한국에서 해임될 때까지 10년 동안 맥아더는 자신의 참모진에 둘러싸여 있었다. 그들은 공통적으로 맥아더에 대한 충성심을 가지고 있었다. 그는 자신의 부하들에게 충성심을 가장 중요한 자질로 강조함으로써 반드시 그에게 절대적으로 헌신하고 그의 선견지명을 실현하려는 열정을 가진 소수 인원을 거쳐서 모든 사항이 위로 전달되도록 하는 체계를 구축하여 관료체제를 지배하는 능력을 얻었던 것이다. 하지만 그에 따른 대가로 정보와 의견의 질이나 양이 매우 심각하게 제한될 수밖에 없었다.

자기 휘하에 있는 부하들에게 동기를 부여하기 위해 맥아더가 즐겨 사용한 방법은 부하들 사이에 경쟁관계를 조장하고 서로 싸움을 붙이는 것이었다. 이에 대한 가장 두드러진 사례는 크루거와 아이켈버거의 경쟁심을 이용한 것이었고, 훗날 일본에서 휘트니와 연합군 최고사령부의 나머지 참모들의 경쟁 구도를 이용한 것이었다. 군대 지휘관들의 전형적인 모습과는 대조적으로 맥아더는 분명 욕설을 할 수 있는 상황에서도 부하들에게 직접적인 질책을 가하는 경우가 극히 드물었다. 반대로 그는 동기유발자로서 칭찬 그리고 심지어 아첨의 효과를 적극적으로 이용했다.

자신만의 독특한 패션 스타일과 상징주의의 활용은 맥아더가 거대한 관료조직에 자신을 각인시키기 위해 사용한 또 다른 리더십 도구였다. 맥아더는 베라크루스에서 시작되어 1차 세계대전에서 활짝 꽃을 피운 자신만의 복장 스타일로 우월한 귀족적 전사(戰士)라는 인상을 전달했다. 풀을 먹여 줄을 세운 제복, 광을 낸 단추, 연병장에 도열하는 훈련에 대한 그의 본능적 거부감은 그의 개방적 태도와 대담성에 대한 암시였다. 지금까지 내려오는 육군 군복은 퍼싱이나 패튼이 아니라 맥아더의 선례를 따른 것이다. 그는 본능적으로 복장에서는 대체로 적을수록 좋다는 통찰을 갖고 있었다. 2차 세계대전 이전에 근무복이 아닌 평상복을 입은 그의 모습은 더없는 멋쟁이였으며, 생애 동안 받은 온갖 포상과 훈장에 꼴사나울 정도로 애착을 보였다. 하지만 2차 세계대전 중 그는 천박할 정도로 요란한 군복보다는 자신의 군모와 선글라스, 담뱃대, 그리고 최소한의 계급장을 제외하고 모든 장식을 뗀 채 목을 드러낸 단순한 카키 근무복이 더 강력한 효과를 발휘한다는 사실을 깨달았다.

맥아더가 자신만의 독특한 스타일과 상징주의를 가장 강력하게 사용한 사례는 아마 일본에서였을 것이다. 일본 항복 조인식에서 그는 힘과 지배력의 상징과 모든 장병들의 민주주의적 참여, 군이 말하지 않아도 누구나 그 의미를 한눈에 알아볼 수는, 일본군에게 포로로 잡혔다가 풀려난 야윈 조너선 웨인라이트 중장과 아서 E. 퍼시벌 중장의 등장, 높은 이상을 불러일으키는 동시에 적에 대한 모욕은 철저하게 배격한 강렬한 연설을 멋지게 혼합했다. 그 후 또 다른 사례는 일부분은 계산된 측면도 있고 일부분은 우연이 개입된 일황과의 사진 촬영이었다. 그리고 맥아더가 도쿄에서 경호도 받지 않은 채 하루 두 번씩 사무실을 오갔다는 사실 역시 이를 보여주는 또 다른 사례이다. 당시 많은 정치적 암살 사건이 벌어지고 있던 일본에서 그와 같은 행동은 그가 일본인을 신뢰하고 있다는 의미를 전달했다.

맥아더의 역할 연기 재능의 일부는 그의 다양한 리더십으로 나타났다. 1차 세계대전 당시 그는 유별나게 일선에서 직접 지휘함으로써 미국 원정군의 다르타냥(D'Artagnan)이라는 찬사를 받았다. 2차 세계대전 발발 첫해 초기에는 그런 지휘 방식을 버렸기 때문에 "방공호 더그"라는 비난을 듣게 되었다. 오스트레일리아 역사가 개빈 롱(Gavin Long)이 말한 것처럼, "그와 같은 악담을 할 만한 빌미를 그 누구에게도 주지 않는 것 역시 훌륭한 장군이 해야 할 일이다." 맥아더는 그와 같은 비난이 전혀 근거가 없다는 점을 분명히 밝혀야 하는 자신의 중요한 임무에 실패했다. 그러더니 1944년 초부터는 과거의 모습으로 돌아가 미국의 어떤 전구 지휘관도 상대가 되지 않을 만큼 자주 일선에 모습을 나타냈다. 하지만 일본에서는 초연하고 접근하기 어려운 쇼군[將軍: 일본의 역대 무신정권인 막부(幕府)의 수장을 가리키는 칭호-옮긴이]의 자세를 취했다. 그래서 반갑게 손을 내민 쪽은 히로히토였다. 1941년~1942년의 재앙을 제외하면, 그는 각각의 경우 자신의 리더십을 가장 잘 각인시킬 수 있는 지휘 방식을 선택했는데, 이는 왜 한 가지 방식의 리더십 이론이 실패하는가를 보여주는 좋은 예이다.[2]

민군관계에 대한 교훈

맥아더 자신의 이야기 속에 담긴 교훈 외에도 그의 삶은 민군 관계 전반과 특별히 비범한 재능을 갖고 있지만 고집이 센 부하를 대할 때 쓰지 말아야 할 방법에 대해 두툼한 논문을 쓸 수 있을 만큼 풍부한 소재를 제공해준다. 맥아더가 민간인 상관들, 즉 대통령을 비롯한 고위 정치 지도자들과 다양한 문제를 두고 충돌했다는 사실이 본질적으로 나쁜 것만은 아니었다. 단순히 어떤 문제에 대해 논한다고 해서 그것이 불복종은 아니며, 군대 장교들이 강력하게 조언을 제시한다고 해서 비난하거나 혹평하는 문화를 만든다면 그것은 엄청난 실수이다. 하지만 한국 문제를 두고 맥아더가 트루먼에게 도전한 것은 단지 허심탄회하게 개인적 견해를 말한 것이 아니었다. 맥아더는 너무나 분명하게 그리고 공개적으로 국가 정책에서 벗어나 있었기 때문에 해임을 당한 것이며, 그것은 적절한 조처였다.

맥아더가 한국에서 보여준 행동은 특이한 일탈이 아니라 매우 장기간에 걸쳐 진행된 과정의 정점에서 표출된 것이었다. 맥아더가 군대나 민간인 상관의 지시를 기꺼이 따르다가 그 같은 경향을 보인 것은 1930년대 말이었다. 2차 세계대전이 발발하고 한 달도 지나지 않아서 루스벨트 대통령과 스팀슨 육군장관, 마셜 육군참모총장은 맥아더의 터무니없는 의사 표현, 특히 해군과 국가 전력에 대한 근본적인 견해 차이에서 비롯된 그의 편집증적인 언성 높이기에 질색했다. 오직 스팀슨 육군장관만이 복종을 강요할 필요가 있음을 인식하고 직접 행동을 취했으며, 그렇게 해서 맥아더가 수용 가능한 범위 내에서 행동하도록 만들었다. 2차 세계대전에서 미국 고위 지도자들이 맥아더를 억제하지 못한 일은 명백한 교훈으로 남아 있다.

또 하나의 중요한 사례는 트루먼 대통령이 다른 미군 지휘관들에게 그랬던 것처럼 그에게도 감사와 환영의 뜻을 전달하고 싶으니 미국으로 귀환해달라고 두 번이나 '요청'했는데 맥아더가 이를 거부하는 안하무인격 행동을 보였다는 것이다. 트루먼은 자신의 의지를 강요하는 데 실패했고 그 결과 맥아더는 그를 업신여기게 되었다. 이후 트루먼 행정부는 일본 점령에 대한 전반적인 지도력을 행사했지만, 대부분 미국 지도자들이 유럽 위주의 시야를 갖고 있었기 때문에 맥아더에게 어느 정도 재량권을 허용했고 그는 재빠르게 그것을 활용했다. 워싱턴에는 맥아더의 '유력한 친구', 즉 트루먼과 접촉하며 상호 이해를 높여줄 인물이 없었기 때문에 매우 위험한 상황이 발생했다. 여기서 교훈은 트루먼이 그처럼 막중한 임무를 수행하는 맥아더와 좀 더 밀접한 개인적인 관계를 구축할 수 있는 조치를 취했어야 했다는 것이다. 뒤늦게나마 트루먼이 이런 상황을 바로잡기 위해 두 가지 조치를 취한 것은 칭찬받아 마땅하다. 첫 번째, 한국전쟁 발발 이후 그는 에드윈 로우(Edwin Lowe) 소장을 도쿄로 보내 개인적인 연락 통로를 열었다. 만약 트루먼이 이런 조치를 2년 정도만 더 일찍 취했더라면, 1951년의 대립은 어쩌면 피할 수 있었을지도 모른다. 두 번째, 1950년 8월 트루먼은 처음으로 맥아더를 강요해 그가 중국 국민당과 관련한 미국의 정책으로 발표했던 사항들을 철회하게 만들었다. 하지만 1942년 스팀슨의 경우와 마찬가지로 이 행동도 뒤늦게나마 이루어지기는 했지만, 이미 시기를 놓친 데다가 너무나 드문 특이한 사례였기 때문에 징벌로서는 효과가 없었다.

●

맥아더의 눈으로 본 오늘날의 문제

민간 지도자의 권위에 대한 맥아더의 불복종과 엄청나게 커버린 자아의 관점에서 보면, 이후 어떤 역사적 시기에 또다시 그에게 주요 지휘관 역할을 맡겼다면 그것은 큰 실수가 되었을지 모른다. 하지만 자신의 이기심 때문에 결과를 왜곡한 적은 없기 때문에 맥아더는 예리한 분석 능력에 있어서는 존경을 받을 만하며, 통찰력이 있을 뿐만 아니라 그의 사고방식에 대한 다른 사람들의 틀에 박힌 생각이 틀렸음을 입증하는 기록도 남겼다. 무엇보다 그는 1941년 독일의 공격을 받고도 소련이 살아날 것이라고 예측했다는 점에서 동시대 서구의 거의 모든 군인들이 가졌던 생각을 초월했으며, 1951년에는 마오쩌둥이 단지 스탈린의 충실한 하인에 불과하다는 통념을 반박하기도 했다.

만약 맥아더라면 요즘 사건들에 대해 어떤 판단을 할지 어느 정도 근거가 있는 몇 가지 추측을 조심스럽게 해본다면, 아마 그는 자기 생애 전반에 걸쳐 가장 근본적이었던 국가 정책 문제에서부터 시작해보라고 요구할 것이다. 이제는 그와 그의 아버지가 역사에 의해 정당성을 인정받은 선지자였다는 사실을 반박할 수 있는 사람은 거의 없다. 경제와 인구학의 측면에서 미국인들을 위한 가장 밝은 미래의 지평선은 유럽이 아니라 아시아에 있다. 그가 공개적으로는 서로 유산을 공유하고 있다는 미사여구로 유럽에 대해 관대한 태도를 보여주곤 했지만, 비공개적으로는 미국의 국가 정책을 형성하거나 방향을 설정하는 데 유럽은 결코 중요한 역할을 수행할 수 없다고 단호하게 조언했다. 그가 지금까지 살아 있었다면 아마도 여전히 유엔(국제연합)의 용도-미국의 이해관계에 부합하거나 그것을 강화시키는 제2·3의 역할을 제외하고-에 대해서는 높이 평가하지 않았을 것이다. 그와 같은 그의 태도는 1950년에 중국의 직접 공격에 유엔이 적절하게 대응하지 못한 충격적인 일을 본 뒤에 더욱 확고해졌을 것이다.

맥아더 특유의 무례함을 고려하면, 그는 평화적이고 민주적인 경제 강국 일본의 등장과 관련하려 자신이 기여한 것을 정당하게 주장하는 데서 그치지 않고 워싱턴이 제공한 기본 계획을 일종의 모독으로 매도하려 할 것이다. 그의 관점과 관련하여 가장 예측하기 어려운 부분 중 하나는 일본 헌법의 '평화 조항'을 중심으로 전개되는 논쟁일 것이다. 살아 있는 동안 그는 이 평화 조항이 자위를 위한 무력마저도 예외로 하지 않고 정확하게 모든 군대를 포함한다는 극도로 순수한 이상주의를 견지하다가 이어서 처음에는 점령을 조기에 끝내기 위해 그리고 미군 병력이 한국전쟁에 파견된 이후에는 일본을 방어하기 위해 어느 정도 재무장을 허용하는 쪽으로 돌아섰다. 그 이후를 가정해보면, 그의 관점들은 분명히 계절이 변하듯 순환하는 과정을 보여주었을 것이다. 그는 냉전 기간 동안 일본이 크지 않은 적당한 규모의 군대를 가졌던 것을 부적절하다고 여기지는 않았겠지만, 냉전이 끝난 시점에서 일본인들이 다시 헌법 9조의 순수한 해석으로 복귀하는 방안을 재검토해야 할 때이며 어떻게 해야 하는지 그 방법에 대해 이야기했을 것이다.

북한이 핵무기와 탄도미사일 개발 프로그램을 진행하는 바람에 세계정세가 불안해지고 테러리스트에게 그 무기가 판매될 가능성이 큰 현재 위기 상황을 그가 보았다면, 그는 아마도 1951년에 무엇이 진실로 중요한지 제대로 파악하고 있던 사람은 트루먼이 아니라 바로 자기였다고 요란하게 선언할 것이다. 한국에서 승리가 아니라 정전을 수용함으로써 1950년 북한이 남침으로 미국에 가한 위협보다 훨씬 더 큰 위협을 그저 한 세대 동안 지연시켰을 뿐이다. 하지만 지금은 직접적인 전쟁 행위가 없는 상태에서 맥아더도 북한에 대한 군사행동에 우선권을 부여하지는 않을 것이다. 맥아더가 현 상황을 분석했다면, 그는 아마도 북한보다 훨씬 더 불길한 위협으로 아시아 국가들, 특히 중국과 일본, 인도의 지속적인 성장을 위협하는 것에 가장 먼저 중점을 둬야 한다고 강조했을 것이다.

맥아더의 삶에서 중요한 부분을 차지하면서도 그가 침묵한 한 가지가 있다. 그것은 바로 필리핀이다. 1945년 필리핀을 떠나 일본으로 부임한 뒤로 그는 가정과 수십 년이 된 개인적 관계에 전념했다. 그가 필리핀에 간 것은 단 두 차례로 1946년 독립기념식 때와 1961년 추억 여행이 전부였다. 그는 공개 석상에서 거의 필리핀에 대해 언급하지 않았다. 그는 마치 위대한 배우가 일단 최고의 자리에 오르자 체면이 떨어지는 극장에서 보낸 도

제 시절에 대해서 다시는 언급하지 않는 것처럼 행동했다.

일본과 한반도, 필리핀을 벗어난 사건들에 대한 맥아더의 견해는 아마도 복잡하면서 변덕스러웠을 것이다. 그가 1961년 케네디 대통령에게 동남아시아 사태보다는 국내 문제에 치중하라고 한 그의 조언은, 그가 살아 있었다면 1983년 베이루트(Beirut)에 해병대를 파견하거나 소말리아(Somalia)나 르완다(Rwanda), 보스니아(Bosnia), 코소보(Kosovo), 다르푸르(Darfur)에 육군 병력이나 공군을 투입하는 것에도 반대했으리라는 것을 암시한다. 맥아더에게 가장 흥미로운 주제는 아마 미국이 전면 자원병제로 전환하게 된 것일지도 모른다. 그의 기록은 그가 평화 시에는 자원병제도 수용할 수 있지만 전시에는 용납할 수 없음을 발표할 것이라는 것을 시사한다. 이런 맥락에 대한 그의 논거는 단순히 혹은 심지어 승리를 확실하게 하기 위해 압도적인 병력을 모병해야 할 필요성만이 아니라 그가 추진한 육군 교육 개혁에서 강조했던 것처럼 직업 군대와 그 군대가 지키는 민간인 사회 사이의 긴밀한 관계를 유지하도록 하는 것이 중요하다는 것이다. 그러한 관계는 전면적인 자원병제보다 징병제에 의해 더 잘 유지되었다. 물론 이런 추정은 "실제 행동이 아니라 말"로 판단한 것에 지나지 않는다.

아마 그는 첨단 기술의 열정적인 옹호자로서 그것을 이용하는 데 실패한 지휘관을 주저하지 않고 비난했을 것이다. 하지만 동시에 그는 기술적인 변화로 인해 전쟁의 근본 원칙들이 바뀌지는 않는다는 점도 강조했을 것이다. 아마 그는 로버트 맥나마라(Robert S. McNamara)나 도널드 럼스펠드(Donald Rumsfeld)를 모두 무시했을 것이다.

맥아더의 경력과 생각으로부터 중동과 테러와의 전쟁에 대한 그의 관점을 도출하는 것은 대단히 어려운 일이다. 말년에 그는 중요한 이해관계가 걸려 있지 않는 한 가급적 전쟁은 피해야 한다는 고전적인 미국의 '잭슨주의(Jacksonian)' 관점을 고수했지만, 일단 전쟁을 치를 가치가 있을 경우에는 장기적으로 결정적인 목표를 추구하기 위해 압도적인 전력을 사용한다는 정책 외에 다른 정책은 수용할 수 없었다. 1990년대 이전이었다면, 맥아더는 자신이 미국 이해의 주변부에 해당한다고 생각했던 지역에 미군을 투입하는 데 반대했을 텐데, 거기에는 중동도 포함되었을 것이다. 하지만 그는 1950년 한국전쟁과 1990년 사담 후세인(Saddam Hussein)의 쿠웨이트 침공 사이에서 유사점을 봤을 것이다. 그는 냉전 시대 이후에 노골적인 침략을 허용하는 선례를 남기는 것은 위험하다는 것을 지적하는 동시에, 아시아의 경제 발전에 석유가 갖는 전략적 중요성을 더욱 크게 강조했을 것이다. 맥아더는 걸프 전쟁을 사담 후세인의 축출이 아니라 단지 쿠웨이트의 해방으로 종결해야 한다는 어떤 제안에도 분노했을 것이다. 그는 한국전쟁과 가장 큰 유사점이 사담 후세인을 살려두면 미래에 그가 분명 더 큰 골칫거리가 될 것이라는 데 있다고 경고했을 것이다.

2001년 9월 11일 미국 본토가 직접적인 공격을 받았을 때, 맥아더는 아시아가 경제적으로 건강하기 위해서는 원유 공급이 필수적인데 그에 대한 위협이 진행 중이라는 점을 그 공격과 결부시키고 분명히 행동을 촉구했을 것이다. 그는 탈레반(Taliban) 정권이 알카에다(Al Qaeda)에게 아프가니스탄(Afghanistan)의 은신처를 허용하는 행위는 참을 수 없는 일이라고 선언하고 탈레반을 무너뜨리기 위한 군사적 시도를 지지했을 것이다. 하지만 맥아더는 이렇게 질문했을지도 모른다.

"아프가니스탄에서 멈출 이유가 뭔가?"

그는 일종의 포괄적인 전략의 일환으로 이라크(Iraq)와 시리아(Syria), 이란(Iran)에 대한 대책까지 요구했을지도 모른다. 결국 그런 주장으로 인해 맥아더는 정치 지도자들이 고려할 수 있는 수준보다 훨씬 더 많은 군사력 동원을 지지하게 될 것이다. 2003년 바그다드(Baghdad)를 향한 진격(이라크 전쟁)에서 나타난 과감성과 기술적 눈부심에 맥아더가 경외감을 느꼈겠지만, 미군의 병력 밀도가 낮다는 점에는 비판적이었을 것이다— 하지만 일부 사람들이 떠올릴지도 모르는 그런 이유 때문은 아니다. 이라크 전쟁에서 승리했을 때, 그는 미국 지도자들이 이라크인들에게 말없이 관대한 태도를 취해야 한다고 주장했을 것이다. 비록 그가 지휘를 맡았었다면, 자신이 차지해야 마땅한 공적 이상의 것을 주장하면서도 전혀 부끄러워하지 않았을 테지만 말이다.

일단 아프가니스탄에서 탈레반이 붕괴하고 사담 후세인이 실각하면, 그의 견해에 역사가들은 물론이고 대부분의 미국인들은 자신들의 기대가 잘못되었다는 것을 알고 당혹해할 것이다. 그들은 맥아더가 일본 점령과 비슷한 일종의 미국 주도 신탁통치를 옹호할 것이라고 가정한다. 그와 대조적으로 여러 차례 언급된 맥아더의 실제 견해에 따르면, 일단 점령기가 지난 뒤에는 점령한 국가나 점령당한 국가의 역사에 그 시기가 암흑기로 기록된다는 것이다. 맥아더는 몇 년이 아니라 몇 개월이란 기간 내에 아프가니스탄과 이라크의 민간 정부에 즉각적으로 국정을 이양해야 한다고 주장했을 것이다. 대단치 않고 눈에 잘 띄지도 않는 교육과 지원 역할을 제외하고 모든 미군 전투 병력은 철수하게 될 것이다. 하지만 이라크에 대한 이런 전반적인 구상에는 한 가지 중요한 예외가 있게 될 것이다. 즉, 사담 후세인을 제거했던 미군은 즉시 시리아 국경에 재집결하여 다마스쿠스(Damascus)를 상대로 즉각적인 최종 결전을 준비하게 될 것이다. 맥아더는 사담 후세인 정권이 붕괴되는 굉장한 구경거리에 이어지는 군사행동의 위협이 더 이상 군사적 수단을 사용하지 않고도 시리아와 이란의 정권을 변화시키는 일종의 촉매가 되기를 기대하지만, 두 정권이 여전히 저항을 멈추지 않는다면 계속 전쟁을 진행할 각오도 되어 있을 것이다. 그의 견해와 2001년 이후 미국의 전략이 근본적으로 불일치하는 부분은 수행된 임무의 성공에 대한 것이 아니라 여전히 착수되고 있지 않은 더 큰 임무들에 대한 것일 가능성이 높다.

●

"그에 대해 당신이 들은 최악의 말과 최고의 말은 모두 사실이다"

오스트레일리아군 지휘관 토머스 블레이미는 아무렇지도 않게 맥아더에 대해 다음과 같이 간결하게 평가했다.

"그에 대해 당신이 들은 최악의 말과 최고의 말은 모두 사실입니다."[3]

이 말은 맥아더의 유산이 영원히 논란의 대상으로 남을 것이라는 결론으로 이어진다. 왜냐하면 완전무결한 하나의 답을 인정하기에는 그의 삶이 너무 복잡하기 때문이다. 그의 위대한 자질과 업적은 모두 사실이다. 그의 엄청난 결점과 실패 역시 마찬가지이다. 공적과 책임의 대부분은 맥아더 본인에게 달려 있지만, 그의 민간 및 군부 상관들도 맥아더를 제대로 관리하지 않았다는 점에서 책임이 크다. 따라서 그의 공적은 훨씬 더 긍정적인 것으로 평가할 만하다. 그는 자신의 경력에서 세 차례 최고 절정기를 맞는 동안 프랭클린 루스벨트를 제외하고 20세기 미국 인물들 중에서 누구보다도 리더십에 대한 많은 사례를 남겼다. 맥아더의 장점 혹은 단점에 대해서는 앞으로도 계속 논란이 끊이지 않겠지만, 그가 여러 세대를 지나도 여전히 매력적인 존재일지에 대한 문제는 이미 결론이 난 상태이다.

맥아더 기념관 입구에 있는 맥아더 동상. 이 동상은 웨스트포인트 육군사관학교 동상을 복제한 것이다.
〈사진: Public Domain〉

제1장 성장기

1. Clark Lee and Richard Henschel, Douglas MacArthur(New York: Henry Holt and Company, 1952).

2. D. Clayton James, The Years of MacArthur, vol., 1880-1941(Boston: Houghton Mifflin Company, 1970) 7-66, 94(이하 James, vol. 1).

3. Ibid., 58-61, 67-84. 루스벨트 어머니의 지배력은 잘 알려져 있다. 아들라이 스티븐슨 어머니의 강력한 지배력에 대한 세부적인 내용은 다음 문헌 참조. Porter McKeever, Adlai Stevenson: His Life and Legacy(New York: William Morrow and Company, Inc., 1989) 24-8, 30-2, 41.

4. Douglas MacArthur, Reminiscences(New York: McGraw-Hill Book Company, 1964) 19(이하 MacArthur, Reminiscences); James, vol. 1, 30-43.

5. MacArthur, Reminiscences, 30-32; James, vol. 1, 85-109.

6. James, vol. 1, 110-115, 130-31.

7. Ibid., 115-127.

8. Edward M. Coffman, The Regulars: The American Army, 1898-1941(Cambridge: The Belknap Press of Harvard University, 2004) 193(이하 Coffman, The Regulars); James, vol. 1, 130-5.

9. Timothy K. Nenninger, "American Military Effectiveness in the First World War," Allan R. Millett and Williamson Murray, eds., American Military Effectiveness. Volume I: The First World War(Boston: Unwin Hyman, 1988) 137-43; James, vol. 1, 148-50. 미국원정군에 대한 간단명료하고 유용한 개요는 다음 문헌 참조. John F. Votaw, Battle Orders No. 6: The American Expeditionary Forces in World War I(Oxford: Osprey Publishing, 2005).

10. James, vol. 1, 155-9; Borch, Frederic L., III and William R. Wesdake, The Silver Star: A History of Americans Third Highest Award for Combat Valor(Tempe,

AZ: Borch and Westlake Publishing, 2001) 1-3, 7-8, 10, 67, 240. 은성무공훈장에 대한 문제를 조명하면서 나는 존 런드스트롬에게 많은 빚을 졌다.

11. James, vol. 1, 158-9; MacArthur, Reminiscences, 55-56.

12. James, vol. 1, 165.

13. James, vol. 1, 156, 168-72, 239.

14. MacArthur, Reminiscences, 58; James, vol. 1, 174-81.

15. James, vol. 1, 183-95.

16. James, vol. 1, 198-201.

17. James, vol. 1, 201-10.

18. James, vol. 1, 211-12, 221-22; Alan Axelrod, Patton(New York: Palgrave Mcmillan, 2006) 55.

19. James, vol. 1, 214-217, 223.

20. James, vol. 1, 218-222, 224.

21. James, vol. 1, 224-37, 239-41.

22. James, vol. 1, 238.

23. James, vol. 1, 254-55.

24. James, vol. 1, 256; MacArthur, Reminiscences, 72.

25. Coffman, The Regulars, 226-27; James, vol. 1, 259-63.

26. James, vol. 1, 263-94.

27. Geoffrey Perret, Old Soldiers Never Die(New York: Random House, 1996) 124-27(이하 Perret, Old Soldiers Never Die); James, vol. 1, 295-97, 320.

28. James, vol. 1, 300, 302-03.

29. James, vol. 1, 305-11.

30. James, vol. 1, 319-24; Perret, Old Soldiers Never Die, 168-69.

31. James, vol. 1, 325-31.

제2장 육군참모총장

1. D. Clayton James, The Years of MacArthur, vol. 1, 1880-1941(Boston: Houghton Mifflin Company, 1970) 340-45(이하 James, vol. 1).

2. Ibid., 351-52, 354-55, 359-61(훈련된 장교가 가장 핵심적인 요소라는 구절이 포함된). 장교 교육 분야에서 맥아더가 수행한 엄청난 역할을 지적하면서 나는 에드워드 드레

아에게 큰 빚을 졌다.

3. James, vol. 1, 366-68.

4. James, vol. 1, 370-71.

5. Timothy K. Nenninger, "Organization Milestones in the Development of American Armor, 1920-40," and George F. Hoffman, "Army Doctrine and the Christie Tank: Failing to Exploit the Operational Level of War," in George F. Hoffman and Donn A. Starry, eds., Camp Colt to Desert Storm: The History of U. S. Armored Forces (Lexington: University Press of Kentucky, 1999) 43-46, 92-143; Ronald Specter, "The Military Effectiveness of the US Armed Forces, 1919-1939," Allan Millet and Williamson Murray, eds., Military Effectiveness, Volume II: The Interwar Period (Boston: Unwin Hyman, 1988) 82-3, 87, 90.

6. James, vol. 1, 376-78.

7. James, vol. 1, 352-53.

8. Stephen Ambrose, Eisenhower: Soldier, General of the Army, President Elect, 1890-1952(New York: Simon and Schuster, 1983), 92-93(이하 Ambrose, Eisenhower).

9. Carlo D'Este, Eisenhower, A Soldiers Life(New York: Henry Holt and Company, 2002), 226-28(이하 D'Este, Eisenhower).

10. Ambrose, Eisenhower, 93-95.

11. James, vol. I, 382-84.

12. James vol. 1, 384-7, 407.

13. James, vol. 1, 388-9.

14. James, vol. 1, 392-3.

15. James, vol. 1, 396-7.

16. James, vol. 1, 398-9.

17. James, vol. 1, 400-2; Paul Dickson and Thomas B. Allen, The Bonus Army: An American Epic(New York: Walker & Company, 2004) 179-80; Geoffrey Perret, Old Soldiers Never Die(New York: Random House, 1996) 159-60(이하 Perret, Old Soldiers Never Die); D'Este, Eisenhower, 221-3. 이 문헌들은 맥아더가 후버의 첫 번째 명령을 수령했는지 여부에 있어서 다른 견해를 보이지만, 최소한 맥아더가 후버의 의도를 알았거나 명확하게 인식한 상태에서 그것을 어겼다는 점만은 확실한 것으로 보인다.

18. James, vol. 1, 408-11.

19. Rexford G. Tugwell, The Democratic Roosevelt: A Biography of Franklin D. Roosevelt(Garden City: Doubleday and Company, 1957) 348-51.

20. James, vol. 1, 416-23("호감이 가는 사람"과 "어떤 차이가 있든 간에"라는 인용이 포함된); Geoffrey Perret, Old Soldiers Never Die(New York: Random House, 1996) 164-5(이하

Perret, Old Soldiers Never Die).

21. MacArthur, Reminiscences, 101.

22. James, vol. 1, 431-35.

23. Michael Schaller, Douglas MacArthur: The Far Eastern General(New York Oxford University Press, 1989) 13-14, 18-20; Perret, Old Soldiers Never Die 147-9, 167-70.

24. James, vol. 1, 440-44.

25. James, vol. 1, 445-46.

26. James, vol. 1, 449-53.

27. Forrest C. Pogue, George C. Marshall: Education of a General, 1880-1938(New York, Viking Press 1963) 264-66.

제3장 중심부에서 변방 필리핀으로

1. Louis Morton, The United States Army in World War II, The Fall of the Philippines(Washington D. C.: Office of the Chief of Military History, 1953), 4-5(이하 Morton, The Fall of the Philippines).

2. D. Clayton James, The Years of MacArthur, vol. 1, 1880-1941(Boston: Houghton Mifflin Company, 1970), 470-1; Morton, The Fall of the Philippines, 4.

3. James, vol. 1, 470-6; Ricardo Trota Jose, The Philippine Army 1935-1942(Manila: Ate-neo do Manila University Press, 1992), 216(이하 Jose, The Philippine Army).

4. Richard B. Meixsel, "Manuel L. Quezon, Douglas MacArthur, and the Significance of the Military Mission to the Philippine Commonwealth," Pacific Historical Review, vol. 70, No. 2, 255-292. 믹셀(Meixsel)의 기사는 다른 연구를 바탕으로 기록의 불완전성을 적절히 감안하여 필리핀 군대의 창설과 군사고문의 역할과 관련하여 케손과 맥아더가 숨은 의도를 공유했다고 강하게 주장한다. 일반적인 관점은 다음 문헌 참조. James, vol. 1, 480-81, 493-94.

5. James, vol. 1, 484; Richard Meixsel, "A Uniform Story," The Journal of Military History 69 (July 2005), 791-800. 믹셀은 이 탁월한 기사에서 원수 제복과 관련된 신화가 어떻게 탄생하고 전파되었는지를 설명했다. 육군참모총장으로서 맥아더의 전임자와 후임자 모두 독특한 제복을 제정하는 데 몰두했으며, 특별 권한의 또 다른 수혜자인 퍼싱 장군도 마찬가지였다.

6. Morton, The Fall of the Philippines, 9-11; James, vol. 1, 485, 503-4.

7. Jose, The Philippine Army, 217-19; Morton, The Fall of the Philippines, 6, 10.

8. Jose, The Philippine Army, 218; Stephen Ambrose, Eisenhower: Soldier, General of the Army, President Elect, 1890-1952(New York: Simon and Schuster, 1983),

105(이하 Ambrose, Eisenhower); James, vol. 1, 503, 514, 524, 527-29, 533-35, 543-45, 581, 608-9.

9. James, vol. 1, 531-34.

10. James, vol. 1, 535-39.

11. James, vol. 1, 494-5, 512-3, 555-6.

12. James, vol. 1, 571.

13. Ambrose, Eisenhower, 109-11; James, vol. 1, 504.

14. James, vol. 1, 561.

15. James, vol. 1, 565-69(위트의 오아시스 인용구 포함).

16. James vol. 1, 521-26.

17. H. P. Willmott, Empires in Balance(Annapolis: Naval Institute Press, 1982) 124; James, vol. 1, 550-1.

18. William C. Bartsch, December 8, 1941: MacArthur's Pearl Harbor(College Station: Texas A&M University, 2003) Appendix C(이하 Bartsch, December 8, 1941); Morton, The Fall of the Philippines, 42; James, vol. 1, 611-12. 필리핀에 파견되어 포로가 되는 신세를 간신히 면한 것은 아마 41보병사단이었을 것이다. 41보병사단은 오스트레일리아에 있는 맥아더에게 최초로 도착한 2개 사단 중 하나였다. 1941년 12월 필리핀의 정확한 항공 전력은 여전히 논란의 대상이다. 나는 B-17과 P-40E에 대해서는 바치(Bartsch)의 수치를 따랐다.

19. Henry L. Stimson and McGeorge Bundy, On Active Service in Peace and War(New York: Harper & Brothers, 1948), 193.

20. James, vol. 1, 527-29, 614-15.

21. Willmott, Empires in Balance, 126; James, vol. 1, 546.

22. James, vol. 1, 597-600.

23. "Philippine Department, Plan Orange, 1940 Revision," Record Group 15, Box 49, Folder 4, MacArthur Memorial Archive; Morton, The Fall of the Philippines, 26-27; James, vol. 1, 600-601.

24. Morton, The Fall of the Philippines, 28-30.

25. Richard B. Meixsel, "Major General George Grunert, WPO-3, and the Philippine Army, 1940-41," Journal of Military History(April 1995), 303-24.

26. Morton, The Fall of the Philippines, 64-75; James, vol. 1, 595-96, 603-4, 607.

27. Austin Hoyt, Public Broadcasting System, The American Experience: MacArthur(Boston: WBGH Educational Foundation, 1999).

제4장 필리핀 탈출

1. Louis Morton, The United States Army in World War II, The Fall of the Philippines(Washington D. C.: Office of the Chief of Military History, 1953), 90(이하 Morton, The Fall of the Philippines); D. Clayton James, The Years of MacArthur, vol. 2, 1941-1945(Boston: Houghton Mifflin Company, 1975), 2, 7-15(이하 James, vol. 2). 미국 사상자는 사망 87명과 부상 148명 수준으로 나와 있으니 2,400명이 넘는 진주만 사상자하고는 비교 대상조차 되지 않는다.

2. William C. Bartsch, December 8, 1941: MacArthur's Pearl Harbor(College Station: Texas A&M University, 2003)(이하 Bartsch, December 8, 1941). 이 문헌은 이들 사건과 관련하여 이제까지 발표된 최고의 연구이다. 나는 바치를 존경하지만 맥아더의 B-17 들이 생존했을 경우 예상되는 효과에 있어서는 의견을 달리한다. 오직 함상 전투기만이 루손 중부지역까지 항공엄호를 제공할 수 있다는 맥아더의 믿음에 대해서는 다음 문헌 참조. Letter, MacArthur to Marshall, 1 December 1941, Box 2, Folder 1, RG 2, MacArthur Memorial Archive(이하 MMA).

3. Morton, The Fall of the Philippines, 89; H. P. Willmott, Empires in Balance (Annapolis: Naval Institute Press, 1982) 186(이하 Willmott, Empires in Balance).

4. Morton, The Fall of the Philippines, 21-30, 47, 49.

5. Morton, The Fall of the Philippines, 125-26.

6. James, vol. 2, pp. 16-22.

7. James, vol. 2, 23-26, 831; D. Clayton James, Oral History Collection, Col. Joseph L. Chabot, Cox 1, RG 49, MMA.

8. Willmott, Empires in Balance, 208-10.

9. James vol. 2, 28-37.

10. Morton, The Fall of the Philippines, 265-346; James, vol. 2, pp. 46-49, 55-60.

11. Willmott, Empires in Balance, 369, 383-84.

12. James, vol. 2, 71-76.

13. Louis Morton, U. S. Army in World War II, The Pacific War, Strategy and Command: The First Two Years(Washington: Office of the Chief of Military History, 1962) 158-64(이하 Morton, Strategy and Command: The First Two Years); President Franklin D. Roosevelt, Proclamation, December 28, 1941, Box 2, Folder 1, RG 2, MMA.

14. Stephen Ambrose, Eisenhower: Soldier, General of the Army, President Elect, 1890-1952(New York: Simon and Schuster, 1983), 133-34(이하 Ambrose, Eisenhower); Diary of Henry R. Stimson, February 2, 1942, Yale University Library.

15. Morton, Strategy and Command: The First Two Years, 190-91; James vol. 2,

91-97.

16. James, vol. 2, pp. 98-100.

17. James, vol. 2, 100-6; 141-43.

18. James, vol. 2, 101-9.

19. Willmott, Empires In Balance, 395.

20. Willmott, Empires in Balance, 233-34; Morton, The Fall of the Philippines, 57.

21. James vol. 2, 89-90.

22. Carol Petillo, Douglas MacArthur: The Philippine Years(Bloomington: Indiana University Press, 1981), 204-11, 230; Geoffrey Perret, Old Soldiers Never Die(New York: Random House, 1996), 271-73. 맥아더 외에 관련된 장교들과 수령액은 서덜랜드 (7만 5,000달러)와 리처드 J. 마셜(Richard J. Marshall, 4만 5,000달러), 시드니 I. 허프(Sidney I. Huff, 2만 달러)이다. 페틸로(Petillo)는 이 충격적인 사실을 발견했다. 페렛(Perret)은 맥 아더를 변호하는 데 사용할 수 있는 사실을 제공했다. 또한 루스벨트와 스팀슨이 그 금액을 침묵을 지키기 위한 일종의 은퇴 보너스로 간주했다는 주장도 가능할지 모른 다. 하지만 나는 그들이 지불을 승인했을 당시 맥아더가 조용히 사라지지는 않을 것이 라고 생각할 충분한 이유가 있었다고 생각한다.

제5장 비싼 대가

1. D. Clayton James, The Years of MacArthur, vol. 2, 1941-1945(Boston: Houghton Mifflin Company, 1975), 129-32(이하 James, vol. 2).

2. Clark Lee and Richard Henschell, Douglas MacArthur(New York: Henry Holt and Company, 1952) 160. James, vol. 2, 136.

3. James, vol. 2, 133-40.

4. Barrett Tillman and Henry Sakaida, "Silver Star Airplane Ride," Naval History, April 2001, 25; Borch, Frederic L., Ill and William R. Westlake, The Silver Star: A History of Americans Third Highest Award for Combat Valor(Tempe, AZ: Borch and Wesdake Publishing, 2001), 1-3, 7-8, 10, 67, 240. 다수의 저명한 역사가들이 존슨 의 비행기가 공격을 당했다는 소수 연로한 생존자들의 증언을 수용한 상태이다. 정말 로 기록들을 이해하고 실제로 검토해왔던, 내가 아는 유명한 항공역사가들은 그런 주 장이 전적으로 타당하지 않음을 알아냈다. 그들의 회상은 기껏해야 서로 관계없는 여 러 사건들이 뒤섞인 오래전 기억에 불과했다.

5. Louis Morton, U. S. Army in World War II, The Pacific War, Strategy and Command: The First Two Years(Washington: Office of the Chief of Military History, 1962) 240-56(이하 Morton, Strategy and Command: The First Two Years); James, vol. 2, 116-23.

6. Samuel Milner, U. S. Army in World War II, The War in the Pacific: Victory in Papua(Washington: Officer of the Chief of Military History, 1957), 21-23(이하 Milner, Victory in Papua); James, vol. 2, 86-87.

7. Edward J. Drea, MacArthur's Ultra: Codebreaking and the War Against Japan, 1942-45(Lawrence: University Press of Kansas, 1992), 20-26, 62(이하 Drea, MacArthur's Ultra). 이것은 2차 세계대전 중 맥아더의 전역을 이해하는 데 무엇과도 바꿀 수 없는 자료이다.

8. Morton, The Fall of the Philippines, 405-67, 471-97, 520-84.

9. John Lundstrom, Black Shoe Carrier Admiral(Annapolis: Naval Institute Press, 2006), 154-217.

10. Richard B. Frank, Guadalcanal(New York: Random House, 1990), 32-35(이하 Frank, Guadalcanal).

11. Frank, Guadalcanal, 33-34.

12. W. David Lewis, Eddie Rickenbacker: An American Hero of the Twentieth Century(Baltimore: The Johns Hopkins University Press, 2005), 414-15, 443-44.

13. Frank, Guadalcanal, 21-25, 43-44, 598-99.

14. SWPA MIS Daily Intelligence Summaries, July to October 1942, Folders 1-3, Box 26, RG 3, MacArthur Memorial Archive; Milner, Victory in Papua, 56-91; Drea, MacArthur's Ultra, 40-42; David Horner, Blamey: The Commander-in-Chief(Sydney: Allen & Unwin, 1998), 320(이하 Horner, Blamey).

15. Horner, Blamey, 320-38; Dudley McCarthy, Australia in the War of 1939-1945, Series One, Army, Vol. V, Southwest Pacific Area, First Year: Kokoda to Wau(Canberra: Australian War Memorial, 1959), 108-11.

16. Milner, Victory in Papua, 204; James, vol. 2, 265; Horner, Blamey 339-84.

17. Milner, Victory In Papua, 205-364.

18. Perret, Old Soldiers Never Die, 325; Milner, Victory in Papua, 369-72; James, vol. 2, 267-71; Frank, Guadalcanal, 613.

제6장 매개변수

1. William Manchester, American Caesar, Douglas MacArthur 1880-1964(Boston: Atlantic, Little and Company, 1978) 279.

2. Robert W. Coakley and Richard M. Leighton, The U. S. Army in World War II, The War Department, Global Logistics and Strategy 1943-45(Washington D. C. Center of Military History, 1986), 494-99(이하 Coakley and Leighton, Global Logistics and Strategy 1943-45).

3. Col. John Lada, Editor in Chief, Medical Department, Department of the Army Medical Statistics for World War II(Washington, D. C.: U. S. Government Printing Office, 1975), 27, 71(이하 Lada, Medical Statistics for World War II). 연간 1,000명당 비율에서, 맥아더 휘하 질병 환자는 1942년부터 1945년까지 평균 807명이다. 유럽 전구의 경우는 464명이다. 미국 본토는 598명이었고, 태평양지역은 523명이었다. 중동과 아프리카가 917명으로 가장 심각했다. 연간 질병사망자 비율은 남서태평양지역이 1.035로서 유럽의 0.551과 대조를 이룬다.

4. Mary Ellen Condon-Rall and Albert E. Cowdrey, The United States Army in World War II, The Medical Department: Medical Service in the War Against Japan(Washington, D. C.: Center of Military History, United States Army, 1998), 253-54, 256-58(이하 Con-don-Rall and Cowdrey, Medical Service in the War Against Japan).

5. D. Clayton James, The Years of MacArthur, vol. 2, 1941-1945(Boston: Houghton Mifflin Company, 1975), 354-56(이하 James, vol. 2).

6. Condon-Rall and Cowdrey, Medical Service in the War Against Japan, 264.

7. Geoffrey Perret, There's a War to Be Won(New York: Random House, 1991), 447-455; Robert R. Palmer, Bell I. Wiley, and William R. Keast, The United States Army in World War II, The Procurement and Training of Ground Combat Troops(Washington, D. C.: Office of the Chief of Military History, 1948), 489-93; Shelby L. Stanton, Order of Battle: U. S. Army, World War II(Novato, CA: Presidio, 1985).

8. David Horner, "The ANZAC Contribution," The Pacific War Companion: From Pearl Harbor to Hiroshima(Oxford: Osprey Publishing, 2005), 143-57.

9. Samuel Eliot Morison, History of United States Naval Operations in World War II, vol. VIII, New Guinea and the Marianas, March 1944 to August 1944(Boston: Little, Brown, and Company, 1964), 47-48.

10. Steve Birdsall, The Flying Buccaneers: The Illustrated Story of Kennys Fifth Air Force(Garden City: Doubleday & Company, Inc., 1977) 184. 극동공군은 1944년 6월 15일부터 임시편제로서 운용되었다.

11. Kenn C. Rust, The Fifth Air Force Story in World War II(Temple City, CA: Historical Aviation Album Publication, 1973), 6; Kenn C. Rust and Dana Bell, The Thirteenth Air Force Story in World War II(Temple City (CA): Historical Aviation Album Publication, 1981) 4. 22폭격기비행전대는 원래 B-26 중형 폭격기를 운용하다가 B-24 대형 폭격기로 변경했다.

12. Coakley and Leighton, Global Logistics and Strategy, 1940-43, 496-503; James, vol. 2, p. 174.

13. James, vol. 2, 469-70.

14. D. Clayton James, The Years of MacArthur, vol. 3, Triumph & Disaster 1945-1964(Boston: Houghton Mifflin Company, 1985) 657.

15. Forrest C. Pogue, George C. Marshall: Organizer of Victory 1943-45(New York: The Viking Press, 1973) 168, n626(마셜 인용); Samuel Eliot Morison, History of United States Naval Operations in World War II, vol. VI, Breaking the Bismarcks Barrier(Boston: Little, Brown, and Company, 1964), 32; Gerald E. Wheeler, Kinkaid of the Seventh Fleet: A Biography of Admiral Thomas C. Kinkaid(Washington: Naval Historical Center, 1995), 343-49(이하 Wheeler, Kinkaid); Paolo E. Coletta, "Daniel E. Barbey: Amphibious Warfare Expert," William Leary, ed., We Shall Return! MacArthur's Commanders and the Defeat of Japan 1942-45(Lexington: University of Kentucky, 1988) 208-243(이하 Leary, We Shall Return!); Thomas Buell, Master of Sea Power: A Biography of Fleet Admiral Ernest J. King(Boston: Little, Brown and Company, 1980), 197, 219, 320. Kinkaid was the losing commander at the Battle of the Santa Cruz Islands in October 1942. 핼시는 킨케이드가 1942년 11월 과달카날 해전(Naval Battle of Guadalcanal)에서 지휘능력에 문제가 있다고 생각해서 사실상 그를 해임했다. 능력이 아니라 남는 사람이 그라는 이유로, 그 후 킨케이드는 알류샨 열도(the Aleutians)에 부임했다가 이어서 맥아더 밑에서 근무하게 되었다. 그는 레이테 만에서 일본군에 맞서는 데 필요한 적절한 조치를 취하지 않아서 부주의하게도 1개 호위항공모함전단을 위협에 노출시켜버렸고 그 생존자들을 지원하는 데도 거의 실패했다. 비록 늦어서 많은 희생자를 내기는 했지만 구원을 제공한 것은 킨케이드가 아니라 그의 부하들이었다.

16. Herman C. Wolk, "George C. Kenney, MacArthur's Premier Airman," Leary, We Shall Return!, 88-117; Donald Goldstein, "Ennis C. Whitehead, Aerial Tactician," Leary, We Shall Return!, 178-207; James, vol. 2, 197-201; Geoffrey Perret, Old Soldiers Never Die(New York: Random House, 1996), 302-4(이하 Perret, Old Soldiers Never Die).

17. Horner, Blamey 296, 305(커틴 인용), 526(랜킨 인용); David Horner, "Blamey and MacArthur, The Problems of Coalition Warfare," Leary, We Shall Return!, 23-59; James vol. 2, 265-66. 좀 더 최근 역사가들이 블레이미(그리고 맥아더)에게 퍼부은 경멸의 유형은 다음 문헌 참조. Jack Galloway, The Odd Couple: Blamey and MacArthur At War(Queensland: University of Queensland Press, 2000).

18. Perret, Old Soldiers Never Die, 335-37, William M. Leary, "Walter Krueger, MacArthur's Fighting General," Leary, We Shall Return!, 60-87.

19. Jay Luvaas and John F. Shortal, "Robert L. Eichelberger, MacArthur's Fireman," Leary, We Shall Return!, 155-77.

20. Mark A. Stoler, Allies and Adversaries: The Joint Chiefs of Staff The Grand Alliance, and U. S. Strategy in World War II(Chappell Hill: University of North Carolina Press, 2000), 84-102.

제7장 견습 기간

1. Louis Morton, U. S. Army in World War II, The Pacific War, Strategy and

Command: The First Two Years(Washington: Office of the Chief of Military History, 1962), 364-411(이하 Morton, Strategy and Command: The First Two Years); Edward J. Drea, MacArthur's Ultra: Codebreaking and the War Against Japan, 1942-45(Lawrence: University Press of Kansas, 1992), 63, 67-72(이하 Drea, MacArthur's Ultra).

2. William F. Halsey and Joseph Bryan III, Admiral Halseys Story(New York: Whitdesey House, McGraw-Hill, 1947) 154-55.

3. John Miller, Jr., The United States Army in World War II, The War in the Pacific, Cartwheel: The Reduction of Rabaul(Washington: Officer of the Chief of Military History, 1959), 15, 26, 45-47(이하 Miller, Cartwheel: The Reduction of Rabaul).

4. Ibid., 67-188; Samuel Eliot Morison, History of United States Naval Operations in World War II, vol. VI, Breaking the Bismarcks Barrier(Boston: Little, Brown & Company, 1964), 138-224(이하 Morison, Breaking the Bismarcks Barrier).

5. Morison, Breaking the Bismarcks Barrier, 225-27.

6. Morison, Breaking the Bismarck Barrier, 225-39; Miller, Cartwheel: The Reduction of Rabaul, 172-84.

7. Miller, Cartwheel: The Reduction of Rabaul, 189-96; David Horner, Blamey: The Commander-in-Chief(Sydney: Allen & Unwin, 1998), 408(이하 Horner, Blamey); Drea, MacArthur's Ultra, 79-84.

8. Miller, Cartwheel: The Reduction of Rabaul, 198-99; Drea, MacArthur's Ultra, 84-85.

9. Morison, Breaking the Bismarcks Barrier, 259-60; Miller, Cartwheel: The Reduction of Rabaul, 200.

10. David Dexter, Australia in the War of 1939-1945, Series One, Army, vol. VI, The New Guinea Offensives(Canberra: Australian War Memorial, 1961), 328-29, 332, 365(이하 Dexter, The New Guinea Offensives); Morison, Breaking the Bismarcks Barrier, 262, 265-66.

11. Dexter, The New Guinea Offensives, 338-40; Miller, Cartwheel: The Reduction of Rabaul, 207-11.

12. Dexter, The New Guinea Offensives, 339.

13. John R. Galvin, Air Assault: The Development of Airmobile Warfare(New York: Hawthorne Books, Inc., 1969), 109-18.

14. Dexter, The New Guinea Offensives, 351-57.

15. Ibid., 363-65, 370-71, 377, 385-86, 386-89.

16. Ibid., 391-92; Drea, MacArthur's Ultra, 85.

17. Miller, Cartwheel: The Reduction of Rabaul, 212-16; Drea, MacArthur's Ul-

tra, 86-87.

18. Miller, Cartwheel: The Reduction of Rabaul, 217-21.

19. Morison, Breaking the Bismarcks Barrier, 279-349, 392-409; Miller, Cartwheel: The Reduction of Rabaul, 222-71, 351-78.

20. Morison, Breaking the Bismarcks Barrier, 389-91; Miller, Cartwheel: The Reduction of Rabaul, 272-305; Drea, MacArthur's Ultra, 91-92.

제8장 돌파구

1. Edward J. Drea, MacArthur's Ultra: Codebreaking and the War Against Japan, 1942-45(Lawrence: University Press of Kansas, 1992), 62, 92-93(이하 Drea, MacArthur's Ultra).

2. D. Clayton James, The Years of MacArthur, vol. 2, 1941-1945(Boston: Houghton Mifflin Company, 1975), 443-45("우글거리는" 인용구 포함)(이하 James, vol. 2); Drea, MacArthur's Ultra, 96-98.

3. Roger Olaf Egeberg, M.D., The General: MacArthur and the Man He Called "Doc" (New York: Hippocrene Books, 1983), 28-33, 154-57.

4. John Miller, Jr., The United States Army in World War II, The War in the Pacific, Cartwheel: The Reduction of Rabaul(Washington: Officer of the Chief of Military History, 1959), 316-50(이하 Miller, Cartwheel: The Reduction of Rabaul); Drea, MacArthur's Ultra, 98-104.

5. Drea, MacArthur's Ultra, 104-06; Robert Ross Smith, The United States Army in World War II, The War in the Pacific, The Approach to the Philippines(Washington, D. C.: Office of the Chief of Military History, 1953), 9-12(이하 Smith, The Approach to the Philippines).

6. Smith, The Approach to the Philippines, 29-32.

7. Drea, MacArthur's Ultra, 106.

8. Smith, The Approach to the Philippines, 208-212; James, vol. 2, 455.

9. Drea, MacArthur's Ultra, 135-37.

10. Smith, The Approach to the Philippines, 212-279; Drea MacArthur's Ultra, 133-34.

11. James vol. 2, 458-61; Drea, MacArthur's Ultra, 135-37; Smith, The Approach to the Philippines, 280-396. 나는 아직 공개되지 않은 자신의 글을 공유할 수 있게 해준 에드워드 드레아에게 빚을 졌다. "Biak: A Tale of Two Commanders," 이 기사는 일본의 비아크 방어계획이 실제로 어떻게 발전했는지를 보여준다.

12. James, vol. 2, 461-63; Drea, MacArthur's Ultra, 139-41.

13. Drea, MacArthur's Ultra, 134, 141-42; James, vol. 2, 463-64; Smith, The Approach to the Philippines, 397-424.

14. Drea, MacArthur's Ultra, 142-43; James, vol. 2, 464-65; Smith, The Approach to the Philippines, 425-49.

15. James, vol. 2, 464; Drea, MacArthur's Ultra, 143; Edward J. Drea, In Service of the Emperor: Essays on the Imperial Japanese Army(Lincoln: University of Nebraska Press, 1998) 91-109.

16. Drea, MacArthur's Ultra, 147-51; Smith, The Approach to the Philippines, 103-205.

17. James, vol. 2, 408.

18. James, vol. 2, 403-40; Geoffrey Perret, Old Soldiers Never Die(New York: Random House, 1996), 383-89.

제9장 귀환과 속죄

1. Samuel Eliot Morison, History of United States Naval Operations in World War II, vol. XII, Leyte: June 1944-January 1945(Boston: Little Brown and Company, 1963), 9-10(이하 Morison, Leyte).

2. Grace Pearson. Hayes, The History of the Joint Chiejs of Staff in World War II: The War Against Japan, (Annapolis: Naval Institute Press, 1982) 543-68, 603-24(이하 Hayes, History of the Joint Chiejs of Staff); M. Hamlin Cannon, The United States Army in World War II, The War in the Pacific, Leyte: The Return to the Philippines(Washington, D. C.: Office of the Chief of Military History, 1954), 1-9(이하 Cannon, Leyte); Edward J. Drea, MacArthur's Ultra: Codebreaking and the War Against Japan, 1942-45(Lawrence: University Press of Kansas, 1992), 153(이하 Drea, MacArthur's Ultra); Morison, Leyte, 19-25.

3. Morison, Leyte, 65-73.

4. Drea, MacArthur's Ultra, 152-59

5. Cannon, Leyte, 60-84; D. Clayton James, The Years of MacArthur, vol. 2, 1941-1945(Boston: Houghton Mifflin Company, 1975), 552-58(이하 James, vol. 2).

6. Cannon, Leyte, 35-36, 45-53, 85-102, 185-88, 306-8.

7. Drea, MacArthur's Ultra, 163-69, 178; Morison, Leyte, 159-338.

8. Morison, Leyte, 339-360.

9. Drea, MacArthur's Ultra, 168-73.

10. James, vol. 2, 585-56.

11. Cannon, Leyte, 367-70; Drea, MacArthur's Ultra, 178.

12. Hayes, History of the Joint Chiejs of Staff, 620-624; Robert Ross Smith, The United States Army in World War II, The War in the Pacific, Triumph in the Philippines(Washington, D. C.: Office of the Chief of Military History, 1978 reprint), 43-53(이하 Smith, Triumph in the Philippines).

13. Drea, MacArthur's Ultra, 186-87.

14. Smith, Triumph in the Philippines, 22-25; Gerald E. Wheeler, Kinkaid of the Seventh Fleet: A Biography of Admiral Thomas C. Kinkaid(Washington: Naval Historical Center, 1995), 409-13.

15. James, vol. 2, 589-91.

16. Drea, MacArthur's Ultra, 189-91; Smith, Triumph in the Philippines, 73-84.

17. Drea, MacArthur's Ultra, 192-96; Smith, Triumph in the Philippines, 85-87, 139-43; James, vol. 2, 623-31.

18. Drea, MacArthur's Ultra, 193-95; Smith, Triumph in the Philippines, 217, 222-24; Roger Olaf Egeberg, M.D., The General: MacArthur and the Man He Called "Doc"(New York: Hippocrene Books, 1983), 115-16, 122-23, 135-36; James, vol. 2, 639-40; Douglas MacArthur, Reminiscences(New York: McGraw-Hill Book Company, 1964), 247-48.

19. Smith, Triumph in the Philippines, 237-307; Richard Cannaughton, John Pimlott, Duncan Anderson, The Battle for Manila(Novato, CA: Presidio, 1995), 172-76, 195-96.

20. Carol Petillo, Douglas MacArthur: The Philippine Years(Bloomington: Indiana University Press, 1981), 227-30; James, vol. 2, 691-700.

21. James, vol. 2, 670-81; Smith, Triumph in the Philippines, 167-210.

22. Smith, Triumph in the Philippines, 335-50; Drea, MacArthur's Ultra, 199.

제10장 일본의 항복

1. Robert Ross Smith, The United States Army in World War II, The War in the Pacific, Triumph in the Philippines(Washington, D. C.: Office of the Chief of Military History, 1978 reprint), 449-579(이하 Smith, Triumph in the Philippines) Smith, Triumph in the Philippines, 449-579; D. Clayton James, The Years of MacArthur, vol. 2, 1941-1945(Boston: Houghton Mifflin Company, 1975), 686-88(이하 James, vol. 2).

2. James, vol. 2, 737-38. 제프리 페렛(Geoffrey Perret)은 루스벨트 대통령이 1941년 12월에 필리핀 전체의 해방을 약속했다고 주장하지만 전쟁 종료 이전에 해방을 약속한 것인지에 대해서는 루스벨트의 표현이 모호하다. Old Soldiers Never Die(New York: Random House, 1996), 463.

3. James, vol. 2, 642-43, 697, 738-39.

4. Smith, Triumph in the Philippines, 583-648; Samuel Eliot Morison, History of United States Naval Operations in World War II, vol. XIII, Liberation of the Philippines(Boston: Little Brown and Company, 1965) 213-51; Edward J. Drea, MacArthur's Ultra: Code-breaking and the War Against Japan, 1942-45(Lawrence: University Press of Kansas, 1992), 200-01(이하 Drea, MacArthur's Ultra); James, vol. 2, 740.

5. Smith, Triumph in the Philippines, 651-58; James, vol. 2, 690.

6. James, vol. 2, 702-05; David Horner, Blamey: The Commander-in-Chief(Sydney: Allen & Unwin, 1998), 510-29(이하 Horner, Blamey).

7. James, vol. 2, 713-15("이 작전을 기획하는 본관의 의도는" 인용 포함), 751-57; Horner, Blamey, 529-42.

8. James, vol. 2, 710-17; Horner, Blamey, 517-18.

9. Richard B. Frank, Downfall: The End of the Imperial Japanese Empire(New York, Random House, 1999) 33-34(이하 Frank, Downfall); James, vol. 2, 763-67.

10. Frank, Downfall, 34-37.

11. Sixth Army Field Order No. 74, July 28, 1945, Center for Military History, Washington, D. C.

12. Frank, Downfall, 117-18, 140-41.

13. Ibid., 81-86.

14. "Magic" Far East Summary, April 1 to August 15, 1945, Entry 9001, RG 457, NARA; Joint Intelligence Committee, Japanese Reaction to an Assault on the Sendai Plain, J. I. C. 218/10, August 10, 1945(final revision August 20, 1945). Geographic File 1942-45, CCS 381 Honshu (7-19-44) Section 4, Record Group 218, National Archives and Records Administration, Washington, D. C.(이하 NARA).

15. "Magic" Far East Summaries, July 19, 1945, August 9, 1945.

16. SRMD-008, p. 266, July 16, 1945, p. 297, August 13, 1945, RG 457, NARA.

17. United States Strategic Bombing Survey, Report No. 62, Military Analysis Division, Japanese Air Power (Washington, D. C.: U. S. Government, 1946), pp. 24-25, 70. 일본 본토 방어에 투입될 일본군 항공 전력에 관해 다양한 수치들이 제시되었으며, 그에 대한 논의는 다음 문헌을 참조. Frank, Downfall, 182-83 and notes.

18. General Headquarters, United States Army Forces Pacific, Military Intelligence Section, General Staff, "Amendment No. 1 to G-2 Estimate of the Enemy Situation with Respect to Kyushu," July 29, 1945, p. 1, Gen. John J. Tolson Papers, United States Army   Military History Institute, Carlisle, Pennsylvania(A copy is also in Record Group 4, Box 22, MacArthur Memorial Archive).

19. Frank, Downfall, 273-77.

20. Ibid., 322-24, 357-60.

21. James, vol. 2, 763-67.

22. James, vol. 2, 728-30.

23. James, vol. 2, 776-85; Frank, Downfall, 296-99, 308-12, 315-22, 326-30.

24. James, vol. 2, 790.

25. James, vol. 2, 786-92.

26. 부나 전투 이래로 발생한 맥아더의 사상자가 벌지 전투(Battle of Bulge: 유럽 전선에서 연합군에 대한 히틀러의 마지막 공세-옮긴이)에서만 발생한 사상자보다도 적다는 한 전기 작가의 주장이 전형적인 사례이다. William Manchester, American Caesar: Douglas MacArthur, 1880-1964(New York: Dell Books, 1978), 4.

27. The History of the Medical Department of the United States Navy in World War II: The Statistics of Disease and Injury, NAVmed P-1318, Vol. 3, United States Navy, Government Printing Office, 1950, 171-74(이하 The Statistics of Disease and Injury). 84쪽을 보면, 같은 문헌임에도 사상자 5만 4,863명, 사망자 2만 9,263명 이라는 약간 더 낮은 합계를 제시한다. 이런 차이는 84쪽의 수치가 특정 전투나 전역 으로 연관시킬 수 없는 일부 태평양지역 사상자를 제외했기 때문인 것으로 보인다.

28. Richard B. Frank, "Pacific Battle Casualties and the MacArthur Myth," Armchair General Magazine, June/July 2006, 93. 공식적으로, 맥아더의 지휘 아래 과달 카날 전투 이후 솔로몬 제도와 비스마르크 제도에서 수행된 작전에 참가한 육군과 해병대 사상자는 합계 1만 1,891명이며 이중 3,355명이 사망자이다.

29. Ibid.

30. Ibid., 94.

31. Statistical and Accounting Branch, Office of the Adjutant General, Army Battle Casualties and Nonbattle Deaths in World War II, Final Report, 7 December 1946, 92-93(이하 Battle Casualties and Nonbattle Deaths in World War II).

32. The Statistics of Disease and Injury, 84.

33. 파푸아 전역을 수행하는 동안 미국 육군에 발생한 947명의 사상자 중에서 전투사 망자는 343명이었다. 이 수치 중에서 지상군은 사상자가 817명이었고 전투사망자는 239명이었다. 항공 부대는 총 130명의 전투사상자 중 104명이 사망했다. 같은 전역에 서 오스트레일리아군은 총 5,698명의 사상자가 발생했으며 그중 2,165명이 사망 내지 실종되었다. Samuel Milner, U. S. Army in World War II, The War in the Pacific: Victory in Papua(Washington: Officer of the Chief of Military History, 1957), 370. 따라서 코코다-부나-고나 전역은 총 사상자 6,645명 중 사망자가 2,508명이었다. 과달카날 에서 육군 사상자는 총 1,434명이었으며, 이중 사망자는 712명이었다. 이들 사상자 중 항공부대 사상자는 166명이었으며, 150명이 사망했다. Army Battle Casualties and Nonbattle Deaths in World War II, 94. 과달카날에서 해병대 사상자는 합계 3,868 명이며 그중 988명이 사망자였다. The Statistics of Disease and Injury, 171. 그 결과

과달카날에서 해군 전투요원 이외의 사상자 합계는 5,292명이었으며, 그중 정확하게 1,700명이 사망자였다(내가 조사한 바에 따르면 육군과 해병대 인원 중 지상전 사상자는 1,769명에 달한다. Frank, Guadalcanal, 614). 따라서 파푸아 전역은 과달카날에서 발생한 상응하는 사상자에 비해 약 1,353명 많은 사상자를 초래했으며, 적어도 808명이 더 많이 사망했다. 다른 출처에서는 파푸아 전역에서 오스트레일리아군의 사상자와 과달카날의 해병대 사상자에 대해 약간 다른 수치가 반영되어 있지만, 기본적으로 파푸아 전역에서 상당히 많은 사상자, 특히 전사자가 발생했다는 점을 지적한다.

34. John Dower, War Without Mercy: Race and Power in the Pacific War (New York: Pantheon, 1986), 297.

제11장 카키색 군복 차림의 쇼군

1. 점령에 관한 많은 문헌들이 출판되었지만, 나는 다음 문헌이 전반적인 평가에서 가장 포괄적이고 믿을 만하다고 생각한다. D. Clayton James, The Years of MacArthur, vol. 3, Triumph & Disaster 1945-1964(Boston: Houghton Mifflin Company, 1985)(이하 James, vol. 3); Eiji Takemae, Inside GHQ: The Allied Occupation of Japan and Its Legacy (New York: Continuum, 2002)(이하 Takemae, Inside GHQ, Inside GHQ); and John W. Dower, Embracing Defeat: Japan in the Wake of World War II(New York: W.W. Norton & Company, 1999)(이하 Dower, Embracing Defeat) 카펫 일화는 다음 문헌 참조. James, vol. 3, 59-60.

2. Geoffrey Perret, Old Soldiers Never Die(New York: Random House, 1996), 488("흥미로운 토막소식" 인용)(이하 Perret, Old Soldiers Never Die); James, vol. 3, 61-62.

3. James, vol. 3, 36, 43-44, 50-55, 60-67; Takemae, Inside GHQ, 65-67, 96-99, 174-75.

4. Takemae, Inside GHQ, 76-79, 105, 405-09("장군의 가장 고귀하고" 인용문 포함); James, vol. 3, 153-56("저에게 빵이 아니면" 인용문 포함); Richard B. Frank, Downfall: The End of the Imperial Japanese Empire(New York, Random House, 1999) 350-52(이하 Frank, Downfall).

5. Takemae, Inside GHQ, 192, 425; James, vol. 3, 47, 276-79.

6. Robert P. Newman, Truman and the Hiroshima Cult, (East Lansing: Michigan State University Press, 1995), 134-39; Takemae, Inside GHQ, 243-54; James, vol. 3, 93-105. 소련은 자신의 전범재판 피고를 대략 50만 명의 일본군 병사들 중에서 선택할 수밖에 없었고, 고위 장교들은 전적으로 만주에 주둔했던 관동군 소속뿐이었다. 이로 인해 그들의 전범재판 기록은 공판 대비 사형의 비율을 제외하더라도 놀라울 수밖에 없다.

7. Takemae, Inside GHQ, 222, 256-60(1946년 1월 25일자 회신 인용 포함); James, vol. 3, 105.

8. SRH-090, 16-19, Record Group 457, National Archives and Records Administration; Edward J. Drea, MacArthur's Ultra: Codebreaking and the War Against

Japan, 1942-45(Lawrence: University Press of Kansas, 1992), 225. 울트라를 둘러싼 극도의 비밀로 인해 드레아의 언급처럼 일황이 지위를 유지하게 된 이유를 항복에서 그가 한 역할을 확인할 수 있는 일본 제국 해군 전문과 연관시키려는 시도는 아직도 추정 수준에서 벗어나지 못했다. 하지만 1945년 9월 히로히토를 만나면서 맥아더가 했던 발언은 일황이 항복에 실제로 기여했다고 그가 확신했다는 증거로 해석될 수 있다. 그와 같은 확신이 울트라 감청에서 나왔다고 생각하기는 쉬운 일이다.

9. James, vol. 3, 77-78, 87-91.

10. Takemae, Inside GHQ, 110-13; Dower, Embracing Defeat, 51-58.

11. James, vol. 3, 11-15; Takemae, Inside GHQ, 104-5.

12. James, vol. 3, 17-21; Takemae, Inside GHQ, 61-64.

13. Takemae, Inside GHQ, 73; James, vol. 3, 275.

14. Dower, Embracing Defeat, 292-97; James, vol. 3, 320-23; Takemae, Inside GHQ, 235-36. 일황의 통역관은 만남이 끝난 뒤 기록을 작성했는데, 아마 그것이 가장 신뢰할 만한 증거일 것이다. 거기에는 일황이 전쟁에 대한 책임을 지겠다는 내용이 전혀 없었다. 다우어(Dower)는 이 사진이 맥아더가 일황과 협조할 것이라는 메시지도 전달했다는 것을 지적했다.

15. James, vol. 3, 114-16; Takemae, Inside GHQ, 236-40.

16. James, vol. 3, 117.

17. James, vol. 3, 119-39; Takemae, Inside GHQ, 270-92. 극도로 영리한 연합군 최고사령부 법률가이자 '열렬한 뉴딜 지지자' 찰스 케이데스(Charles Kades)는 일본 헌법 개정에 개입할 권한이 맥아더에게 있었다는 의견을 작성했다. 하지만 맥아더가 그 반대 명령을 받았다는 다카마에의 주장이 맞다. 비록 그가 자신에게 권한이 있다고 믿었다 해도 그런 상황에서는 워싱턴에 먼저 자문을 구해야 했다.

18. James, vol. 3, 143-46.

제12장 승리와 도전

1. Eiji Takemae, Inside GHQ: The Allied Occupation of Japan and Its Legacy(New York: Continuum, 2002), 307-8(이하 Takemae, Inside GHQ).

2. D. Clayton James, The Years of MacArthur, vol. 3, Triumph & Disaster 1945-1964(Boston: Houghton Mifflin Company, 1985) 183-91(이하 James, vol. 3); Takemae, Inside GHQ, 339-46.

3. James, vol. 3, 174-183;

4. Takemae, Inside GHQ, 334-39; James, vol. 3, 165-74.

5. Takemae, Inside GHQ 348-71; James, vol. 3, 295-300.

6. James, vol.3, 193-217.

7. James, vol. 3, 221-29.

8. James, vol. 3, 232-35.

9. Takemae, Inside GHQ, 457, 473.

10. James, vol. 3, 229-31, 233, 238-40, 458-59; Takemae, Inside GHQ, 469.

11. James, vol. 3, 330-32; Takemae, Inside GHQ, 469("점령기 일본에 미친 영향" 인용문 포함), 485. 제임스(James)는 다음 수치를 제공했다. 1950년 1억 8,400만, 1951년 5억 9,200만, 1952년 8억 2,400만, 1953년 8억 600만.

12. James, vol. 3, 477-78

13. Takemae, Inside GHQ, 483.

14. Takemae, Inside GHQ 468-76; John W. Dower, Embracing Defeat: Japan in the Wake of World War II(New York: W.W. Norton & Company, 1999), 547-48(이하 Dower, Embracing Defeat).

15. Takemae, Inside GHQ, 487-90.

16. Takemae, Inside GHQ, 116.

17. Takemae, Inside GHQ, 426-35; Dower, Embracing Defeat, 559-60.

18. James, vol. 3, 287-95.

19. Takemae, Inside GHQ, 235; James, vol. 3, 323-25.

20. Michael Schaller, Douglas MacArthur: The Far Eastern General(Oxford University Press, 1989).

제13장 한국에서 거둔 승리

1. 1945년 8월부터 1950년 6월 사이 핵심적인 기간을 포함해 한국전쟁의 전체적 배경에 대해서는 다음 출처를 참고했다. William W. Stueck, The Korean War: An International History (Princeton: Princeton University Press, 1997); Chen Jian, Chinas Road to the Korean War: The Making of the Sino-American Confrontation(New York: Columbia University Press, 1994)(이하 Chen, China's Road to the Korean War); and Alan R. Millett, The War for Korea, 1945-50, A House Burning(Lawrence: University Press of Kansas, 2005)(이하 Millett, The War for Korea). 전쟁 기간 자체에 대한 자료는 언급된 출처들 외에, 앨런 밀레트(Allan Millet) 박사에게 많은 도움을 받았다. 그는 관대하게도 자신의 한국전쟁 연작물 중 서울 수복에서부터 중공군 개입에 이르는 시기에 해당하는 부분의 원고 사본을 나에게 제공했다(이하 Millet manuscript). 기타 특히 주목할 문헌, Office of the Secretary of Defense, "Analysis of MacArthur Issues, 1951," Marshall, Secretary of Defense Collection, Marshall Papers, Box 195, Folder A/22, George C. Marshall Library, Lexington, VA(이하 "Analysis of MacArthur Issues").

2. D. Clayton James, The Years of MacArthur, vol. 3, Triumph & Disaster 1945-1964(Boston: Houghton Mifflin Company, 1985), 399-403, 412(이하 James, vol. 3).

3. James, vol. 3, 411-12, 414-18; Chen, Chinas Road to the Korean War, Chapters 1 to 4; Edward Drea, "Military Intelligence and MacArthur," in William M. Leary, MacArthur and the American Century: A Reader(Lincoln: University of Nebraska Press, 2001), 198-99(이하 Drea, "Military Intelligence and MacArthur").

4. James, vol. 3, 420-21, 425, 431.

5. James, vol. 3, 425-33. 추가 참조. James W. Schnable, U. S. Army in the Korean War: Policy and Decision, The First Year(Office of the Chief of Military History, 1972).

6. James, vol. 3, 436-38.

7. 인천상륙작전 이전 1950년 여름의 결사적 전투에 대해서는 다음 문헌 참조. Roy E. Appleman, South to the Naktong, North to the Yalu(Washington D. C.: Office of the Chief of Military History, 1966). 또한 밀레트의 원고(Millet manuscript)도 유익하다.

8. James, vol. 3, 450-464.

9. James, vol. 3, 433-482("목록으로 작성했는데"와 "5,000 대 1의 도박" 인용). 제임스는 최고의 모습을 보였다. Clay Blair, The Forgotten War: America in Korea, 1950-53(New York: Times Books, 1987), 223-37. 이 문헌은 인천의 대안에 대한 논의가 포함되어 있다.

10. Millet manuscript; James, vol. 3, 483-517("우리는 38선 이북으로 진격하는 데 있어서 귀관이 전략적으로나 전술적으로 구속을 받는다고 느끼지 않기를 바란다." 인용 포함). 대중 문화에서 웨이크 섬 일화가 크게 왜곡되어 등장하는 사례는 다음과 같다. Merle Miller, Plain Speaking(1973년 베스트셀러), Samuel Gallu's play Give'em Hell Harry!(1975) and the ABC television "historical drama" titled Collision Course: Truman vs. MacArthur(1976).

제14장 한국에서 당한 패배

1. Chen Jian, China's Road to the Korean War: The Making of the Sino-American Confrontation(New York: Columbia University Press, 1994), ix to xii, 175-77(이하 Chen, China's Road to the Korean War).

2. Edward Drea, "Military Intelligence and MacArthur," in William M. Leary, MacArthur and the American Century: A Reader(Lincoln: University of Nebraska Press, 2001), 199-201(이하 Drea, "Military Intelligence and MacArthur"); Chen, China's Road to the Korean War, 111-13, 288n.

3. D. Clayton James, The Years of MacArthur, vol. 3, Triumph & Disaster 1945-1964(Boston: Houghton Mifflin Company, 1985), 536-38(이하 James, vol. 3): "Analysis of MacArthur Issues." 이어지는 내용들은 또한 다음 문헌의 도움을 받았다. William W. Stueck, The Korean War: An International History(Princeton:

Princeton University Press, 1997); Roy E. Appleman, South to the Naktong, North to the Yalu(Washington D. C.: Office of the Chief of Military History, 1966); and James W. Schnable, U. S. Army in the Korean War: Policy and Decision, The First Year(Office of the Chief of Military History, 1972).

4. James, vol. 3, 538-40, 546.

5. James, vol. 3, 542-50.

6. 매우 흥미로운 리지웨이의 전문에 대해서는 다음 문헌 참조. 'Eyes Only,' Ridgway to Collins(일자가 표시되지는 않았지만 1950년 12월 26일경인 것이 분명하다); Letters(two) Ridgway to MacArthur, 6 January 1951; Letter MacArthur to Ridgway, 7 January 1951. 또한 다음 전문에서는 리지웨이가 부산을 통해 철수를 시도할 경우 소련이 원자폭탄을 사용할 가능성도 있다고 우려하는 흥미로운 내용이 들어 있다. Ridgway to General Doyle Hickey, 18 January 1951. Papers of Maj. Gen. Courtney Whitney, Record Group 16, Box 5, Folder 17 'Personal for Ridgway,' MacArthur Memorial Archive. 내가 이런 문헌에 관심을 갖게 된 것은 제임스 조벨 덕분이다.

7. James, vol. 3, 571-7.

8. James, vol. 3, 602, 604("어떤 것도 승리를 대신할 수 없다" 인용문 포함); Perret, Old Soldiers Never Die, 564-7.

9. 매우 흥미로운 회고록에서 조지 M. 엘시(George M. Elsey)는 중국의 개입 가능성과 전쟁 종결 시기에 대해 맥아더의 예측이 얼마나 크게 잘못되었는지를 보여주기 위해 《뉴욕 타임스》가 기사화했던 웨이크 섬 회담 대화록의 '유출'에 자신이 어떻게 기여했는지를 설명했다. 이런 오판에 맥아더도 일정 부분 책임이 있음을 증명하는 데 이 대화록이 사용되는 것은 정당할지는 몰라도, 이 대화록이 맥아더에게 가장 큰 책임을 지우는 데 사용되는 것은 정당하지 않다. An Unplanned Life(Columbia: University of Missouri Press, 2005), 198-208.

10. James, vol. 3, 603-4, 608.

제15장 맥아더에 대한 평가

1. James, vol. 3, 366.

2. Gavin Long, MacArthur as Military Commander(Princeton: D. Van Nostrand Company, Inc. 1969), 82.

3. 다음 문헌을 인용한 것이다. David Horner, Blamey: The Commander-in-Chief(Sydney: Allen & Unwin, 1998), 570. 호너는 정확하게 같은 내용이 블레이미에게 적용될 수 있다는 의견도 밝혔다.

한국국방안보포럼(KODEF)은 21세기 국방정론을 발전시키고 국가안보에 대한 미래 전략적 대안을 제시하기 위해 뜻있는 군·정치·언론·법조·경제·문화 마니아 집단이 만든 사단법인입니다. 온·오프라인을 통해 국방정책을 논의하고, 국방정책에 관한 조사·연구·자문·지원 활동을 하고 있으며, 국방 관련 단체 및 기관과 공조하여 국방 교육 자료를 개발하고 안보의식을 고양하는 사업을 하고 있습니다. http://www.kodef.net

KODEF
안보총서
77

맥아더
MACARTHUR

초판 1쇄 인쇄 2015년 6월 9일
초판 1쇄 발행 2015년 6월 15일

지은이 리처드 B. 프랭크
옮긴이 김홍래
펴낸이 김세영

펴낸곳 도서출판 플래닛미디어
주소 121-894 서울시 마포구 월드컵로 8길 40-9 3층
전화 02-3143-3366
팩스 02-3143-3360
블로그 http://blog.naver.com/planetmedia7
이메일 webmaster@planetmedia.co.kr
출판등록 2005년 9월 12일 제313-2005-000197호

ISBN 978-89-97094-77-6 03990